Gernot Jochheim

Die gewaltfreie Aktion
Idee und Methoden,
Vorbilder und Wirkungen

Rasch und Röhring Verlag
Hamburg—Zürich

Der Text »Da gibt es nur eins!« von Wolfgang Borchert (Seite 144 f.) ist zuerst erschienen in: Wolfgang Borchert, Das Gesamtwerk, © 1949 by Rowohlt Verlag GmbH, Hamburg.
Die Texte von Hildegard Goss-Mayr auf den Seiten 184 ff., 234 ff. und 237 ff. sind entnommen aus: Hildegard Goss-Mayr, Der Mensch vor dem Unrecht, 4. neubearb. u. erw. Aufl. 1981, © 1976 by Katholische Sozialakademie Österreichs, Wien; Gesamtherstellung Europa Verlag GesmbH Wien.
Wir danken dem Rowohlt Verlag und dem Europa Verlag für die Abdruckgenehmigung.

CIP-Kurztitelaufnahme der Deutschen Bibliothek

Jochheim, Gernot
Die gewaltfreie Aktion: Idee u. Methoden,
Vorbilder u. Wirkungen / Gernot Jochheim. —
1. Aufl. — Hamburg: Rasch und Röhring, 1984.
   ISBN 3-89136-004-5

Copyright © 1984 by Rasch und Röhring Verlag, Hamburg
Schutzumschlaggestaltung: Studio Reisenberger
Satzherstellung: alphabeta Gerds & Kohn GmbH, Hamburg
Druck: Kleinsdruck, Lengerich
Bindung: Ulli Klemme, Bielefeld
Printed in Germany

Inhalt

Teil 2
Aktionsmethoden der Gewaltfreiheit 127

Zwei Vorbemerkungen

Mit dem vorliegenden Buch wird der Versuch unternommen, Lesern ohne sozialwissenschaftliche Vorbildung Theorie und Praxis der Gewaltfreiheit verständlich zu machen. Das bedeutet nicht, daß die Beschäftigung mit diesem Thema ohne geistige Anstrengungen möglich ist. Die gewaltfreie Aktion als bewußte und reflektierte Handlungsweise mit dem Ziel, politische und gesellschaftliche Veränderungen zu erreichen, ist eine der bedeutendsten sozialen Erfindungen der neueren Geschichte. Sie kann nicht einfacher erklärt werden, als die komplizierten Bedingungen und Wirkungsweisen emanzipatorischer Veränderungsprozesse in der gesellschaftlichen Wirklichkeit nun einmal sind, auch wenn die Gedankengänge hier anhand vereinfachender Modelle entwickelt werden. Es kommt hinzu, daß angesichts vorherrschender Gewaltverhältnisse in den inner- und zwischengesellschaftlichen Beziehungen und angesichts vieler Vorurteile über die Rolle der Gewalt für viele Menschen nur schwer nachvollziehbar ist, daß bewußter Gewaltverzicht in gesellschaftlichen Konflikten eine besondere Wirksamkeit hat.

Angesichts des Handelns und Schreibens vieler hervorragender Praktiker der Gewaltfreiheit — wie etwa Mohandas Gandhi und Martin Luther King —, angesichts der vorzüglichen zusammenfassenden Darstellungen von Wissenschaftlern wie Richard Gregg, Theodor Ebert oder Gene Sharp konnte es nicht mein Ziel sein, die Gewaltfreiheitstheorie neu zu formulieren. Es ging mir vielmehr darum   die Gewaltfreiheitstheorie als Bauwerk betrachtet —, die Anlage des Fundaments, die tragenden Wände mit ihren Verstrebungen sowie die Konstruktion des Daches darzustellen und zu erläutern. Die thematische Auflösung einer vielschichtigen sozialen Erscheinung in Lernschritte macht den didaktischen Anspruch dieser Arbeit aus.
Die Informationen des Buches sind also nicht neu. Sie liegen bereits in einer Vielzahl von Büchern, Broschüren und Aufsätzen

vor. An dieser Literatur sind jedoch zwei Mängel zu beklagen: Viele Veröffentlichungen bauen wegen ihres wissenschaftlichen Charakters und der damit verbundenen Sprache Lese- und Lernhemmnisse auf. Andere Darstellungen sind so knapp und allgemein gehalten, daß sie mehr Fragen aufwerfen, als sie beantworten. Absicht dieses Buches ist es, das eine wie das andere zu vermeiden.

Berlin, April 1984   Gernot Jochheim

Teil 1
Gewaltfreiheit als Gegenmacht

Gewaltfreie Aktion — was ist das?

> Gewaltfreiheit und Feigheit passen schlecht zueinander. Ich kann mir einen schwerbewaffneten Mann vorstellen, der in seinem Herzen feige ist. Im Besitz von Waffen liegt das Element der Furcht verborgen, wenn nicht gar der Feigheit. Gewaltfreiheit jedoch ist unmöglich, wenn man nicht furchtlos ist.
>
> *Mohandas* Gandhi*

Drei Beispiele

West-Berlin, 1983: Frauenfriedenskette

Tausende von Frauen jeden Alters bilden am 8. März 1983 — in vielen Ländern der Welt wird dieser Tag offiziell als »Internationaler Frauentag« begangen — im Berliner Stadtteil Dahlem schweigend eine Menschenkette von etwa zweieinhalb Kilometern. Die Kette verbindet das amerikanische und sowjetische Konsulat miteinander.

»Wir wollen den sowjetischen und den amerikanischen Frauen die Hände reichen! Wir wollen eine Kette des Vertrauens zwischen uns herstellen!« heißt es in dem Flugblatt, in dem zu dieser Aktion aufgerufen wurde. In beiden Konsulaten werden Friedensbotschaften übergeben.

Winterthur (Schweiz), 1981: Menschenteppich gegen Waffenschau

Vom 29. Juni bis zum 4. Juli 1981 findet in Winterthur die von der Schweizer Militärfachzeitschrift »Armada International« veranstaltete »W '81« statt, eine »Internationale Ausstellung für Simulation, Ausbildung, Logistik, Unterhalt und Spezialfahrzeuge«. Etwa 10 000 Besucher werden erwartet.

Vom ersten Tag der Ausstellung an blockiert eine Aktionsgruppe

---

* Mohandas ist der Vorname Gandhis; die bekanntere Bezeichnung Mahatma ist ein Ehrentitel und bedeutet »Große Seele«.

den Zugang zur Veranstaltungshalle; die Menschen legen sich zunächst im Eingangsbereich nieder. »Wer über uns geht, geht auch über Leichen«, verkündet mehrsprachig ein Transparent. Einige Besucher und Regierungsdelegationen reisen ab, als sie von der Aktion erfahren. Mehrfach versuchen private Bewachertrupps, durch Wasser- und Tränengaseinsatz den Menschenteppich aufzulösen. Das behindert auch Besucher. Als die Demonstranten am 4. Tag einen Bus nicht durchlassen, werden 28 Akteure vorläufig festgenommen. Sie haben ein Verfahren wegen Nötigung zu erwarten. Täglich und mit zunehmender Sympathie berichtet die Presse über die Aktion. Am letzten Ausstellungstag bilden bereits 150 Personen einen Menschenteppich — er wird von einem Jeep aus mit Jauche übergossen. Am Ende haben nur etwa 3000 Besucher die Ausstellunghalle betreten.

Im November 1981 ergeht in einem Präzedenzverfahren das Urteil gegen einen Angeklagten. Das Gericht stellt fest, daß Sitzenbleiben ohne Gewaltanwendung und Drohung keine Nötigung darstellt; und in dem besonderen Fall sei zu berücksichtigen, daß Menschen gegenüber einem Auto kein ins Gewicht fallendes Nötigungsmittel sein können.*

Jackson (Mississippi), 1963: Sit-in an der Imbißtheke

Trotz der Erfolge der Bürgerrechtsbewegung unter der Führung Martin Luther Kings seit Mitte der fünfziger Jahre wird in vielen Bereichen des öffentlichen Lebens in den Südstaaten der USA weiterhin die Rassentrennung praktiziert. Noch immer gibt es unter anderem Restaurants, Schwimmbäder, Kirchen, Parkanlagen oder Bibliotheken, zu denen Schwarzen der Zutritt verboten ist. So haben die Schwarzen eine Aktionsform aus früheren Jahrzehnten wieder aufgegriffen: das »Sit-in«. Sie gehen — zum Teil mit weißen Freunden — in Gruppen in Imbißstuben oder Restaurants, die überlicherweise Weißen vorbehalten sind.** Sie

---

* In der Bundesrepublik Deutschland besteht angesichts dieses Problems eine andere Rechtsprechung. Siehe Seite 288 ff.
** Solche Aktionen wurden in abgewandelter Form (Go-in, Kneel-in) auch in anderen Einrichtungen mit Rassentrennung durchgeführt.

setzen sich an die Theke oder an Tische und versuchen, so lange sitzen zu bleiben, bis sie bedient werden.

Im Juni 1963 hat sich eine Gruppe von etwa zwölf schwarzen und weißen Theologiestudenten zu einem solchen Sit-in an der Imbißtheke des Kaufhauses Woolworth entschlossen. Sie nehmen nebeneinander an der Thekenmitte Platz. Fünf der sieben anwesenden weißen Gäste verlassen sofort den Tresen.

Kurz darauf strömt eine Gruppe von fünfzig weißen Jugendlichen zur Imbißtheke. Immer mehr kommen hinzu. Das Personal von Woolworth versucht vergeblich, sie am Betreten der Räume zu hindern. Die Eindringlinge sehen in der Aktionsgruppe kommunistische Störenfriede. »Haut ab nach Rußland, ihr schwarzen Bastarde!« schreit einer. Augenblicke später schnappt sich eine Blondine einen Senfspender, zerrt eine schwarze Studentin am Kragen und spritzt ihr den Senf den Rücken hinunter. Vor Vergnügen wiehernde weiße Jugendliche stürzen sich an die Theke, um mehr »Munition« zu fassen — Senf, Tomatensoße, Salz, Pfeffer, Zucker —, mit der sie die regungslosen Schwarzen bombardieren. Die sich im Hintergrund drängende Menge brüllt: »Bringt die schwarzen Bastarde um! Packt sie!«

Erst als der Mob anfängt, mit Waren zu werfen, schreiten die Angestellten des Kaufhauses ein. Sie löschen das Licht und schließen das Geschäft. Innerhalb von 15 Minuten zerstreut sich die Menge; auch die Aktionsteilnehmer kehren in ihr College zurück. Während der drei Stunden andauernden Konfrontation hat die Polizei nichts unternommen, um die Ausschreitungen zu unterbinden. Der Geschäftsführer von Woolworth habe sie nicht dazu aufgefordert, lautet die Entschuldigung.[1]

Viele solcher Aktionen waren im übrigen erfolgreich. Während eines anderen Sit-ins verteilte eine Aktionsgruppe folgendes Flugblatt:

»Wir wollen und können erreichen, daß wir in Zukunft in integrierten Restaurants essen. Wir werden nicht die Gesetzgebung in Anspruch nehmen, um die Integration mit ihrer Hilfe zu erlangen: Wir werden nicht die Inhaber der Restaurants feierlich um Integration nachsuchen, sondern wir werden diese Zukunft einfach schaffen. Genauer: Wir selbst werden die Restaurants zu integrierten machen, und es wird jenen, die über die Macht des Gesetzes und der Eigentumsrechte verfügen, überlassen bleiben zu entscheiden, wie sie auf diese Neuschöpfung reagieren.

Darum werden wir jetzt durchsetzen, was wir in Zukunft verwirklicht sehen wollen, und die Gesellschaft muß dazu Stellung nehmen.

Sie wird uns erlauben müssen, es durchzusetzen, oder sie wird uns dafür bestrafen müssen.

Wenn sie uns dafür bestraft, dann können wir bestimmt rund um jene Zukunftsvision Unterstützung aufbauen und Menschen zu Handlungen bewegen, um jene Zukunft zur verwirklichen.«[2]

So weit die Beispiele.

Zu diesen Aktionen — die Auswahl ist natürlich nicht zufällig — wollen wir einige Überlegungen anstellen. Dabei überwiegen zwei Gesichtspunkte:

Was ist das Ziel der jeweiligen Aktion?

In welchem Verhältnis zu diesem Ziel steht das Verhalten der Teilnehmer?

In ihren Berichten über die *Frauenfriedenskette* verwendeten einige Zeitungen den Begriff »Demonstration«. Nun gibt es gegenwärtig allenthalben Demonstrationen, insbesondere für »Frieden«. In der Regel sind dies Umzüge in städtischen Zentren, die mit einer Kundgebung enden. Auf Plakaten, Spruchbändern und in Reden werden Mißstände angeprangert und bestimmte Forderungen aufgestellt. Es ist in diesem Zusammenhang sinnvoll, sich die ursprüngliche Bedeutung des Wortes Demonstration zu vergegenwärtigen: *Demonstrare* (lat.) heißt »zeigen«, »auf etwas hinweisen«. Man »zeigt« seine Meinung, seine Überzeugung; man weist auf Mißstände hin; man fordert Veränderungen.

Sicher war die Frauenfriedenskette eine Form der Demonstration. Aber sie unterschied sich von den üblichen Demonstrationsumzügen. Die Friedenskette zwischen dem amerikanischen und dem sowjetischen Konsulat in West-Berlin wollte eine Forderung, die die Teilnehmer eines Umzugs oder einer Kundgebung auf Plakaten oder in Reden erhoben hätten (»Vertrauenbildende Maßnahmen zwischen Ost und West«), allein durch die Form der Aktion veranschaulichen: »Wir wollen eine Kette des

Vertrauens zwischen uns herstellen!« Durch das Handeln selbst sollte das Ziel deutlich gemacht werden. Grundsätzlich konnte diese Aktion auf verbale Unterstützung verzichten. Die Frauen schwiegen. Mitgeführte Plakate hatten dann auch lediglich die Aufgabe, Passanten über das Ziel der Aktion aufzuklären.

Und der *Menschenteppich*? War auch er eine Form der Demonstration? Sicher besaß er demonstrativen Charakter. Denn diejenigen, die diese Aktion durchführten, haben eine bestimmte Geisteshaltung, die man als pazifistisch oder antimilitaristisch bezeichnen kann; sie wurde unter anderem mit der Aktion »demonstriert«. Mehr noch! Die Aktionsgruppe hat nicht etwa einen Protestmarsch veranstaltet oder eine Unterschriftensammlung durchgeführt, als die Militärtechnologie-Ausstellung in Winterthur eröffnet wurde — sie hat sich dieser Ausstellung als einem Symbol des Militarismus direkt widersetzt.

Nun hätte dieser Widerstand auch einen ganz anderen Charakter haben können, einen gewaltsamen nämlich, etwa auf einer Skala »Steinewerfen — Feuerlegen — Bombenanschläge«. Und die Protestierenden hätten das gute Argument gehabt, daß die Schäden, daß die Kosten, die durch ihre Aktionen entstanden wären, in keinem Verhältnis zu dem gestanden hätten, was die Hersteller von Militärtechnologie tagtäglich in Kauf nehmen. Aber hätten sie überhaupt argumentieren können? Wären sie nicht gezwungen gewesen, die Öffentlichkeit zu meiden, beginnend mit Vermummung, endend mit vollständiger Konspiration, je nach Art und Weise des gewaltsamen Vorgehens? Mit Gewaltanwendung wären Heimlichkeit, Sichverstecken, Mißtrauen und letztlich Existenz im Untergrund einhergegangen.

Hier soll nicht bestritten werden, daß gewaltsame Aktionen selbst in sehr begrenztem Ausmaß potentielle Besucher der Ausstellung abgeschreckt hätten. Wie aber wäre in den Medien berichtet und in der Öffentlichkeit diskutiert worden? Wie hätten die Schlagzeilen der Presse gelautet?

Für die Mitglieder der Aktionsgruppe in Winterthur hatte sich die Frage einer gewaltsamen Aktion allerdings gar nicht gestellt. Sie treten — aufgrund welcher Motive und Erfahrungen auch

16

immer — für Gewaltfreiheit ein. Damit ist Gewaltanwendung gegen Menschen ohne jede Ausnahme und in der Regel auch Gewaltanwendung gegen Sachen ausgeschlossen.

Aber sie hatten ein Anliegen. Sie wollten dem militärischen System, das unsere Gesellschaften so grundlegend prägt, an einem bestimmten Punkt, in ihrer Stadt, Widerstand entgegensetzen. Sie waren von der Rechtmäßigkeit ihres Anliegens, gemessen an Werten wie Menschlichkeit und Menschenrechte, überzeugt. Trotz dieses Bewußtseins wählten sie keine Form des Widerstands, die der Gegenseite irgendeinen persönlichen Schaden hätte zufügen können. Sie führten vielmehr eine Aktion durch, bei der zwar eine Konfrontation mit Veranstaltern und Besuchern eingeplant war, die aber nur ihnen selbst Unannehmlichkeiten und sonstige Nachteile einbrachte.

Nun einige Überlegungen zum dritten Aktionsbeispiel, dem *Sit-in* im Selbstbedienungsrestaurant. Hier liefert das Flugblatt Informationen zur Strategie der Akteure. Das Ziel ist offensichtlich: Aufhebung der Rassentrennung. Damit zählte diese Aktion zu den vielen Aktivitäten ähnlicher Art, die 1955 mit dem legendären Busboykott in Montgomery, der Hauptstadt des US-Bundesstaates Alabama, zunächst spontan begonnen hatten und mit denen eine grundsätzliche Aufhebung der Rassentrennung in den Südstaaten der USA erkämpft wurde. (Zum Busboykott in Montgomery siehe Seite 266 ff.)

Dabei gilt es, einen Gesichtspunkt zu betonen: Die Rassentrennung war gesetzlich geregelt. Wer gegen sie verstieß, beging einen Rechtsbruch und mußte mit Strafverfolgung rechnen, ganz abgesehen von der Lynchjustiz der Weißen. Ein sinnfälliges Unrecht war also durch Gesetze geschützt. Was tun?

Die Akteure schließen in ihrem Flugblatt zwei Wege aus, gegen das bestehende Unrecht anzugehen: Sie warten weder auf eine Änderung der Gesetze, noch bitten sie die Besitzer der einschlägigen Restaurants, auch Schwarze zu bedienen. Kurz gesagt, sie lehnen es ab, Petitionen abzufassen. Und warum gehen sie diese Wege nicht? Sie gehen sie *nicht mehr*. Jahrzehntelang waren die indirekten Wege zur Lösung gesellschaftlicher Konflikte —

durch gesetzgebende Organe, durch politische Repräsentanten — erfolglos beschritten worden.

Jetzt wollen die Schwarzen mit Unterstützung gleichgesinnter Weißer ihr Ziel durch Handeln verwirklichen: »Wir werden diese Zukunft einfach schaffen.« Diese Methode, sich einem Unrecht zu widersetzen, um es zu überwinden, stellt eine direkte Vorgehensweise dar.

Ihr Handeln aber — so das Flugblatt — wird Reaktionen hervorrufen. Insbesondere müssen sie mit dem Versuch rechnen, daß die Forderung der Schwarzen abgelehnt wird, was notwendigerweise mit Gewalt geschieht, da ein Unrecht nicht anders aufrechterhalten werden kann. Dies zeigt die Aktionsbeschreibung sehr eindrucksvoll. Eine Gemeinsamkeit mit der Aktion in Winterthur, dem Menschenteppich, wird deutlich. Die Akteure nehmen die Reaktionen der Gegner in Kauf. Sie nehmen deren Aggressivitäten hin; sie werden — so das Flugblatt weiter — für ihr Handeln »bestraft«. Diese Bestrafung und das Mißlingen der Aktion bedeuten aber keine Niederlage. In dem Flugblatt wird nämlich eine Vermutung über die Auswirkungen solcher Gewaltanwendung gegen die Aktionsteilnehmer geäußert: Es werden sich Menschen finden, für die dieses Ereignis — und wenn nicht dieses, so ein nächstes — der Auslöser ist, sich ebenfalls am Kampf gegen Unrecht zu beteiligen und sich für die Verwirklichung menschlicherer gesellschaftlicher Beziehungen einzusetzen.

Der Leser hat anhand der Aktionsbeispiele und der Erläuterungen bereits Grundsätzliches über die gewaltfreie Aktion erfahren, und zwar:

— Die gewaltfreie Aktion ist eine Methode zur Abwehr bedrohlicher politischer Entwicklungen und zur Veränderung gesellschaftlicher Verhältnisse.

— Die gewaltfreie Aktion ist an humanen Zielen orientiert; sie erstrebt die Überwindung von Gewaltverhältnissen und Unrechtszuständen sowie die Verwirklichung der Menschenrechte und menschenwürdiger Lebensbedingungen.

— Die Träger gewaltfreier Aktionen sind bestrebt, bereits mit ihrem Handeln ihre Forderungen und Ziele sichtbar werden zu lassen. Reden oder Texte unterstützen das Handeln.
— Die Aktivisten der Gewaltfreiheit nehmen die Reaktionen ihrer Mitmenschen auf ihr Handeln hin. Sie sind bereit, Leiden zu ertragen. Sie glauben, daß ihre Haltung andere Menschen dazu bewegt, sich einer humanen Aktion anzuschließen.

Diese Gesichtspunkte liefern noch keine Definition der gewaltfreien Aktion; sie sollen aber helfen, die folgenden Erklärungen besser zu verstehen.

Annäherung durch Definitionen

Von vielen Versuchen, die die wesentlichen Merkmale der gewaltfreien Aktion in einer Definition zusammenfassen, wurden hier drei ausgewählt, weil sie sich in sinnvoller Weise ergänzen. Beginnen wir mit einer Definition des Friedensforschers Theodor Ebert, der an der Freien Universität Berlin lehrt und zu den maßgeblichen Theoretikern der Gewaltfreiheit zählt. Der Abschnitt aus einem »Lexikalischen Stichwort« enthält zwei Hauptgedanken. Zu Beginn wird dargelegt, in welchen gesellschaftlichen Situationen gewaltfreie Aktionen überhaupt angewendet werden (sollen), dann werden die Merkmale der gewaltfreien Konfliktaustragung zusammengestellt.

»Die gewaltfreie (direkte) Aktion ist eine kämpferische Methode, Konflikte auszutragen. Angewandt wird sie in Situationen, in denen es nicht möglich zu sein scheint, auf dem Wege der Verhandlungen, der Wahlen und Abstimmungen einen Konsensus über die soziale Gerechtigkeit und die dafür erforderlichen sozialen Wandlungen herzustellen. Die gewaltfreie Aktion hat das Ziel, in ihrem Verlauf die psychischen und sozialen Bedingungen zu schaffen, unter denen dann doch über Verhandlungen und demokratische Abstimmungen die sozialen Verhältnisse gerecht geregelt werden können. Die gewaltfreie Aktion wird eingesetzt in Konkurrenz zu gewaltsamen Methoden, von denen sie sich äußerlich dadurch unterscheidet, daß die Träger der gewaltfreien Aktion weder Personen festhalten oder verletzen noch Sachen, die nicht legal ihr persönliches Eigentum sind, zerstören, noch die Ausübung unmittelbar lebenswichtiger Dienstleistungen oder die Herstellung und Verteilung lebensnotwendiger Güter verhindern. Die Ablehnung von Sachbeschädigungen ist in gewaltfreien Kampagnen weniger streng als die Ablehnung der Verletzung von Personen, da Sachschäden sich häufig wiedergutmachen lassen und durch sie nicht immer schwer revidierbare Feindbilder aufgebaut werden. Sachbeschädigungen sind spätestens dann nicht mehr mit einer gewaltfreien Grundhaltung zu vereinbaren, wenn in ihrem Verlauf Personen verletzt werden können. Sie sollten in all den Fällen vermieden werden, in denen der emanzipatorische Charakter der Zerstörung einer breiten Öffentlichkeit nicht unmittelbar einsichtig ist. Diese beiden Beschränkungen für Sachbeschädigungen im Rahmen gewaltfreier Kampagnen haben praktisch zur Folge, daß ›Gewalt gegen Sachen‹ sorgfältig vermieden wird.« [3]

Hierzu einige Anmerkungen: Ebert benutzt in Verbindung mit dem Begriff »Gewaltfreie Aktion« noch das Eigenschaftswort »direkt«, wie übrigens auch Theodore Olson und Lynne Shivers in ihrer ebenfalls in diesem Abschnitt angeführten Definition (siehe Seite 25). Der Leser, der die Erläuterungen zu den drei Aktionsbeispielen gelesen hat, weiß, was damit gemeint ist. Dieses Merkmal der »Direktheit« ist übrigens für die Rolle, die die gewaltfreie Aktion in einem parlamentarisch-demokratischen System spielen kann (oder nicht spielen darf), von grundsätzlicher Bedeutung. Das Problem wird später noch eingehend behandelt (siehe Seite 46 ff.).
Ebert betont dann, daß die gewaltfreie Aktion eine »kämpferische« Methode der Konfliktaustragung ist. Diese Feststellung ist wichtig, denn eines der häufigsten Vorurteile gegenüber der gewaltfreien Aktion sowie eine der ganz bewußten Diskriminierungen dieser Methode und zugleich das grundlegende Indiz für Unkenntnis, selbst bei renommierten Politikwissenschaftlern, besteht darin, die gewaltfreie Aktion als eine passive Haltung (»passiver Widerstand«) zu kennzeichnen. Immer wieder kann man feststellen: Bei vielen, die sich berufen fühlen, die Befreiungskämpfe der Vergangenheit und Gegenwart mit welcher Kompetenz auch immer (in der Regel vor dem Hintergrund einer gefestigten sozialen Stellung in einem hochindustrialisierten

Land) zu beurteilen, ist es üblich, Gewaltanwendung als aktive Haltung zu charakterisieren — und positiv, ja, als »notwendig« einzuschätzen — und gewaltlose Aktionsformen als passiv zu deklarieren — und deren Wert zumindest zu relativieren, wenn nicht zu bestreiten.

Zur Klärung: Gewaltfreiheit ist eine höchst aktive Haltung. Sie schließt einen hohen Grad der Anteilnahme an gesellschaftlichen Konflikten ein. Beinahe alle sozialen Auseinandersetzungen, die es gegenwärtig in der Welt zu den Problemen Militarismus und Umweltzerstörung gibt, wurden von Anhängern der Gewaltfreiheit mit thematisiert und durch vielfältige Aktionen zu einem Bestandteil der öffentlichen Diskussion gemacht. — Innerhalb der Methodenvielfalt der gewaltfreien Aktion gibt es zwar auch solche Aktionen, die man als überwiegend passiv bezeichnen kann, sie können jedoch nicht als typisch gelten. »Gewaltfreiheit«, so schrieb Gandhi, »unterscheidet sich vom passiven Widerstand wie der Nordpol vom Südpol.«[4]

Gewaltfreiheit wendet sich sowohl gegen Untätigkeit und Resignation als auch gegen Versuche gewaltsamer Gesellschaftsveränderung. Dies veranschaulicht Martin Luther King, wenn er ausführt:

»Unser Kurs darf weder darin bestehen, daß wir uns passiv auf die Überredung verlassen, noch darin, daß wir uns aktiv der gewaltsamen Revolution ergeben, sondern in einer höheren Synthese, welche die Wahrheiten der beiden Gegensätze vereinigt, die Unzulänglichkeiten und das Unzweckmäßige an beiden jedoch vermeidet. Mit demjenigen, der sich auf die Überredung verläßt, müssen wir darin übereinstimmen, daß wir nicht gewaltsam Menschenleben oder Eigentum vernichten wollen; aber wir müssen der anderen Seite auch zugestehen, daß es notwendig ist, dem Bösen Widerstand zu leisten. Auf diese Weise vermeiden wir die Widerstandslosigkeit des ersteren und den gewaltsamen Widerstand des letzteren. Und wir fügen uns damit weder einem Unrecht, noch greifen wir zur Gewalt, um ein Unrecht auszugleichen.«[5]

Nun zum Begriff »Konsens«, der in Eberts Definition eine zentrale Bedeutung hat. Als Konsens wird die Übereinstimmung in der Anerkennung grundlegender Werte und Verhaltensweisen in einer sozialen Einheit — Familie, Gruppe, Gesellschaft —

bezeichnet. Uns interessiert hier der Begriff vornehmlich in seiner gesamtgesellschaftlichen Bedeutung, und zwar unter folgendem Gesichtspunkt: Wenn eine quantitativ und/oder qualitativ gewichtige Anzahl von Menschen bestimmte Werte und Verhaltensweisen in einem gesellschaftlich-politischen System nicht mehr hinnimmt — zum Beispiel Wirtschaftswachstum auf Kosten der Umwelt und Zukunft, Konkurrenzdenken, Kleinfamilie, hierarchische Strukturen, Vorrangstellung einer bestimmten politischen oder religiösen Institution, Zugehörigkeit zu einem Militärbündnis, Abschreckung, Rassentrennung — und Alternativen durchsetzen will, entstehen Konflikte (es gibt allerdings noch andere Ursachen für soziale Konflikte). Die Frage ist, ob die oppositionellen Gruppen innerhalb der bestehenden Machtverhältnisse ihrerseits so viel Macht, gleichsam »Gegenmacht«, entwickeln können, daß sie ihre Ziele ganz oder — wenn dies vertretbar ist — teilweise durchzusetzen vermögen. Die gewaltfreie Aktion ist eine Methode, solche Gegenmacht zu entwickeln.

Da der amerikanische Friedensforscher Gene Sharp diesen Gesichtspunkt besonders betont, hier seine Definition der gewaltfreien Aktion:

»Aktionsmethode, bei der Personen — gewöhnlich außerhalb der ordnungsgemäßen institutionellen Verfahren — zur Erreichung eines Ziels psychologische, gesellschaftliche, wirtschaftliche oder politische Druckmittel/Kräfte — oder mehrere von ihnen gemeinsam — einsetzen, ohne (weder ursprünglich noch als Vergeltung) physische Gewalt anzuwenden oder anzudrohen. Dieser Druck/diese Kräfte können viele Formen annehmen, die sich in die großen Kategorien des symbolischen Protests, der Nichtzusammenarbeit (auf gesellschaftlichem, wirtschaftlichem oder politischem Gebiet) und der Eingriffe in das Funktionieren bestehender gesellschaftlicher und politischer Verhältnisse einteilen lassen.«[6]

Auch Sharp spricht hier das Merkmal der Direktheit von gewaltfreien Aktionen an, ohne allerdings den Begriff selbst zu verwenden. Er nimmt zugleich eine grobe Einteilung der gewaltfreien Aktionsformen vor; wir werden uns später noch eingehend damit beschäftigen (S. 127 ff.). Möglicherweise gelingt es dem

Leser bereits jetzt, die einleitenden Beispiele für gewaltfreie Aktionen in diesen »Schubkästen« unterzubringen.

Als Hauptproblem im Anschluß an die Definition von Gene Sharp stellt sich aber die Frage, wodurch der angesprochene »Druck«, wodurch die »Kraft« (im Sinne von Gegenmacht) entsteht. Die Beantwortung der Frage macht einen wesentlichen Teil dieses Buches aus. Soviel sei vorweggenommen: Es gibt nicht *eine* Form sozialen Drucks, sondern — wie es auch Sharp darstellt — verschiedenartige. Der Schlüssel ihrer Wirksamkeit liegt für die gewaltfreie Aktion aber eben im Gewaltverzicht, dessen Elemente Ebert in seiner Definition zusammengestellt hat. Wegen der zentralen Bedeutung seien die Punkte nochmals aufgeführt:

»Gewaltfrei« bedeutet, daß die Menschen, die Aktionen dieser Art befürworten und durchführen, all jene Verhaltensweisen vermeiden, bei denen ein Schaden entstehen kann, der nicht wieder rückgängig zu machen ist. Konkret heißt das:

Die Träger von gewaltfreien Aktionen

— halten Personen nicht fest und verletzen niemanden,
— zerstören in der Regel keine Sachen, die nicht ihr Eigentum sind,
— verhindern oder behindern nicht notwendige Dienstleistungen (Krankenversorgung, Energieversorgung usw.) oder die Verteilung von lebensnotwendigen Gütern.

Ebert setzt sich eingehend mit dem Problem der »Gewalt gegen Sachen« auseinander; er formuliert Bedingungen, bei denen die Begriffsbildung »emanzipatorischer Charakter einer Zerstörung« die entscheidende Rolle spielt. Was ist das? Emanzipation bedeutet die Befreiung aus einem Zustand der Abhängigkeit, ein Vorgang, der sich — nebenbei bemerkt — in der Regel in Phasen und immer in längeren Zeiträumen vollzieht.

An zwei Beispielen soll hier verdeutlicht werden, was unter »emanzipatorischer Zerstörung« zu verstehen ist.

Erstes Beispiel: 1921 begann in Indien auf Anregung Mohandas Gandhis eine Boykottkampagne gegen ausländische Stoffe und Kleidung. Zum Verständnis muß man wissen, daß die britische

Kolonialmacht die blühenden indischen Textilmanufakturen im 19. Jahrhundert zerstört und die Kolonie zur Abnahme englischer Textilien gezwungen hatte. Gandhi propagierte zum einen den Wiederaufbau einer einheimischen Textilproduktion (das Spinnrad, heute Zeichen in der indischen Flagge, wurde zum Symbol des Kampfes gegen die Kolonialherren), zum anderen die Abkehr von europäischer Kleidung, die von Teilen der indischen Mittel- und Oberschicht getragen wurde. Im Rahmen dieser Kampagne wurden ausländische Stoffe und Kleidung verbrannt. Über eine solche Aktion in Bombay schrieb Gandhi: »Es war, wie wenn unsere Fesseln zerbrochen wären. Eine heiße Woge von Freiheit ging durch die große Schar der Teilnehmer.«[7]

Sicher ist es notwendig zu diskutieren, was diese Aktion von den Bücherverbrennungen zu Beginn der Naziherrschaft in Deutschland unterscheidet und diese wiederum beispielsweise von Wehrpaßverbrennungen. Doch ist hier nicht der Ort dazu.

Zweites Beispiel: Im September 1980 drang die Gruppe »Pflugschar Acht«, die ihren Namen vom Bibelwort »Sie werden ihre Schwerter zu Pflugscharen... machen« (Micha 4,3) herleitet und zu der die beiden katholischen Geistlichen Daniel und Philip Berrigan zählen, in dem kleinen Ort King of Prussia in Pennsylvania/USA in eine Atomwaffenproduktionsanlage der General Electric ein. Die Gruppe befürwortet Gewaltfreiheit. Die Aktionsteilnehmer beschädigten im Werk zwei Sprengköpfe einer Interkontinentalrakete, schütteten Blut über Zeichnungen, Pläne und Ausrüstungsgegenstände und ließen sich dann von den Wachposten festnehmen. Gegenüber der Presse erklärte die »Pflugschar Acht« ihre Aktion: »Wir begehen Zivilen Ungehorsam gegen die General Electric, weil dieses Unternehmen unter den Waffenproduzenten in den USA an 5. Stelle steht. Durch die von uns zerstörten Raketen kommt die Bedrohung eines atomaren Erstschlages bzw. Gegenschlages immer näher. Auf diese Weise fördert die General Electric die mögliche Zerstörung von Millionen Unschuldiger... Unsere Aktion ist der erste Fall nuklearer Abrüstung seit Hiroshima.«[8]

Wenn auch dies als ein Beispiel für »emanzipatorische Gewalt

24

gegen Sachen« angeführt wird, so liegt die Frage nahe, wodurch sich Sabotage von einer gewaltfreien Aktion unterscheidet. (Siehe hierzu S. 112 ff.)

In der folgenden Definition der Gewaltfreiheitsaktivisten Theodore Olson und Lynne Shivers aus den USA wird schließlich die Wirksamkeit des Gewaltverzichts angesprochen.

»Gewaltfreie direkte Aktion ist eine Verhaltens- und Handlungsweise, bei der sich die Aktionsträger weigern, einen Gegner, auch wenn er Gewalt anwendet, mit dessen eigenen Mitteln zu bekämpfen. Durch gewaltfreie Aktionen werden soziale Lösungen angestrebt, in welche die ursprünglichen Gegner oder Feinde einbezogen werden. Bloße Niederlage des Gegners ist nicht das Ziel.

Zu dieser Haltung gehört als Wesensmerkmal die Bereitschaft, lieber Leiden auf sich zu nehmen, als Gewalt anzuwenden. Dabei wird der Kampf dennoch unnachgiebig geführt und der Gegner durch die zunächst einseitige Anwendung gewaltfreier Methoden seinerseits zu einer gewaltlosen Austragung des Konflikts gedrängt. Die Folgen seiner Politik und seines Verhaltens werden ihm so lange mit Phantasie und Ausdauer vor Augen gehalten, bis er selbst deren Korrektur nicht mehr im Wege steht.«[9]

Der Gesichtspunkt, der hier betont wird, ist dem Leser bereits bekannt. Wer mit gewaltfreien Mitteln ein bestimmtes Ziel verfolgt, ist bereit, dafür die gesellschaftlichen und juristischen Reaktionen (Sanktionen) zu ertragen. In keinem Fall — und mag er von der Wahrhaftigkeit und Gerechtigkeit seines Anliegens noch so überzeugt sein — fügt der Gewaltfreie jenen, die der Verwirklichung seines Ziels entgegenstehen, Schaden zu. Die Gegner werden nicht als Personen, als Menschen, bekämpft, sondern nur insoweit, als sie durch ihre Anordnungen und durch ihr Verhalten das Entstehen menschlicher gesellschaftlicher Verhältnisse behindern oder zur Aufrechterhaltung einer bedrohlichen Entwicklung beitragen.

Der Gewaltverzicht zielt aber auch direkt auf das Bewußtsein des Gegners, eine Absicht, die Gandhi in folgender Weise beschrieben hat:

»Gewaltlosigkeit bedeutet nicht Verzicht auf allen wirksamen Kampf gegen die Bosheit. Im Gegenteil, der gewaltlose Kampf gegen das Böse, wie ich ihn meine, ist wirkungsvoller und echter als Wiedervergeltung, die ja ihrer Natur nach das Böse nur noch vermehrt... Ich trachte danach, die Schneide am Schwert des Tyrannen völlig stumpf zu machen, nicht dadurch, daß ich ein schärferes Schwert dagegensetze, sondern daß ich seine Hoffnung auf meinen physischen Widerstand enttäusche. Der seelische Widerstand, den ich leiste, vereitelt die Absicht des Feindes. Ich verwirre ihn zunächst und nötige ihm schließlich Anerkennung ab, eine Anerkennung, die ihn nicht demütigt, sondern erhöht.«[10]

Gandhi war es auch, der wohl am einfachsten den Sinn des Gewaltverzichts begründet hat. Für ihn waren gewaltfreie Aktionen und Kampagnen »Experimente mit der Wahrheit«, wie es im Titel seiner Autobiographie lautet. Gewaltfreiheit war für ihn der Weg, »gesellschaftliche Wahrheit« — wir könnten »Gerechtigkeit« oder »Frieden« sagen — zu erreichen. Wahrheit kann nach Gandhi aber nur durch Aktionen »getestet« werden, bei denen dem Gegner kein Schaden zugefügt wird. Denn um der Wahrheit willen darf ihn nicht Angst zu Zugeständnissen bewegen.

Alle Gesichtspunkte dieses einleitenden Abschnitts werden noch eingehender belegt und erläutert, wenn das »Wie« und »Warum« der Wirksamkeit gewaltfreier Aktionen untersucht wird.

Notwendigkeit und Unvermeidbarkeit gesellschaftlicher Konflikte

> Eine Politik, die Menschen verdummt, verdummt selbst.
>
> *Dieter Senghaas*

> Unsere Herren machen es selbst, daß der gemeine Mann ihnen feind wird.
>
> *Thomas Münzer*

Wir werden sehen, daß die Theorie der gewaltfreien Konfliktaustragung eine Vielzahl von Überlegungen zu Voraussetzungen und Bedingungen ihrer Wirksamkeit enthält, von Einschätzungen, die sebstverständlich auf sozialen Erfahrungen beruhen und gesellschaftliche Gesetzmäßigkeiten einbeziehen. Dabei gilt es zu berücksichtigen, daß die gewaltfreie Aktion ihre besonderen — im wörtlichen Sinn »eigen-artigen« — sozialen Gesetze hat. All diesen Einschätzungen gehen jedoch zwei Grundannahmen voraus, die — anspruchsvoll formuliert — geschichtsphilosophischen beziehungsweise politologischen Charakter haben:

— Aus der historischen Entwicklung wird deutlich, daß es eine persönliche und gesellschaftliche Befreiung des Menschen gibt, so langsam sich diese auch vollziehen mag.

— Die politisch und wirtschaftlich Herrschenden sind — unabhängig vom politischen System — tendenziell eher unfähig oder/und nicht willens, bestehende politische, wirtschaftliche und soziale Probleme unter dem Aspekt der Menschheitsinteressen zu lösen.

Menschlicher Fortschritt und geschichtliche Bedingungen der gewaltfreien Aktion

Praktiker und Theoretiker der Gewaltfreiheit haben ein optimistisches Verständnis des Geschichtsverlaufs. Ihr Optimismus

äußert sich in der Auffassung, daß es einen menschlichen Fortschritt gibt. Sie unterstützen beispielsweise die These des Westberliner Friedensforschers Ekkehart Krippendorff, nach dessen
Einschätzung:

»... im Jahre 1789 (oder auch schon zuvor mit der amerikanischen
Unabhängigkeitserklärung, 1776) ein Prozeß ausgelöst wurde, der darauf gerichtet ist, immer stärkere Selbstbestimmung von immer weiteren
Schichten und Klassen der Bevölkerung bei der Entscheidung über ihre
eigenen ökonomischen, politischen und gesellschaftlichen Interessen zu
erreichen...«
Und weiter:

»Selbstbestimmung und Demokratisierung haben die Tendenz zum
Abbau der Herrschaft von Menschen über Menschen, sofern sie unkon-
trolliert und auf Grund von nicht-leistungsbedingten und damit nicht-
widerrufbaren Privilegien ausgeübt wird; sie haben damit aber die Tendenz zum Abbau von sozio-ökonomischen Privilegien überhaupt...«[11]

Aus der hier festgestellten Tendenz läßt sich ein Maßstab zur
Beurteilung von gesellschaftlichem und politischem Handeln
ableiten:

»Recht und Wahrheit in der Politik können in ihrer historischen Relati-
vität nur bestimmt werden mit dem Maßstab von sozialer Selbstbestimmung und politischer Demokratisierung: das geschichtliche Recht und
die politische Wahrheit liegen — ungeachtet momentaner gesellschaftlicher Kräfteverhältnisse — bei den Individuen, Gruppen, Klassen und
den ihnen zugehörigen Ideologien, die den 1789 eingeleiteten Prozeß
des Abbaus sozio-ökonomischer Privilegien vorantreiben; Unrecht vor
der Geschichte und eine fehlgeleitete Politik sind zu konstatieren für
diejenigen Individuen, Gruppen, Klassen und die ihnen zugehörigen
Ideologien, die diesen Prozeß verzögern, zum Stillstand bringen oder
gar ihn rückgängig machen wollen.«[12]

Diese letzten Gesichtspunkte berühren bereits ein Element im
Geschichtsverständnis der Gewaltfreiheit, das dem Optimismus
Grenzen setzt. Denn: Wie schnell entwickelt sich menschlicher
Fortschritt? Wie lange wird es dauern, bis die Ungerechtigkeit in
unseren Gesellschaften und jene im Verhältnis zwischen den
Industrienationen und der dritten Welt aufgehoben sind? Wie
lange noch wird der Kampf gegen Unfrieden und Militarismus

nötig sein? Es gibt keine Antwort. Man kann lediglich feststellen, daß im Verlauf der Geschichte eine Entwicklung zur Überwindung von Unfreiheit und Ausbeutung deutlich wird und daß ein entsprechendes Bewußtsein zunimmt. Das alles vollzieht sich langsam, oft sehr langsam:

— Die Abschaffung der Sklaverei zog sich über Jahrhunderte hin.
— Noch zur Zeit der sogenannten »Aufklärung«, im 18. Jahrhundert also, gab es in Deutschland »Hexen«-Verbrennungen.
— Der Kampf der Arbeiter um den Zehnstundentag dauerte Jahrzehnte. Und weitere Jahrzehnte brauchte die Erringung des Achtstundentages.

Der polnische marxistische Philosoph Leszek Kolakowski, der heute in London lebt, wertet schon die Heuchelei der Herrschenden als Fortschritt:

»Eine Zunahme der Heuchelei ist generell genommen ein Beweis für den moralischen Fortschritt, denn sie beweist, daß man das, was man früher, ohne sich vor einer Bloßstellung zu fürchten, tun konnte, heute nicht mehr ohne dieses Risiko tun kann, das heißt: Das moralische Bewußtsein der Gesellschaft reagiert empfindlicher auf Dinge, auf die es früher gar nicht reagierte.

Im zwanzigsten Jahrhundert foltert man die Menschen ebenso wie im fünfzehnten, doch die Tatsache, daß man das nicht mehr auf öffentlichen Plätzen tut und daß kein Regierungssystem zugeben will, daß es die Folter anwendet, zeugt davon, daß das moralische Gefühl der Gesellschaft diese Maßnahmen nicht mehr als System toleriert. Militärische Aggression gibt es immer noch, aber die Tatsache, daß jeder genügend Phrasen zur Hand hat, um die Aggression zu verurteilen, und daß niemand Angreifer genannt sein will, beweist, daß der Nichtangriff im öffentlichen Leben als positiver Grundsatz Wurzel gefaßt hat. Mussolini füchtete sich noch nicht davor, festzustellen, daß er eine Eroberungspolitik betreibe — unter den heutigen Politikern wird sich keiner zu etwas anderem bekennen wollen als zur Verteidigung. Der Grundsatz der Selbstbestimmung der Völker war neu, als er vor dem Ersten Weltkrieg von Lenin und der bolschewistischen Partei verkündet wurde. Nach dem Zweiten Weltkrieg ist er von den Vereinten Nationen anerkannt worden, darunter auch von Regierungen, die die schändlichste koloniale Ausbeutung betreiben. Hitler verkündete die Unterwerfung der Völker im Namen der Rechte des höherstehenden Volkes, heute ist es unmöglich, den Völkern etwas anderes anzubieten als Freiheit und zivilisatorischen Fortschritt.«[13]

Die Theorie des Wandels zur Gewaltfreiheit kalkuliert diese Tendenz der geschichtlichen Entwicklung ein. Nach ihrer Einschätzung können diejenigen, die sich der Verwirklichung der Menschenrechte und der Sicherung einer menschlichen Zukunft direkt oder indirekt widersetzen, durch Aktionen einem Rechtfertigungszwang ausgesetzt werden, der ihnen und maßgeblichen Teilen der Öffentlichkeit die Unangemessenheit ihrer Haltung und des daraus entspringenden Verhaltens vor Augen führt. Insbesondere die gewaltsame Unterdrückung der gewaltlos handelnden Oppositionellen schadet jenen, die diese Gewalt zu verantworten haben und anwenden.

Eine gewaltfreie Austragung von Konflikten scheint zudem durch die Entwicklung der Waffentechnik begünstigt zu werden. Es wird tagtäglich deutlicher, daß bewaffnete Gewalt soziale Konflikte nicht mehr zu lösen vermag und daß sich auch berechtigte Interessen weder gewaltsam durchsetzen noch verteidigen lassen. Die herrschenden Gruppen sind heute in der Lage, ungleich überlegenere Gewaltmittel einzusetzen, als sie Oppositionellen zur Verfügung stehen würden. Außerdem schadet namentlich in den modernen Industriegesellschaften jede gewaltsame Störung der komplizierten Lebenstechnik nicht nur der Masse der Bevölkerung, sondern auch den unmittelbaren Kontrahenten.

So richtig diese Gesichtspunkte auch sein mögen, sie liefern nicht die Motivation für gewaltfreies Handeln. Diese Motive entstammen, wie zu sehen sein wird, einer anderen Wertordnung als jener, die der gewaltsamen Konfliktaustragung zugrunde liegt.

Die begrenzte Vernunft der Herrschenden

Wer sind die »Herrschenden«? Unter diesem Begriff wird eine Summe von Personen verstanden, die folgende Merkmale erfüllen, wobei sich die genannten Personenkreise überschneiden können:

30

Sie verfügen über den bürokratischen Apparat (einschließlich der Polizei).

Sie verfügen über den militärischen Apparat.

Sie verfügen über den geheimdienstlichen Apparat.

Sie verfügen über politisch wichtige Produktionsmittel und Rohstoffe.

Sie verfügen über die Kommunikationsmittel.

Sie verfügen über die Einrichtungen sozialer Kontrolle (Kirchen usw.).

Sie beherrschen die gesellschaftlichen Spitzenverbände.

Angesichts dieser Aufzählung erscheint es sinnvoller, von »herrschenden Gruppen« in einer Gesellschaft zu sprechen. Damit wird auch ein für die Theorie gewaltfreier Konfliktaustragung grundsätzlicher Sachverhalt deutlicher: Die in einer Gesellschaft Herrschenden bilden in ihren Interessen nicht unbedingt eine festgefügte Einheit.

— Industriekreise, die beispielsweise stark am Osthandel beteiligt sind, werden Verhärtungen im Ost-West-Verhältnis weniger begrüßen als Kreise der Rüstungsindustrie.

— Die Wertorientierung innerhalb herrschender Gruppen kann sehr unterschiedlich sein. Der führende Kirchenmann eines Landes wird in einer bestimmten Situation innergesellschaftlicher Unterdrückungen wahrscheinlich eher eine Kritik äußern als etwa der Führer der Großgrundbesitzer.

— Selbst in nach außen hin sehr einheitlich erscheinenden Gruppierungen, wie beispielsweise einer Polizeiführung, kann es verschiedene Auffassungen über Formen und Ausmaß von Unterdrückungsmaßnahmen geben.

— Angehörige herrschender Gruppen reagieren unterschiedlich empfindlich, was die öffentliche Meinung — auf nationaler wie internationaler Ebene — betrifft. Dies gilt besonders für die politischen Führungsgruppen, die, ihrer Funktion entsprechend, in besonderem Maße in der Öffentlichkeit handeln.

Trotz dieser richtigen und für die gewaltfreie Aktion wichtigen Betrachtungen bleibt die geschichtliche und aktuelle Tatsache, daß solche Differenzierungen innerhalb der herrschenden Gruppen einer Gesellschaft zumindest für gewisse Zeiträume und bis zu gewissen Graden nicht wirksam werden. Nach der Erfahrung ist dies immer dann der Fall, wenn ein Unterdrückungssystem besonders wirksam ist oder regressive Massenstimmungen in besonderem Maße manipuliert werden. Beide Elemente können natürlich auch zusammenwirken. Wer dies an einem geschichtlichen Beispiel studieren will, beschäftige sich mit dem nationalsozialistischen Herrschaftssystem. Es zählt zu den historischen Erfahrungen und ist dementsprechend in der Gegenwart zu beobachten — alles Geschichtliche war einmal Gegenwart —, daß die Herrschenden weniger vernünftig handeln, als gemeinhin angenommen wird. Dies soll zunächst verdeutlicht werden:

»Staaten handeln viel weniger *rational*, als es die Theorie behauptet. Das rationalistische Modell unterstellt eine größere Frequenz korrekter Prognosen von seiten der Regierungen, was die Folgen ihrer eigenen entscheidenden außenpolitischen Aktionen angeht, als es in der Praxis feststellbar ist. Die *Frequenz von Irrtümern* und Fehleinschätzungen war vor allem bei solchen Entscheidungen hoch, aufgrund derer Regierungen große kriegsähnliche Aktionen einleiteten oder eskalierten. Von allen staatlichen Entscheidungen, die den Ausbruch großer Kriege seit 1910 zur Folge hatten, erwiesen sich etwa drei Fünftel als falsch, und zwar sowohl in der Einschätzung der Fähigkeiten und Intentionen der anderen großen Staaten zum Zeitpunkt des Kriegsbeginns als auch in bezug auf die tatsächlichen Folgen bei Kriegsende.
Die Entscheidung Österreich-Ungarns im Jahre 1914, Serbien den Krieg zu erklären; die Entscheidung Rußlands, gegen Österreich-Ungarn Krieg zu führen; die Entscheidung Deutschlands, gegen Rußland und Frankreich in den Krieg zu ziehen und in Belgien einzumarschieren; die Entscheidung des Osmanischen Reiches, auf der Seite der Mittelmächte zu kämpfen, anstatt neutral zu bleiben; und die Entscheidung Österreich-Ungarns, für Triest und Südtirol zu kämpfen, anstatt diese Gebiete abzutreten, um Italiens Neutralität zu wahren — sie alle stellten sich als Fehlentscheidungen heraus, die wesentlich zur Vernichtung der Regierungen beitrugen, die diese Entscheidungen gefällt hatten. Die Entscheidung der Deutschen, 1939 Polen und 1941 Rußland anzugreifen; die Entscheidung der Russen, im Juli 1941 nicht mit einem Angriff der Deutschen zu rechnen; und die Entscheidung der Japaner, die Vereinigten Staaten im September 1941 anzugreifen, sie alle erwiesen sich als Fehler. Im Falle Japans und Deutschlands führten sie zur Vernichtung der Regierung, und im Falle Rußlands forderte Stalins Irrtum einen

zusätzlichen hohen Preis für das schließliche Überleben seines Staates.«[14]

Wie lassen sich hier die beschriebenen oder ähnliche Phänomene erklären? Was sind die Gründe dafür, daß politische Führungsgruppen einschließlich der Bürokratien offenkundig häufig nicht in der Lage sind, die auf sie zukommenden Probleme grundsätzlich oder angemessen zu lösen?
Bei der Suche nach Antworten sollen zwei Wege beschritten werden. Zunächst folgen einige Beobachtungen, die sich im wesentlichen auf politische und soziale Erscheinungen in der Bundesrepublik Deutschland beziehen. Diese Beobachtungen lassen bestimmte Schlußfolgerungen zu. Danach wird versucht, entsprechende Antworten unter Verwendung einer politikwissenschaftlichen Theorie zu geben, wobei die theoretischen Aussagen durch Beispiele veranschaulicht werden.

Beobachtungen und erklärende Schlußfolgerungen
Eine Ursache für die angeführten Fehlentscheidungen oder Unfähigkeiten muß darin gesehen werden, daß die politisch Verantwortlichen (häufig fehlgeleitet durch sogenannte »Fachleute« in den Verwaltungen) viele Probleme selbst geschaffen oder Entwicklungen nicht richtig erkannt haben und so zu falschen Entscheidungen gekommen sind. Die Korrektur solcher Fehlentscheidungen ist häufig nur sehr schwer oder gar nicht möglich.
Ein besonders sinnfälliges Beispiel für ein selbstgeschaffenes Problem ist die offenkundige Wohnungsnot in Berlin (West). In den siebziger Jahren zählte zu den Prognosen des damaligen Senats, daß innerhalb weniger Jahre ein Überhang von 100 000 Wohnungen in der Stadt bestehen würde; also wurde jahrelang unbedacht — sanierungsbedürftiger — Wohnraum vernichtet. Die Voraussage bewahrheitete sich allerdings nicht.
Man konnte in den vergangenen Jahren und kann tagtäglich in der Gegenwart die Korrektur vieler verschiedenartiger angeblich gesicherter Prognosen im politischen, gerade auch im wirtschaftspolitischen Rahmen erleben, so etwa Prognosen über

Stromverbrauch, Verkehrsaufkommen, Schulraumbedarf. Verhängnisvoll sind diese Fehleinschätzungen dadurch, daß mit ihnen Entscheidungen verbunden sind, die schließlich »durchgezogen« werden (sollen), obwohl neuere Daten diese Entscheidungen korrekturbedürftig machen. Aufgrund solcher Entwicklungen entstehen dann häufig Bürgerinitiativen, die von der Basis, das heißt von den wirklichen Bedürfnissen her, politische Entscheidungen beeinflussen wollen.

Eine weitere Ursache für die beschriebene Unfähigkeit ist eine gewisse Realitätsferne der politisch Herrschenden. Dies gestehen Politiker häufig selbst zu — allerdings allzu häufig erst dann, wenn sie ihre Positionen nicht mehr innehaben, so zum Beispiel Jimmy Carter, Robert McNamara, Willy Brandt, Heinrich Albertz. Politiker sind von richtigen Informationen abhängig, um richtige Entscheidungen treffen zu können. Genauer: Sie sind von denen abhängig, die sie informieren. Hierzu Willy Brandt in einer Rede auf dem Evangelischen Kirchentag 1983 in Hannover: »Man wird abgeschirmt, ist Schmeicheleien und gefilterten Nachrichten ausgesetzt, *läßt* lesen und *läßt* schreiben und womöglich nachdenken.« Und mit Blick auf die Proteste gegen Rüstung und Umweltzerstörung sagte er: »Der Aufschrei draußen dringt allzu selten — und wenn, dann nur unvollständig — zu den Zentren der Macht. Die Umgebung — ich erwähnte es — schirmt ab, interpretiert auch manchmal ganz anders, als es der Wahrheit zuliebe und der Zukunft wegen geboten wäre.«[15]

Das Problem des unzulänglichen Informationsflusses und einer unzulänglichen Informationsverarbeitung wird noch eingehender behandelt werden (siehe Seite 35 ff.).

Als dritter Punkt ist in diesem Zusammenhang zu erwähnen, daß sich im politischen Raum nicht immer die menschlich und sachlich Qualifiziertesten durchsetzen. In der politischen Wirklichkeit — das heißt, wenn auch unter verschiedenartigen gesellschaftlichen Bedingungen, gleichermaßen in Ost und West — werden die politischen Führungsgruppen durch Parteien »gefiltert«. Um in einer Partei Karriere zu machen, bedarf es vielfältiger Qualitäten (und Zufälle), die nicht mit den wünschenswerten

Qualifikationsanforderungen an einen Politiker identisch sein müssen. Auch die Führungspositionen in den Bürokratien werden weitgehend von parteigebundenen Fachleuten eingenommen, für die das Gesagte in gleicher Weise gilt.

Schließlich ist festzustellen: Selbst dann, wenn Probleme richtig erkannt wurden, bedeutet dies noch lange nicht, daß auch angemessene Maßnahmen zu ihrer Lösung getroffen werden. Dies zeigen besonders deutlich so gewichtige Probleme wie die »Grenzen des Wachstums«, die Rüstung und das Verhältnis der Industriestaaten gegenüber der dritten Welt. Dies dokumentieren aber auch innergesellschaftliche Problemfelder wie etwa die Ausländerproblematik, Umweltbelastung, Schulkonflikte u. a. Einer angemessenen Lösung solch schwerwiegender Fragen scheinen gewichtige Interessen entgegenzustehen. Es berührt weltanschauliche Fragen, diese Interessen zu bestimmen, was in unserem Zusammenhang nicht ausgeführt werden kann. Aber sicher ist Willy Brandts Hinweis deutlich genug: »Regierungsmacht bedeutet noch nicht, daß man leichten Zugang hat zu weiten Bereichen der wirtschaftlichen, technischen und militärischen Entwicklungsbestimmung.«[16]

Die Theorie des pathologischen Lernens von politischen Systemen [17]

Um nun dem Problem der politischen Fehlentscheidungen systematischer nachgehen zu können, muß der Begriff der »Lernfähigkeit« eines politischen Systems eingeführt werden. Was ist damit gemeint?

Politische Entscheidungsträger — das schließt die Bürokratien immer mit ein — müssen sich fortlaufend gesellschaftlichen, wirtschaftlichen und vielfältigen anderen politischen Entwicklungen anpassen beziehungsweise wünschenswerte Entwicklungen fördern oder weniger wünschenswerte zu verhindern suchen. Dies alles setzt richtige Erkenntnisse und richtige Entscheidungen voraus. Die Umstände, den Verlauf und die Ergebnisse solcher Entscheidungen kann man als Lernprozesse verstehen.

Lernprozesse aber sind — wie wir aus eigenen Erfahrungen wissen — mal mehr, mal weniger erfolgreich. Die Feststellung gilt auch für soziale Systeme oder Teilsysteme wie Regierungen, Bürokratien, Aufsichtsräte, Parteivorstände, Verbandsführungen, Betriebsleitungen, Schulleitungen und so weiter, ja, sie gilt auch für gewaltfreie Aktionsgruppen oder für Bürgerinitiativen.

Was nun behindert Lernprozesse?

Ein Entscheidungssystem muß ständig drei Arten von Informationen erhalten beziehungsweise verarbeiten:

Informationen aus der Außenwelt

Gespeicherte Informationen aus der Vergangenheit

Informationen über sich selbst und die aktuelle Situation der Teile des Systems

Wird einer dieser Informationsflüsse behindert oder versiegt er sogar, so setzt ein Zerfall der Lernfähigkeit des Systems ein. Dies soll an einigen Beispielen aufgezeigt werden.

Ein Entscheidungssystem vernachlässigt zukünftige Ziele gegenüber gegenwärtigen.

Die Überbewertung der Gegenwart gegenüber der Zukunft wird unter anderem sinnfällig angesichts der Verschwendung von Rohstoffen und Energie in den westlichen Industriegesellschaften sowie der Ausbeutungsverhältnisse im internationalen Wirtschaftssystem. Für den CDU-Politiker Richard v. Weizsäcker, heute Bundespräsident, ist dieser Umstand Ausdruck für eine »Strukturschwäche der Parteiendemokratie«. Er schrieb als Regierender Bürgermeister von Berlin (West) 1982 in einem Aufsatz:

»Die Gründe für den wachsenden Ansehensverlust der Parteien liegen aber keineswegs nur in ihrer ungenierten Okkupation der staatlichen Ämter. Wichtiger noch ist die gegen die Parteien gerichtete krisenhafte Stimmungsverschlechterung, die durch eine besondere Strukturschwäche der Parteiendemokratie verursacht wird: Die politischen Lösungen, die die Parteien sich vornehmen, werden allzuoft weder regional noch zeitlich den Ursachen und Lösungserfordernissen der Probleme gerecht... Hierin liegt eine Strukturschwäche der Parteiendemokratie, die sich zu Lasten der Zukunft auswirkt. Die Leitidee der repräsentativen Demokratie, nämlich Regierungsmacht auf Zeit mit der Chance oder Gefahr des Wechsels durch Wahl, besitzt quasi eine automatische

36

Scheuklappenwirkung gegen die Zukunft. Die Regierung ist heute an der Macht. Die Opposition will morgen an die Macht. Also hat in den Augen der Regierung die Gegenwart das Übergewicht über die Zukunft. Es gilt geradezu, die Zukunft im Sinne der Opposition zu verhindern. Immer wieder muß eine Regierungspartei oder Koalition, zumal bei knappen Mehrheitsverhältnissen, Kompromisse suchen, um »am Ruder« zu bleiben. Die Verlängerung der Gegenwart wird zum alles beherrschenden Thema. Wer sorgt da noch für die Zukunft? Wer kann es da noch riskieren, um einer verantwortlichen Zukunftsvorsorge willen Vorschläge zu machen, die eine Belastung in der Gegenwart mit sich bringen und Streit im eigenen Lager auslösen könnten?...
Die Schwächen der Parteienstruktur und die Schwächen der Zeit und ihres Geistes üben eine Wechselwirkung aufeinander aus. Wir versuchen, uns eine bequeme Gegenwart zu Lasten der Zukunft zu machen. Wir belasten die Umwelt und verbrauchen natürliche Ressourcen, die später fehlen. Wir machen heute rechtlich verbindliche Zusagen für später, ohne zu wissen, wer ihre Kosten eines Tages erwirtschaften kann. Wir finanzieren die steigende Flut selbst ausgelöster oder nicht verantwortlich abgewehrter Gegenwartswünsche durch Schulden, die in der Zukunft fällig werden.«[18]

Ein Entscheidungssystem ist nicht in der Lage oder gewillt, aktuelle wichtige Informationen aus der Umwelt angemessen aufzunehmen und zu verarbeiten. Gespeicherte Informationen haben Vorrang vor neuen Informationen.
Für diese Erscheinung liefern Rüstungsprozesse hervorragende Belege. Im allgemeinen Bewußtsein wird Aufrüstung als ein Aktion-Reaktions-Verhalten verstanden, das heißt, Aufrüstung wird mit einem vorangegangenen Verhalten des vermeintlichen Gegners begründet. Das ist grundsätzlich falsch — Aufrüstungsentscheidungen werden unabhängig vom Verhalten des Gegners getroffen.
Allgemein beschrieb dies der ehemalige Generalsekretär der Vereinten Nationen U Thant im Oktober 1971:
»Oberflächlich könnte es den Anschein haben, daß die Anstrengung, die Qualität von Waffen zu verbessern oder die Bemühungen um eine Verteidigung gegen Waffen, einer logischen Folge von Stufen folgt, in welchen ein neues Waffensystem entwickelt wird, dann ein Gegenwaffensystem zur Neutralisierung der neuen Waffen entsteht und schließlich eine Gegen-Gegen-Waffe. Aber diese Stufen folgen weder gewöhn-

37

lich noch notwendigerweise einer rationalen Zeitabfolge. Die Menschen, welche Verbesserungen in der Waffentechnologie entwerfen, sind wiederum diejenigen, welche in der Regel die weiteren Schritte ins Auge fassen, welche ihrer Meinung nach unternommen werden sollten. Sie warten nicht darauf, daß ein potentieller Feind reagiert, ehe sie selbst wiederum auf eigene Schöpfungen reagieren.«[19]

Auf eine konkrete Rüstungsentscheidung bezogen, stellte Robert McNamara, Militärminister unter John F. Kennedy und Lyndon B. Johnson, diesen Sachverhalt 1967 in einer Rede dar:

»Einen Punkt möchte ich allerdings völlig klarstellen: Unsere derzeitige numerische Überlegenheit über die Sowjetunion an präzisen und wirksamen Sprengköpfen geht über unsere ursprünglichen Planungen hinaus und ebenso *über unsere eigentlichen Erfordernisse.* . .
Im Jahre 1961, als ich Verteidigungsminister wurde, besaß die Sowjetunion ein sehr kleines Arsenal einsatzbereiter Interkontinentalraketen. Aber es standen ihr sehr wohl die technischen und industriellen Möglichkeiten zu Gebote, um dieses Arsenal im Verlauf der folgenden Jahre beträchtlich zu vergrößern. Wir hatten keine Beweise, ob die Sowjets beabsichtigten, ihre Kapazität in vollem Ausmaß zu nutzen. Doch man muß sich . . . bei strategischen Planungen in seinen Berechnungen von konservativen Erwägungen leiten lassen. Das heißt, *man muß Vorsorge für den denkbar schlechtesten Fall treffen* und sich nicht damit zufrieden geben, auf den wahrscheinlichen zu hoffen, und dementsprechende Vorkehrungen treffen.
Da wir keine Gewißheit über die sowjetischen Intentionen hatten — wir wußten nicht, ob sie ihr Potential nicht erheblich verstärken würden —, mußten wir uns gegen eine solche Eventualität absichern, indem wir unsere eigenen Minuteman- und Polarisverbände wesentlich vergrößerten. So kam es, daß wir im Zuge der Schutzmaßnahmen gegen eine — damals nur theoretisch mögliche — sowjetische Kräfteballung Entscheidungen trafen, die unsere derzeitige Überlegenheit in der Anzahl der Sprengköpfe und der verfügbaren Megatonnen zur Folge hatten. Doch die nüchterne Tatsache bleibt bestehen, daß wir unser nukleares Arsenal einfach nicht in der gegenwärtigen Stärke hätten anzulegen brauchen, wenn wir genauere Informationen über die vorgesehenen strategischen Streitkräfte der Sowjets gehabt hätten.
Ich möchte hier ganz offen sprechen. Ich sage nicht, daß unsere Entscheidung im Jahre 1961 ungerechtfertigt war. Ich sage, daß sie durch den Mangel an präzisen Informationen bedingt wurde.«[20]

Während man im Zusammenhang mit der von McNamara

beschriebenen Situation noch zugestehen mag, daß es tatsächlich schwierig geworden war, genaue Informationen über das Verhalten der sowjetischen Politik zu bekommen, so beweist eine Bemerkung von Helmut Schmidt aus dem Jahre 1983, daß die gegenwärtige Reagan-Administration eine bewußte Informationsmißachtung zugunsten »antisowjetischer Ideologie« — Überbewertung von gespeicherten Informationen — betreibt:

»Die Vorstellung von der Sowjetunion, von ihrer inneren Struktur, von ihren geographischen und geschichtlichen Bestimmungsfaktoren war in den Vereinigten Staaten nie sehr weit entfaltet, und die Kenntnisse blieben wesentlich auf die amerikanische Ostküsten-Elite beschränkt. Seit dem (vorläufigen?) Ende ihres Einflusses auf die Außenpolitik — unter Carter begonnen und unter Reagan fast vollendet — tritt der rationale Ansatz zur Analyse der Strategie Moskaus immer mehr zurück. Die Auflösung des außenpolitischen Konsenses in Amerika beschwört jetzt die Gefahr herauf, daß an die Stelle der Ratio weitgehend antisowjetische Ideologie und an die Stelle von Politik weitgehend moralische Verurteilung gesetzt wird.«[21]

Ein Entscheidungssystem ist unfähig, gespeicherte Informationen angemessen anzuwenden und mit aktuellen Informationen zu kombinieren.
Hier haben wir es mit einer Erscheinung zu tun, die bereits angesprochen wurde und die nur noch kurz genannt zu werden braucht: Viele der aktuellen Konflikte sind Ergebnisse von Fehlplanungen aufgrund fehlerhafter Prognosen, wobei die Nichtberücksichtigung der Bedingungen und der Vielfalt menschlicher Verhaltensweisen (siehe »Jugendunruhen«) eine wichtige Rolle spielt.

Die Struktur eines Entscheidungssystems wird gegenüber den Ergebnissen, die es hervorbringt, überbewertet.
Für diesen Sachverhalt liefert die aktuelle politische Situation in der Bundesrepublik mit der sogenannten »Legitimation durch Verfahren« ein sehr anschauliches Beispiel. Dies bedeutet: Für die politischen Entscheidungsprozesse gibt es ein bestimmtes durch Verfassung und einschlägige Gesetze festgelegtes Verfahren, dessen grundlegendes Prinzip die Mehrheitsentscheidung

ist. — Man kann allerdings nicht umhin festzustellen, daß parlamentarische Entscheidungen in vielen Fällen gar keinen politischen Inhalt mehr haben, sondern häufig nur finanzielle Zustimmungen zu Vorhaben sind, die von den Bürokratien ausgearbeitet oder auf sogenannten »Gipfeltreffen« bereits beschlossen wurden.

Nun wird argumentiert: Wenn eine Entscheidung aufgrund eines rechtmäßigen Verfahrens zustande gekommen ist, dann gibt es keine berechtigte — legitime — Opposition mehr gegen diese Entscheidung. Hierzu ein Beleg:

»KEIN WIDERSTANDSRECHT GEGEN DIE DEMOKRATISCHE MEHRHEIT«
Erklärung Kohls zur Protestbewegung

Bonn (dpa). Der Oppositionsführer hat dem Anspruch bestimmter Gruppen auf ein Widerstandsrecht gegen parlamentarische Mehrheitsentscheidungen widersprochen. In einem Beitrag für die »Nordsee-Zeitung« schrieb Kohl, im Grundgesetz sei ein Recht auf Widerstand gegen demokratisch legitimierte Beschlüsse nicht vorgesehen. Die Verfassung kenne nur ein Recht auf Widerstand gegen alle Bestrebungen, die parlamentarische Demokratie aus den Angeln zu heben. Kohl wandte sich damit gegen Wortführer des Protests gegen den Ausbau des Frankfurter Flughafens. Er schrieb, mit Begriffen wie »ökologischer Bürgerkrieg« und »ökologischer Holocaust« sei versucht worden, den Haß auf die Rechts- und Verfassungsordnung sowie »aktiven Widerstand« gegen Mehrheitsentscheidungen der Parlamente zu rechtfertigen. »Radikale Minderheiten« wollten den Staat erpressen und damit lächerlich machen. *Der Tagesspiegel, Berlin, 9. Januar 1982*

Diese Argumentation berührt die Theorie und Praxis der gewaltfreien Aktion grundlegend, denn Akteure der Gewaltfreiheit erheben den Anspruch, auch gegen demokratische Mehrheitsentscheidungen Widerstand leisten zu dürfen — ein Problem, das im folgenden Kapitel eingehend dargestellt wird.

Ein weiteres Beispiel für die Überbewertung der Struktur gegenüber den Ergebnissen eines Entscheidungssystems liefern die vielfältigen politischen Gipfeltreffen (EG, sogenannte »Wirtschaftsgipfel«). Die Ergebnisse solcher Veranstaltungen sind seit Jahren banal, selbst gemessen an den Erwartungen der Beteiligten. Dennoch werden die nichtssagenden abschließenden Erklärungen in der Regel hoch eingeschätzt; nicht selten wird allein der Umstand als positiv bewertet, daß man überhaupt zusammengekommen ist.

Ein Entscheidungssystem ist nicht fähig, neue Verhaltensweisen zu lernen.
Dieser Mangel läßt sich am sinnfälligsten belegen durch das erschreckende Ausmaß, in dem politische Instanzen in Ost und West trotz der waffentechnischen Entwicklung noch immer militärische Gewaltanwendung für die Lösung von Konflikten vorbereiten, anwenden und rechtfertigen.

Der Verlust an Lernfähigkeit in dieser Hinsicht wird von dem amerikanischen Sozialpsychologen Jerome D. Frank in folgender Weise beschrieben:

»Seit den Tagen der Speere und Keulen haben die Waffen ihren Besitzern Kraft verliehen, sowohl scheinbar als auch tatsächlich. Die Vorstellung von der Kraft, die durch die nichtnuklearen Waffen hervorgerufen wurde, gründete sich auf tatsächliche Kraft; deswegen war es für die nationalen Führer realistisch, sie als eine Art Selbstbestätigung zu vereinnahmen, ihre wirklichen und möglichen Feinde einzuschüchtern und die Loyalität ihrer Verbündeten zu erhalten.
Die Kernwaffen haben die Verbindung zwischen Bewaffnung und Kraft in einer Hinsicht abrupt und permanent zerbrochen, aber nicht in einer anderen. Die vorgestellte und die tatsächliche Wirklichkeit stimmen immer noch darin überein, daß die strategischen Kernwaffen in der Hand des einen Gegners den anderen bedenklich bedrohen. Sie unterscheiden sich jedoch entschieden darin, daß über die von den USA und der UdSSR längst überschrittene Ebene hinaus die Ansammlung noch mächtigerer und weiter entwickelter strategischer Kernwaffen die Sicherheit aller Nationen einschließlich der Besitzer vermindert. Die Führer der Supermächte scheinen das verstandesmäßig zu erkennen, aber sie fahren fort, zu handeln, als wenn die Erwerbung von noch mehr Kernwaffen ihre nationale Macht erhöht hätte. Verstandesmäßig mögen sie im nuklearen Zeitalter stehen, aber gefühlsmäßig bleiben sie in den Tagen der Speere und Keulen zurück.«[22]

Schlußfolgerungen
Ein Entscheidungssystem, in dem die Informationsflüsse in der hier beschriebenen Weise behindert sind, zeigt einen »Zerfall

von Lernfähigkeit«. Ein äußeres Zeichen solchen Zerfalls sind Erscheinungen von Desorganisation im System selbst. Wer dies weiß, wird einen Hinweis von Willy Brandt richtig einordnen können, der sich auf die dominierende Rolle von Militärs bei politischen Entscheidungen in Ost und West bezieht:

»Ich kann diejenigen gut verstehen, denen angst und bange wird, wenn sie sich klarmachen, wovon hier die Rede ist. Und wenn sie Berichte über das heillose Durcheinander, ja das sachliche und personelle Chaos lesen oder hören, das dort anzutreffen ist, wo man die Schalthebel weltpolitischer Macht vermutet. Es gibt viel Grund zur Unruhe.«[23]

Ein desorganisiertes Entscheidungssystem fällt zwar noch Entscheidungen, aber diese Entscheidungen können die Probleme, auf die sie sich beziehen, nicht mehr wirklich lösen, das Lernen wird »pathologisch«, das heißt »krankhaft«. Zu den sinnfälligsten Beispielen solcher pathologischer Lernprozesse muß die Behauptung gezählt werden, daß Abrüstung nur aus einer Position militärischer Stärke heraus zu erreichen sei. Dies gehört seit Jahrzehnten zu den Grundannahmen in der internationalen Politik, wobei dahingestellt sein mag, ob diejenigen, die dies glauben machen wollen, nicht um die Lüge wissen. Zumindest, so sollte man meinen, hätte der Irrtum dieser Annahme mittlerweile erkannt werden müssen.

Lernen und gewaltfreie Aktion

Lernen ist eine Bezeichnung für aus Erfahrungen resultierende und zeitlich andauernde Verhaltensmöglichkeiten (»Ich kann schreiben«) und/oder Verhaltensänderungen (»Ich habe gelernt, meine Interessen zu vertreten«). Das menschliche Lernen ist eine überwiegend durch Einsicht und durch die Gesellschaft (Familie, Schule, Betrieb etc.) vermittelte Aneignung von Kenntnissen und Fertigkeiten, Überzeugungen und Verhaltensweisen. [24]
Die angemessene Lösung der Menschheitsprobleme setzt fraglos kollektive Verhaltensänderungen, also Lernprozesse, voraus. Nun haben die Menschen in ihrer Geschichte bereits eine Fülle

von Problemen bewältigt. Dies wird besonders in der Auseinandersetzung mit den Naturgewalten deutlich. Küstenbewohner haben beispielsweise zum Schutz vor Sturmfluten Deiche gebaut und notfalls erhöht und verstärkt: Sie haben auf eine Gefährdung reagiert. Man kann ein solches Verhalten demnach als »reaktives Lernen« bezeichnen. Es läßt sich sagen: In der Geschichte der Menschen überwiegt bei weitem das reaktive Lernen, wenn es um die Überwindung von Naturgefahren und sozialen Mißständen geht.

Heute ist die Menschheit in einer Situation, in der sich diese Art des Lernens zur Problemlösung nicht mehr eignet. Wir dürfen nicht zulassen, daß in den hochindustriellen Gesellschaften durch die gedankenlose Anwendung und Ausschöpfung aller technischen Möglickeiten die autonomen Regungen der Menschen vollends unterdrückt und kontrolliert werden; denn verunsicherte Menschen können nur noch pathologisch lernen.

Wir dürfen nicht warten, bis sich die Prognosen über die Umweltzerstörung bewahrheitet haben, weil dann die natürlichen Lebensgrundlagen der Menschen endgültig zerstört sind.

Wir dürfen nicht damit recht behalten, daß der Rüstungswahnsinn in den atomaren Krieg führt, weil es nach diesem Krieg nichts mehr zu lernen gibt.

Kurz: Heute müssen wir lernen, bevor das Kind in den Brunnen gefallen ist. Wir müssen die Gefahren erkennen und abwenden, bevor es nichts mehr zu erretten gibt. Unser Lernen muß vorausblickend werden oder — und dieser Begriff hat sich durchgesetzt — innovativ (lat. *innovare* = erneuern). So läßt sich von der Notwendigkeit »innovativen« Lernens sprechen.

Es sei die These vertreten:

Die gewaltfreie Aktion begünstigt durch den Verzicht auf Gewalt nicht nur innovatives Lernen, sie ist vielmehr ein Element im Lernprozeß selbst. Es gehört zu den grundlegenden Behauptungen der Gewaltfreiheitstheorie, daß zwischen Zielen und Mitteln von Aktionen ein unaufhebbarer Zusammenhang besteht. Auch wenn dies noch eingehender ausgeführt wird, so wird dieser Gesichtspunkt bereits hier mit einem Zitat von Martin Luther King verdeutlicht. King schreibt angesichts der Auffassung von Gewaltanhängern:

»Wenn ihr also eine gerechte Gesellschaft zu entwickeln sucht, sagen sie, dann ist die Hauptsache, daß ihr das erreicht, und die Mittel sind gänzlich unwichtig; jedes Mittel ist recht, wenn es euch nur ans Ziel bringt — es können gewalttätige, es können unwahre Mittel sein; es dürfen sogar unrechte Mittel zu einem gerechten Zweck sein. Leute, die das behaupten, gab es durch die ganze Geschichte hindurch. Aber wir werden niemals Frieden in der Welt haben, bevor die Menschen überall anerkennen, daß Mittel und Zweck nicht voneinander zu trennen sind; denn die Mittel verkörpern das Ideal im Werden, das Ziel im Entstehen, und schließlich kann man gute Zwecke nicht durch böse Mittel erreichen, weil die Mittel den Samen und der Zweck den Baum darstellen...
Wir müssen friedliche Zwecke mit friedlichen Mitteln verfolgen. All das will heißen, daß Mittel und Zwecke übereinstimmen müssen, weil das Ziel in den Mitteln bereits vorhanden ist, und destruktive Mittel können keine konstruktiven Ziele herbeiführen.«[25]

Es sind grundsätzlich drei Ansatzpunkte für die von gewaltfreien Aktionen ausgehenden Lernimpulse festzuhalten:

— Die Träger von gewaltfreien Aktionen müssen lernen, die menschlicheren Formen des gesellschaftlichen Zusammenlebens und deren Bedrohungen glaubhaft sichtbar zu machen.

— Die herrschenden Gruppen müsssen zumindest lernen, daß ihr Versuch, Vorrechte aufrechtzuerhalten und Zukunftsgefahren in Kauf zu nehmen, nicht mehr zu rechtfertigen ist.

— Die übrigen Teile der Bevölkerung müssen erkennen lernen, daß die Anliegen der gewaltfrei Kämpfenden auch *ihren* wohlverstandenen Interessen entsprechen (was im besten Fall auch für die Herrschenden gilt).

Die gewaltfreie Aktion regt soziale Lernprozesse an und fördert sie. Die gewaltfreie Aktion ist ein Medium sozialen Lernens. Vor dem Hintergrund dieses Anspruchs kritisiert die Gewaltfreiheitstheorie die Anwendung von Gewalt in gesellschaftlichen Konflikten, auch wenn emanzipatorische Ziele verfolgt werden. Denn Gewaltanwendung, von welcher Seite sie auch erfolgt, bedeutet für diese Gruppe immer, daß ihre Lernfähigkeit stark eingeschränkt ist. Sie muß ihren eigenen Standpunkt als richtig verabsolutieren. Die Willensbildungsprozesse in der Gruppe beginnen hierarchischen Strukturen zu folgen. Diese Behauptung widerspricht zwar dem Selbstverständnis gewaltsamer Revolutionäre, nicht aber den Beobachtungen in der Wirklichkeit. Die psychologische Voraussetzung für eine spontane, erst recht aber für eine geplante Gewaltanwendung ist die feste Überzeugung oder das starke Gefühl, vollständig im Recht zu sein und einem Gegner gegenüberzustehen, der genauso vollständig im Unrecht und darüber hinaus nahezu unbelehrbar ist. Dies entspricht jedoch äußerst selten den tatsächlichen Voraussetzungen und Verhältnissen. Auch die auf ihr »Bewußtsein« pochenden Revolutionäre müßten zugestehen, daß man selbst bei sorgfältigstem Bemühen um eine Analyse der Lage im Endergebnis nur über ein Teilwissen verfügen und damit unvermeidlich auch zu Fehlurteilen kommen kann. Wird erst einmal Gewalt angewendet, so wird für deren Träger die Versuchung fast unüberwindlich, auch die ansonsten mit ihnen sympathisierenden Kritiker dieser Aktionen mit eigenen Machtmitteln zum Schweigen zu bringen. Das führt zu pathologischen Lernprozessen in den gewaltausübenden Gruppen, weil wichtige Informationen nicht beachtet werden. [26]

Weitere Gesichtspunkte zur Gewaltkritik sind im Kapitel »Gegengewalt oder gewaltfreie Gegenmacht?« zusammengefaßt.

Gewaltfreie Aktion, repräsentative Demokratie und Widerstandsrecht

> Wo Recht zu Unrecht wird, wird Widerstand zur Pflicht.
>
> *Aktueller Slogan*

> Der gewaltfreie Widerstand ist der Schlüssel zum Problem der Freiheit im modernen Staat.
>
> *Richard Gregg*

Es sei an dieser Stelle nochmals betont: Die gewaltfreie Aktion ist eine Methode zur Veränderung gesellschaftlicher Verhältnisse — das schließt politische Verhältnisse mit ein. Sie ist aber insofern auch eine Methode gesellschaftlichen Widerstands, als Formen der gewaltfreien Aktion — unter anderem der Zivile Ungehorsam — praktiziert werden können, wenn es darum geht, gefährliche Entwicklungen abzuwenden. Es versteht sich für eine gewaltfreie Haltung von selbst, daß eine solche Bedrohung nicht nur subjektiv wahrgenommen, sondern öffentlich begründet und dokumentiert wird (siehe hierzu Seite 246 ff.).

Um den Begriff des Widerstands ist es zu einer Verwirrung gekommen. Die einen — nämlich jene, die sich gegen Rüstung, Umweltzerstörung und Ausweitung staatlicher Machtansprüche wenden — nehmen ihn bei ihren Aktivitäten in Anspruch; die anderen — die politisch Herrschenden — bestreiten, daß diese Aktionen zu Recht die Bezeichnung Widerstand verdienen. Die Verwirrung ist zunächst leicht aufzulösen: Hier werden zwei verschiedene Widerstandsbegriffe verwendet. Die einen verstehen Widerstand in erster Linie als »ein finales Abwehrverhalten, ein Sichversagen oder Entgegenstemmen gegen einen Ablauf, der als bedrohlich angesehen wird«[27]. Die anderen — zumeist die herrschenden Politiker und ihre intellektuellen Helfer — lassen lediglich den im Grundgesetz und in einigen Länderverfassungen gegebenen Widerstandsbegriff in seiner staatsrechtlich vorherrschenden engen Auslegung gelten. Die gewaltfreie direkte

Aktion kompliziert dieses Problem zudem dadurch, daß sie als Widerstandsmethode zwar die in einem politischen System bestehenden Entscheidungsprozesse zu beeinflussen sucht, dies aber außerhalb der dafür geschaffenen formalen verfassungsmäßigen Verfahren tut.

Damit ist eine Grundfrage berührt: Kann es in parlamentarischen rechtsstaatlichen Demokratien überhaupt ein Widerstandsrecht gegen demokratisch zustande gekommene Entscheidungen geben? Wie zu sehen war (Seite 40), verneint Helmut Kohl diese Frage, und entsprechende Äußerungen aus den Reihen von SPD und F.D.P. ließen sich leicht hinzufügen. Die gewaltfreie Konfliktaustragung scheint sogar unvereinbar mit der repräsentativen Demokratie zu sein. Ein Beispiel für diese These: Die »Neue Zürcher Zeitung« brachte in ihrer Auslandsausgabe vom 23./24. April 1978 ein Foto von der Besetzung des Baugeländes des Atomkraftwerkes Kaiseraugst. In der Bildunterschrift wurde der »starke Solidarisierungseffekt« in der Bevölkerung erwähnt. Der abschließende Satz lautete dann: »Gleichzeitig wurde die Öffentlichkeit mit den im demokratischen Rechtsstaat untolerierbaren Methoden der direkten gewaltfreien Aktion konfrontiert.«

Hinter solchen Auffassungen steckt ein bestimmtes Verständnis von repräsentativer Demokratie. Danach existiert eine verfassungsmäßige Festlegung auf die Formen des politischen Entscheidungsprozesses. Die Grundidee der repräsentativen Demokratie ist es, daß gesetzgeberische und andere politische Entscheidungen mehrheitlich durch gewählte Volksvertreter getroffen werden, die das Staatsvolk »repräsentieren«. Auch die Regierung ist von der Unterstützung durch die parlamentarische Mehrheit abhängig. Die Korrektur von Wahlentscheidungen ist für den Bürger in der Regel erst nach mehreren Jahren, nämlich bei der folgenden turnusmäßigen Wahl, möglich. In unterschiedlichem Ausmaß lassen die Verfassungen von repräsentativer Prägung auch direkte Wahlentscheidungen der Bürger zu, beispielsweise bei der Präsidentenwahl (USA, Frankreich) oder bei bestimmten Gesetzgebungsinitiativen (Schweiz). Unser Grundgesetz kennt solche Elemente direkter (plebiszitärer) Demokratie nur im Zusammenhang mit Gebietsentscheidungen.

Es kann daher nicht verwundern, wenn die herrschende verfassungsrechtliche Auslegung des Grundgesetzes, insbesondere des Artikels 20, ein enges Widerstandsverständnis zeigt.

Artikel 20 GG lautet:

(1) Die Bundesrepublik Deutschland ist ein demokratischer und sozialer Bundesstaat.

(2) Alle Staatsgewalt geht vom Volke aus. Sie wird vom Volke in Wahlen und Abstimmungen und durch besondere Organe der Gesetzgebung, der vollziehenden Gewalt und der Rechtsprechung ausgeübt.

(3) Die Gesetzgebung ist an die verfassungsmäßige Ordnung, die vollziehende Gewalt und die Rechtsprechung sind an Gesetz und Recht gebunden.

(4) Gegen jeden, der es unternimmt, diese Ordnung zu beseitigen, haben alle Deutschen das Recht zum Widerstand, wenn andere Abhilfe nicht möglich ist.

In einem der maßgeblichen Kommentare zum Grundgesetz, dem des Münchner Verfassungsrechtlers Theodor Maunz, wird das in diesem Artikel angesprochene Widerstandsrecht* in folgender Weise ausgelegt:

»Im Gegensatz zu einigen deutschen Landesverfassungen und zur Verfassung der DDR erwähnt das GG das naturrechtlichen Vorstellungen der Aufklärung entsprungene sog. Widerstandsrecht des einzelnen gegen verfassungswidrige Ausübung der Staatsgewalt nicht. Angesichts des dem GG zugrundeliegenden Systems der gegenseitigen Hemmung und des Gleichgewichts staatlicher Gewalten und des wirksamen Rechtsschutzes gegen Verfassungsverstöße und Verfassungsverfälschungen druch Staatsorgane erkennt die Rechtsprechung des BVerfG das Widerstandsrecht als ein auch der grundgesetzlichen Ordnung immanentes überstaatliches Grundrecht an, unterwirft aber seine Ausübung folgenden Einschränkungen: Ein Widerstandsrecht kann nur in konservierendem Sinn, d. h. als Notrecht zur Bewahrung oder Wiederherstellung der Rechtsordnung ausgeübt werden. Das mit dem Widerstand im Einzelfall bekämpfte Unrecht muß offenkundig sein (so bereits Art. 23 Abs. 3 der Verfassung von Berlin), und alle von der Rechtsordnung zur Verfügung gestellten Rechtsbehelfe müssen so wenig Aussicht auf wirksame Abhilfe bieten, daß die Ausübung des Widerstands das

---

* Der hier angesprochene Absatz 4 des Artikels 20 GG wurde im übrigen erst im Zusammenhang mit der Notstandsgesetzgebung im 17. Gesetz zur Ergänzung des Grundgesetzes am 24. Juni 1968 eingefügt.

letzte verbleibende Mittel zur Erhaltung oder Wiederherstellung des Rechts ist (vgl. BVerfGE 5, 85 Leitsatz 10).«[28]

Entsprechend kennzeichnet der Tübinger Verfassungsrechtler Günter Düring die Situationen, auf die das in Artikel 20 Absatz 4 des Grundgesetzes angeführte Widerstandsrecht abzielt, mit dem Stichwort »Generalstreik gegen den Kapp-Putsch«*. Und er erläutert hierzu:

»Charakterisiert ist diese Situation also durch den Ausfall der legitimen Staatsorgane schlechthin, nicht aber durch angeblich irriges Tun oder Unterlassen an sich handlungsfähiger legitimer Staatsorgane, an deren Stelle man die Verfassung und das, was man jeweils gerade von ihr erwartet, privatim gegen Mitbürger zu schützen habe.«[29]

Nun bestreiten Verfassungsrechtler dieser Schule nicht die Möglichkeit, daß beispielsweise der Gesetzgeber, gemessen an den Verfassungsnormen, falsche gesetzliche Bestimmungen beschließen kann. Wie könnten sie auch! In der Bundesrepublik hat es bereits eine Fülle von verfassungswidrigen Gesetzen oder Einzelbestimmungen in Gesetzen gegeben, wie das Bundesverfassungsgericht festgestellt hat. Und eben mit dem Hinweis der Kontrolle durch das Bundesverfassungsgericht, dessen Urteile häufig knappe Mehrheitsentscheidungen waren, wird die Berechtigung von Widerstand bestritten. So Düring:

»Und selbst wer in einem Verfahren vor dem höchsten Gericht unterliegt, ist deshalb noch längst nicht in der Gewissensnot einer Widerstandssituation.«[30]

Andererseits gibt es renommierte Juristen, die eben das bestreiten. Es sei hier auf Fritz Bauer verwiesen, der ab 1950 zunächst in Braunschweig und von 1956 bis 1968 in Frankfurt Generalstaatsanwalt war. Er schrieb zu dem hier diskutierten Teilproblem:

»Aber die Verfassungsbeschwerde macht Widerstandshandlungen nicht überflüssig; sie ist kein Allheilmittel. Deutschland, aber auch die übrige Welt, die Gefahr läuft, nur noch aus Robotern, Automaten und Platten-

---

* Kapp-Putsch: gescheiterter rechtsradikaler Putschversuch des Politikers Wolfgang Kapp gegen die Reichsregierung in Berlin im Jahr 1920 (siehe auch Seiten 221 u. 228 f.)

spielern zu bestehen, muß lernen, ›nein‹ zu sagen. Widerstandspflicht heißt nicht Pflicht zum Tyrannenmord, nicht Pflicht zu Aufständen und Gewalttaten. Der einzelne mag hierzu berechtigt sein, eine Pflicht zu Gewalttaten besteht nicht, wohl aber besteht eine Pflicht zur Gehorsamsverweigerung, wenn Verbrechen befohlen werden oder eine Verletzung der eigenen Menschenwürde oder der Menschenwürde anderer gefordert wird.«[31]

In diesem Sinne existiert in den Verfassungen dreier Bundesländer ein Widerstandsrecht: in Hessen, Bremen und Berlin. So heißt es beispielswcise in der Verfassung von Berlin in Artikel 23 Absatz 3:

»Werden die in der Verfassung festgelegten Grundrechte offensichtlich verletzt, ist jedermann zum Widerstand berechtigt.«

Selbstverständlich bietet auch diese Formulierung noch Spielraum für Interpretationen. Wann zum Beispiel ist ein Grundrecht »offensichtlich« verletzt? Wer stellt dies fest? Die politischen Machthaber werden dies kaum zugestehen. Was ist berechtigter Widerstand, selbst wenn eine Verletzung von Grundrechten allgemein unbestritten ist? Eine Vielzahl von Fragen. Man kann zu Recht bezweifeln, ob es überhaupt möglich ist, verfassungsrechtlich ein Widerstandsrecht festzulegen, das in einer Konfliktsituation von den jeweils Herrschenden anerkannt wird. Dies gilt um so mehr, wenn man sich verdeutlicht, daß die Voraussetzung für den Willen zum Widerstand auch gegen demokratisch zustande gekommene Beschlüsse eine Gewissensentscheidung ist — für gewaltfrei handelnde Oppositionelle geradezu unabdingbar.

Der Friedensforscher Heinz Rothenpieler hat auf einen wichtigen psychologischen Grund auf seiten derer hingewiesen, die ein Widerstandsrecht entweder gänzlich bestreiten oder ein solches Recht nur auf eine bestimmte Konfliktsituation, einen Staatsstreich etwa, angewendet wissen möchten.

»Ein Recht auf Widerstand beunruhigt all jene sehr stark, die als größte Sorge die Möglichkeit gesellschaftlicher Umstürze umtreibt. Ist doch die Vorstellung nicht ausgeschlossen, daß ein allgemein anerkanntes Recht auf Widerstand durch massenhafte Nichtzusammenarbeit die Bevölkerung jedes staatliche Gebilde zum Einsturz bringen lassen kann.

Angst vor Chaos und angeblicher Anarchie sind daher stets Argumente gewesen, ein Recht auf Widerstand allenfalls auf kleiner Flamme brennen zu lassen oder in der Ideologie ganz zum Verschwinden zu bringen. Beispiel dafür ist die südafrikanische Apartheidspolitik, welche in jeder Beziehung inzwischen durch Gesetze abgedeckt (ist), obwohl sie im totalen Widerspruch zu den allgemeinen Menschenrechten steht.«[32]

Für eine diskussionsfähige Herleitung des Rechts auf Widerstand in parlamentarischen Demokratien ist es notwendig, Gesichtspunkte anzuführen, die diesem Demokratieverständnis nicht zuwiderlaufen. Das Argument beispielsweise, die repräsentative Demokratie sei ein Instrument bürgerlicher Klassenherrschaft, und von daher sei im Sinne marxistisch-leninistischer Klassenkampftheorien Widerstand auch gegen demokratisch zustande gekommene Maßnahmen und Entscheidungen geboten — dieses Argument, wenn es denn eins wäre, kann nicht Grundlage der Auseinandersetzung sein, weil es einem anderen Denksystem (ein Diskussionsthema für sich) entspringt.

Das westliche Demokratieverständnis ist in Verbindung mit der Naturrechtslehre des 17. und 18. Jahrhunderts entstanden.* Kern dieser Lehre ist die Auffassung, daß der Mensch »von Natur aus« bestimmte Freiheitsrechte habe, die zu schützen die Aufgabe staatlicher Gewalt sei. Ein eindrucksvolles Beispiel für dieses Verständnis liefert die nordamerikanische Unabhängigkeitserklärung von 1776. Darin heißt es:

»Folgende Wahrheiten erachten wir als selbstverständlich: daß alle Menschen gleich geschaffen sind; daß sie von ihrem Schöpfer mit gewissen unveräußerlichen Rechten ausgestattet sind; daß dazu Leben, Freiheit und das Streben nach Glück gehören; daß zur Sicherung dieser Rechte Regierungen unter den Menschen eingesetzt werden, die ihre rechtmäßige Macht aus der Zustimmung der Regierten herleiten; daß, wenn immer irgendeine Regierungsform sich als diesen Zielen abträglich erweist, es Recht des Volkes ist, sie zu ändern oder abzuschaffen und eine neue Regierung einzusetzen...«[33]

---

* Es ist aufschlußreich, daß Theodor Maunz in seiner Auslegung des Grundgesetzes diesen Zusammenhang gerade zurückweist. Hier wäre zu fragen, in welcher Tradition unser Demokratieverständnis denn stehen soll, wenn nicht in der des Naturrechts.

Hier ist ganz unzweideutig ein Widerstandsrecht formuliert: Wenn eine Regierung Leben, Sicherheit, Freiheit, Eigentum — und was immer zu den Naturrechten zählt — seiner Bürger nicht mehr schützen kann, dann ist Widerstand berechtigt. Es liegt die Frage nahe, ob die Regierungen unserer Zeit nicht nur diese Rechte nicht mehr schützen können, sondern ob nicht vielmehr von den Regierungen und ihren Bürokratien selbst eine Bedrohung dieser Rechte ausgeht — durch Rüstungswahn, durch Rücksichten auf Profitinteressen, durch Beteiligung an Ausbeutung und Unterdrückung und durch die Ausweitung ihrer Kontrollmöglichkeiten über Menschen.

Was nun das Argument betrifft, die in einem demokratischen Verfahren unterlegene Minderheit habe die Mehrheitsentscheidung zu respektieren, so gilt dies auch nach demokratischem Selbstverständnis nur bedingt. Nirgendwo steht geschrieben, daß nach einer gesetzgeberischen oder einer anderen politischen Entscheidung der mit ihr verbundene Willensbildungsprozeß nicht weitergeführt werden darf. Jede parlamentarische Opposition behält sich für den Fall des Regierungsantritts vor, Maßnahmen der vorherigen Regierung wieder zu ändern; im Prozeß des Machtwechsels zwischen Parteien — kein Politiker wird dies bestreiten — ein normaler Vorgang. Allerdings: Der politische Willensbildungsprozeß ist kein Monopol der Parteien, auch wenn Parteipolitiker das häufig anzunehmen scheinen. Artikel 21 Absatz 1 des Grundgesetzes lautet: »Die Parteien wirken bei der politischen Willensbildung des Volkes mit.« Den politischen Parteien wird also ein Mitwirkungsrecht zugestanden. Ansonsten wird die Willensbildung in der Praxis von einer Vielzahl von Interessengruppen mitgeprägt.

Grundsätzlich hat aber jeder Bürger das Recht — wenn auch nicht unbedingt die Chance —, sich an der politischen Willensbildung zu beteiligen. Und wo Bürger den Eindruck haben, daß durch zu erwartende oder bereits getroffene politische Mehrheitsentscheidungen ihre Interessen und Bedürfnisse nicht ausreichend berücksichtigt, möglicherweise sogar verletzt werden, da steht auch ihnen selbstverständlich das Recht zu, auf den Entscheidungsprozeß einzuwirken sowie gegebenenfalls der parlamentarischen Entscheidung zu »widerstehen« und somit den politischen Willensbildungsprozeß in der jeweiligen Frage gleichsam fortzusetzen.* Hierbei können sie sich auf verfassungsmäßige Rechte stützen: auf die Meinungsfreiheit (Art. 5 Abs. 1 GG) und die Versammlungsfreiheit (Art. 8 Abs. 1 GG), auf das Petitionsrecht (Art. 17 GG) und auf das Recht, Vereine und Gesellschaften zu bilden (Art. 9 GG). Schließlich dürfen sie sich auf den Grundsatz der Volkssouveränität berufen. Durch diese grundgesetzlichen Regelungen ist im übrigen das Wirken von Bürgerinitiativen und gewaltfreien Aktionsgruppen gesichert.

Das Widerstandsrecht in Demokratien läßt sich schließlich mit geschichtlichen und aktuellen Erfahrungen weiter begründen. Denn in Vergangenheit und Gegenwart gibt es eine Fülle von Beispielen dafür, daß die parlamentarische Mehrheitsdemokratie für weite Teile der Bevölkerung die Menschenrechte nicht sichern konnte oder wollte. Große Gruppen der Bevölkerung wurden sogar von der Beteiligung am politischen Geschehen ausgeschlossen. Mehr noch:

».. . selbst dort, wo alle Erwachsenen zur Wahl zugelassen sind, kann die Mehrheit elementare Rechte der Minderheit verletzen. Die Schwarzen und Indianer haben es in Amerika, die Juden, die Zigeuner sowie — wechselnd — die Protestanten und die Katholiken in Europa häufig erfahren. Auch die sozialen Fragen der europäischen Industrialisierung hat der demokratische Rechtsstaat allein nicht gelöst. Dazu kommen Unterdrückung sprachlicher Minderheiten und anderer Gruppen. Heute könnten es unsere Kinder und Kindeskinder sein, denen wir durch die Energie- und Umweltpolitik grobes Unrecht zufügen. Kurz: Definiert durch Herrschaft der Gesetze, staatliches Gewaltmonopol und Mehrheitsentscheid, ist der demokratische Rechtsstaat eine gute, ja sogar eine *unabdingbare Grundlage* für die Gewährleistung der Menschenrechte; *eine sichere Garantie* ist er jedoch nicht.«[34]

* Dies hat der breite Widerstand gegen das Volkszählungsgesetz 1983 gezeigt, das 1982 vom Deutschen Bundestag einstimmig beschlossen worden war. Es ist kennzeichnend, daß die herrschenden CDU/CSU-Politiker diejenigen, die diesem Gesetz durch die Ankündigung von Zivilem Ungehorsam Widerstand entgegensetzten, diskriminierten. Und es ist denkwürdig, daß sie es nicht für nötig hielten, sich zu entschuldigen, als das Bundesverfassungsgericht den Kritikern im wahrsten Sinne des Wortes »Recht« gab.

Es wäre zu ergänzen, daß die Instrumente des staatlichen Gewaltmonopols, nämlich Polizei und Armee, zwar ihrem Selbstverständnis nach der Sicherung der bürgerlichen Freiheiten dienen, daß sie diese Freiheiten aber auch ständig latent gefährden und in der politischen Wirklichkeit häufig genug tatsächlich aufs Spiel setzen. Diese Feststellung läßt sich ebenso im Hinblick auf die Arbeit der Geheimdienste und der Bürokratien — Stichwort Datensammlung — immer wieder erhärten.

Es kann also nicht bestritten werden, daß selbst in rechtsstaatlichen parlamentarischen Demokratien Situationen eintreten können, die Widerstand erfordern, ohne daß damit zugleich eine unmittelbare aktuelle Gefährdung der demokratischen Staatsstruktur verbunden sein muß.

Die nachgewiesene Legitimität von Widerstand auch in Demokratien rechtfertigt jedoch nicht jede Art von Widerstandshandlungen. Denn zweifellos bedeutet die parlamentarische Demokratie einen Fortschritt in der historischen Entwicklung gesellschaftlicher Willensbildungsprozesse. Es kann kein sinnvolles politisches Ziel sein, diese Form von Demokratie abzuschaffen oder auch nur zu schwächen, es muß vielmehr angesichts ihrer zweifellos bestehenden Strukturdefekte darum gehen, den Grundsatz der Volkssouveränität zu stärken, indem die Möglichkeiten einer direkten Einflußnahme und Beteiligung der Betroffenen am politischen Willensbildungsprozeß erweitert und akzeptiert werden.[35]

Widerstandshandlungen in der parlamentarischen Mehrheitsdemokratie haben die Achtung vor dem geschichtlichen Fortschritt zu wahren, der in dieser Staatsform begründet liegt, auch wenn die Herrschenden demokratische Grundsätze häufig selbst mit Füßen treten. Eine Widerstandspraxis sollte daher hinsichtlich ihrer jeweiligen aktuellen Rechtfertigung und ihrer Erscheinungsformen bestimmten Anforderungen genügen. Der Schweizer Ethiker Otfried Höffe hat sie zusammengefaßt. Dabei wird deutlich, daß die gewaltfreie Aktion diesen Bedingungen genügt. (Siehe auch »Die gewaltfreie Aktion als Gegenmacht«)

»Ein *Widerstandsrecht* ist nur dort zulässig, wo die Fortentwicklung des demokratischen Rechtsstaats zum demokratischen und sozialen Verfassungsstaat versagt, wo also schon die erste Bedingung, die einer *krassen Ungerechtigkeit* erfüllt ist. Eine Schwierigkeit zeitgenössischer Politik liegt nun darin, daß manche diese Situation gegeben sehen, da sie durch gewisse Entscheidungen die Integrität menschlichen Lebens bedroht und die Gerechtigkeit gegenüber künftigen Generationen massiv verletzt sehen. Aber selbst dann, wenn sie recht haben sollten, muß *auch die andere Bedingung* erfüllt sein, nämlich daß *alle legalen Mittel* sich über einen längeren Zeitraum als *wirkungslos* erwiesen haben, was nichts anderes bedeutet, als daß die verfassungsmäßige Ordnung unserer konstitutionellen Demokratien schon korrumpiert wäre.

Nun wissen wir alle, *daß das Bestehen der einen wie der anderen Bedingung einfach behauptet werden kann,* obwohl man nur den persönlichen Vorteil sucht. Deshalb setzt das Widerstandsrecht als dritte Bedingung einen *Aufrichtigkeitstest* voraus: die Bereitschaft, *auch Nachteile in Kauf* zu nehmen, sich gegebenenfalls festnehmen und bestrafen zu lassen. Doch selbst unter dieser weiteren Voraussetzung ist nicht jede Form von Widerstand legitim. Die immer wieder vertretene Meinung, der Zweck heilige die Mittel, gilt hier wie andernorts nicht. Denn ein Mittel wie die Gewalt ist ja nicht zweckneutral. Es ist selbst zweckrelevant, da es gegen andere Zwecke verstößt, und zwar oft genug gegen Zwecke, in deren Namen man glaubt Gewalt anwenden zu dürfen. So verstößt die Verletzung von Unschuldigen, besonders in ihrem Leben und in ihrer körperlichen Unversehrtheit, massiv gegen die Menschenrechte. Sie ist ungerecht und daher kein legitimes Mittel des in Demokratien allein zulässigen Widerstandes, *nämlich eines Widerstandes im Namen der Gerechtigkeit und der Menschenrechte.*«[36]

Die Diskussion um ein Widerstandsrecht in der Demokratie, wie sie in der Bundesrepublik von den politisch Herrschenden geführt wird, zeigt allzu deutlich jenen Mangel an politischer Kultur in unserer Gesellschaft, der daraus erwachsen ist, daß die Demokratie in Deutschland nicht das Ergebnis revolutionärer Entwicklungen ist, sondern die Folge zweier militärischer Niederlagen. Dies hat zu einer ungerechtfertigten Überbetonung der formalen Elemente des demokratischen Verfahrens unter Vernachlässigung der Wesensmerkmale von Demokratie geführt. Demokratie ist kein Zustand, wie viele glauben machen wollen, sondern ein Weg (siehe auch Seite 194 ff.). Und der Weg ist bekanntlich besser als die Herberge.

Macht und Herrschaft

> Ihr habt bis auf diesen Tag geglaubt, es gäbe Tyrannen! Vernehmt, daß Ihr Euch getäuscht habt. Es gibt nur Sklaven: Keiner befiehlt, wo niemand gehorcht.
>
> *Anselm Bellegarrigue**

»Macht richtig verstanden, ist die Möglichkeit, etwas zu erreichen. Sie ist die Stärke, die man braucht, um soziale, politische oder wirtschaftliche Veränderungen herbeizuführen.«[37]

So erläuterte einer der bedeutendsten Praktiker und Theoretiker des gewaltfreien Kampfes den Begriff »Macht«, nämlich Martin Luther King. Diese Kennzeichnung berührt eine Grundannahme der Theorie der Gewaltfreiheit: Durch gewaltfeie Aktionen können selbst gegen scheinbar festgefügte politische Gewaltstrukturen und gegen scheinbar unabwendbare menschheitsgefährdende politische, wirtschaftliche oder ökologische Entwicklungen und damit zusammenhängende vorherrschende politische und gesellschaftliche Lehren Veränderungsprozesse eingeleitet und letztlich auch bewirkt werden. Mit gewaltfreien Aktionen kann Gegenmacht entwickelt werden. Diesen Umstand haben Theoretiker der Gewaltfreiheit häufig bereits in den Titeln von Büchern zum Ausdruck gebracht. Hier sei zum einen hingewiesen auf eine der frühen Darstellungen zur gewaltfreien Aktion: Richard B. Gregg, »Die Macht der Gewaltlosigkeit«[38], zum anderen auf den Sammelband von Theodor Ebert und Hans-Jürgen Benedict mit dem Titel »Macht von unten«[39].

Wenn die Annahme der Theorie der Gewaltfreiheit stimmt — man kann auch von einer »These« sprechen —, muß durch eine Analyse von Macht- und Herrschaftsverhältnissen aufgezeigt

---

* Anselm Bellegarrigue (Lebensdaten unbek.), französischer libertärer Sozialist; hatte in den Revolutionsjahren 1848—51 in Paris publizistischen Einfluß

werden können, wo gleichsam die Hebel der gewaltfreien Aktion anzusetzen sind, um bestehende Machtverhältnisse, die menschlichen Fortschritt behindern, aufzuweichen und die Voraussetzungen für politische und gesellschaftliche Veränderungen zu schaffen.

In den Sozialwissenschaften bezieht man sich immer wieder auf jene Definition des Begriffs »Macht«, die der deutsche Soziologe Max Weber (1864—1920) formuliert hat und die wegen ihrer grundlegenden Bedeutung auch hier zunächst angeführt werden soll. Danach bedeutet Macht »jede Chance, innerhalb einer sozialen Beziehung den eigenen Willen auch gegen Widerstreben durchzusetzen, gleichviel worauf diese Chance beruht«[40]. Diese Begriffsbestimmung betrifft alle gesellschaftlichen Bereiche, denn es ist allgemein von sozialen Beziehungen die Rede. Dabei kann es sich ebenso um eine Familie handeln wie um ein Wirtschaftsunternehmen, um einen Sportverein wie um eine Schule, eine Verwaltung oder eine Regierung.

Macht ist also die Möglichkeit, anderen Menschen gegenüber seinen Willen durchzusetzen, auch wenn die Betroffenen sich dem möglicherweise widersetzen. Die Definition von Max Weber sagt nichts über die Bedingungen und Mittel, wodurch einzelne oder Gruppen überhaupt erst in die Lage versetzt werden, in dieser Weise zu handeln. Denn es heißt: ». . . gleichviel worauf diese Chance beruht.«

Im Zusammenhang mit der gewaltfreien Aktion ist es notwendig, den Begriff »Macht« im Hinblick auf die Politik näher zu bestimmen. Dabei verwenden wir die Definition des bereits zitierten Sozialwissenschaftlers Gene Sharp, der zu den wichtigsten Theoretikern der gewaltfreien Aktion zählt:

»Politische Macht ist jene Form der Macht, die für politische Ziele gebraucht wird, insbesondere durch Regierungseinrichtungen oder durch Menschen und Gruppen, die gegen die jeweilige Regierung opponieren oder diese unterstützen.«[41]

Was aber soll unter »Politik« verstanden werden?

Politik ist die Gesamtheit aller Verhaltensweisen, die darauf abzielen, bestimmte Ziele und Zwecke für alle Mitglieder einer

Gesellschaft verbindlich durchzusetzen.

Nach diesen Begriffsbestimmungen zunächst einige grundsätzliche Überlegungen zum Phänomen Macht:

Viele Menschen haben sicherlich den Eindruck, der bewußt oder unbewußt von Medien — Zeitungen, Illustrierten, Funk, Fernsehen, Film — genährt wird, sie selbst und andere seien abhängig von dem Wohlwollen, den Entscheidungen und der Unterstützung ihrer Regierung oder irgendeines hierarchischen Systems — Fabrik, Verwaltung, Schule und so weiter. Hier wird Macht als etwas betrachtet, das von den wenigen ausgeht, die an der Spitze der Entscheidungs- und Befehlsstellen stehen.

Dagegen steht die Auffassung, daß die Regierung oder irgendein anderes gesellschaftliches Teilsystem abhängig ist von den Verhaltensweisen, den Entscheidungen und der Unterstützung der betroffenen Menschen. Macht ist danach eine Erscheinung, die fortwährend — und zwar in allen Regierungsformen — aus vielen Bereichen einer Gesellschaft erwächst.

Man kann Macht also einerseits als etwas ansehen, das sich immer wieder selbst erneuert, das dauerhaft ist und nicht so leicht und auch nicht kurzfristig beeinflußt oder gar aufgelöst werden kann.

Und man kann andererseits der Meinung sein, daß Macht zerbrechlich ist, daß sie zu ihrer Aufrechterhaltung und Durchsetzung bestimmter Mittel bedarf, von denen sie abhängig ist, und daß sie nur durch eine ständige Erneuerung ihrer Wurzeln bestehen kann. Die Wurzeln aber liegen im Zusammenwirken einer Vielzahl von Menschen und Institutionen — einem Zusammenwirken, das man fortsetzen kann oder auch nicht. Die Theorie der gewaltfreien Aktion geht von dieser Auffassung aus.

Wie Machtverhältnisse entstehen

Auf welche Weise Machtverhältnisse entstehen können, soll an einem Gedankenspiel aufgezeigt werden[42]: Auf einer Schiffsreise wird die Freude der Passagiere durch einige Ausstattungsmängel des Schiffs getrübt, unter anderem durch die geringe Anzahl von Liegestühlen; es gibt etwa nur ein Drittel soviel wie Passagiere. In den ersten Tagen der Kreuzfahrt hat es sich eingespielt, daß ein verlassener Liegestuhl als frei gilt und jedem anderen Passagier zur Verfügung steht. Symbole (etwa Taschen, Handtücher, Zeitungen), mit denen man die Liegestühle »belegen« könnte, werden nicht anerkannt.

Dann wechseln in einem Hafen die Passagiere in größerer Zahl, etwa zu zwei Dritteln. Diese Situation nutzen jene, die schon von Beginn der Reise auf dem Schiff sind, um sich die Liegestühle »anzueignen«. Sie gruppieren die Liegestühle zu einer Art »Wagenburg«, so daß für die Neuankömmlinge schon optisch der Eindruck eines erschwerten Zugangs und einer »geschlossenen Gesellschaft« entsteht. Nähert sich ein Neuankömmling dennoch einem freigewordenen Liegestuhl, so wird er durch erregte Gesten und durch Zurufe der Liegenden zurückgewiesen. Schließlich werden nichtbesetzte Stühle zusammengeklappt und so in einer Ecke des Schiffs gelagert, daß sie nur erreicht werden können, wenn man durch die Reihen der Ruhenden geht. Jeder Neuankömmling, der das unternimmt, muß in Kauf nehmen, beschimpft, möglicherweise sogar bedroht zu werden. So sind auf dem Schiff zwei Gruppen von Passagieren entstanden: Die einen haben eine Verfügungsgewalt über die Liegestühle (Besitzer); die anderen haben keinen Zugang zu diesem begehrten Gebrauchsgut (Besitzlose).

Nun kann man nicht den ganzen Tag in einem Liegestuhl verbringen, und möglicherweise will man das auch nicht. Da haben einige der Besitzer die Idee, ihre Liegestühle zeitweise an Besitzlose zu vermieten. Andere, und dieses Beispiel wird zunehmend nachgeahmt, verbinden mit dem vorübergehenden Überlassen eines Liegestuhls den ausdrücklichen Auftrag an den Besitzlosen, als Wächter tätig zu sein. Dies entlastet die Besitzenden bei der Verteidigung ihrer Liegestühle gegen die Besitzlosen.

So hat sich also auf dem Schiff eine dritte Gruppe von Passagieren gebildet, die der Wächter. Die Wächter besitzen selbst keinen Liegestuhl, kommen aber dadurch, daß sie die Besitzenden bei der Bewahrung des Besitzstandes unterstützen, in den Genuß der damit verbundenen Bequemlichkeit. Den Nur-Besitzlosen kann nun der Vorwurf gemacht werden, auch sie könnten an dieser Bequemlichkeit teilhaben, wenn sie sich den Besitzenden nur dienstbar machen würden.

Unser Beispiel veranschaulicht einen Prozeß von Machtbildung. Ein Machtverhältnis ist auf dem Schiff offenbar dadurch entstanden, daß eine Gruppe in der Lage war, organisatorische Maßnahmen zu ergreifen, um ein Vorrecht aufzubauen und zu bewahren. Das Beispiel hat selbstverständlich nur einen begrenzten Anschauungswert. In der sozialen Wirklichkeit spielt die Fähigkeit, ein Vorrecht gegebenenfalls auch gewaltsam aufrechterhalten zu können und dies mit einer entsprechenden Gesellschaftslehre überzeugend zu verbinden, sicher eine wichtige Rolle. Dennoch sollen im Rahmen unseres Beispiels noch einige weiterführende Überlegungen angestellt werden.

Die dargestellte Entwicklung war in keiner Weise zwangsläufig. Es ist anzunehmen, daß die Besitzergreifung an Deck nicht geglückt wäre, wenn die Neuankömmlinge unmittelbar nach Betreten des Schiffs gemeinsam, also als zahlenmäßig weit stärkere Gruppe, die Verfügungsgewalt der »Okkupanten« über die Liegestühle in Frage gestellt hätten. In dieser Phase wäre die Inbesitznahme weder zu rechtfertigen noch gewaltsam durchzusetzen gewesen. Weiter darf vermutet werden, daß die Besitzenden ihr Vorrecht nicht hätten bewahren können, wenn es ihnen nicht gelungen wäre, sich aus der Gruppe der Besitzlosen Verstärkung zu holen.

Ist erst einmal die beschriebene Situation eingetreten, sinkt für die Besitzlosen die Chance, die Eigentumsverhältnisse verändern zu können, nahezu auf Null. Sie haben zwar nach außen hin eine

Gemeinsamkeit der Interessen. Damit ist aber nicht zugleich eine Handlungsstrategie zur Durchsetzung dieser Interessen verbunden. Unklar ist zudem, wie eine neue, eine gerechtere Ordnung aussehen könnte. Insbesondere die Wächter werden sich fragen, ob ihnen eine Veränderung der Besitzverhältnisse tatsächlich Vorteile bringt. Ungleich einfacher haben es da die Besitzenden. Denn ihr Interesse ist die Wahrung eines bestehenden Vorrechts, von dem sie profitieren. Sie spüren den Nutzen wechselseitiger Unterstützung unmittelbar.

Wir können festhalten: Ein Element der Machtausübung ist anscheinend eine (sachbedingte) überlegene Organisationsfähigkeit der Privilegierten, zwischen denen sich eine Solidaritätsbeziehung herausgebildet hat. Die Unterprivilegierten haben es ungleich schwerer, ein über die bloße Ablehnung eines Zustandes hinausgehendes, das heißt konstruktives Verhalten zu entwickeln. Das Beispiel dokumentiert auch, daß die Privilegierten nicht nur durch wechselseitige Unterstützung ihre Machtposition aufbauen, sondern daß sie sich aus den Reihen der Nichtbesitzenden Helfer nehmen. Hier ist im Ansatz zu erkennen, daß mit Machtausübung ein gesellschaftlicher Staffelungsprozeß verbunden ist, in dem Gruppen der Nichtbesitzenden von den Besitzenden zur Machtausübung herangezogen werden. Erst auf diese Weise gelingt die andere ausschließende — exklusive — Verfügungsgewalt über ein begehrtes Gut.

Was Herrschaft ist und wie sie entstand

Machtausübung und Herrschaftsbeziehungen sind eng miteinander verflochten. Wenn nämlich Machtverhältnisse über einen längeren Zeitraum hin aufrechterhalten werden konnten und für die Betroffenen den Charakter des Selbstverständlichen angenommen haben, wenn eine sogenannte »Machtbalance«[43] entstanden ist, kann man von Herrschaftsverhältnissen sprechen. Die Verfestigung von Machtbeziehungen zu Herrschaftsstrukturen setzt voraus, daß die Beteiligten bestimmte Verhaltensweisen

»erlernen«, die die Herrschaftsverhältnisse auch äußerlich zum Ausdruck bringen.[44] So entstehen beispielsweise Symbole und Gesten der Herrschaft ebenso wie solche der Unterwerfung und des Dienens. Und es bilden sich gesellschaftliche Einrichtungen und Formen der Konfliktregelung heraus, die Ausdruck der sich verfestigenden und schließlich existierenden Herrschaftsverhältnisse sind. In den Sozialwissenschaften wird dieser Prozeß als »Institutionalisierung« bezeichnet, wobei unter »Institutionen« gesellschaftliche und politische Einrichtungen verstanden werden, in denen dauerhafte und geregelte Beziehungen herrschen. Gesellschaftliche Institutionen sind etwa die Familie oder Erziehungseinrichtungen; zu den politischen Institutionen gehören beispielsweise Herrschaftsorgane, Stände, Parteien, Wahlsysteme. Die Verbindlichkeit der institutionellen Verhaltensweise wird häufig durch rechtliche Regelungen gefestigt. Mit der Institutionalisierung von Machtverhältnissen bilden sich gesellschaftliche Lehren heraus, die die Herrschaftsverhältnisse entweder verschleiern oder den Beherrschten den »Sinn« der Herrschaftsbeziehungen vermitteln sollen: die »Ideologien«. Niemand wird schließlich längere Zeit eine untergeordnete Rolle ausüben und Anordnungen ausführen, wenn er sich dazu gezwungen fühlt. Er muß vielmehr seine Unterordnung als notwendig und sinnvoll anerkennen. Sie muß durch eine überzeugende Idee gerechtfertigt oder begründet sein:

— Die Sklaverei wurde zur Gottesstrafe erklärt wegen der Sündhaftigkeit der Menschen.

— Viele Untertanen gehorchten dem Fürsten, weil sie glaubten, dieser sei durch die Gnade Gottes zum Herrn geboren wie sie selbst zum Dienen.

— Die gesellschaftlichen Beziehungen werden mit den Körperprozessen eines Lebewesens verglichen: Hier bestehe zwischen Herrschern und Beherrschten eine natürliche organische Arbeitsteilung.

— Viele Bürger unterwerfen sich widerspruchslos jeder Behördenentscheidung, weil es für sie unvorstellbar ist, daß staatliche Stellen unrechtmäßig handeln könnten.

Mit solchen herrschaftsfreundlichen Lehren (»Ideologien«) geht, zumeist auf einem niedrigen Bewußtseinsniveau, Konsensbildung einher. Institutionalisierung und Konsensbildung sind eng miteinander verknüpft:

»Von den in einer Institution kooperierenden Individuen wird die grundsätzliche Übereinstimmung über bestimmte Verhaltensformen und -erwartungen (›Spielregeln‹) vorausgesetzt, die einen — innerhalb der jeweiligen Institution — Konsens schaffen. Diese Übereinstimmung bildet die gemeinsame Grundlage des Handelns aller in Institutionen lebenden Mitglieder. Werden in Institutionen Entscheidungen getroffen, so erfolgt in der Regel deren Anerkennung durch die von diesen Entscheidungen Betroffenen. Die Legitimierung von Entscheidungen durch Zustimmung oder Akzeptierung als (auch in ihren Konsequenzen) verbindlich für *alle* Mitglieder gehört zu den wichtigsten Funktionen einer Institution.«[45]

Fassen wir zusammen:
Unter Herrschaft sind menschliche Beziehungen zu verstehen, die Ausdruck einer institutionellen Verfestigung von Machtverhältnissen sind und die eine dauerhafte, zumeist durch Rechtsbeziehungen geregelte Über- und Unterordnung zum Ziel haben, wobei die gesellschaftliche Ungleichheit durch ideelle Begründungen verschleiert beziehungsweise gerechtfertigt wird.
Man muß sich vergegenwärtigen, daß Menschen — entgegen unserem Beispiel über die Herausbildung eines Machtverhältnisses — in jeweils bestehende Herrschaftsbeziehungen hineingeboren und hineinerzogen werden. Viele Verhaltensweisen, die gegebene Herrschaftsverhältnisse stützen, werden erlernt und verinnerlicht, längst bevor ein Mensch überhaupt kognitiv in der Lage ist, diese Verhältnisse zu durchschauen. Hierbei spielt, wie noch zu sehen sein wird, der soziale Wert des Gehorsams eine entscheidende Rolle.
Zu der Frage, wie Herrschaftsverhältnisse im Verlauf der Menschheitsgeschichte tatsächlich entstanden sind, gibt es im wesentlichen nur Vermutungen. Als einleuchtend gelten folgende Erklärungsversuche[46]:
Die Lebensbedingungen des Menschen waren zu Beginn seiner Geschichte durch Mangel gekennzeichnet:

an ausreichender Nahrung,
an Kenntnis über Menschen außerhalb der eigenen Gruppe.
In dieser Phase der Menschheitsgeschichte überwältigte man andere — schwächere — Gruppen und Stämme, um sich selbst zusätzliche Lebensgrundlagen zu schaffen. Die Sieger bildeten eine Herrscherschicht. Überlegenheit im Kampf ergab sich aus der Lebensweise der Stämme. So waren Jäger und nomadisierende Hirtenvölker den Ackerbauern überlegen. Andere Herrschaftsverhältnisse entwickelten sich dadurch, daß die Bauern Schutztruppen bilden mußten. Diese »Schutzmacht« bekam durch die soziale Stellung ihrer Mitglieder — Befreiung von der täglichen Arbeit, Waffenträger — ein Übergewicht gegenüber den Bauern und Dorfbewohnern und entwickelte sich schließlich zu einer besonderen, herrschenden Kriegerkaste: dem Adel.
Die Schutzfunktion wandelte sich zu einer Herrschaftsfunktion. Wirtschaftlich wurde die Herrschaft dadurch gefestigt, daß sich die herrschenden Schichten gleichzeitig die Verfügungsgewalt über den Boden — jahrtausendelang wichtigster Produktionsfaktor — und über die Produktionsmittel aneigneten. Unterwerfung, Ungleichheit und Ausbeutung mußten gegenüber den Unterdrückten gerechtfertigt werden. Nur wenn das gelang, konnte derjenige, der sich gegen die bestehende Ordnung auflehnte, auch bestraft werden (Sanktionen).
Bei der Herausbildung von Herrschaftsstrukturen spielten die kriegerische Unterwerfung schwächerer Stämme und der Umstand, daß in einer Gruppe oder in einem Stamm Waffenträger zu einer festen Institution wurden, eine entscheidende Rolle. Obwohl der ursprüngliche Grund für kriegerische Konflikte, eine Mangelsituation, nicht mehr bestand, blieben die Kriegerkasten bestehen. Das Militär hatte sich als Institution verselbständigt. Es wurde zunehmend zu einem Mittel der Machtausweitung nach außen und der Festigung bestehender Machtverhältnisse im Innern der Gesellschaften. Auch heute noch, obwohl angesichts der waffentechnischen Entwicklung schon längst (zumindest verbal) anerkannt ist, daß mit militärischen Mitteln politische Ziele nicht mehr erreicht werden können, gibt es

gewaltige Militärapparate. Zur Funktion des Militärs, bestehende Herrschaftsverhältnisse aufrechtzuerhalten, hat der Friedensforscher Fritz Vilmar folgende These aufgestellt:

»Militär ist nach wie vor eine für Machteliten sehr nützliche autoritäre Schule der Nation, wo junge Bürger fraglosen Gehorsam, Unterordnung, Hintanstellung eigener Interessen und nicht zuletzt die überragenden Vorteile des eigenen Gesellschaftssystems im Vergleich mit dem bösen, aggressiven, unmenschlichen Charakter des feindlichen Gegensystems eingepaukt bekommen. Im Militär und durch die militärische Feindideologie werden innergesellschaftliche Aggressionen nach außen verlagert. Und derjenige, der gleichwohl innergesellschaftliche Kritik und Opposition betreibt, wird als Schädling diffamiert, der den Dolchstoß ins Rückgrat der inneren Einheit führt und damit dem bösen Feind da draußen — bewußt oder unbewußt — dient. Man erinnere sich an die gängige Diffamierung von Kritikern unserer gesellschaftlichen Zustände als Kommunisten.
Militärapparate haben von jeher nicht nur der Festigung und Ausdehnung der Herrschaft nach außen, sondern oft noch mehr der Disziplinierung der Massen im eigenen Machtbereich gedient.«[47]

Schlußfolgerungen für die gewaltfreie Aktion

Für die gewaltfreie Aktion ergibt sich aus der vorausgegangenen Darstellung von Macht- und Herrschaftsverhältnissen folgendes: Die Wurzeln der Macht liegen nicht in den Machthabern — die Macht ist gesellschaftlichen Ursprungs. Richard Gregg, ein amerikanischer Theoretiker der Gewaltfreiheit in den dreißiger Jahren, hat diesen Zusammenhang in folgender Weise dargestellt:

»Die Herrschaft einiger Leute wird oft dadurch hervorgerufen, daß viele Menschen keine Verantwortung übernehmen und ausüben mögen und andere sich gern beherrschen lassen. Gewisse Leute ziehen es, vielleicht aus Mangel an Energie, vor, nicht durch eigene Anstrengung zur Selbstachtung zu gelangen und dem eigenen Ich Würde zu verschaffen, sondern indem sie sich durch Unterordnung auf oft phantastische Weise denen assoziieren oder mit denen identifizieren, die sie für bedeutend halten, zum Beispiel auch mit einem großen Unternehmen oder einer mächtigen Regierung. Manchmal ist die Unterordnung auf politische oder wirtschaftliche Unwissenheit zurückzuführen.
In all diesen Fällen ist die Herrschaft der Machthaber auf die Schwäche

der Massen zurückzuführen. Der gewaltlose Widerstand und seine Lehre führt zur Behebung solcher Schwächen bei den davon Befallenen. So schwächt er auch in dieser Hinsicht die Vorherrschaft der Machthaber.«[48]

Als wichtigste Elemente zur Stützung politischer Macht, aus deren Zusammenspiel erst die oben angesprochene »Machtbalance« entsteht, sind zu nennen:
— Autoritätsbewußtsein
  Menschen ordnen sich einer von ihnen als mächtig empfundenen Person oder/und Institution unter.
— Bewußte Unterstützung
  Eine bestimmte Anzahl von Menschen unterstützt die Machthaber bewußt und macht sich ihnen dienstbar.
— Psychologische und ideologische Faktoren
  Die Beziehung zwischen Herrschenden und Beherrschten wird durch eine Vielzahl von irrationalen Elementen geprägt: bestimmte Ideen von Gemeinwohl, Sendungsbewußtsein, Sicherheitsbedürfnisse etc. Schließlich bestehen anerzogene Gewohnheiten und Verhaltensweisen, die von Gehorsam und Unterordnung geprägt sind.
— Materielle Hilfsquellen
  Das Ausmaß, in dem die Herrschenden die materielle Situation der Menschen beeinflussen — sie verfügen über Bodenschätze, Finanzen, das gesamte wirtschaftliche Leben, die Kommunikations- und Verkehrssysteme —, trägt zu ihrer Machtentfaltung bei.
— Sanktionen
  Es besteht ein Katalog von sozialen und juristischen »Strafen«, mit denen jene belegt werden, die bestehende Herrschaftsverhältnisse verändern wollen.
Diese Zusammenstellung[49] zeigt zunächst einmal, daß politische Macht beschränkt ist, weil die Verfügbarkeit über ihre Wurzeln grundsätzlich begrenzt bleibt. Es wird aber auch deutlich, daß politische Macht gezielt behindert, ja beeinträchtigt werden kann, wenn es nämlich gelingt, eine bestehende »Machtbalance« aus dem Gleichgewicht zu bringen. Und eine solche Situation

entsteht dann, wenn eines oder mehrere der Elemente, die das Machtgleichgewicht begründen, nachhaltig gestört werden.

Hier setzt die gewaltfreie Aktion an. Wenn die mehr oder weniger unbewußte Anerkennung bestehender Herrschaftsverhältnisse, wenn das Hinnehmen bestimmter »Spielregeln« durch die Beherrschten und die bewußte Unterstützung dieser Verhältnisse durch Teile der Beherrschten die notwendige Grundlage von politischer Macht sind, dann kann der Machtausübung durch den Abbau von Anerkennung, durch das Infragestellen von Konsens und durch die Verweigerung bewußter Unterstützung entgegengewirkt werden. Auf diese Weise lassen sich Ansatzpunkte entwickeln zur Durchsetzung alternativer politischer Ziele und zur Veränderung von Institutionen.

Wir müssen uns jedoch vergegenwärtigen, daß die meisten Menschen daran gehindert sind beziehungsweise gehindert werden, ihre wirklichen Interessen zu erkennen und sich entsprechend zu verhalten. Diese Behinderung kann in zweierlei Form geschehen:

Negativ: durch wirksame Unterdrückungsmaßnahmen und durch demoralisierende soziale Verhältnisse (z. B. Slums), beides hat Resignation zur Folge.

Positiv: durch subtile Arten von Ablenkungen, beispielsweise durch die Kulturindustrie (Fernsehen, Film, Werbung), die den Menschen einredet, das neue Waschpulver, der letzte Modeschrei, die neueste technische Entwicklung auf dem Phonomarkt, kurz, das Konsumieren sei ihr Interesse.

Über diese Feststellungen hinaus ist eine Erscheinung von grundlegender Bedeutung, die als »Ordnungswert« von gesellschaftlichen Verhältnissen bezeichnet werden kann. Das heißt: Jeder Mensch wird in eine bestimmte Gesellschaft und damit in bestimmte Herrschaftsverhältnisse hineingeboren. Er strebt danach, in dieser Gesellschaft eine sichere Orientierung zu finden. In einer ersten Phase (Kindheit) geschieht dies weitgehend durch Anleitung, die allmählich durch selbständiges Verhalten abgelöst wird. Und selbst dann, wenn sich bereits in der Jugend eine kritisch-politische Haltung herausbilden sollte, bleibt als

Tatsache, daß für den Menschen die bestehende Ordnung einen bestimmten Eigenwert hat. Dies bedeutet konkret:

»Er absolviert eine Ausbildung, die ihm in dieser Gesellschaft bestimmte Berufsaussichten gibt, er sichert sich einen Arbeitsplatz, der ihm ein gewisses Einkommen garantiert, er erdauert eine Anwartschaft auf eine erträgliche Wohnung, erwirbt das Vertrauen von Vorgesetzten und sieht zu, daß er sich nicht belastet...

Um all das zu erreichen, sind *unzählige kleine, alltägliche Handlungen* erforderlich, die das Netz der Bindungen an die bestehende Ordnung enger knüpfen. *Diese Handlungen setzen keineswegs eine Bejahung der bestehenden Ordnung voraus, auch keinen besonderen Opportunismus, sondern lediglich die zur Vermeidung von Heldentum unvermeidliche Konformität* [Hervorhebungen d. d. Verf.]. Aber sie implizieren viel mehr als das: So wie jeder daran interessiert ist, den Ertrag seiner Handlungen nicht zu verlieren, so wird er auch am Bestehen der Ordnung interessiert, in die er diese Handlungen eingezahlt hat. Seine Investitionen vermehren sich mit der schieren Dauer dieser Ordnung.«[50]

Hier wird nicht nur deutlich, wie schwer es für Unterprivilegierte ist, ihre Interessen zu erkennen und sich entsprechend zu verhalten, sondern es wird zugleich erkennbar, warum sich Machtverhältnisse, auch wenn sie sinnfällig Ungerechtigkeiten aufrechterhalten, häufig in erstaunlicher Weise und über lange Zeiträume hinweg festigen können.

Gehorsam und Ungehorsam

> Nur diejenigen können Zivilen Ungehorsam leisten,
> die den Gehorsam selbst gegen verdrießliche Gesetze
> des Staates solange bejahen, als diese nicht sein
> Gewissen oder seinen religiösen Glauben verletzen.
> Gleicherweise muß man entschlossen sein, die Strafe
> für Ungehorsam willig auf sich zu nehmen.
>
> *Mohandas Gandhi*

Die allgemeine Unkenntnis über Theorie und Praxis der gewaltfreien Aktion läßt sich nicht leugnen, dennoch dürfte in den vergangenen Jahren neben dem Begriff der »Gewaltfreiheit« zumindest der Begriff »Ziviler Ungehorsam« einer begrenzten Öffentlichkeit bekannt geworden sein. In der Tat gehören Handlungen
des Zivilen Ungehorsams zu den wichtigsten Formen der gewaltfreien Aktion, ohne daß sie aber mit der gewaltfreien Konfliktaustragung gleichzusetzen wären. Bedingungen und Erscheinungsformen des Zivilen Ungehorsams werden im zweiten Teil
dieses Buches, der sich mit den Aktionsmethoden befaßt, eingehend dargestellt. In diesem Abschnitt sollen in erster Linie einige
grundlegende sozialpsychologische Informationen über Gehorsam und Ungehorsam vermittelt und untersucht werden in bezug
auf die Feststellungen, die im Abschnitt »Macht und Herrschaft«
getroffen wurden.

Funktion und Gefahr des Gehorsams

> Wenn man sich die lange und düstere Geschichte der
> Menschheit ansieht, entdeckt man, daß mehr scheuß-
> liche Verbrechen im Namen des Gehorsams begangen
> worden sind als jemals im Rahmen der Rebellion.
>
> *C. P. Snow*[*]

[*] Charles Percy Snow (1905—1980), engl. Physiker und sozialkritischer Schriftsteller

»Jahrhundertelang haben Könige, Priester, Feudalherren, Industrielle und Eltern darauf bestanden, daß Gehorsam eine Tugend und Ungehorsam ein Laster sei.«[51] Vielleicht sollte man diese Feststellung von Erich Fromm mit den Worten ergänzen: ». . . und die meisten Menschen haben sich dem bereitwillig gefügt«, um die zentrale Rolle zu skizzieren, die der Gehorsam für Menschen spielt. Das ist nicht zufällig so. Wie nämlich der folgende Text zeigt, ist der Gehorsam für den Menschen als einem sozialen, also auf die Gesellschaft angewiesenen Wesen die Bedingung für das Überleben gewesen.

»Die Vorteile sozialer Organisation wirken nicht nur nach außen, sondern genauso nach innen, denn sie stabilisieren und harmonisieren die Beziehungen der Gruppenangehörigen zueinander. Durch die deutliche Statusbestimmung jedes Angehörigen wird die Reibung auf ein Minimum reduziert. Wenn ein Wolfsrudel seine Beute erlegt hat, ist der Leitwolf der erste, der fressen darf; ihm folgt der nächste im Rang und so fort bis zum letzten in der Rangordnung. Daß jeder Wolf seinen Platz innerhalb der Hierarchie akzeptiert, stabilisiert das Rudel. Das gleiche trifft auf menschliche Gruppen zu: innere Harmonie ist gesichert, wenn alle Mitglieder den ihnen zugeschriebenen Status akzeptieren. Anfechtung der Hierarchie hingegen ruft oft Gewalttätigkeit hervor. Also fördert eine stabile gesellschaftliche Organisation gleichzeitig die Fähigkeit der Gruppe, mit der Umwelt fertigzuwerden, und verringert durch Regulierung der Beziehungen innerhalb der Gruppe die interne Gewalttätigkeit.

Ein Potential an Gehorsamsbereitschaft ist Voraussetzung für eine derartige gesellschaftliche Organisation, und weil Organisation für das Überleben jeder Art von solch großem Wert ist, wurde diese Eigenschaft im Verlauf der langdauernden Evolutionsprozesse im Organismus entwickelt.«[52]

Gehorsam wurzelt in dem Umstand, daß die Menschen nur in organisierten Gesellschaften überleben können. Die Gruppe bietet Schutz gegen feindliche oder als feindlich empfundene Umgebungen. Der Gruppenkonsens sorgt für ein Gefühl des Zusammenhalts und gibt dem Leben der Mitglieder einen Sinn. Man kann sagen: Die Gruppe, der sich Menschen als zugehörig empfinden, ist Teil des menschlichen Bewußtseins und Gefühlslebens. So kommt es, daß Menschen eine Bedrohung der Gruppe, der sie sich zurechnen, zugleich als Bedrohung ihrer eigenen geistigen und körperlichen Existenz empfinden.[53]

Gehorsam entsteht aber auch aus den Ungleichheiten in den menschlichen Beziehungen, die er zugleich festigt. Diese Feststellung läßt sich leicht mit der Beobachtung belegen, daß überall dort, wo in besonderem Maße gesellschaftliche Ungleichheit existiert, Gehorsam eine bedeutende Rolle spielt. Und wo — wie im Faschismus — die Ungleichheit der Menschen sogar Kern der Staatslehre ist, wird Gehorsam zur ersten Tugend und die Marschkolonne zur bevorzugten Organisationsform.

In den Sozialwissenschaften wird angenommen, daß dem Menschen eine Gehorsamsbereitschaft in gewissem Maße angeboren ist, was aber nicht einem Instinkt vergleichbar ist, sondern eher der ebenfalls angeborenen Fähigkeit, das Sprechen erlernen zu können: Zwar müssen bestimmte Gehirnstrukturen vorhanden sein, doch bedarf es eines sozialen Bezugs, damit ein Mensch des Sprechens fähig wird. Entsprechend besteht auch für die Gehorsamsbereitschaft eine angeborene Veranlagung, eine Befähigung; gesellschaftliche Einflüsse aber prägen die Erscheinungsformen des Gehorsams.

Die sozialen Bereiche, die auf die Gehorsamsbereitschaft einwirken, sind mit wenigen Stichwörtern umrissen: Eltern, Schule, Berufsausbildung, Militär, Beruf. Es wird deutlich: Überall wird das Individuum durch Autoritäten beeinflußt, und überall wird verlangt, diese Autorität anzuerkennen, das heißt zu gehorchen. Ungehorsam wird bestraft. Dies lernt bereits das Kleinkind durch Liebesentzug. Gehorsam wird belohnt. In der Berufswelt bedeutet dies bespielsweise: Der einzelne darf auf der Erfolgsleiter eine Stufe höhersteigen, womit zugleich die Hierarchie gestärkt wird. Und als Ergebnis läßt sich feststellen:

»Das Endresultat dieser Erfahrung ist die *Verinnerlichung der Gesellschaftsordnung* — das heißt die Verinnerlichung des Komplexes von Grundsätzen, die das Leben der Gesellschaft bestimmen. Und der oberste Grundsatz lautet: Tu, was der Chef sagt. Genau wie wir grammatikalische Regeln verinnerlichen und so neue Sätze sowohl verstehen wie auch selbst hervorbringen können, so verinnerlichen wir die Grundregeln des sozialen Lebens, die uns in die Lage versetzen, sozialen Anforderungen in neuen Situationen gerecht zu werden. In jeder Rangordnung von Regeln nimmt die über Gehorsam gegen Autorität eine überragende Stellung ein.«[54]

Hier gilt es zu ergänzen: Zu den schwerwiegendsten Folgen dieser Erfahrungen gehört es, daß sich der Mensch nicht mehr für das verantwortlich fühlt, was er aufgrund eines Befehls tut. Gehorsam ist zu einem selbständigen Wert geworden. Die Frage nach Sinn und Zweck eines aus Gehorsam resultierenden Handelns wird nicht mehr gestellt. Menschen, die in ihrer privaten Existenz aus eigenem Antrieb niemals das Leben eines Mitmenschen gefährdet hätten, folgen ohne große Gewissensnot dem Befehl ihrer Vorgesetzten, Tausende wehrlose Menschen zu töten, sei dies in den Verbrennungsöfen von Auschwitz, sei dies in irgendeinem kriegerischen Konflikt. Insofern ist auch die Behauptung richtig, daß die atomare Vernichtung der Menschheit ein Akt des Gehorsams wäre.

»Wenn die Menschheit Selbstmord begehen wird, dann deshalb, weil die Menschen denen gehorchen werden, die ihnen befehlen, auf den Knopf zu drücken, der die Vernichtung auslöst, weil sie den archaischen Leidenschaften von Angst, Haß und Gier und den veralteten Klischeevorstellungen von der Souveränität des Staates und von der nationalen Ehre gehorchen werden. Die Sowjetführer reden viel von der Revolution, und wir in der ›freien Welt‹ reden viel von der Freiheit. Aber sie wie wir unterbinden den Mut zum Ungehorsam — in der Sowjetunion ausdrücklich und gewaltsam, in der ›freien Welt‹ unausgesprochen und mit den raffinierteren Methoden der Überredungskunst.«[55]

Entwicklungstufen des Ungehorsams

> An diesem Punkt der Geschichte könnte möglicherweise allein die Fähigkeit zu zweifeln, zu kritisieren und ungehorsam zu sein über die Zukunft für die Menschheit oder über das Ende der Zivilisation entscheiden.
>
> *Erich Fromm*

Ungehorsam ist eine Handlung der Verweigerung, eine schwierige Verhaltensweise, die mit Ängsten und Furcht einhergeht, die uns aber unserer Selbstverwirklichung ein Stück näherbringen kann. In der sozialwissenschaftlichen Forschung sind Verhaltensweisen des sozialen Ungehorsams untersucht worden, so daß wir wissen, wie der Vorgang des Ungehorsams abläuft.[56]

1. Stufe: Innerer Zweifel

2. Stufe: Äußerung des Zweifels
   Gegenüber der Autorität werden Argumente angeführt, die den Sinn einer Anforderung in Frage stellen (Äußerung von Widerspruch).

3. Stufe: Dissens (Meinungsverschiedenheit)
   Die abweichende Haltung wird nicht mehr in Einzelpunkten vorgetragen, sondern in einem Argumentationszusammenhang, mit dem erklärten Ziel, die Autorität zu einer Änderung ihrer Haltung zu bewegen.

4. Stufe: Drohung
   Es wird angekündigt, die Anforderungen der Autorität zu verweigern.

5. Stufe: Gehorsamsverweigerung

Gehorsamsverweigerung geht mit Angstzuständen einher, mit bestimmten Besorgnissen — die Folge des Ungehorsams kann eine materielle oder physische Gefährdung der Existenz bedeuten — oder mit unbestimmten Besorgnissen. Diese unbestimmten Ängste haben ihre Ursache darin, daß der Mensch die Gehorsamsbereitschaft verinnerlicht hat und daß er eine gefühlsmäßige Barriere überwinden muß, bevor er sich einer institutionellen oder personalen Autorität widersetzt.

Gehorsamsverweigerung ist eine positive, eine aktive Haltung. Gehorsam bedeutet Passivität. Wer Gehorsam verweigert, muß gegen den Strom schwimmen und die Reaktionen seiner Umwelt ertragen lernen. Ist aber erst einmal ein Akt des Ungehorsams vollzogen, so fühlt der Mensch sich frei, und die Ängste haben sich aufgelöst.

Zweifellos können Ungehorsam und Irrtum nahe beieinanderliegen, ein Gesichtspunkt, der Erich Fromm zu folgender Überlegung angeregt hat:

»Um ungehorsam zu sein, muß man den Mut haben, allein zu sein, zu irren und zu sündigen. Die Fähigkeit zum Mut hängt aber vom Entwicklungsstadium des Betreffenden ab. Nur wenn ein Mensch sich vom Schoß der Mutter und den Geboten des Vaters befreit hat, nur wenn er sich als Individuum ganz entwickelt und dabei die Fähigkeit erworben hat, selbständig zu denken und zu fühlen, nur dann kann er den Mut aufbringen, zu einer Macht nein zu sagen und ungehorsam zu sein. Ein Mensch kann durch den Akt des Ungehorsams, dadurch daß er einer Macht gegenüber nein sagen lernt, frei werden; aber die Fähigkeit zum Ungehorsam ist nicht nur die Voraussetzung für Freiheit — Freiheit ist auch die Voraussetzung für Ungehorsam. Wenn ich vor der Freiheit Angst habe, kann ich nicht wagen, nein zu sagen, kann ich nicht den Mut aufbringen, ungehorsam zu sein. Tatsächlich sind Freiheit und Fähigkeit zum Ungehorsam nicht voneinander zu trennen. Daher kann auch kein gesellschaftliches, politisches oder religiöses System, das Freiheit proklamiert und Ungehorsam verteufelt, die Wahrheit sprechen.«[57]

Diesen Gesichtspunkt des emanzipatorischen Charakters von Gehorsamsverweigerung hat der englische Soziologe Harold Laski in einem Artikel mit dem Titel »Die Gefahren des Gehorsams« besonders prägnant dargestellt. Er schreibt:

». . . Zivilisation heißt vor allem, daß eine Nichtbereitschaft besteht, unnötige Schmerzen zuzufügen. Gemäß dieser Definition können jene unter uns, die gedankenlos den Befehlen einer Autorität Folge leisten, noch nicht für sich in Anspruch nehmen, als zivilisierte Menschen betrachtet zu werden. . . Wenn wir also ein Leben leben wollen, das nicht völlig ohne Sinn und Bedeutung ist, dann ist unsere Aufgabe die, nichts zu akzeptieren, was unserer Grunderfahrung widerspricht, auch wenn es von seiten der Tradition, der Übereinkunft oder der Autorität auf uns zukommt. Es ist leicht möglich, daß wir uns dabei irren; doch unsere Selbstverwirklichung wird fundamental vereitelt, wenn die Gewißheiten, die wir akzeptieren sollen, nicht mit den Gewißheiten übereinstimmen, die wir selbst erfahren haben. Das ist der Grund dafür, daß die Grundvoraussetzung für Freiheit in jeder Lage stets eine weitgestreute und konsequente Skepsis ist gegen die Kanons und Vorschriften, auf denen die Machthaber bestehen.«[58]

Die Möglichkeit des Irrtums ist im Zusammenhang mit der gewaltfreien Aktion eher ein theoretisches Problem, da der gewaltfreie Zivile Ungehorsam immer das Ergebnis eines langen Diskussions- und Handlungsprozesses sein wird. Zudem trägt der gewaltlos Agierende das Risiko seines Ungehorsams allein, ohne anderen Schaden zuzufügen. Und schließlich verweigert der Gewaltfreie den Gehorsam nicht, ohne eine konstruktive Alternative aufzuzeigen.

Einschätzung aus der Sicht der gewaltfreien Aktionstheorie

> Man kämpft gegen Tyrannei nicht, indem man den Tyrannen tötet, sondern indem man sich weigert, am System der Tyrannen mitzuwirken.
>
> *Fenner Brockway* *

Zunächst ein zusammenfassender Überblick über die Ursachen von Gehorsam[59]:

1. Gewohnheit im Sinne einer erlernten Verhaltensweise
2. Angst vor Sanktionen
3. Gefühl, moralisch zum Gehorsam verpflichtet zu sein:
   — aufgrund eines angeblichen Gemeininteresses oder religiöser Grundsätze
   — aufgrund irrationaler Gesichtspunkte (Glaube an übernatürliche Qualitäten der Autorität oder die Richtigkeit ihrer politischen Lehre)
   — aufgrund der »Gesetzmäßigkeit« von Anordnungen
   — aufgrund der Annahme, daß eine Anweisung richtig ist
4. Eigeninteresse: Geld, Stellung, Prestige, Erwartung von Titeln und Auszeichnungen, Besitz, Angst vor Bedrohungen oder Veränderungen
5. Psychologische Identifizierung mit dem Herrscher: Die Menschen brauchen jemanden, an den sie »glauben« können; jemanden, der ihnen eine Lebensrichtung aufzeigt.
6. Gleichgültigkeit und Nachgiebigkeit

---

* Fenner Brockway (geb. 1888), führender Labour-Politiker; einer der ersten engl. Kriegsdienstverweigerer im 1. Weltkrieg; von 1925—32 Vorsitzender von War Resisters' International

7. Fehlendes Selbstvertrauen der Beherrschten: Sie haben keinen
   eigenen starken Willen und akzeptieren den Willen von Autoritäten, die ihr Leben steuern, ihnen Aufgaben geben und so
   Entscheidungen und Verantwortung abnehmen.

Halten wir fest:
Der »Kitt« von Macht- und Herrschaftsverhältnissen ist der
Gehorsam. Auf Gehorsam beruht die »Machtbalance«. Wenn
aber, wie wir gesehen haben, der Ansatzpunkt für eine Veränderung gesellschaftlicher Verhältnisse und/oder für den erfolgreichen Widerstand gegen politische und gesellschaftliche Entwicklungen — sobald die bestehenden Machtverhältnisse Ungerechtigkeiten dulden und inhumane Entwicklungen fördern oder
begünstigen — im Einwirken auf das bestehende Machtgleichgewicht liegt, dann zählen Handlungen des Ungehorsams notwendigerweise zu den grundlegenden Elementen der gewaltfreien
Aktion. Politischer Ungehorsam kann dazu beitragen, Konsens
aufzulösen. Es ist an dieser Stelle angebracht, deutlich zu sagen:
Es gibt keinen Widerstand ohne Aktion, ohne Handeln.
»Politische Kontrolle wird durch Aktion bewirkt. Die innere Einstellung der Wachposten in einem Konzentrationslager ist bedeutungslos,
sobald sie zulassen, daß vor ihren Augen Unschuldige niedergemetzelt
werden. Ähnlich war der sogenannte ›geistige oder innere Widerstand‹
im nazibesetzten Europa — bei dem die Betroffenen durch einen
gedanklichen Salto sich einredeten, sie hätten dem Feind Widerstand
geleistet — nichts als ein bequemer und beruhigender psychologischer
Mechanismus. Willkürherrschaft wird von unsicheren Menschen aufrechterhalten, die nicht genügend Mut besitzen, ihre Überzeugungen in
Aktion umzusetzen.«[60]

Solches Handeln muß sich nicht notwendigerweise im Rahmen
von Ungehorsam abspielen. Je repressiver aber ein Herrschaftssystem ist, desto eher wird eine Situation herrschen, in der der
Oppositionelle vor die Frage der Gehorsamsverweigerung
gestellt ist.
Angesichts des Ungehorsams als Grundelement der gewaltfreien
Aktion haben wir beinahe zwangsläufig nach dem Maßstab
unseres Handelns zu fragen. An anderer Stelle ist bereits deutlich
gemacht worden, daß die gewaltfreie Aktion allein den Men-

schenrechten verpflichtet ist, eine Verpflichtung, die einer Gewissensentscheidung entspringt. Was aber ist das: Gewissen? Erich Fromm hat in hervorragender Weise dargestellt, was »Gewissen« ist, und damit zugleich eine Grundannahme der gewaltfreien Aktion formuliert: Der Mensch besitzt die ihm eigene Fähigkeit, zwischen Gut und Böse zu unterscheiden, eine Fähigkeit, die bei vielen nur wenig ausgebildet, ja verschüttet sein mag — aus welchem Grund, das macht der Text deutlich —, die aber dennoch existiert.

»Das Wort ›Gewissen‹ steht für zwei völlig unterschiedliche Erscheinungen: einmal für das ›autoritäre Gewissen‹, die internalisierte Stimme einer Autorität, die wir zufriedenstellen und keinesfalls verärgern möchten. Dieses autoritäre Gewissen erleben die meisten Menschen, wenn sie ›ihrem Gewissen gehorchen‹. Es ist dies auch das Gewissen, von dem Freud spricht und das er als ›Über-Ich‹ bezeichnet. Er repräsentiert die internalisierten Gebote und Verbote des Vaters, die der Sohn aus Angst vor ihm respektiert. Von dem autoritären Gewissen unterscheidet sich das ›humanistische Gewissen‹, die in jedem Menschen gegenwärtige Stimme, die von äußeren Sanktionen oder Belohnungen unabhängig ist. Das humanistische Gewissen gründet sich auf die Tatsache, daß wir als menschliche Wesen intuitiv wissen, was menschlich und was unmenschlich ist, was das Leben fördert und was es zerstört. Dieses Gewissen hilft uns, als menschliche Wesen zu funktionieren. Es ist die Stimme, die uns zu uns selbst, zu unserer Menschlichkeit zurückruft.

Das autoritäre Gewissen (Über-Ich) ist auch dann immer noch Gehorsam gegenüber einer Macht außerhalb unserer selbst, wenn diese Macht internalisiert ist. Bewußt glaube ich meinem Gewissen zu folgen, tatsächlich aber habe ich die Prinzipien der *Macht* in mich aufgenommen. Gerade wegen der Illusion, daß das humanistische Gewissen und das Über-Ich identisch seien, ist die internalisierte Autorität soviel wirksamer als die Autorität, von der ich mir bewußt bin, daß sie kein Teil von mir selbst ist. Der Gehorsam gegenüber dem ›autoritären Gewissen‹ schwächt — wie jeder Gehorsam gegenüber Ideen und Mächten, die von außen an uns herantreten — das ›humanistische Gewissen‹ und unsere Fähigkeit, wir selbst zu sein und selbständig zu urteilen.«[61]

Die gewaltfreie Aktion als Gegenmacht

> Die gewaltfreie Aktion wird so lange eine bedeutende
> Machtquelle bleiben, bis sie durch die Herrschaft der
> Gerechtigkeit überflüssig wird.
>
> *Martin Luther King*

Motivationen

Die Beweggründe menschlichen Verhaltens sind weitgehend
unerklärlich. Wir haben zwar die Bedeutung der familiären
Sozialisation gerade auch für eine gewaltfreie Haltung erkannt[62],
wir wissen, daß die Psychoanalyse menschliche Verhaltensweisen durch das Aufdecken ihrer lebensgeschichtlichen Ursprünge
erhellen kann[63], wir wissen auch etwas über die prägende Kraft
der sozialen Situation und massensoziologischer Erscheinungen
auf das Individuum, aber wir kennen ebenso die Unwägbarkei-
ten und — positiven wie negativen — Sprünge in der menschlichen Natur. Insofern ist jeder Mensch auch zur Gewaltfreiheit
fähig. Wir können daher lediglich nachvollziehen, mit welcher
Motiviation Menschen ihre Entscheidung für Gewaltlosigkeit
selbst begründet haben. Dabei sind drei Motivationen festzustellen: religiöse, humane und pragmatische.

Es ist eine geschichtliche Tatsache, daß viele Menschen ihre
gewaltfreie Haltung mit *religiösen Motiven* erklären. Seit der religiösen Befreiung des Menschen durch die Reformation (und
Vorreformation) gibt es christliche Sekten, die Gewalt in den
menschlichen Beziehungen ablehnen. Es ist denkwürdigerweise
weder im »christlichen« Abendland noch in den christlichen Kirchen im allgemeinen Bewußtsein verankert, daß die Durchsetzung des Christentums in den ersten Jahrhunderten seines Beste-
hens bis hin zum Zivilen Ungehorsam gegenüber dem römischen
Kaiser geradezu als Modell für einen gewaltfreien Kampf anzusehen ist.

In der Neuzeit bekam die religiös motivierte Gewaltfreiheit Ende des vergangenen Jahrhunderts neue Impulse durch den russischen Dichter Leo Tolstoi, der dem Bibelwort »Widerstrebet nicht dem Übel« (Matth. 5,39) die schöpferische und in ihrer Wirkung folgenreiche Auslegung gab »Widerstrebet nicht dem Bösen mit Gewalt«.[64] Tolstoi hatte großen Einfluß auf die religiös motivierte Kriegsdienstverweigerung in Westeuropa.

Als Beispiel für die theologische Begründung einer gewaltfreien Haltung werden hier Thesen des niederländischen Theologen Hannes de Graaf wiedergegeben. Biblischer Bezugspunkt ist wie bei Tolstoi das Matthäusevangelium:

»Es mag nun die Frage erhoben werden, ob das Evangelium den gewaltlosen Widerstand oder die Ablehnung jeden Widerstands lehrt — gegenüber dem Übel und den Übeltätern. Das klassische Zitat aus dem NT, das die Lehre vom absoluten Nicht-Widerstehen zu begründen scheint, ist Matth. 5,38,39: ›Ihr habt gehört, daß da gesagt ist, Auge um Auge, Zahn um Zahn. Ich aber sage euch, daß ihr nicht widerstreben sollt dem Übel, sondern so dir jemand einen Streich gibt auf deinen rechten Backen, dem biete den andern auch dar.‹ Dazu sind in diesem Zusammenhang drei Bemerkungen zu machen:

a) Im griechischen Text liegt ein Wortspiel vor: ophtalmos anti ophtalmou ... mé antisténai. Darum könnte die genaue Übersetzung des Sinnes diese sein: Nicht widerstreben in einer Haltung, die durch das Wort ›anti‹ zu charakterisieren wäre, oder besser: kein Widerstand durch Wiedervergeltung.

b) Völlig passives Nicht-Widerstehen würde bedeuten, vor dem Feinde fortzulaufen oder seinen Forderungen aus Feigheit nachzugeben. Die andere Backe hinhalten ist eine aktive Form, der Gewalt zu begegnen, nicht durch Gegen-Gewalt, sondern durch tapfere Bereitschaft, lieber zu leiden, als den beiden Versuchungen zum passiven Nicht-Widerstehen und zum gewaltsamen Widerstand zu erliegen.

c) Das ganze Evangelium verkündigt *Jesus Christus* als Gottes Sohn, der die Teufel bekämpft — nicht durch die Gewalt eines anderen Teufels, sondern durch die Gewalt des mächtigen Gotteswortes und des heiligen Geistes. Sein Leben, seine Heilungen, seine Herausforderung der Pharisäer, seine Sündenvergebung, ja alle Einzelzüge seines Lebens nach dem NT könnten Widerstand genannt werden, angefangen mit jenem Widerstand in der Versuchungsgeschichte. Aber auch Jesu Leiden und Tod sind nicht so etwas wie ein passives Sichergeben in ein unvermeidliches Schicksal, sondern aktiver Gehorsam gegenüber dem Vater und aktiver Dienst, um sein Leben als Lösegeld für viele zu geben.«[65]

Auch Gandhis Motivation zur Gewaltfreiheit war religiösen Ursprungs. Er gehörte einer hinduistischen Sekte an, in der alles Lebende höchste Achtung genoß. Gandhi hatte allerdings eine Gottesvorstellung, die sich von der jüdisch-christlichen völlig unterscheidet, wie der folgende Text verdeutlicht.

»All unser Handeln sollte von der Wahrheit geleitet werden. Die Wahrheit sollte unser eigentlicher Lebensodem sein. Wenn einmal dieses Stadium auf unserer Pilgerreise erreicht ist, werden sich alle Regeln richtiger Lebensführung ohne Mühe ergeben, und ihre gehorsame Befolgung wird instinktiv werden. Aber ohne Wahrheit ist es unmöglich, irgendwelche Grundsätze oder Regeln im Leben zu befolgen. Wahrheit ist die richtige Bezeichnung für Gott. Darum ist bei jedem Menschen, der seiner Erleuchtung gemäß der Wahrheit folgt, nichts im argen. Hier liegt wahrlich seine Verpflichtung. Wenn dann der in der Wahrheit Lebende einem Irrtum unterliegt, wird doch alles von selbst wieder ins reine kommen. Denn die Suche nach Wahrheit bringt Tapas (Selbst-Leiden) mit sich, manchmal bis zum Tod. Nicht eine Spur von Eigennutz hat darin Raum. In solch selbstloser Suche nach Wahrheit kann keiner lange seine Orientierung verlieren. Sobald er den falschen Pfad einschlägt, stolpert er und wird so auf den richtigen Weg wieder eingewiesen.«[66]

Entsprechend hat Gandhi sein Verständnis der Gewaltfreiheit als »Macht der Wahrheit« (Satyagraha) gekennzeichnet. Die Einschätzung der Haltung Gandhis durch andere ist im übrigen ein Beispiel für manch unzulängliche Interpretation der Motivation zu gewaltfreiem Handeln. Anhänger wie Kritiker der Gewaltfreiheit haben häufig den asiatischen Ursprung dieser Handlungsweise betont — die letzteren mit der Absicht, die Bedeutungslosigkeit der Gewaltfreiheit für andere Kulturkreise »nachzuweisen«. Das ist nicht nur historisch falsch — denn Ideen und Theorien der Gewaltfreiheit gibt es im abendländischen Christentum und in der europäischen Arbeiterbewegung —, es ist selbst auf Gandhi bezogen unrichtig. Gandhi nannte neben dem religiösen Motiv nämlich folgende Einflüsse, die ihn in seiner gewaltfreien Haltung entscheidend bestärkt haben:

— Henry David Thoreau, ein nordamerikanischer Lehrer, der 1848/49 eine Schrift »Über die Pflicht zum Ungehorsam gegen den Staat« verfaßte (s. Seite 202 ff.);

— John Ruskin, ein englischer Sozialphilosoph, der 1862 eine
  christlich motivierte Utopie des Wirtschaftslebens veröffentlichte (»Unto this Last«);
— Leo Tolstoi, mit dem er korrespondierte;
— die Bergpredigt.

Die *humane Motivation* zur Gewaltfreiheit beruht auf der Anerkennung der Menschenrechte und Menschenwürde als höchste
Werte, ohne daß diese Werte als von Gott gegeben angesehen
werden. Auch ein Atheist kann selbstverständlich eine gewaltfreie Haltung einnehmen. Sinnfälligster Ausdruck einer solchen
Einstellung ist die Forderung, daß zwischen den Zielen und Mitteln einer Gesellschaftsveränderung eine Beziehung erkennbar
sein müsse. Für die Praxis heißt das: Wer eine gewaltärmere, im
Idealfall eine gewaltfreie Gesellschaft erstrebt, muß auch bei den
Aktionen, mit denen das Ziel erreicht werden soll, auf Gewalt
verzichten.
Als Beispiel für diese Motivation zur Gewaltfreiheit sei hier
Henriette Roland Holst (1869—1952) angeführt. Sie gehörte zur
sogenannten »holländischen marxistischen Schule«, als deren
bekannteste Vertreter Anton Pannekoek (1873—1960) und Her-
mann Gorter (1864—1927) gelten. Diese Marxisten kritisierten
die autoritäre bolschewistische Revolutionspraxis und hielten sie
für nicht übertragbar auf mittel- und westeuropäische Verhältnisse. Eine zutreffende Einschätzung, wie die Geschichte bewiesen hat.
Henriette Roland Holst muß neben Rosa Luxemburg zu den
profiliertesten marxistischen Theoretikern gezählt werden. In
der internationalen Arbeiterbewegung vor dem Ersten Weltkrieg
hatte sie maßgeblichen Einfluß. Sie beschrieb beispielsweise die
geschichtliche Tatsache, daß die Aktionsmethoden der Arbeiterklasse (Massendemonstrationen, Streiks, Boykotts) weitgehend
durch den Verzicht auf physische Gewaltanwendung gekennzeichnet waren. In einigen historischen Arbeiten ging sie dieser
Erscheinung nach, und als zusammenfassendes Ergebnis veröffentlichte sie 1918(!) eine Schrift mit dem Titel (in der Überset-

zung) »Die Kampfmittel der sozialen Revolution«. Hierzu entwarf sie das Konzept einer gewaltfreien Revolution. Die Notwendigkeit des Gewaltverzichts begründete sie unter anderem mit folgendem Argument:

»Daß das Ziel die Mittel heiligt, war vollkommen wahr für die Jesuiten, ebenso wie dies heute für die imperialistische Klasse wahr ist. Um schlechte Ziele wie Unterdrückung und Ausbeutung zu erreichen und zu festigen, sind alle Mittel recht ... Aber für das Proletariat steht die Sache anders, sein Ziel ist: die Menschheit zu einigen, sie emporzuführen zu Brüderlichkeit und Freiheit. Es kann seine große Kraft erst dann ausüben, wenn es *nach diesen Zielen mit den Mitteln strebt, die mit diesen Zielen übereinstimmen.* Gewalt und Grausamkeit gehören zu diesen Mitteln nicht, ebensowenig wie schändliche List (Spionage, Bestechung usw.).«[67]

Bleibt noch die *pragmatische Motivation* zur Gewaltfreiheit. »Pragmatisch« meint hier »orientiert auf das Nützliche«. Eine solche Haltung findet sich bei vielen Revolutionären, die zwar eine radikale Gesellschaftsveränderung anstreben und den parlamentarischen Weg als untauglich für gesellschaftliche Veränderungen erkannt haben, die aber aus pragmatischen Erwägungen, gleichsam aus »Sachzwängen«, Gewaltanwendung ablehnen. Auch hierzu ein Beispiel:

In den zwanziger Jahren unseres Jahrhunderts gab es in der anarcho-syndikalistischen Bewegung eine breite Diskussion über die Verteidigung der Revolution. Die Anarcho-Syndikalisten hatten seit je grundsätzlich alle militärischen Organisationen abgelehnt, sahen angesichts der Ereignisse in Rußland seit 1917 allerdings die Notwendigkeit, daß eine sich entwickelnde revolutionäre Gesellschaft sich gegen äußere militärische Interventionen verteidigen mußte. Die Bolschewisten bauten Verteidigungsheere auf. In den Augen der meisten Anarcho-Syndikalisten war dies ein Sündenfall. Nichtsdestoweniger bestand das Problem: Wie soll sich eine revolutionäre Gesellschaft verteidigen? Angesichts dieser Frage entwarfen Anarcho-Syndikalisten, namentlich Pierre Ramus, Arthur Müller-Lehning und Albert de Jong, die ersten Konzepte einer gewaltlosen Verteidigung auf der Grundlage der klassischen Kampfmittel der Arbeiterbewegung wie Streiks und

Boykotts. Gewalt lehnten sie nicht grundsätzlich ab, aber sie rechtfertigten die Gewaltvermeidung folgendermaßen:

»Wenn wir gegen ein sogenanntes Rotes Heer sind, wenn wir gegen militärische Methoden in der sozialen Revolution sind, dann geschieht das nicht aufgrund der einen oder anderen Doktrin der Gewaltlosigkeit, sondern aufgrund revolutionärer Nützlichkeitserwägungen.«[68]

Solche Erwägungen ergaben sich einmal aus der Überlegung, daß militärische Organisationen und Methoden wieder autoritäre und hierarchische gesellschaftliche Strukturen hervorrufen würden, wofür die Anarcho-Syndikalisten ebenfalls in der Russischen Revolution hinreichende Beispiele fanden. Die Nützlichkeitserwägungen bezogen sich zum anderen aber auch darauf — man schrieb das Jahr 1930 —, daß Revolutionäre nicht mehr die Möglichkeit haben würden, eine militärische Organisation aufzubauen, die den waffentechnischen Möglichkeiten der Herrschenden gleichkäme. Also lehnte man Gewalt ab.

Hier soll nicht unterschlagen werden, daß eine solche Haltung nach strengen Maßstäben nicht als gewaltfrei einzustufen ist. Gewaltfreiheit bedeutet Gewaltverzicht aufgrund grundsätzlicher moralischer Erwägungen und kann nicht mehr oder weniger taktischer oder pragmatischer Natur sein. In diesem Fall sprechen manche Theoretiker lediglich von einer »gewaltlosen« Haltung, eine Unterscheidung, die praktisch wenig bedeutend ist, da gewaltlose Aktionen auch ohne den Hintergrund eines prinzipiellen Gewaltverzichts in Geschichte und Gegenwart wirksam waren und sind. Häufig entstanden sie völlig spontan oder aus der Not geboren, wie in der ČSSR im August 1968 gegen die Intervention von fünf Warschauer-Pakt-Staaten gegen den tschechischen Reformkommunismus.

Die gewaltfreie Aktion als Form gesellschaftlichen Wandels

> Wenn EINER träumt, so bleibt dies nur ein Traum; wenn VIELE träumen, so ist das der Beginn von Wirklichkeit.
>
> *Dom Helder Câmara*

Die gewaltfreie Aktion ist eine Methode, ungerechte gesellschaftliche Verhältnisse zu verändern und auf die Menschheit gefährdende Entwicklungen Einfluß zu nehmen. Um dies genauer zu erläutern, soll hier der Standort der gewaltfreien Aktion innerhalb der verschiedenartigen gesellschaftlichen Wandlungsprozesse beschrieben werden.[69]

Unsere Gesellschaften verändern sich fortlaufend. Aber viele Veränderungen nimmt man nicht bewußt wahr. Denn die Wandlungsprozesse vollziehen sich langsam. Dieser langsame, stetige oder — wie wir sagen — kontinuierliche soziale Wandel kann sich auf Personen oder auf gesellschaftliche Strukturen beziehen.

Stetiger (langsamer) personaler Wandel

Bei personalen Wandlungsprozessen werden Personen in bestimmten Positionen ausgetauscht. Stetigen (kontinuierlichen) personalen Wandel erleben wir täglich. Es ist ein normaler Vorgang:

— Arbeiter erreichen das Rentenalter; neue Arbeiter nehmen ihre Stellung ein.
— Abgeordnete werden nicht wiedergewählt; neue Abgeordnete gelangen in ein Parlament.
— Schüler verlassen die Schule; andere beginnen ihre Schulzeit.
— Neue Führungen von Parteien und Verbänden werden gewählt.

Stetiger (langsamer) struktureller Wandel

Neue Strukturen entstehen, wenn Menschen beginnen, neue Dinge zu tun und zu anderen Menschen neue Beziehungen herzustellen.

Man kann sagen: Eine Struktur verändert sich, weil Menschen aufhören, bestimmte Dinge zu tun, und sie durch andere ersetzen. Es gibt viele Beipiele:

— Menschen tragen ihre Konflikte nicht mehr im Zweikampf aus, sondern gehen vor Gericht.
— Junge Männer verweigern den Kriegsdienst und absolvieren statt dessen einen Friedensdienst.

— Menschen wollen nicht mehr in isolierten Kleinfamilien leben, sondern bilden Wohn- und Hausgemeinschaften.
— Eltern schicken ihre Kinder nicht mehr in offizielle Kindergärten, sondern gründen eigene Kindergärten.
— Schüler und Studenten arbeiten nicht mehr allein, sondern in Gruppen.

Wir haben also gesehen, daß es in der Gesellschaft ständig Wandlungsprozesse gibt, ohne daß man sie immer wahrnimmt und ohne daß die unmittelbar Beteiligten immer wissen, daß sie mit ihrem Handeln zur Veränderung gesellschaftlicher Strukturen beitragen.
Gesellschaftliche Verhältnisse können aber auch bewußt verändert werden. Am deutlichsten wird eine solche Veränderung immer noch, wenn sie sich in Gesetzen niederschlägt:
Die Sklaverei wird abgeschafft.
Das allgemeine Wahlrecht wird eingeführt.
Formen der Mitbestimmung in Industrieunternehmen werden gesetzlich geregelt.
Wenn Unterdrückte oder Benachteiligte soziale Ungerechtigkeit zu überwinden gedenken oder wenn Menschen gefahrvolle Entwicklungen verhindern wollen, müssen sie entscheiden, ob sofort zu handeln ist, weil ihre Existenz bedroht ist beziehungsweise die Wandlungsprozesse sich durch Gesetzgebung und politische Instanzen zu lange hinziehen würden, oder ob sie abwarten können, weil die Benachteiligung auch allmählich aufgehoben werden kann. Was im Endeffekt getan werden muß, hängt besonders von den politischen Machtverhältnissen und der Veränderbarkeit gesellschaftlicher Strukturen ab, das heißt, ob es möglich ist, gerechtere Gesetze und Zustände im Rahmen der politischen Entscheidungsinstanzen durchzusetzen.
Bewußt angestrebte Wandlungsprozesse unterscheiden sich von den kontinuierlichen gesellschaftlichen Veränderungen in der Regel dadurch, daß sie für die Zeitgenossen deutlich merkbar sind. Sie erregen Aufsehen, weil sie spürbar in die bestehenden gesellschaftlichen Verhältnisse eingreifen. Die Menschen sehen:

Es ändert sich etwas. Diese vergleichsweise »schnelle« Form des sozialen Wandels kommt für viele überraschend, sie wird als diskontinuierlich und mitunter sogar als revolutionär empfunden. Auch beim diskontinuierlichen sozialen Wandel kann man zwei gesellschaftliche Ansatzpunkte unterscheiden, den auf Personen bezogenen (personalen) und den auf Strukturen bezogenen (strukturellen) sozialen Wandel.

Schneller personaler Wandel

Diskontinuierliche oder schnelle, auf Personen bezogene Wandlungsprozesse gibt es gar nicht so selten. Die Massenmedien berichten oft über Staatsstreiche. Was geschieht in solchen Fällen? Beispiel: In einem Staat gab es eine Gruppe, die weitgehend die politische Macht in Händen hielt. Eine andere Gruppe hat diese Elite beseitigt und deren Machtposition eingenommen. In der Regel werden auf diese Weise abgesetzte Herrscher getötet, gefangengehalten oder des Landes verwiesen. Das Ergebnis: Die Inhaber der Machtposition sind ausgetauscht worden. Die neuen Machthaber können aus Gruppen stammen, die gesellschaftlich bereits (mit-)geherrscht haben, oder aus Teilen der Bevölkerung, die bislang von der Macht ausgeschlossen waren.

Schneller struktureller Wandel

Der diskontinuierliche oder schnelle Strukturwandel hängt mit den langsamen strukturellen Wandlungsprozessen zusammen. Wir beschreiben noch einmal die modellhaften Vorgänge, die auf soziale Veränderungen zielen:
Allmählich wird einigen Menschen klar, daß bestimmte Institutionen und Verhaltensweisen in der Gesellschaft, in der sie leben, ihnen Sinn verloren haben oder menschlichem Fortschritt im Wege stehen. Man beginnt darüber zu sprechen, Alternativen zu diskutieren. Das folgende ist dann häufig eine Frage des Engagements. Zunächst beginnen sich einzelne für das Neue einzusetzen. Dann bilden sich Gruppen. Dieser Veränderungsprozeß wird unter zwei Bedingungen, die häufig auch zusammentreffen, als diskontinuierlich empfunden:

1. Der Wandlungsprozeß schreitet rasch fort und nimmt an Wirkung zu.

   Beispiele: Französische Revolution 1789; November 1918 in Deutschland (Ausrufung der Republik); Sozialreformen unter Allende 1970 in Chile.
2. Das Handeln der Menschen ist zeitlich nicht mehr zufällig, sondern wird organisiert. Viele verweigern zu gleicher Zeit die Zusammenarbeit mit bestehenden ungerechten Strukturen.

   Beispiele: Bürgerrechtsbewegung in den USA seit 1955; Beendigung der Herrschaft des Schahs 1979 im Iran; Kampf der Arbeiterschaft in Polen seit 1980.

Die beschriebenen Formen gesellschaftlicher Wandlungsprozesse lassen sich in einem Schema zusammenfassen:

Zeitbezug des Wandels	Gesellschaftlicher Ansatzpunkt des Wandels	
	auf Personen bezogen	auf Strukturen bezogen
kontinuierlicher, langsamer Prozeß (= Revolution)	Personen werden legal ausgetauscht, z. B. durch Wahlen; soziale Mobilität.	Traditionelle Verhaltensweisen werden schrittweise durch neue ersetzt.
diskontinuierlicher, schneller Prozeß (= Revolution)	Alte Eliten werden beseitigt, z. B. durch Staatsstreiche oder durch politische Revolutionen. Neue Eliten übernehmen die Macht.	Neue Strukturen und Institutionen werden massenhaft geschaffen und führen zur Veränderung der gesellschaftlichen Verhältnisse.

Wer gesellschaftliche Verhältnisse ändern will, muß eine Strategie zur Machtentfaltung haben, um das Bestehende auflösen oder auf Entwicklungen Einfluß nehmen zu können. Wenn wir die unterschiedlichen Möglichkeiten sozialen Wandels betrachten, die hier zusammengefaßt sind, so stellt sich die Frage, ob personaler oder struktureller Wandel angestrebt wird.

Revolutionäre wollen strukturelle Veränderungen von Gesellschaften. Solange nur Machteliten ausgetauscht werden, verändern sich gesellschaftliche Strukturen nicht. Aber nach Meinung vieler Revolutionäre ist die Beseitigung herrschender Gruppen die Voraussetzung für die Verbesserung der gesellschaftlichen Verhältnisse. Erst danach, so sagen sie, könne man jene politischen Entscheidungen treffen und durchsetzen, die auch die gesellschaftlichen Strukturen zu ändern vermögen. Zunächst also die politische Machtergreifung, dann die Praxis gesellschaftlicher Veränderungen. Bei einer solchen Einstellung ist es natürlich naheliegend, daß Gewaltanwendung gegen die Machthaber in einem ungerechten gesellschaftlichen System als der geeignete Weg zur Gesellschaftsveränderung gilt.

Die Theorie der Gewaltfreiheit bestreitet dies, aus Gründen, die an anderer Stelle zusammengestellt sind (siehe Seite 115 ff.) Die gewaltfreie Aktion setzt in erster Linie bei der Beeinflussung gesellschaftlicher Strukturen an. Natürlich sind gerade die Herrschenden direkt und indirekt die Adressaten von Aktionen, ohne daß sie allerdings in irgendeiner Form existentiell bedroht werden. Hier spielt das Menschenbild der Gewaltfreiheitstheorie eine entscheidende Rolle.

Kein Kampf gegen Menschen

Gewaltanwendung — in Konflikten innerhalb von Gesellschaften oder zwischen Gesellschaften — einschließlich ihrer Vorformen wie Drohung, Erpressung, Terror und Abschreckung zielt auf das Brechen des gegnerischen Willens, was im äußersten Fall erst durch die körperliche Vernichtung des Gegners erreicht wird.

Die gewaltfreie Aktion hingegen zielt auf eine Veränderung des gegnerischen Willens unter Inkaufnahme des eigenen Leidens; das schließt im äußersten Fall das Getötetwerden oder die Selbsttötung ein. Der Gegner wird nicht als Mensch bekämpft, sondern als Verantwortlicher für bestehende oder sich entwickelnde Unrechtsverhältnisse.[70]

Dieser Grundsatz der Gewaltfreiheit wurde in einem früheren Abschnitt mit der Aufrechterhaltung von Lernfähigkeit im Rahmen gesellschaftlicher Konflikte begründet (Seite 42 ff.). Sein Hintergrund, ja eigentlicher Ursprung ist ein Menschenbild, das Gandhi knapp gekennzeichnet hat:

»Kein menschliches Wesen ist so schlecht, daß es außerhalb jeder Erlösungsmöglichkeit stünde. Andererseits ist aber auch kein Mensch so vollkommen, daß er berechtigt wäre, den angeblich Unverbesserlichen zu vernichten.«[71]

Gandhis Erkenntnis findet sich in ähnlicher Form bei allen Vertretern der Gewaltfreiheit. Sie sehen die Wesensmerkmale des Menschen weder grundsätzlich optimistisch noch pessimistisch. Sie meinen, daß jeder Mensch von Natur aus beide Veranlagungen besitzt, die zum Guten und die zum Bösen. Und sie schreiben es erzieherischen und anderen personalen und gesellschaftlichen Erfahrungen zu, welche dieser Veranlagungen stärker ausgebildet wird.[72]

Richard Gregg hat zudem in seinem bereits angesprochenen Buch »Die Macht der Gewaltlosigkeit« von einer Gemeinsamkeit aller Menschen gesprochen, die darin liegt, daß der einzelne in eine bestimmte geschichtliche und gesellschaftliche Situation hineingeboren wird, was weder sein Verdienst noch seine Schuld ist. Ohne Verdienst oder Schuld wird er in einem hochindustrialisierten oder in einem Entwicklungsland geboren; ohne Verdienst oder Schuld in Ost oder West; ohne Verdienst oder Schuld in der einen oder der anderen sozialen Schicht. Und er hat im Guten wie im Schlechten Anteil an sozialen Erscheinungen, zu deren Entstehen er nichts beigetragen hat.

»... in dieser Welt erntet der einzelne Mensch weder im Guten noch im Bösen nur das, was er selbst gesät hat. Jeder von uns genießt seinen Anteil an dem gesamten technischen, intellektuellen und moralischen Fortschritt, der sich für die menschliche Gesellschaft seit dem Anbruch der Menschheitsgeschichte angesammelt hat. Das ist bei weitem mehr, als irgend jemand von uns aus eigener Kraft erreichen könnte, als er verdient oder erworben hat. Gleichermaßen trägt ein jeder von uns seinen Teil der Last an den von unseren Ahnen und unseren Zeitgenossen begangenen Fehlern und Missetaten, ohne Rücksicht auf das biologische Erbe, die Staats- oder Rassenzugehörigkeit. Außerdem gibt es nur sehr wenige wirklich Unschuldige. Die meisten von uns dulden oder unterstützen üble Institutionen oder öffentliche Mißstände der verschiedensten Art. Die meisten von uns sind bis zu einem gewissen Grade von Selbstsucht und dem Wunsche beseelt, Macht über andere zu gewinnen. Auch die Schuldigen leiden, obwohl häufig unbewußt. Das rührt daher, daß ihre Einbußen subtiler, mehr indirekt und langsamer in der Auswirkung sein mögen, aber sie sind tiefer und wirken sich weniger auf den Körper als auf den Geist und die Seele aus.«[73]

Zum Selbstverständnis von gewaltfrei Handelnden gehört also der Respekt vor jedem Menschen, auch wenn dieser sinnfällig für ein Unrecht verantwortlich ist. Der gesellschaftsverändernde Kampf ist demnach nicht gegen Menschen gerichtet, sondern gegen Institutionen und Handlungen, die Unrechtsstrukturen festigen oder Gefahren heraufbeschwören. Entsprechend formulierte Martin Luther King angesichts der Armut in den Vereinigten Staaten:

»Die Enteigneten dieses Landes — die Armen, Weiße wie Neger — leben in einer grausam ungerechten Gesellschaft. Sie müssen einen Aufstand gegen die Ungerechtigkeit organisieren, und zwar nicht gegen das Leben der Menschen, die ihre Mitbürger sind, sondern gegen die Strukturen, hinsichtlich derer die Gesellschaft sich weigert, Maßnahmen zu ergreifen, die verlangt worden sind und die auch möglich sind, um die Last der Armut zu beseitigen.«[74]

Selbstverständlich gilt es sich zu vergegenwärtigen: Gesellschaftliche Strukturen sind nichts Selbständiges, das etwa unabhängig von Menschen besteht. Sie werden von Menschen getragen, durch individuelle und kollektive Verhaltensweisen gebildet und aufrechterhalten — beispielsweise durch unkritischen Gehorsam oder durch Gewohnheiten. Wie wir gesehen haben, geht die Theorie der Gewaltfreiheit davon aus, daß in eben diesem Zustand der Ansatzpunkt für eine gesellschaftsverändernde Praxis liegt.

Macht und Liebe

> Eines der größten Probleme der Geschichte ist es,
> daß die Begriffe »Liebe« und »Macht« gewöhnlich als
> polare Gegensätze gegenübergestellt werden. Liebe
> wird mit dem Verzicht auf Macht und Macht mit der
> Verneinung der Liebe identifiziert ... Was wir brau-
> chen, ist die Erkenntnis, daß Macht ohne Liebe rück-
> sichtslos und schimpflich und daß Liebe ohne Macht
> sentimental und blutleer ist. Macht im besten Sinne
> ist Liebe, die die Forderung nach Gerechtigkeit
> erfüllt. Gerechtigkeit im besten Sinne ist Liebe, die
> alles ändert, was sich der Liebe entgegenstellt.
>
> *Martin Luther King*

> Alles hat versagt. Ist es nicht vielleicht Zeit für die
> Liebe?
>
> *Demonstrationsplakat zum 1. Mai 1971*
> *in Washington*

Zu den Grundannahmen der Gewaltfreiheitstheorie zählt es, daß
Liebe nicht nur im persönlichen Bereich der Menschen, sondern
auch in den gesellschaftlichen Beziehungen eine bedeutende
Kraft ist. Nun ruft der Begriff »Liebe« beim Leser sicher verschiedenartige Vorstellungen hervor, so daß eine Erläuterung
notwendig ist.
Dazu soll wieder auf Martin Luther King zurückgegriffen werden, der das Verständnis von Liebe im anfangs genannten Sinn
folgendermaßen erläutert hat:
»Es gibt im griechischen Neuen Testament drei Wörter für ›Liebe‹; das
eine ist das Wort *eros*. *Eros* ist eine Art ästhetischer, romantischer Liebe.
Plato redete in seinen Gesprächen viel davon, von der Sehnsucht der
Seele nach dem Reich des Göttlichen. Und es ist etwas Schönes um *eros*,
kann es immer sein, auch in seinen romanhaften Äußerungen. Einige der
schönsten Liebesgeschichten der Welt handeln davon.
Dann spricht die griechische Sprache von *philia*, was ein weiteres Wort
für Liebe ist, und *philia* ist eine Art intimer Liebe zwischen befreundeten Menschen. Das ist die Art von Liebe, die man für Menschen empfindet, mit denen man gut auskommt; und die, welche man auf dieser Ebene liebt, liebt man, weil man wiedergeliebt wird.

Dann hat die griechische Sprache noch ein Wort für Liebe, und das ist das Wort *agape*. *Agape* ist mehr als romantische Liebe, es ist mehr als Freundschaft. *Agape* ist verstehendes, schöpferisches, erlösendes Wohlwollen gegenüber allen Menschen.«[75]

Die Gewaltfreiheit versteht unter Liebe *Agape*:

Verstehendes Wohlwollen insofern, als der Anhänger der Gewaltfreiheit von den vielen Einflüssen weiß, die Menschen davon abhalten, ihre wirklichen Interessen zu erkennen, und die Menschen dazu bringen, den Suggestionen und der Faszination von Macht und Gewalt zu erliegen.

Schöpferisches Wohlwollen insofern, als der Anhänger der Gewaltfreiheit seine ganze Kraft und Phantasie darauf verwendet, seinen direkten Widersachern und der manipulierten Umwelt die Folgen ihres Fehlverhaltens beziehungsweise ihrer Untätigkeit vor Augen zu führen.

Erlösendes Wohlwollen insofern, als der Anhänger der Gewaltfreiheit mit den Zielen seiner Handlungen und bereits durch die Handlungen selbst menschenwürdige Alternativen zu den bekämpften inhumanen Zuständen und Entwicklungen deutlich macht.

Richard Gregg hat zur Rolle der Liebe in der Gewaltfreiheit unter anderem geschrieben:

»Die Liebe ist die wichtigste aller dieser Eigenschaften gewaltloser Personen, ja, man kann sie sogar als den Ursprung aller anderen ansehen. Wenn die Bezeichnung ›Liebe‹ in diesem Zusammenhang zu sentimental erscheinen will, kann man dafür auch Einsicht oder Wissen sagen. Diese Liebe muß stark und klarblickend sein, nicht rührselig oder sentimental. Sie muß geduldig sein und voller Einsicht, Verständnis und Einfühlungsvermögen. Sie muß ausdauernd sein, freundlich und selbstlos. Das ist wunderbar, aber nicht übermenschlich oder allzuselten.

Zorn, wie auch Liebe, kann sich schöpferisch auswirken, denn beide sind Ausdrucksformen oder Arten von Energie. Liebe aber besitzt eine größere Energie und Ausdauer als Zorn. Die Liebe enthält in sich das eigentliche Prinzip und das Wesen der Kontinuität des Lebens selber. Betrachtet man sie als ein Werkzeug, so kann sie besser und wirkungsvoller gehandhabt werden als der Zorn, auch dient sie einem besseren Zweck, ihr Hebelarm ist länger und ihre Ausgangsstellung überlegen. Die Liebe findet bei der übrigen Menschheit eine stärkere und dauerhaftere Zustimmung. Die Aussichten dafür, daß sie den Sieg über den Zorn davontragen wird, sind auf lange Sicht groß.«[76]

Die Bedeutung der Liebe in der gewaltfreien Konfliktaustragung wird insbesondere in der Bereitschaft der Akteure deutlich, für ihre Überzeugung Nachteile, auch Leiden in Kauf zu nehmen.

Opferbereitschaft

Erinnern wir uns: Im Zusammenhang mit der Rechtfertigung eines Widerstandsrechts in der Demokratie wurde als ein Gesichtspunkt der »Aufrichtigkeitstest« der Opponenten bei Widerstandshandlungen behandelt (siehe Seite 55). Damit ist die Bereitschaft gemeint, für das eigene Handeln Nachteile in Kauf zu nehmen und sich gegebenenfalls einer Bestrafung zu stellen. Diesem Aufrichtigkeitstest unterziehen sich gewaltfreie Akteure bereits durch den Gewaltverzicht in der Aktion selbst.

Die Opferbereitschaft bedeutet jedoch in der gewaltfreien Konfliktaustragung mehr als nur einen Aufrichtigkeitstest. Eines unterscheidet nämlich den gewaltfrei Agierenden von einem gewaltsam vorgehenden Revolutionär: Er hat nicht das Bewußtsein (oder die »Anmaßung«?) entwickelt, aufgrund seiner Überzeugungen anderen Menschen Schaden zuzufügen zu dürfen, sie gegebenenfalls zu töten — er konfrontiert die Gesellschaft, in der er lebt, mit seiner Überzeugung, indem er andere vor Schaden bewahrt und Nachteile selbst erträgt.

In Gandhis Verständnis von Gewaltfreiheit (Satyagraha) kommt dies besonders deutlich zum Ausdruck. Satyagraha, dies sei in die Erinnerung zurückgerufen, bedeutet »Macht der Wahrheit«. Gandhi schreibt:

»Als ich begann, Satyagraha auszuüben, entdeckte ich sehr bald, daß die Befolgung der Wahrheit nicht gestattet, dem Gegner gegenüber Gewalt anzuwenden. Dieser muß vielmehr durch Geduld und Liebe gewonnen werden. Denn was mir selber als Wahrheit erscheint, mag dem Gegner als Irrtum vorkommen. Geduld aber ist gleichbedeutend mit *Selbstleiden*. So verlangt die Lehre: *Wahrheit nicht dadurch zu behaupten, daß ich dem Gegner Leiden zufüge, sondern dadurch, daß ich selber Leiden erdulde.*«[77]

Die Wahrheit kommt also durch Gewaltanwendung nicht ans Licht. Denn: Hat eine oppositionelle Gruppe ein Ziel durch Gewaltanwendung erreicht, so bleibt offen, ob Furcht, Einschüchterung, Terror oder eben die Wahrhaftigkeit des Anliegens Ursache für den Sieg gewesen sind.

Die Opfer- oder Leidensbereitschaft des Gewaltfreien ist mit einem Bündel von Einschätzungen der sozialen Wirksamkeit dieser Haltung verbunden.

Zunächst sei die These Gandhis angeführt, daß Leiden eine vernunftmäßige Argumentation ergänzen kann:

»Ich habe herausgefunden, daß der bloße Appell an die Vernunft überall da keinen Widerhall findet, wo die Vorurteile jahrhundertealt sind oder auf vermeintlicher religiöser Autorität beruhen. Die Vernunft muß durch Leiden gestärkt werden, und Leiden öffnet die Augen zum Verstehen. Deswegen darf keine Spur von Zwang in unseren Handlungen liegen. Wir dürfen nicht ungeduldig sein, und wir müssen einen unsterblichen Glauben an die Mittel haben, derer wir uns bedienen.«[78]

Die beiden Elemente in dieser Erkenntnis Gandhis können nicht deutlich genug hervorgehoben werden: Gewaltfreiheit umfaßt sowohl einen »Appell an die Vernunft« — wir würden sagen: eine »argumentative Vorgehensweise« — als auch die Bereitschaft, einem Widersacher durch eigenes Leiden die Ernsthaftigkeit des Anliegens gefühlsmäßig nahezubringen.

Leiden ist nicht als passive Haltung im Sinne von Erleiden oder Erdulden zu verstehen. Das Leiden in der gewaltfreien Konfliktaustragung ist vielmehr Bestandteil des Handelns. Dieses Leiden ist auf Wirkung ausgerichtet.* Es ist ein Element jener aktiven Einmischung in die sozialen Verhältnisse, zu der sich der gewaltfreie Akteur gedrängt fühlt.

Um die aktive Wirkung des Leidens in der gewaltfreien Aktion beschreiben zu können, stellen wir einige Überlegungen an:

Politische Systeme sind in der Regel einem bestimmten moralischen Anspruch unterworfen, der gerade auch von den politisch

---

* Interessanterweise bedeutet das lateinische *actio*, von dem »Aktion« abgeleitet ist, unter anderem »Wirkung«.

Herrschenden vertreten wird. Ein solcher Anspruch orientiert sich zumindest theoretisch zumeist an den Menschenrechten und an Demokratievorstellungen, wie unterschiedlich das Demokratieverständnis auch sein mag (Parlamentarismus; sogenannte »Volksdemokratie«). Selbst Militärdiktaturen werden durch die Machthaber fast immer mit der Notwendigkeit der Rettung oder der Vorbereitung demokratischer Verhältnisse gerechtfertigt. Es gibt kaum Politiker, die sich offen zu einem menschenfeindlichen diktatorischen Regime bekennen, wie dies etwa der deutsche Faschismus getan hat. Dies alles mag als äußeres Anzeichen für einen gewissen moralischen Fortschritt gewertet werden. Das soll nicht heißen, daß wir den Herrschenden die moralischen Ansprüche auch abnehmen müssen. Angesichts der politischen Praxis können wir dies zumeist und zu Recht auch nicht. Aber aus dem Widerspruch zwischen Anspruch und Praxis ergibt sich ein Ansatzpunkt für die gewaltfreie Aktion.

Um dies zu konkretisieren: Da werden in der nordamerikanischen Unabhängigkeitserklärung in beeindruckender Form allgemeine Menschenrechte ausgerufen, und gleichzeitig hält die Gesellschaft Millionen von Schwarzen als Sklaven oder diskriminiert sie — nach der Aufhebung der Sklaverei — durch die Praxis der Rassentrennung. Da legt man feierliche Bekenntnisse zur Gleichheit und zum Glauben an die göttliche Schöpfung aller Menschen ab und bringt Hunderttausende wehrloser Zivilisten in Vietnam um.

Oder: Da beansprucht eine politische Kaderpartei, Sprachrohr der Arbeiterklasse zu sein, und ihre Führer entfernen sich im Laufe der Zeit im Handeln, Denken und in der Lebensweise eben von diesen Arbeitern, deren politische Vorhut sie darstellen wollen. Und während man kolonisierte Völker angeblich selbstlos — und lediglich einem Gesetz der Geschichte folgend — in ihrem Befreiungskampf unterstützt, ist man dabei, ein anderes Volk, das afghanische nämlich, mit militärischer Gewalt zu bekämpfen.

Widersprüche solcher Art lassen sich nicht für alle Zeiten aufrechterhalten. Die großen und kleinen Machthaber dieser Welt wissen sehr wohl um den Abgrund, der häufig zwischen ihrem

95

Handeln und ihren spektakulären Worten besteht.*
Gewaltfreiheit ist immer, wie begrenzt das Anliegen der Akteure im Einzelfall auch sein mag, an der Entwicklung von Menschenrechten und Menschlichkeit orientiert. Insofern stellt jede gewaltfreie Aktion eine Anforderung an jene dar, die den angestrebten humanen Wandel behindern. Von jeder gewaltfreien Aktion geht ein moralischer Impuls aus, der die politisch Verantwortlichen einem Rechtfertigungszwang unterwirft. Dies ist — nach der Lerntheorie — die »kognitive« (verstandesmäßige) Ebene der Aktion, auf der das argumentative Vorgehen überwiegt.
Die Opfer- und Leidensbereitschaft der Akteure ergänzt nun das verstandesmäßige Vorgehen, indem Gefühle und Empfindungen angesprochen werden, also die emotionale Ebene berührt wird. Theodor Ebert hat diesen Zusammenhang in folgender Weise beschrieben:

»Durch die Bereitschaft, ungerechte Sanktionen ohne Gegenwehr zu ertragen, wollen die gewaltfreien Akteure den Herrschenden klarmachen, daß es ihnen nicht um Vergeltung für vergangene Ausbeutung, Unterdrückung oder Bevormundung geht, sondern allein um die Schaffung einer neuen gerechten Friedensordnung. Diese Bereitschaft, die Vergangenheit zu vergessen und keine Schuldigen zu suchen, dürfte gewöhnlich bei den gegnerischen Gruppen die Voraussetzung für einen Lernprozeß und die Bereitschaft sein, zusammen mit ihren derzeitigen politischen Gegnern einen neuen Anfang zu wagen . . .
Gewaltfreie Aktionen wollen nicht nur provozieren, argumentieren und Anpassungsdruck ausüben — sie wollen auch um Sympathie werben bei Neutralen und Gegnern. Oft kann erst eine Änderung der emotionalen Einstellung der Beobachter diese für rationale Argumente öffnen . . .
Die Wirkung gewaltfreier Aktionen besteht also aus einer Mischung von gewaltfreiem Zwang einerseits und andererseits von Überzeugung durch Opferbereitschaft und das Angebot konstruktiver Alternativen.«[79]

Die Wirksamkeit von Leiden als einer aktiven Haltung hat Martin Luther Kind in einer Weihnachtspredigt 1967 — es war seine letzte — eindrucksvoll dargestellt. Hintergrund seiner Ausfüh-

---

* Das machen die vielen politischen »Aussteiger« von Heinrich Albertz bis Robert McNamara deutlich.

rungen waren die Rassendiskriminierung und die brutale Rassenunterdrückung in den USA:

»Ich habe zuviel Haß gesehen, als daß ich selber hassen möchte, und ich habe Haß in den Gesichtern zu vieler Sheriffs, zu vieler weißer Stadträte und zu vieler Ku-Klux-Klan-Leute im Süden gesehen, als daß ich selber hassen möchte; und jedesmal, wenn ich ihn sehe, sage ich mir, Haß ist eine zu große Last, als daß man sie tragen könnte. Irgendwie müssen wir imstande sein, vor unsere erbittertsten Gegner hinzutreten und zu sagen: ›Wir werden eure Fähigkeit, uns Leid zuzufügen, durch unsere Fähigkeit, Leid zu ertragen, wettmachen. Wir werden eurer physischen Kraft mit Seelenkraft begegnen. Tut uns an, was ihr wollt, wir wollen euch trotzdem lieben. Wir können nicht mit gutem Gewissen euren ungerechten Gesetzen gehorchen und dem ungerechten System treu bleiben, denn Nichtzusammenarbeit mit dem Bösen ist genauso eine moralische Pflicht wie Zusammenarbeit mit dem Guten, also werft uns ins Gefängnis, und wir wollen euch trotzdem lieben. Bombardiert unsere Häuser und bedroht unsere Kinder, und wir wollen euch, so schwer es auch ist, trotzdem lieben. Schickt eure vermummten Gewaltverbrecher zu mitternächtlicher Stunde in unsere Gemeinden, schleppt uns hinaus in eine abgelegene Straße und laßt uns halb totgeschlagen liegen, und wir wollen euch trotzdem lieben. Schickt eure Propagandaagenten im Land herum und erweckt den Anschein, als wären wir kulturell und auch sonst nicht tauglich für die Integration, und wir wollen euch trotzdem lieben. Aber seid versichert, daß wir euch durch unsere Leidensfähigkeit aufreiben werden, und eines Tages werden wir unsere Freiheit erobern. Wir werden sie nicht nur für uns selbst erobern: wir werden so sehr an euer Herz und Gewissen appellieren, daß wir euch in dem Prozeß besiegen, und unser Sieg wird ein doppelter Sieg sein.‹«[80]

Die Beziehung zwischen Ziel und Mittel

> Aber wir werden niemals Frieden in der Welt haben,
> bevor die Menschen nicht überall anerkennen, daß
> Mittel und Zweck nicht voneinander zu trennen sind;
> denn die Mittel verkörpern das Ideal im Werden, das
> Ziel im Entstehen, und schließlich kann man gute
> Zwecke nicht durch böse Mittel erreichen, weil die
> Mittel den Samen und der Zweck den Baum darstellen.
>
> *Martin Luther King*

Jean-Paul Sartre, der französische Philosoph des Existentialismus, hat 1948 in einem Essay »Was ist Literatur?« einen Grundkonflikt menschlicher Existenz beschrieben.

»Das ist das gegenwärtige Paradox der Moral: wenn ich darin aufgehe, irgendwelche ausgewählten Personen, meine Frau, meinen Sohn, meine Freunde, den Bedürftigen, den ich auf meinem Weg antreffe, als absolute Zwecke zu behandeln, wenn ich mich mühe, alle meine Pflichten ihnen gegenüber zu erfüllen, werde ich mein Leben verzehren, werde ich die Ungerechtigkeit der Epoche, Klassenkampf, Kolonialismus, Antisemitismus usw. *mit Stillschweigen übergehen* und letztlich *von der Unterdrückung profitieren, um Gutes zu tun.* Da diese sich übrigens in den Beziehungen von Person zu Person wiederfindet und subtiler noch in meinen Absichten selbst, wird das Gute, das ich zu tun versuche, von Grund auf verdorben sein, wird es in radikales Übel umschlagen. Wenn ich mich aber umgekehrt in das revolutionäre Unternehmen stürze, riskiere ich, keine Muße mehr für die persönlichen Beziehungen zu haben, schlimmer noch, durch die Logik der Aktion dazu gebracht zu werden, die meisten der Menschen und selbst meine Genossen als Mittel zu behandeln.«[81]

Die gewaltfreie Aktion löst diesen Widerspruch. Sie bestreitet entschieden den Satz »Der Zweck heiligt die Mittel« und fordert hingegen, daß im gesellschaftsverändernden Kampf durch die angewandten Mittel und den Gegenstand der Aktionen die Ziele der Opponenten sichtbar werden. Die gewaltfreie Aktion ermöglicht auch jedem Menschen ein gesellschaftsveränderndes Engagement, ohne daß damit von vornherein existentielle Grundentscheidungen, wie sie beispielsweise der gewaltsame Kampf kennt (Untergrund, Aufgabe persönlicher Beziehungen etc.), verbunden wären.

Die Beziehung zwischen Zweck und Mittel (Ziel/Mittel-Relation) in der gewaltfreien Aktion ist unter zwei Gesichtspunkten zu betrachten. Sie kommt einmal bereits im Gewaltverzicht selbst zu Ausdruck. Denn menschlichere gesellschaftliche Verhältnisse sind Verhältnisse, in denen weniger direkte und indirekte Gewalt herrscht.

In diesem Sinn hat Martin Luther King seine Forderung nach Gewaltverzicht und nach einer Beziehung zwischen Zielen und Mitteln eines gesellschaftsverändernden Handelns mit einer

Gewaltkritik verbunden. Dabei muß man sich vergegenwärtigen, daß sich in den sechziger Jahren neben der Bürgerrechtsbewegung mit »Black Power« eine Bewegung der Schwarzen entwickelte, die den Weg der Integration ablehnte und auch Gewaltanwendung im Kampf nicht ausschloß. In der Auseinandersetzung mit der »Black-Power«-Bewegung argumentierte King:

»Streben wir nach Macht um der Macht willen? Oder streben wir danach, das Leben in der Welt und in unserer Nation besser zu machen? Wenn wir aber nach dem letzteren streben, kann Gewalt niemals die Lösung bringen. Die größte Schwäche der Gewalt liegt darin, daß sie gerade das erzeugt, was sie vernichten will. Statt das Böse zu verringern, vermehrt sie es. Durch Gewalt kann man Lügner ermorden; aber man kann weder die Lüge ermorden noch die Wahrheit aufrichten. Durch Gewalt kann man den Hasser ermorden; aber man tötet den Haß nicht. Das ist der Lauf der Dinge. Gewalt mit Gewalt zu vergelten, vermehrt die Gewalt und macht eine Nacht, die schon sternenlos ist, noch dunkler. Dunkelheit kann die Dunkelheit nicht vertreiben; das kann nur das Licht. Haß kann den Haß nicht vertreiben; das kann nur die Liebe.
Das Schöne und Gute an der Gewaltlosigkeit ist, daß sie auf ihre Weise und zu ihrer Zeit die Kettenreaktion des Bösen zu brechen sucht. Eine der größten Paradoxien der Black-Power-Bewegung ist, daß sie unaufhörlich davon spricht, die Werte der weißen Gesellschaft nicht imitieren zu wollen; aber durch Empfehlung der Gewalt imitiert sie den schlimmsten, brutalsten und unzivilisiertesten Faktor des amerikanischen Lebens.«[82]

Der zweite Gesichtspunkt bei der Ziel/Mittel-Relation ist die Betonung von konstruktiven Aktionen, also Aktionen, durch die über den Gewaltverzicht hinaus konkrete Lösungen für gesellschaftliche Mißstände und Alternativen zu bedrohlichen Entwicklungen deutlich werden. Auch dies zeigt im übrigen, daß Gewaltfreiheit nicht mit einer bloßen Widerstandshaltung gleichgesetzt werden darf. Es gehört zu den grundlegendsten Leitsätzen der Gewaltfreiheitstheorie, daß gesellschaftliche und politische Veränderungen nicht durchzusetzen sind, wenn die Opponenten nicht aufzeigen können, wie die sozialen Beziehungen und Institutionen in der von ihnen erstrebten Gesellschaft aussehen werden. Dazu äußert sich der amerikanische Soziologe Robert K. Merton:

»Jeder Versuch, eine bestehende soziale Struktur zu beseitigen, ist zum Scheitern verurteilt, wenn nicht für alternative Strukturen vorgesorgt wird, welche die Funktionen der bisherigen abzulösenden Organisation erfüllen.«[83]

Die Notwendigkeit konstruktiver Aktionen bei dem Bestreben, die Gesellschaft zu verändern, aber auch im Widerstand, wird im zweiten Teil dieses Buches dadurch unterstrichen, daß bei der systematischen Beschreibung der gewaltfreien Aktionsmethoden auf ein Schema zurückgegriffen wird, das die konstruktiven Aktionen besonders berücksichtigt.

Konstruktive Aggression

An dieser Stelle kann weder eine befriedigende Definition von Aggression gegeben werden, noch ist es möglich, jene Theorien angemessen wiederzugeben, die Aggression zu erklären versuchen. Beides ist auch unnötig. Es gilt vorläufig festzuhalten, daß Aggression üblicherweise verstanden wird als ein Verhalten, das darauf zielt, einem anderen Organismus zu schaden. Müßig — weil im wissenschaftlichen Sinne ohnehin unbeweisbar — ist die Frage, ob Aggression (angeborenen) triebhaften oder gesellschaftlichen Ursprungs ist. Die Entscheidung für die eine oder andere These scheint ohnehin erheblich davon abhängig zu sein, wie sie sich in das persönliche Menschenbild einfügt, das sich bei der Annahme der (angeborenen) Triebhaftigkeit von Aggression eher negativ oder konservativ und bei der Annahme ihrer gesellschaftlichen Bedingtheit eher positiv oder fortschrittlich darstellt. Vieles spricht dafür, daß es bei dieser Frage weniger um ein »Entweder-Oder« als vielmehr um ein »Sowohl-Als-auch« geht. Jedenfalls ermöglicht diese Einschätzung wohl die einsichtigsten Erklärungen der mit Gewalt und Gewaltlosigkeit verbundenen sozialen Erscheinungen.

Die Auffassung, Aggressionen gehörten gleichsam zur Triebausstattung der Menschen, berührt in keiner Weise die Bedingungen und Möglichkeiten der gewaltfreien Konfliktaustragung. Es muß nämlich entschieden bestritten werden, daß Unfrieden und Gewalt in dieser Welt auf eine entsprechende destruktive Veranlagung der Individuen zurückzuführen seien, daß also die Gewalterscheinungen einer Zusammenballung der aggressiven Veranlagung einzelner Menschen entspringen. Es sind vielmehr die politischen und gesellschaftlichen Bedingungen, die Aggressionspotentiale fördern oder — das ergibt sich logischerweise — auch abbauen können. Diesen Zusammenhang macht der Friedensforscher Dieter Senghaas mit Blick auf das militärische Abschreckungs- und Rüstungssystem in folgender Weise deutlich:

»Wir wissen, daß individuelle Aggression und die soziale Organisation von Gewalt zwar in einem gewissen Zusammenhang stehen, daß aber ganz sicher organisierte Gewalt nicht zureichend aus der Addition individueller Aggressivität abgeleitet werden kann. Spätestens heute, angesichts einer unter militärischen Vorzeichen organisierten Kooperation von Politik, Wissenschaft und Wirtschaft kommt die allgemeine These, der Krieg beginnt in den Köpfen der Menschen, in ihrer Undifferenziertheit einer Gegenwartsverfälschung gleich. Wenn wir uns in unseren Bemühungen um eine Friedensordnung vor Illusionen, vor Beschönigungen und schließlich Enttäuschungen bewahren wollen, so können wir ... die Friedensproblematik nicht als ein vom Individuum her zu analysierendes Problem betrachten. Wir müssen von der empirisch einzig realistischen Annahme ausgehen, daß die gesteigerte Friedlosigkeit, die die Menschheit heute in ihrer Existenz bedroht, eine ausgeprägte Form sozialer Organisation darstellt.«[84]

Von Theoretikern und Praktikern der Gewaltfreiheit gibt es bislang keine speziellen Beiträge zum Aggressionsproblem, jedoch mehr oder weniger deutlich bestimmte Einschätzungen, die sie aus ihrer praktischen Erfahrung oder aus Beobachtungen gewaltfreier Aktionen abgeleitet haben und die sinnfällig mit den Ergebnissen einer bestimmten Richtung der Aggressionsforschung übereinstimmen. Dies soll beispielhaft anhand der Arbeiten des Psychoanalytikers Günter Ammon aufgezeigt werden.[85] Ammon definiert Aggression zunächst einmal vom lateinischen Ursprung her. Dort bedeutet *ad gredi* (später *aggredi*) wörtlich »herangehen«. In diesem Sinne äußert sich Aggression als die normale Auseinandersetzung eines Menschen mit seiner

Umwelt. Diese Haltung ist auf bewußte Welterfahrung gerichtet und damit »Manifestation der stufenlosen Ich-Entwicklung«. Insoweit ist Aggression als konstruktiv zu begreifen. Destruktive Aggression entsteht aus der Unfähigkeit, Konflikte angemessen austragen zu können. Ammon faßt das so zusammen:

»Konstruktive Aggression als Ich-Funktion ist auf konkrete Objekte gerichtet, ist ad gredi im Dienste der Selbstenfaltung. Destruktive Aggression ist aus Konflikt geborene, ursprünglich konstruktive Aggression, welche ihr Objekt verloren bzw. verdrängt hat. Autonom geworden hat sie sich dem Selbst des Menschen und seiner gesellschaftlichen Umwelt entfremdet.

Unsere Aggressionsforschung hat ergeben, daß Menschen, die nie gelernt haben, mit Frustration umzugehen, im späteren Leben zu explosionsartiger destruktiver Aggression neigen, sobald sie auch nur der geringsten Frustration ausgesetzt sind. Ich halte daher das Konzept einer Frustrationsregulation und, bei einer Störung, das einer Frustrationsdysregulation für das z. Z. beste Arbeitsmodell. Frustrationsregulation soll heißen, daß während der frühen Kindheit die freundliche verstehende Hilfe der Eltern dem Kind zu der Erfahrung verhilft, daß Frustration überlebt werden kann, daß Realität nicht prinzipiell Ich-negierend ist, sondern erfahren werden kann als Ich-abgrenzend.«[86]

Die Unfähigkeit zur Konfliktlösung entspringt natürlich gesellschaftlichen Quellen, und zwar einer der wichtigsten erzieherischen Agenturen einer auf Herrschaft und Unterdrückung gegründeten Gesellschaft: der Familie.

Daß die Ansichten der Gewaltfreiheitstheorie diesem Ansatz von Ammon entsprechen, wird bei Martin Luther King deutlich. King gesteht den Schwarzen in den USA, wie im übrigen allen Ausgebeuteten seines Landes und der Welt, ihren berechtigten Zorn und ihre Wut zu. »Es ist zwecklos, Negern zu sagen, sie sollten nicht wütend werden, wenn sie es doch sein müssen.«[87] Entscheidend ist aber, wie dieser Zorn in der Gesellschaft wirksam wird. Etwa in der Form eines Aufruhrs? »Man sieht schreiende junge Menschen und wütende Erwachsene, die hoffnungslos und ziellos gegen widrigste Umstände kämpfen. Und tief in ihnen kann man sogar ein Streben nach Selbstzerstörung, eine Art selbstmörderisches Verlangen wahrnehmen.«[88] Was King hier beschreibt, ist ein Ausbruch plan- und zielloser

Aggression. Die gewaltfreie Aktion ermöglicht es, solche sich destruktiv auswirkende Energien in eine konstruktive Kraft umzuleiten. King hat dies am Beispiel des Zivilen Ungehorsams erläutert:

»Wenn man auf einem den Städten angemessenen Niveau Protest erheben und diesem Protest aggressiven und zugleich gewaltfreien Charakter verleihen will, muß man *Zivilen Ungehorsam* üben. Eine Stadt lahmzulegen, ohne sie zu zerstören, kann wirksamer sein als Aufruhr, weil eine solche Lahmlegung länger dauern kann und die Gesellschaft teuer zu stehen kommt, ohne blind zerstörerisch zu wirken. Außerdem haben es die Behörden schwerer, hier mit Übermacht Ruhe und Ordnung wiederherzustellen. Ziviler Ungehorsam, von Massen geübt, kann Wut in eine konstruktive und schöpferische Kraft verwandeln. Es ist zwecklos, Negern zu sagen, sie sollten nicht wütend werden, wenn sie es doch sein müssen. Im Gegenteil dient es ihrer seelischen Gesundheit, wenn sie ihre Wut nicht unterdrücken müssen, sondern ihr auf konstruktive Weise freien Lauf lassen können und die freigewordene Energie friedlich und kraftvoll ausnutzen, um die Funktionsfähigkeit der sie unterdrückenden Gesellschaft zu mindern. Zivilem Ungehorsam kann die militante Haltung zugute kommen, die sonst in Krawallen vertan wird, etwa wenn Kleidungsstücke oder Lebensmittel beschlagnahmt werden, die viele überhaupt nicht haben wollen.«[89]

Die ergänzende These hierzu lautet: Gewaltfreie Aktionsprojekte haben eine gruppendynamisch wirkende Ausstrahlung, die die Neigung zur Gewaltanwendung abschwächt. So weiß King zu berichten:

»Tatsache ist, daß bei allen Märschen, die wir organisiert haben, einige Elemente mit ausgesprochen gewalttätigen Tendenzen dabei waren. Es war für uns Routine, in unseren eigenen Reihen jeweils vor den Märschen Hunderte von Messern einzusammeln, für alle Fälle. Und in Chicago erlebten wir letztes Jahr, wie ein paar äußerst gewalttätige Individuen sich der gewaltlosen Disziplin willig unterwarfen. Tag um Tag ging ich während dieser Chicagoer Märsche durch unsere Reihen, und nie sah ich jemanden tätlich werden. Es gab eine Menge Provokationen, nicht nur die schreienden weißen Rowdies, die die Straßen säumten, sondern auch Gruppen von militanten Negern, die über Guerillakriegführung diskutierten. Wir hatten ein paar Bandenführer und -mitglieder unter uns. Ich erinnere mich, wie ich mit den Blackstone Rangers zusammen marschierte, während Flaschen vom Straßenrand geflogen kamen, und ich sah, wie ihre Nasenbeine gebrochen wurden und Blut aus ihren

Wunden floß; und ich sah, wie sie weitermarschierten und nicht mit Gewalt zurückschlugen, nicht einer von ihnen. Ich bin überzeugt, daß sogar äußerst gewalttätige Naturen durch gewaltlose Disziplin gelenkt werden können, wenn die Bewegung sich wirklich bewegt, wenn die Leute konstruktiv handeln und über einen wirkungsvollen Kanal ihrem sehr berechtigten Zorn Luft machen können.«[90]

Offenheit der Planungen

Aus der Geschichte kennen wir spontane und vorbereitete gewaltlose Aktionen. Bei letzteren läßt sich auch von gewalt-freien Kampagnen oder Aktionsprojekten sprechen. Die Frage von Spontaneität und Organisation in der gewaltfreien Konflikt-austragung wird eingehender an anderer Stelle diskutiert. Soviel sei vorweggenommen: Spontane gewaltlose Aktionen haben zwar nicht selten eindrucksvolle Erfolge gezeigt (zum Beispiel der Widerstand gegen die Intervention von fünf Warschauer-Pakt-Staaten gegen den Prager Reformkommunismus im August 1968), sie unterliegen in ihrer Wirksamkeit jedoch Beschränkun-gen. Typisch für gewaltfreie Kampagnen ist vielmehr eine sorg-fältige Vorbereitung der Aktionen, wobei die Analyse eines Miß-standes und seine öffentliche Dokumentation zu den ersten Schritten gehörten. Aktionen setzen dann ein, wenn ganz offen-sichtlich im Rahmen des im jeweiligen politischen System beste-henden Entscheidungsmechanismus keine Lösung gefunden werden kann. Auf eine solche Situation bezieht sich die Über-schrift dieses Abschnitts. Zu den Merkmalen der gewaltfreien Konfliktaustragung gehört es, daß die Aktionsplanungen und Aktionsabsichten vorab öffentlich bekanntgegeben werden. Die-se Forderung gilt unabhängig davon, daß bestimmte Aktionen (Demonstrationen etc.) einer Anmeldung bedürfen; etwas, was unbedingt beachtet werden muß, es sei denn, daß staatliche Stel-len durch Auflagen die Reichweite und Wirksamkeit der Aktion einschränken wollen. In dem Fall stellt sich ohnehin die Frage, ob die Opponenten eine Begrenzte Regelverletzung durchführen oder Zivilen Ungehorsam leisten. Grundsätzlich gilt die Forde-rung nach Offenheit der Planungen.

Richard Gregg faßt die Überlegungen, die eine solche Haltung sinnvoll erscheinen lassen, am Beispiel Gandhis zusammen:

»(Gandhi) glaubte so fest an die Wahrheit, daß er seine Gegner stets im voraus von seinen Plänen unterrichtete. Auf den ersten Blick mag das wie Donquichotterie aussehen. Wir haben jedoch schon darauf hingewiesen, daß dieses Vorgehen gewisse Vorteile mit sich bringt. Es bietet noch andere Vorteile, den Gegner auf diese Weise im voraus von seinen Plänen zu unterrichten. Es liegt darin ein gewisser Mut ohne jede Drohung. Es zeigt dem Gegner und der Öffentlichkeit, daß man sich an die Wahrheit hält, selbst wenn dies riskant ist, und daß man sich an die Wahrheit hält und ihr vertraut, auch wenn man selber Opfer dabei bringen muß oder es zunächst den Anschein hat, daß der Sache selber damit nicht gedient ist. Es geht also daraus hervor, daß man vertrauenswürdig ist. Es zeigt, daß man keinen Betrug begehen und keinen unlauteren Vorteil erzielen, daß man nicht den Versuch machen will, sich den Folgen seiner Handlungen zu entziehen — daß man also die Verantwortung übernimmt. Haltung und Vertrauen lassen darauf schließen, daß man der Ansicht ist, der Gegner hat etwas Gutes an sich, an das man appellieren möchte. Es ist somit ein Akt der Höflichkeit. Es deutet an, daß man nicht auf Besiegung ausgeht, sondern darauf, zu überzeugen, also auf seinen Appell an die moralischen Qualitäten. Es läßt den Schluß zu, daß man den Gegner achtet und gründlich über die vergangenen und zukünftigen Beziehungen zu ihm nachgedacht hat. Es ist daraus zu entnehmen, daß man sich der Gemeinsamkeit aller Menschen bewußt ist und sich darauf verläßt. All diese Gedankengänge sind geeignet, den Gegner und die Öffentlichkeit in Erstaunen zu setzen und Gefallen zu erwecken, wodurch man einen feinen, aber nachhaltigen psychologischen Vorteil erringt... Da das Vertrauen eine der Voraussetzungen für die Überzeugung ist und Wahrheit Vertrauen schafft, wirkt die ständige Treue zur Wahrheit um jeden Preis stark überzeugend.«[91]

Viele gewaltfreie Aktionsgruppen in der Bundesrepublik Deutschland haben in vorbildlicher Weise »Offenheit« praktiziert, indem sie ihre Aktion gegenüber den betroffenen Gruppen vorab in Flugblättern erläuterten. Dies sei an dem Beispiel der Blockade des Haupttors der Lance-Atomraketenkaserne in Kleinengstingen auf der Schwäbischen Alb aufgezeigt. Dort hatten sich 13 Mitglieder der Gewaltfreien Aktion Tübingen 24 Stunden lang angekettet. Am Abend vor ihrer Aktion (13. Juli 1981) verteilten die Akteure Flugblätter an die Soldaten, die in der Regel Wehrpflichtige waren. Der Text lautete:

INFORMATION FÜR WEHRPFLICHTIGE

»Am Montag morgen ab 9.00 Uhr werden sich 20 Leute vor dem Tor Eurer Kaserne anketten, um gegen Atomwaffen zu protestieren.

Hier in Engstingen lagern, wie an anderen Orten im Westen der Bundesrepublik, Lance-Atomraketen, jede mit der doppelten Sprengkraft der Hiroshima-Bombe. Diese Raketen haben eine Reichweite von nur 120 km und werden im Kriegsfall den Osten der Bundesrepublik (u. a. die Städte Dinkelsbühl, Donauwörth, Augsburg, Kaufbeuren) zerstören, um einen feindlichen Vormarsch zu stoppen. Ihr Einsatz wird Millionen Menschen von der Ostsee bis nach Bayern sofort das Leben kosten, und noch mehr werden an Verbrennungen und Folgen der Strahlung langsam zugrunde gehen, wie heute noch die Opfer von Hiroshima und Nagasaki.

Das ist die Art von ›Verteidigung‹, für die Ihr ausgebildet werdet: ein grausamer Völkermord an den Frauen, Männern und Kindern in der Bundesrepublik, für die es dann wirklich keine Rolle spielen wird, ob sie von russischen oder von amerikanischen Atombomben getötet werden. Die neue amerikanische Atomstrategie macht diesen Krieg wahrscheinlicher. Durch die Pershing-II-Raketen und Cruise-Missiles, die 1983 bei uns stationiert werden sollen, wird die Sowjetunion zum erstenmal von Europa aus durch Atomwaffen direkt bedroht. Wegen der kurzen Flugzeit und der deshalb geringeren Zeit zur Reaktion für die UdSSR hoffen die USA, die UdSSR ausschalten und einen Atomkrieg auf Europa begrenzen zu können. Es ist nicht schwer zu verstehen, daß es unter diesen Umständen für US-Außenminister Haig ›Wichtigeres‹ gibt als den Frieden. Denn es wären ja nur wir, die für die Amerikaner sterben würden, wie früher die Koreaner und Vietnamesen und heute die Menschen in El Salvador.

Wir wenden uns genauso gegen die russischen SS-4-, SS-5- und SS-20-Raketen, denn auch ihr Einsatz würde Völkermord bedeuten, und auch sie sind Mittel einer ›Verteidigungs‹strategie, die die Vernichtung der eigenen Bevölkerung einkalkuliert. Weil aber diese Raketen die USA in den Planspielen der Generale nicht direkt bedrohen können, deshalb ist die ›Nach‹rüstung eine einseitige Aufrüstung des Westens.

Es gibt allerdings eine Gemeinsamkeit zwischen Reagan, Breschnew, Schmidt, Honecker und ihren Ministern und Generalen: In dem Krieg, den sie planen, werden sie alle in relativ sicheren Bunkern sitzen, während sie von uns verlangen, lieber tot als rot oder lieber tot als kapitalistisch zu sein. Sie planen die Vernichtung der Welt und rechnen mit Megatoten (=1 Million Tote), ohne das Leid zu sehen, das sie damit über ihre Völker bringen. Nach diesem Krieg würden sie nur noch über Atom-Wüsten regieren.

Damit wir nicht den Planungen der Sachverständigen des Krieges zum

Opfer fallen, ketten wir uns am Montag vor dem Kasernentor an!
Wir wissen, daß wir mit dieser Aktion allein den atomaren Wahnsinn nicht stoppen können, denn nicht nur hier in Engstingen lagern Atomsprengköpfe. Allein in der Bundesrepublik sind es 7000! Jeder mindestens so groß wie die Hiroshima-Bombe.

Wir können nicht einmal die Kaserne hier blockieren, höchstens den normalen Betrieb stören, vielleicht einschränken. Aber wir können darauf hinweisen, daß jeder Bundesbürger in jedem Augenblick einem Atomschlag genauso hilflos ausgeliefert ist wie wir in unseren Ketten der Polizei und der Militärpolizei.

Wir haben Angst bei unserer Aktion. Angst vor der Polizei, vor erkennungsdienstlicher Behandlung, vor den Konsequenzen.

Aber viel größer ist unsere Angst, daß der V-Fall eintreten könnte: die Vernichtung Europas. Und wir wissen, daß dies nur verhindert wird, wenn *wir* es verhindern!

— Wir draußen, indem wir z. B. mit unseren Ketten den Kasernenbetrieb stören.

— Ihr drinnen, indem Ihr im staatsbürgerlichen Unterricht fragt, wie denn die ›Verteidigungs‹-Konzepte aussehen, was da eigentlich verteidigt werden soll; indem Ihr miteinander darüber sprecht, und — wenn Ihr es Euch zutraut, das durchzustehen — indem Ihr kündigt!

Nehmt Euer Grundrecht wahr und verweigert den Kriegsdienst!
Briefkontakt und ViSdP: Helmut Dierlamm, Am kleinen Ämmerle 23, 7400 Tübingen.«

Minderheiten und Massen

> Wenn man anstelle der Monarchengehirne jeglicher Spielart das Gehirn der Menschlichkeit setzt, anstelle der Gerissenheit einiger Gewalttäter (Pseudopolitiker, Herren, Obristen, Mafiosi, »Magnifizenzen« usw.) den durchdachten und erarbeiteten Willen aller, kann man zu neuen Lebensvorstellungen, zu neuen Entscheidungen, zur Verwirklichung neuer Tatbestände kommen. Mühelos kann man sich vorstellen, wohin die alten Wege führen: Man sieht es Tag für Tag, man weiß es bereits.
>
> *Danilo Dolci*[*]

[*] Danilo Dolci (geb. 1924), ital. Basisaktionist, der mit gewaltfreien Aktionen gegen die Mafia und die Behördenkorruption insbesondere auf Sizilien gekämpft hat

> Die Hoffnung der Welt liegt immer noch bei den
> begeisterten Minderheiten. Die Bahnbrecher der
> menschlichen, wissenschaftlichen und religiösen Frei-
> heit sind immer in der Minderheit gewesen.
>
> *Martin Luther King*

1849 meinte Henry David Thoreau in seiner berühmten Schrift
über den Zivilen Ungehorsam im Zusammenhang mit seiner
Forderung nach Abschaffung der Sklaverei:

»Dessen aber bin ich mir gewiß, daß wenn nur eintausend, wenn nur
einhundert, wenn nur zehn Männer, die ich namentlich nennen könnte
— zehn ehrenhafte Männer, ganz allein auf sich gestellt —, ja, wenn nur
ein einziger ehrenhafter Mann dieses Staates Massachusetts es aufgäbe,
fürderhin Sklaven zu halten, sich wirklich aus der Komplizenschaft löste
und dafür ins Gefängnis gesperrt würde, daß allein damit die Abschaffung der Sklaverei in Amerika schon ins Werk gesetzt wäre. Denn es
kommt nicht darauf an, wie klein und unbedeutend der Anfang erscheinen mag: was einmal gut getan ist, das ist für jetzt und alle Zeit gut
getan.«[92]

Es gehört auch zur Auffassung der Gewaltfreiheit, daß von Minderheiten entscheidende Impulse für sozialen Wandel und die entsprechenden Bewußtseinsveränderungen ausgehen können. Die
gewaltfreie Aktion liefert Minderheiten die Methoden, ein Anliegen öffentlich wirksam darzustellen und es durchzusetzen.
Nun wäre die Behauptung von Anhängern der Gewaltfreiheit,
daß Minderheiten in emanzipatorischen Konflikten Durchset-
zungsmöglichkeiten besitzen, reichlich mager, wenn sie sich
nicht durch Beobachtungen in Geschichte und Gegenwart belegen ließe. Nicht nur das: Immerhin gibt es mit dem Marxismus
eine Lehre, die in revolutionären Massenaktionen die alleinige
Voraussetzung für grundlegende gesellschaftliche Veränderungen sieht, und diese Lehre hat ihre eigene Geschichtsschreibung,
mit der die wissenschaftliche Aufarbeitung gewaltfreier Wandlungsprozesse quantitativ nicht im geringsten konkurrieren
kann.
Hier sei die These aufgestellt, daß der Begriff »Masse« in der
revolutionären Literatur wenig analytisch, sondern zumeist emo-
tional verklärt gebraucht wird.

Da ist von den »proletarischen« Massen die Rede oder von den »Massen der dritten Welt«. Soweit es sich bei solcher Verwendung des Begriffs um eine zahlenmäßige Zustandsbeschreibung handelt, mag dies gerechtfertigt sein. Wenn aber, und das ist zumeist der Fall, der »Masse« eine tatsächliche oder zumindest mögliche gesellschaftsverändernde Kraft zugeschrieben wird, dann beginnt hier eine aus Wunschdenken geborene Verklärung geschichtlicher und aktueller Ereignisse. Tatsache ist: Die Zahl der aktiven Träger gesellschaftlicher Veränderungsprozesse bis hin zu revolutionären Geschehnissen war und ist, gemessen an der Größe der sich emanzipierenden Gruppe (Arbeiterschaft, Schwarze etc.) und erst recht gemessen an der Gesamtzahl der Bevölkerung, in der Regel relativ klein. Sehr wenige Engagierte sind häufig in der Lage, gesellschaftsverändernde Mobilisierungsprozesse auszulösen. Dies ist selbstverständlich von einer Vielzahl begünstigender Faktoren abhängig. Zu den wichtigsten Faktoren zählt eine sich auf breiter Basis entwickelnde Zustimmung in der Bevölkerung oder in bestimmten angesprochenen Gruppen — insofern also eine »massenhafte« Unterstützung —, aber auch dann bleibt die Zahl der Aktivisten gering. In dem folgenden Text sind einige Zahlenbeispiele für die hier vertretene These zusammengestellt:

»Zwischen 1960 und 1965 erhielt die amerikanische Bürgerrechtsbewegung beträchliche Hilfe von der Studentenbewegung im Norden; tatsächlich aber waren daran nicht mehr als 5000 von 5 000 000 Studenten beteiligt, also etwa ein Tausendstel. Obwohl Schätzungen der Zahl der Studenten, die zur Neuen Linken gehörten — die zur selben Zeit zunehmend Aufmerksamkeit auf sich zog und die Struktur und Organisation der Universität beeinflußte —, auseinandergingen, wurden vier Prozent als hoch angesehen.

An Aufständen ›des Volkes‹ oder ›der Massen‹ haben in der Regel weniger als fünf Prozent der Bevölkerung teilgenommen — gewöhnlich die Bewohner der Hauptstadt und einiger weniger anderer Städte (z. B. Kairo 1952; La Paz 1952). Soweit andere Indikatoren für das Ausmaß solcher Mobilisierungsprozesse zur Verfügung stehen — etwa die Budgets der revolutionären und Unabhängigkeitsbewegungen —, scheinen ihre Mittel im Vergleich zu denen der jeweiligen Bevölkerung sehr niedrig zu sein. Die drei zentralen bewaffneten Gruppen der israelischen Unab-

hängigkeitsbewegung, die *Palmach-, Irgun- und Stern*gruppe, umfaß-
ten selbst auf dem Höhepunkt der antibritischen Kampagne zusammen
nicht mehr als 10 000 Mann in einer Bevölkerung von 600 000. Der Viet-
cong wurde 1964 auf einen harten Kern von 35 000 Leuten geschätzt, die
die Hauptlast des Vietnamkrieges trugen, bevor die nordvietnamesi-
schen Einheiten intervenierten. (Die Bevölkerung von Südvietnam
bestand zu der Zeit aus 14 Millionen Menschen.) Die Französische
Revolution wurde von 80 000 Menschen begonnen (die zweite Invasion
der Tuilerien; der Marsch auf Versailles; nur 800 oder 900 stürmten die
Bastille.
Die Vorstellung, daß ein Aufstand ›die‹ Bevölkerung, ›die‹ Arbeiter,
›die‹ Schwarzen oder ›die‹ Kolonisierten einschließt, ist fast immer
falsch. Die Masse der Mitglieder in den beteiligten Großgruppen ist
gewöhnlich nur marginal aktiv...
*Wichtige gesellschaftliche Veränderungen werden durch nur kleine Ver-
änderungen der absoluten Mobilisierungsstufe bewirkt...*
*Ohne daß vollständige Mobilisierung auch nur annähernd erreicht wer-
den müßte, scheint es beträchtliche Chancen für eine höhere Stufe
gesamtgesellschaftlichen Handelns zu geben.«*[93]

»Marginal aktiv« bedeutet »am Rande aktiv«. Wie hat man sich
das vorzustellen? Zur Veranschaulichung ein Beispiel aus der
Bürgerrechtsbewegung in den USA.
Zu den aufsehenerregendsten Aktionen der Bürgerrechtsbewegung zählten in den sechziger Jahren die Freiheitsmärsche von
Schwarzen und sympathisierenden Weißen. Freiheitsmärsche
waren Demonstrationszüge, deren dramatischer Effekt darin lag,
daß sie einige Tage dauerten und mit einer Kundgebung in einer
der städtischen Hochburgen des Rassismus endeten. Solche
Aktionen hatten einige Zehntausende von Teilnehmern, selbst
bei den größten Kundgebungen hat es nicht mehr als 200 000
Zuhörer gegeben. Dies ist gemessen an der Zahl allein der
Schwarzen in der Region, in welcher die Märsche stattfanden, ein
geringer Prozentanteil. Dennoch waren dies die größten Demonstrationen in der Geschichte der USA.
Aber gänzlich unaktiv war die übrige schwarze Bevölkerung
selbstverständlich nicht. Sie war auf einer niedrigeren Stufe aktiviert: Das äußert sich etwa in den Gesprächsthemen am Arbeitsplatz oder mit Freunden und Bekannten, in der Verfolgung der

Berichterstattung in den Medien, im Kauf bestimmter Publikationen, in selbstbewußterem öffentlichen Auftreten, in den Besucherzahlen von Informationsveranstaltungen und — wichtig für die Schwarzen — im Kirchenbesuch, es äußert sich in der Bereitschaft, für Fonds der Bürgerrechtsbewegung zu spenden. All dies sind marginale Aktivitäten, für die Amitai Etzioni ein Beispiel aus Chicago anführt. (Mit der Krisenperiode 1966/67 ist häufiges Aufflackern gewaltsamen Aufruhrs in den Slums der Schwarzen in Städten des Nordens gemeint.)

»In der Mitte der fünfziger Jahre war die Bürgerrechtsbewegung in Chicago, einer Stadt mit 750 000 Schwarzen, außerstande, auch nur 10 000 Dollar für die Urban League zu sammeln. Versammlungen der NAACP (National Association for the Advancement of Colored People) wurden von weniger als 50 Leuten besucht, und in der Regel waren nicht mehr als drei oder vier der 300 schwarzen Rechtsanwälte bereit, ohne Gebühr die Verteidigung von Opfern rassischer Verfolgung zu übernehmen. In der Krisenperiode von 1966/67 hingegen standen erheblich größere Geldsummen und erheblich mehr freiwillige Hilfsleistungen zur Verfügung.«[94]

Mit diesen Hinweisen soll nicht die Wirksamkeit, ja die Notwendigkeit sogenannter »Massenaktionen« bestritten werden. Massenaktionen haben für den gewaltfrei angestrebten sozialen Wandel eine notwendige Funktion. Aber man sollte keine mythischen Vorstellungen mit dem Begriff »Masse« verbinden, Vorstellungen, die möglicherweise zur Resignation führen können, weil man meint, »die Massen« — was immer das auch sein mag — ohnehin nicht erreichen zu können. Beinahe alle Methoden der gewaltfreien Aktionen werden gesellschaftlich und politisch erst dann wirksam, wenn sie von einer größeren Zahl Menschen getragen werden. Diese Aussage steht nicht im Widerspruch zu dem Zitat von Martin Luther King, das diesem Abschnitt vorangestellt ist. Von Minderheiten gingen in der Geschichte häufig die fortschrittlichen Impulse aus. Das ist eine Ermutigung. Aber zumindest einer »großen Minderheit« bedarf es, um diese Impulse zu verwirklichen. Das ist die Aufgabe.

Gewalt gegen Sachen?

Die Frage nach der Zulässigkeit und Angemessenheit von Gewalt gegen Sachen im Rahmen der gewaltfreien Konfliktaustragung ist im einführenden Kapitel bereits angesprochen worden. Dort wurde die These aufgestellt, daß Gewalt gegen Sachen nur dann mit einer gewaltfreien Strategie vereinbar ist, wenn der emanzipatorische Charakter der Aktion für die Öffentlichkeit nicht zugleich verschüttet wird. Hierfür wurden Beispiele genannt (siehe Seite 23 ff.). Dabei ist hoffentlich deutlich geworden, daß Gewaltanwendung gegen Sachen von gewaltfrei Handelnden nur wohlüberlegt und ausnahmsweise angewendet werden sollte.

Nun haben sich Anhänger der Gewaltfreiheit zunehmend mit Befürwortern von Sabotageakten — sei es gegen Atomkraftwerke, sei es gegen militärische Objekte — auseinanderzusetzen. Und tatsächlich hat es in der Bundesrepublik Deutschland bereits Sabotage gegen den Transport von Atommüll auf der Schiene sowie Sprengstoffanschläge gegen Hochspannungsmasten und ein Materialdepot der Norddeutschen Kraftwerke AG gegeben. In der Schweiz wurde ein Anschlag auf einen für das Atomkraftwerk Leibstadt bestimmten Transformator verübt, wobei ein Schaden von etwa 3,5 Millionen DM entstand. Die Verteidiger von Sabotageakten weisen darauf hin, daß sich durch die Kompliziertheit großtechnischer Anlagen wie Atomkraftwerke oder Wiederaufbereitungsanlagen vielfältige Möglichkeiten technischer (Zer-)Störung ergeben (Strom, Telefon, Wasserleitungen, Straßen, Brücken usw.).

Wolfgang Sternstein, einer der kenntnisreichsten Anhänger der Gewaltfreiheit in der Bundesrepublik Deutschland, hat sich mit den Befürwortern von Sabotageaktionen gegen Atomkraftwerke auseinandergesetzt.

Seine Argumentation ist beispielhaft für die Sabotagefrage im allgemeinen. Er bezieht sich auf Ausführungen im »Göttinger Atomexpreß«:

SABOTAGE GEGEN ATOMKRAFTWERKE?
Eigendynamik der Sabotagetechnik
»Was bringt ein Sabotageanschlag, selbst wenn er erfolgreich ist und
großen Schaden anrichtet? Im Grunde nichts, jedenfalls nichts Gutes. Er
trägt zur Steigerung des Bruttosozialproduktes bei, denn der Schaden
muß ja wieder behoben werden, und die Kosten trägt selbstverständlich
der Stromverbraucher über (minimal) höhere Preise. Die Logik der
Sabotage lautet daher: Man muß zu stärkeren Mitteln greifen! Das
erkannten auch Andreas Baader und Gudrun Ensslin nach dem Kauf-
hausbrand in Frankfurt, der ja nichts anderes war als ein Sabotageakt,
ein ›notwendiges Signal‹. Der Terror liegt, darüber sind sich viele Saboteure nicht im klaren, in der Konsequenz der Sabotage. Gegenwärtig
verwenden die Saboteure noch große Sorgfalt darauf zu verhindern, daß
bei ihren Aktionen Menschen zu Schaden kommen, doch läßt sich das
auf die Dauer kaum durchhalten. Sabotage ruft ja auch ein ganzes Heer
von Spitzeln, Agenten, Kriminalbeamten, Staatsschützern usw. auf den
Plan, die Jagd auf die Saboteure machen. Und wenn es erst einmal ums
nackte Überleben geht, gehen eventuell noch vorhandene Skrupel im
Hinblick auf Gewaltanwendung rasch über Bord. Was macht ein Sabotagetrupp, der glaubt, einen Spitzel in seinen Reihen enttarnt zu haben?
Und was geschieht, wenn sich, nachdem er ›unschädlich‹ (wie es so
schön heißt) gemacht wurde, nachträglich herausstellt, daß er unschul-
dig war? Was geschieht, wenn ein Sabotagetrupp bei der Aktion
erwischt wird? Das sind keine Ausgeburten eines kranken Gehirns, das
hat sich vielmehr immer wieder ereignet. Den meisten Menschen fehlt es
offensichtlich entweder an Phantasie oder an Erfahrung und Kenntnissen, um sich die Konsequenzen ihres Handelns vorzustellen.
Selektive Wahrnehmung der Saboteure
Aber, so wird man einwenden, auf den materiellen Schaden kommt es
uns gar nicht an. Wir wissen, daß er letztlich unerheblich ist, es geht uns
vielmehr darum, ein Zeichen zu setzen, das weite Kreise der Bevölkerung zum Widerstand ermutigt. Genau das ist aber nach aller Erfahrung
ein Trugschluß. Sabotage kann langfristig nur konspirativ gemacht werden. Konspiration aber bedingt eine möglichst vollständige Abkapse-
lung von der Umwelt. Saboteure und Terroristen nehmen ihre Umwelt
nur noch verzerrt und selektiv wahr. Ihre Aktionen mögen bei dem
einen oder anderen auf Sympathie stoßen. Diese ›Sympathisanten‹
suchen Verbindung zu den Saboteuren, die sich dadurch in ihrer Strategie bestätigt fühlen. Sie nehmen meist aber gar nicht mehr wahr, daß sie
durch ihre Aktionen zahllose Unentschiedene und selbst gemäßigte
Atomenergiegegner in die Arme der Befürworter treiben. Der politische
Effekt der Sabotage ist mithin eine Verhärtung der Fronten, eine Polari-
sierung zwischen der großen Masse der Befürworter der Atomenergie

und einer radikalen Minderheit von Gegnern. Es geht dann sehr bald gar nicht mehr um die Frage: Atomkraft — ja oder nein, sondern darum, ob diese Minderheit das Recht hat, der Mehrheit ihren Willen mit Gewalt aufzuzwingen. Wird die Frage so gestellt, dann stehen die Saboteure von vornherein auf verlorenem Posten. Die Saboteure sind jedoch aufgrund ihrer selektiven Wahrnehmung der Wirklichkeit meist kaum noch in der Lage, das zu erkennen. Sofern sie es aber doch erkennen, wird es im Rahmen ihres Weltbildes gedeutet. Sie erkennen dann zwar an, daß sie mit ihren Aktionen den staatlichen Unterdrückungsapparat stärken, doch das wollen sie ja gerade. Für sie verschleiern die formaldemokratischen Strukturen unseres politischen Systems lediglich die Diktatur der herrschenden Klasse (woran ein Körnchen Wahrheit ja wohl ist); folglich gelte es, ihr die verlogene Maske vom Gesicht zu reißen, um sie in ihrer nackten Brutalität zu zeigen. Die Entfaltung staatlicher Macht und Unterdrückung, so das Kalkül, wird wiederum den Widerstand in der Bevölkerung stärken und damit früher oder später zum Sturz der herrschenden Klasse führen.

Es ist schwer, wahrscheinlich sogar unmöglich, diese These zu widerlegen. Die historische Erfahrung freilich bestätigt sie nicht. In den entwickelten Industriestaaten haben Sabotage und Terror eher den Faschismus als den Sozialismus gestärkt, wobei ohnehin zu fragen ist, was das für ein Sozialismus oder Kommunismus sein wird, der da herbeigebombt werden soll. Es gibt so etwas wie eine ungewollte Zusammenarbeit zwischen dem Terror von links und dem Terror von rechts, zwischen dem Terror von unten und dem Terror von oben. Sie verstärken sich gegenseitig. Auch die Gesichter der Terroristen ähneln einander immer mehr. Da ist dann die Rede von der Notwendigkeit des Fortschritts, davon, daß der Gegner nur die Sprache der Gewalt verstehe, und von unvermeidlichen Opfern, für die ausschließlich der böse Feind die Verantwortung trage usw.

Grundsätze der gewaltfreien Aktion

Was steht letztlich hinter dem Konzept der Sabotage und des Terrors? Der Glaube an die Macht der Gewalt. Man wird uns entgegenhalten: Hinter der gewaltfreien Aktion steht der Glaube an die Macht der Gewaltfreiheit oder, wie der ›Göttinger Atomexpreß‹ meint, die ›Ideologie der Gewaltfreiheit‹. Richtig. Wir leugnen das auch gar nicht. Wir wehren uns nur gegen die Behauptung, die Gewaltfreiheit sei eine Ideologie, die Gewalt dagegen nicht, der Dezentralismus sei eine Ideologie, der Zentralismus dagegen nicht. Darauf folgt dann regelmäßig der Einwand: Wir schließen weder gewaltsame noch gewaltfreie Aktionen aus; wir wählen vielmehr die erfolgversprechende Aktionsform aus. Gewiß, man kann immer sagen: Ich schließe weder Feuer noch Wasser aus, aber Feuer und Wasser schließen sich *gegenseitig* aus. So wie Feuer und

Wasser, so schließen sich auch Gewalt und Gewaltfreiheit als Mittel des politischen Kampfes gegenseitig aus, das eine läßt sich nur auf Kosten des anderen realisieren.

Die letzte und eigentliche Kernfrage hinter dem so oft und so fruchtlos geführten Streit zwischen den Verfechtern einer die Gewalt ausschließenden und einer die Gewalt einschließenden Strategie scheint mir die nach dem Verhältnis von Mittel und Zweck zu sein. Wir, die wir uns um gewaltfreies Handeln bemühen, sind der Auffassung, Mittel und Zweck müßten einander entsprechen, wenn der Zweck erreicht werden soll. Der Zweck heiligt die Mittel also gerade *nicht*. Die Gewalt der Herrschenden kann folglich nicht durch die Gewalt der Unterdrückten überwunden werden, jedenfalls nicht auf lange Sicht. Das ökologische Ziel der Gewaltlosigkeit gegenüber Mensch und Natur kann folglich nicht durch Gewalt, in welcher Form auch immer, erreicht werden.«[95]

Gegengewalt oder gewaltfreie Gegenmacht?

> Ich glaube tatsächlich, wenn die Wahl bestünde zwischen Feigheit und Gewalt, ich würde zur Gewalt raten. Ich glaube aber, daß Gewaltlosigkeit der Gewalt himmelhoch überlegen ist. Stärke beruht nicht auf physischem Vermögen. Sie kommt von einem unbezähmbaren Willen her.
>
> *Mohandas Gandhi*

Anhänger der Gewaltfreiheit haben sich häufig mit einer bestimmten Kritik auseinanderzusetzen: Sie bestreitet die Möglichkeit gewaltfreier politischer und sozialer Veränderungen und behauptet die Unvermeidbarkeit von Gewaltanwendung in sozialen Kämpfen. Solche Kritik ist nicht selten sowohl hinsichtlich der Gewaltfreiheit als auch hinsichtlich der Fortschrittsfunktion von Gewalt in der Geschichte wenig fundiert. Sie ist, insbesondere wenn sie publizistisch, also höchst theoretisch, aus linken Gruppen in hochindustrialisierten Ländern vorgebracht wird, Ausdruck eines intellektuellen Gehabes. Und diese Kritik ist, wenn sie von Anhängern der Politik sogenannter »sozialistischer« Staaten vorgetragen wird, von jeher mit bewußter Diskriminierung der Gewaltfreiheit verbunden; denn es ist sinnfällig, daß Menschen mit gewaltfreier Einstellung die autoritären politischen Systeme einer »Diktatur des Proletariats« theoretisch und praktisch hinterfragen. Mit diesen Feststellungen soll nicht grundsätzlich bestritten werden, daß Gewalt in Geschichte und Gegenwart von sozialen Gruppen und Befreiungsbewegungen zur Erlangung politischer Macht angewendet wurde, und schon gar nicht sollen jene, die sich dem gewaltsamen Kampf angeschlossen haben, moralisch verurteilt werden. In diesem Sinn erläutert auch Richard Gregg die Aussage Gandhis, die diesem Kapitel vorangestellt wurde:

»Mutige Gewaltanwendung zur Verhinderung eines Unrechts ist besser als feiges Dulden. Feigheit ist moralisch schädlicher als Gewalttätigkeit. Die innere Haltung ist wichtiger als die äußere Tat, wenn es auch lebenswichtig ist, daß das äußere Verhalten ein wahres Spiegelbild und der Ausdruck der inneren Verfassung sein soll. Furcht entsteht aus dem Gefühl einer relativen Schwäche. Da alle Menschen die angeborene Fähigkeit zu moralischer Stärke besitzen, ist Angst eine Verleugnung der potentiellen eigenen moralischen Kräfte und deshalb schädlich. Gewalttätigkeit und Zorn zeugen wenigstens von dem Glauben an die eigenen moralischen Kräfte und schaffen damit die Basis für eine weitere Entwicklung. Derjenige, der aus Angst den Kampf nicht aufnimmt, haßt in seinem innersten Herzen den Gegner und wünscht, die Dinge möchten sich so gestalten, daß er ihm Schaden zufügen oder ihn gar vernichten könnte. Die Energie seines Hasses ist wohl vorhanden, jedoch unterdrückt. Wenn man nicht den erforderlichen Mut, die Beherrschung oder die Überzeugung besitzt, um dem Unrecht oder der Gewalt mit Gewaltlosigkeit zu begegnen, dann teile ich Gandhis Meinung, daß es besser ist, gewalttätig als feige zu sein.«[96]

Die Bewunderung, ja Verherrlichung gewaltsamer Revolutionäre dürfte also weniger dem Verstand als vielmehr einem Solidaritätsgefühl entspringen, weil diese Revolutionäre dort, wo sie leben, auch den Mut aufbringen, opferbereiten Widerstand zu leisten. Die wenigen historischen Beispiele von gewaltsamer Emanzipation besagen jedoch weder, daß dieser Weg immer der beste und angemessenste war, noch, daß gewaltfreie Befreiung historisch unmöglich ist. Die historische Rolle der Gewalt als Initiatorin des Fortschritts wird im allgemeinen überschätzt. In der Geschichtsschreibung gibt es eine gewisse Gewaltverherrlichung, die sich auch in den nationalen Feiertagen von Völkern niederschlägt. So war nicht der Sturm auf die Bastille der Auslöser der Französischen Revolution, sondern die zeitlich frühere Erklärung des dritten Standes (Bürgertum), die einzig legitime Nationalversammlung zu sein, eine »Anmaßung«, die vom königlichen Regime nicht unterdrückt werden konnte.

Ein anderes Beispiel: In Kopenhagen gibt es ein Museum, das den dänischen Widerstand während des Zweiten Weltkriegs zu dokumentieren beansprucht. Eine Fülle von Hilfsmitteln für Sabotageaktionen und Untergrundaktivitäten wird ausgestellt. Tatsächlich aber ist der dänische Widerstand ein Lehrbeispiel für die Möglichkeiten der Gewaltlosigkeit, was im übrigen erst nichtdänische Friedensforscher dargestellt haben.[97]

Die Ursache solcher Erscheinungen hat etwas mit der allgemeinen Einschätzung der Rolle von Gewalt und Gewaltlosigkeit in der Geschichte zu tun. In unserem Bewußtsein hat sich eine durch Medien und Literatur vermittelte Meinung über historische und aktuelle soziale Konflikte festgesetzt. Es ist eine Tatsache, daß in der Geschichtsschreibung und der Politikwissenschaft wie in der Berichterstattung der Medien auch bedeutende gewaltlose Aktionen erheblich weniger Beachtung finden als gewaltsame. Dies führt zu einer Sehweise der realen Welt, die sich immer wieder selbst einen einmal erworbenen Eindruck bestätigt: den der geringen Bedeutung der Gewaltlosigkeit in der politischen und gesellschaftlichen Wirklichkeit. Immerhin war der erste Befreiungskampf in der dritten Welt, nämlich in Indien, gewaltfrei, und er blieb auch in der dritten Welt bei weitem kein Einzelfall, aber in beinahe allen Köpfen lebt die Vorstellung, Befreiungskampf in der dritten Welt sei eben bewaffneter Kampf. Und dessen konkrete Wirkung wird schließlich noch häufig überschätzt.

So sei hier die These gewagt, daß die USA den Krieg in Vietnam nicht militärisch verloren haben, sondern daß sie sich aufgrund der weltweiten gewaltlosen Protestbewegung gegen diesen Krieg und den dadurch sinnfällig werdenden moralischen Gesichtsverlust schließlich zum Rückzug gezwungen sahen.

Die Kritik der Gewaltfreiheitstheorie an gewaltsamer Emanzipation betont zwei Gesichtspunkte. Sie bestreitet einmal die oft behauptete »Zwangsläufigkeit« von sogenannter »Gegengewalt«, und sie stellt die Frage nach den gesellschaftlichen Folgen, gleichsam den »Kosten« von Gewaltanwendung.

Zum ersten Punkt sei festgehalten: Es gibt keinen Zwang zur Gewaltanwendung in sozialen Konflikten. Die »historische Notwendigkeit«, die in diesem Zusammenhang oft bemüht wird, ist eine durch nichts zu beweisende Behauptung. Gewaltanwendung ist immer das Ergebnis einer subjektiven Entscheidung zur Gewalt und setzt im übrigen die Möglichkeit voraus, sich auch tatsächlich waffentechnisch ausrüsten zu können. Wie reflektiert diese Entscheidung ist, wie ernsthaft alternative, also gewaltlose Kampfformen vorher geprüft wurden — das sei dahingestellt. Schon 1920 meinte die deutschstämmige holländische Anarcho-Syndikalistin Clara Wichmann jedenfalls:

»Bewaffneter Bürgerkrieg wird zur historischen Wirklichkeit nicht durch den Gang vielerlei objektiver Geschehnisse, sondern auch dadurch, daß er immerfort als notwendig gepredigt wird... und sich dadurch in den Köpfen festsetzt und so die Entwicklung anderer Kampfmittel, die auf dem ökonomischen Gebiet liegen, vernachlässigt wird.«[98]

Zum zweiten Gesichtspunkt: Hier ist die Kernfrage, ob gewaltsamer emanzipatorischer Kampf im Grunde sein Ziel nicht schon dadurch verfehlen muß, daß er mit der Gewaltanwendung ein wesentliches Merkmal des bekämpften Systems aufnimmt. So stellt der amerikanische Politikwissenschaftler Mulford Sibley fest:

»Alle Gewalt tendiert dazu, ›reaktionär‹ zu sein, was auch immer die Ziele derjenigen sein mögen, die sie anwenden... Werden in Richtung auf eine egalitäre Gesellschaft Fortschritte erzielt, so geschieht das in erster Linie trotz der Gewaltanwendung und nicht auf Grund von ihr.«[99]

In diesem Zusammenhang muß auch auf die Abhängigkeit der Revolutionäre von ihren Waffenlieferanten hingewiesen werden. Letzteren Selbstlosigkeit zu unterstellen ist naiv.

Das Problem der gesellschaftlichen Kosten von Gewaltanwendung ist außerordentlich vielschichtig. Es kann hier nur anhand einiger Hinweise erläutert werden. So hat der Ökumenische Rat der Kirchen 1972 in seinen Beratungen zum Thema »Gewalt, Gewaltlosigkeit und der Kampf um soziale Gerechtigkeit« folgende Fragen zur Gegengewalt zusammengetragen:

FRAGEN AN DIE GEGENGEWALT
AUS EINEM BERICHT DES ÖKUMENISCHEN RATES DER KIRCHEN

»Die Geschichte der Konflikte und Kämpfe zeigt..., daß edle Motive keine unbedingte Gewähr für die zufriedenstellende Lösung gesellschaftlicher und politischer Probleme sind, von moralischen und ethischen Problemen ganz abgesehen. Daher müssen sich Bewegungen, die Strategien mit Einschluß von Gewaltanwendung wählen, folgende Fragen stellen:

a) Wie kann verhindert werden, daß der Kampf selbst zum Instrument der Entmenschlichung wird?

b) Wie kann verhindert werden, daß die angewandten Mittel die erwünschten Ziele zunichte machen?

c) Wie soll bei einem Sieg dem Entstehen neuer Systeme gesellschaftlicher Gewalt vorgebeugt werden? Wie kann man die alten Ketten der Unterdrückung brechen, ohne gleichzeitig neue zu schmieden?

d) Wie kann erreicht werden, daß die angewandte Gewalt im Verhältnis zu den angestrebten Zielen vertretbar bleibt?

e) Ein erfolgreiches militärisches System bedarf zu seinem wirksamen Funktionieren der Zentralisierung, aber wie kann es demokratisch sein?

f) Wie soll der psychologische Schaden behoben werden, den Menschen erleiden, wenn sie Gewalt anwenden?

g) Wie sollen frühere Unterdrücker, deren Familienangehörige und Freunde vielleicht selbst Opfer der Gewalt waren, in die befreite Gesellschaft eingeordnet werden?

h) Wie soll der sich ergebenden Eskalation der Gewalt vorgebeugt werden?

i) Wie erkennt man, daß der Kampf gewonnen ist, und wie ist die Ablieferung der Waffen zu erreichen?

j) Findet die Gewaltanwendung Unterstützung in der öffentlichen Meinung oder verhält sich diese vielmehr ablehnend?

k) Wurden alle anderen Möglichkeiten geprüft, und geschieht dies auch weiterhin?«[100]

Theodor Ebert betont — vor allem mit Blick auf Versuche gewaltsamer Gesellschaftsveränderung in demokratischen Industriestaaten — die zwangsläufig nichtdemokratischen Elemente von Gewaltanwendung:

»Die Vorbereitung revolutionärer gewaltsamer Aktionen muß auch in formaldemokratisch verfaßten Staaten zum Eingreifen der Behörden oder zu gewaltsamen ›Selbstschutzmaßnahmen‹ konservativer Kräfte führen. Das Wissen um diese Gegebenheiten zwingt die Protagonisten gewaltsamer Aktionen zur geheimen Vorbereitung ihrer Unternehmungen, zu Schutzvorkehrungen gegen Spitzel und in der Konsequenz bald zu einer Untergrundorganisation. Gewaltsame Aktionen einer außerparlamentarischen Oppositionsgruppe führen daher am Anfang zumindest zum Verlust demokratischer Kontrollmechanismen und bei systematisch geplanter Anwendung durch größere Personengruppen zu hierarchischen Befehlsstrukturen. Eine politische Brandstiftung oder auch Steinwürfe auf eine Polizeikette können vor und während der Aktion überhaupt nicht — und nach der Aktion nur mit gewissen Schwierigkeiten öffentlich zur Diskussion gestellt werden. Agitatorische Terrormaßnahmen wie Brandstiftungen in Häusern von Strafrichtern und Staatsanwälten oder wie die Entführung von Politikern werden die bislang grundsätzlich öffentliche außerparlamentarische Opposition zur Untergrundorganisation machen. Dies würde bedeuten, daß bald aus Sicherheitsgründen auch unverständliche Befehle ausgeführt würden und ein permanentes Mißtrauen jedes gegen jeden die Atmosphäre der Kampforganisation bestimmen würde.
Alle Erfahrungsberichte aus solchen Organisationen zeigen nämlich, daß sie ohne eine streng hierarchische Gliederung, ohne strikte Ausrichtung am Befehls-Gehorsams-Verhältnis und ohne ein hohes Maß von gegenseitigem Mißtrauen nicht bestehen und handeln können. Dadurch verlieren diese Organisationen weitgehend den Kontakt zu denen, für die zu kämpfen sie vorgeben; und es wird auch ausgesprochen schwierig, auch nur innerhalb der eigenen Reihen Kritik und Vorschläge von unten nach oben weiterzugeben. Gewaltanwendung und Geheimhaltung führen unweigerlich zu Mißtrauen, Korruption und Brutalität in einer Kampforganisation.«[101]

Aus den zusammengestellten Auffassungen ergibt sich ein Spannungsverhältnis. Nehmen wir zum einen die These Gandhis: Gewalt ist besser als Feigheit. Vergegenwärtigen wir uns zum anderen den Gesichtspunkt: Emanzipatorische Gewalt geschieht immer auf Kosten der Gesellschaft. Die Theorie der Gewaltfreiheit ermöglicht die Auflösung dieses Problems; Martin Luther King sieht das so:

»Der dritte Weg [neben Resignation und Gewalt — d. Verf.], der einem unterdrückten Volk in seinem Befreiungskampf offensteht, ist der des gewaltlosen Widerstandes. Es muß das Prinzip des gewaltlosen Widerstandes sein, die Gegensätze — Ergebung und Gewalt — in Einklang zu bringen, indem er das Extreme und das Unmoralische, das beiden anhaftet, vermeidet.

Der Anhänger des gewaltlosen Widerstandes ist mit dem, der sich in sein Schicksal ergibt, einer Meinung, daß man nicht tätlich gegen seinen Gegner vorgehen sollte. Andererseits ist er aber auch mit dem, der für Gewalt ist, einig, daß man dem Bösen Widerstand leisten muß. Er vermeidet die Widerstandslosigkeit des ersteren und den gewaltsamen Widerstand des letzteren. Wer gewaltlosen Widerstand leistet, braucht sich weder als Einzelperson noch als Gruppe irgendwelchem Unrecht zu beugen; er braucht aber auch nicht zur Gewalt zu greifen, um sich Recht zu verschaffen.«[102]

Die gewaltfreie Revolution

> Je mehr Gewalt, desto weniger Revolution.
> *Bart de Ligt* *

In der gewaltfreien Bewegung ist mehrfach versucht worden, die Vielfalt gewaltfreier Methoden und Zielvorstellungen zu dem Gesamtentwurf einer gewaltfreien Gesellschaftsveränderung zusammenzufassen.[103] Konzepte dieser Art haben zwei Wesensmerkmale:

— Die Gesellschaftsveränderung wird als basisdemokratischer Prozeß verstanden. Das bedeutet: Sie soll durch eine Vielzahl von sich selbst organisierenden Basisgruppen getragen werden, die sich in allen gesellschaftlichen Bereichen bilden und föderativ miteinander verbunden sind.

— Es wird gleichzeitig ein moralischer, sozialer und politischer Wandel angestrebt.

---

* Bart de Ligt (1883—1938), zwischen den Weltkriegen einer der international maßgeblichen holländischen Antimilitaristen; er leistete wichtige Beiträge zur Theorie und Praxis der Gewaltfreiheit.

121

Die Entwicklung dieses gesellschaftlichen Veränderungsprozesses wird von Theoretikern der Gewaltfreiheit häufig mit dem Wachsen einer Grasfläche verglichen: Aus dem Samenkorn kommt zunächst nur ein eher zarter Trieb ans Tageslicht, gleichzeitig aber bildet sich unsichtbar unter der Erdoberfläche ein vielfach miteinander verflochtenes Wurzelwerk aus, das sich fortlaufend verstärkt und den Graspflanzen erst den Halt gibt.

Im angelsächsischen Sprachgebrauch wurde in den sechziger Jahren dieser Vergleich in dem Begriff *grass roots revolution* (»Graswurzelrevolution«) erfaßt. Der Terminus ist seither in den gewaltfreien Bewegungen aller Länder gebräuchlich.

In der Bundesrepublik erscheint seit dem Sommer 1972 die Zeitschrift »Graswurzelrevolution«. In ihrer ersten Ausgabe erläuterte die Redaktion den Titel ihrer Publikation, was im folgenden wiedergegeben wird. Hierbei wird deutlich: Das Konzept einer »Graswurzelrevolution« kann und will nicht beschreiben, wie die gesellschaftlichen Organisationsformen einer gewaltärmeren Gesellschaft aussehen werden. Es kann auch keine »Revolutionsrezepte« liefern. Durch die Theorie und Praxis der Gewaltfreiheit sind jedoch Handlungsmuster entwickelt worden, anhand derer eine Veränderung gesellschaftlicher und politischer Verhältnisse möglich sein wird.

WAS BEDEUTET »GRASWURZELREVOLUTION«?

»Das Bild der Revolution, die von den ›Graswurzeln‹ ausgeht, bedeutet zunächst, daß die Macht von der Basis auf einer möglichst breiten Ebene ausgehen soll, um demokratisch von unten eine neue Gesellschaft aufzubauen. Den Unterdrückten wird zunächst geholfen, sich der verschiedenen Arten von Gewalt bewußt zu werden, denen sie ausgesetzt sind: indem Aktionsgruppen aufklären und bestehende (wenn auch oft verdeckte) Konflikte dramatisieren. Nach Schaffung des Problembewußtseins geht es darum, das Selbstbewußtsein der Betroffenen zu stärken und ihnen gefühls- und verstandesmäßig klarzumachen, daß ihre besch... Situation nicht ›vom Schicksal gegeben‹ und damit unveränderbar ist, sondern daß es Kreise gibt, die aus den bestehenden Verhältnissen Profit schlagen. Sie müssen spüren (z. B. anhand von bereits von anderen durchgeführten Aktionen und mit der Hilfestellung unserer Aktivisten, die sich aber soweit wie möglich im Hintergrund halten und vor allem technische Tips geben sollten), daß sie ihre Sache in die eigene Hand nehmen und so ihre Lage aktiv verändern können. Ähnlich wie Bürgerinitiativen werden so Selbstorganisationen, Basis- und Aktionsgruppen entstehen, die sich mit untereinander äußerlich sehr verschiedenen Aufgaben beschäftigen: Mieteraktionen, Betriebsgruppen, Umweltschutz, Antimilitarismus, Lebensmittel- und Produktionskooperativen, Schüler- und Lehrlingsgruppen, Jugendzentren, Dritte-Welt-Hilfe, Roter Punkt (Nulltarif für öffentliche Verkehrsmittel), Kritischer Konsum (Kritik der Vergeudungsgesellschaft und Alternativen), Hilfe für Gastarbeiter und andere Minderheitsgruppen, alternative Kindergärten, Schulen, Presse, Amnestie für politische Gefangene, etc.

Gemeinsam haben diese Initiativen an vielen Punkten den Kampf gegen alle Arten von Gewalt mit gewaltfreien Mitteln.

So wie viele einzelne Graswurzeln einen frischen Rasen ergeben, arbeitet auch das Geflecht der Aktionsgruppen daran, langsam (?), aber sicher die Gesellschaft in Richtung der gewaltfreien Gesellschaft zu verändern und neben der Kritik an den bestehenden Verhältnissen sich heute schon zumindest in Ansätzen so zu organisieren, wie später die Gesellschaft insgesamt sein soll.

Dies ist der Unterschied sowohl zu den reformistischen Bürgerinitiativen als auch zu den Revolutionsgruppen, die glauben, daß eine kleine bewußte Minderheit die Macht ergreifen und die Wirtschaftsordnung ändern muß, bevor man an die Umerziehung der Massen herangeht.

Wir wissen zwar, daß unsere Wirtschaftsordnung (ähnlich wie die Praxis des sogenannten ›Sozialismus‹ in den Ostblockländern) das Selbstbewußtsein der Lohnabhängigen zerstört, sie seelisch aushöhlt, indem sie zu Zahnrädern im Produktionsmechanismus gemacht werden und sie an der vollen Entfaltung der Persönlichkeit hindert. Deshalb halten wir eine radikale Änderung der Wirtschaftsorganisation für unumgänglich und sehen deutlich die Gefahr, daß durch Reformen die Mißstände mit Hilfe äußerlicher Kosmetik verschleiert und die Ausbeutungsmaschinerie sogar noch geölt werden können. Andererseits wissen wir auch, daß eine echte Revolution (das heißt die völlige Abschaffung der Herrschaft von Menschen über Menschen) nur gelingen kann, wenn im Prozeß der Umwälzung das ›sado-masochistische Prinzip‹, d. h. das Bedürfnis einer Minderheit, jemandem zu befehlen, und das der Mehrheit, jemandem gehorchen zu können, überwunden wird.

Wenn breiteste Bevölkerungsschichten bewußt werden (die Revolution also zuerst in den Herzen und Köpfen stattfindet) und sie dann aktiv beginnen, ihre Lage und damit die Lage aller, die unter dem System leiden, zu ändern, dann schwindet erstens die Gefahr, daß nach der Revolution nur die Gesichter der Herrschaftsausübenden ausgetauscht sind, aber keine Selbstbestimmung erreicht wurde (wie nach allen bisherigen

Revolutionen); und zweitens ist nur so die Möglichkeit gegeben, den bestehenden Gewaltmechanismus ohne Gewalt abzuschaffen.

Erreichen die Basisgruppen erste Ziele, so erhöht das ihre ›Kampf‹moral. Sie wissen, daß das ›System‹ eine ganze Reihe von Änderungen ohne Veränderungen seines Kerns vertragen kann und werden auch weitere Ziele in Richtung der Gewaltfreien Revolution stecken. Stoßen sie auf die Grenzen des ›Systems‹ (kann die Gesellschaft die geforderten Änderungen nicht mehr integrieren), so ist der Beweis geliefert, daß das System als Ganzes überwunden werden muß. Weil die Basisgruppen eine revolutionäre Perspektive haben, sind diese Schwierigkeiten für sie kein Grund zur Resignation, sondern Grund für noch stärkere Anstrengungen, um den Willen der Basis durchzusetzen.

Die meisten marxistischen Gruppen behaupten, es sei sinnlos, vor der Änderung der Wirtschaftsordnung an die Änderung der zwischenmenschlichen Beziehung und des persönlichen Lebensstils heranzugehen, denn das ›Sein bestimme das Bewußtsein‹, und gerechtere materielle Bedingungen machten den Menschen auch sozialer. Diese Haltung erklärt, warum ihre Aktionsformen und Parolen so steril sind und wie sich neue Dogmen bilden konnten. Andererseits fordern frustrierte Sozialisten und viele Liberale genau die umgekehrte Reihenfolge: Wenn die Menschen einmal die persönlichen Probleme gelöst und im kapitalistischen System neue Formen des Zusammenlebens gefunden haben, ›wird das vom Profitstreben diktierte Wirtschaftssystem von alleine zusammenbrechen‹. Es ist sicher anerkennenswert, wenn solche durchaus radikal zu Nennende ganz aus der Leistungsgesellschaft herausspringen und, ›um weder ausgebeutet zu werden noch ausbeuten zu müssen‹, selbst auf ihrem Acker anbauen, was sie brauchen.

Aber politisch und sozial isolieren sie sich und nehmen sich selbst jede Möglichkeit, ihre Umgebung zu verändern.

Die ›Graswurzelrevolutionäre‹ glauben, daß weder das eine noch das andere zuerst getan werden muß, sondern daß politische Arbeit zur Änderung des Wirtschaftssystems gleichzeitig mit der ›Kulturrevolution‹ und der Lösung der Probleme des einzelnen vorangetrieben werden muß. Kommunen, Kooperativen und jede Art von Alternativeinrichtung erleichtern es den Revolutionären, politisch zu arbeiten und den Geist des Zusammenlebens in der neuen Gesellschaft heute schon mit Leben zu erfüllen.

Beide genannten Wege haben ein gleiches Ziel. Geht man aber nur jeweils den einen oder den anderen, kommt man nie an. Wir wissen, daß man seine ganze Lebenskraft für einen der beiden Wege geben könnte. Aber um die persönliche Verarmung ebenso zu verhindern wie die Wahl zwischen Isolation (persönliche Entfaltung, aber außerhalb der Gesellschaft) oder Integration (die Gesellschaft kann es sich leisten, einigen zu erlauben, nach ihrem eigenen Stil zu leben), fordern wir das ›Sowohl-Als-auch‹ anstatt das ›Entweder-Oder‹...

Wir sind uns bewußt, daß hier hohe Anforderungen gestellt werden, denen man nur in gemeinschaftlichem Handeln in aktiver Liebe gerecht werden kann. Es ist eben leichter, seinen Willen durch eine Diktatur als durch echte Demokratie durchzusetzen. Genauso fordert eine gewaltfreie Gesellschaftsveränderung mehr Kraft als eine durch Gewalt. Wer die bestehenden Verhältnisse passiv hinnimmt, macht sich schuldig, weil er nicht gegen die Gewalt kämpft, die von den Strukturen des Systems ausgehen. Gewaltfreie Arbeit, die sich durch Bewegung an der Basis niederschlägt, ist in den gegenwärtigen Verhältnissen die realistischste Möglichkeit, wirklichkeitsnäher und wirksamer als verbale Gewalttätigkeit frustrierter Revolutionäre im selbstgewählten Untergrund.«[104]

Teil 2
Aktionsmethoden
der Gewaltfreiheit

Landkarten der Gewalt und Landkarten der Gewaltlosigkeit

Viele Demonstranten steckten den Polizeibeamten
Blumen an die Uniform. Zu weiteren gewalttätigen
Auseinandersetzungen kam es bisher nicht.
ARD-Tagesschau vom 15. Mai 1982 in einem
Bericht über die Demonstrationen gegen die
Militärelektronik-Ausstellung in Hannover

Unsere Vorstellungen von den Geschehnissen in der Welt werden
durch Medien vermittelt. In diesen Medien arbeiten Menschen,
die Informationen nach ihrer Bedeutung gewichten und auswählen. Bei dieser Auswahl spielen subjektive Vorstellungen eine
große Rolle. Jeder Journalist wird das zugestehen. Wie die meisten Menschen unterliegen auch sie den gefühlsmäßigen Reizen,
die von der Gewalt und ihren Auswirkungen ausgehen. Sie werden also — eher bewußt als unbewußt — immer dazu neigen, bei
der Auswahl von Ereignissen solche zu bevorzugen, bei denen
Gewalt eine Rolle spielt. Oft fehlt ihnen auch das Wissen über die
gewaltlose Konfliktaustragung, und sie können daher bestimmte
Geschehnisse gar nicht angemessen würdigen. Die Folgen: Die
meisten Menschen haben Vorstellungen über gewaltsame Konflikte in der Welt, sie haben gleichsam Landkarten der Gewalt im
Kopf. Und sie haben kaum Gelegenheit, in gleichem Maße Informationen über gewaltlose Aktionen zu sammeln und in ihr
Bewußtsein Landkarten der Gewaltlosigkeit zu zeichnen.
Nun könnte man argumentieren: Es gibt eben mehr gewaltsame
soziale Konflikte in der Welt als solche, die gewaltlos ausgetragen
werden. Wie auch immer man dieses Problem unter zahlenmäßi-
gen Gesichtspunkten angehen mag, dieses Argument wird sich
kaum belegen lassen. Es dürfte eher umgekehrt sein. Aber wie
gesagt: Durch unsere Medien erfahren wir nur wenig über
gewaltlos ausgetragene Konflikte.
Ein Beispiel: Im Jahre 1980 erhielt der Argentinier Adolfo Perez

Esquivel (geb. 1931) den Friedensnobelpreis als Anerkennung für die Organisation gewaltfreier Aktionsprojekte gegen die politischen und sozialen Gewaltverhältnisse in Lateinamerika. Die Überraschung, die diese Wahl hervorgerufen hat, dokumentiert die mangelhafte Informiertheit über die wirkliche Situation des lateinamerikanischen Widerstands.

Esquivel, während der Diktatur in Argentinien von einer Hochschullehrerstelle für Kunst verwiesen, ist der Koordinator der lateinamerikanischen »Bewegung für Frieden und Gerechtigkeit« (*Servicio Paz y Justicia en America latin — Orientacion noviolenta,* kurz: *Servicio*). Das Schaubild (Seite 130) informiert über wichtige Ereignisse im gewaltfreien Kampf in Lateinamerika während des Jahres 1979, an dem *Servicio* teilweise beteiligt war.

Das Problem Landkarten der Gewalt und der Gewaltlosigkeit gilt auch für Geschichtskarten. Niemand wird ernsthaft behaupten können, Gewalt habe in der Geschichte keine Rolle gespielt. Es gibt zweifellos eine Geschichte der Gewalt: eine Geschichte der Unterdrückung und Zerstörung, mit nur wenigen Lichtblikken eines wirksamen Fortschritts.

Aber es gibt auch eine Geschichte der gewaltlosen Kämpfe gegen Unterdrückung und Ausbeutung, eine weitgehend ungeschriebene Geschichte, sieht man von einigen Darstellungen zur Arbeiterbewegung und wenigen Arbeiten zu gewaltfreien Kampagnen und Aktionsformen ab. So kann es nicht wundern, daß auch unsere Geschichtsbücher eher die Geschichte der Gewalt widerspiegeln als die der Gewaltlosigkeit. Aber wer hat ein Interesse an der Geschichte der Gewaltlosigkeit? Wer hat Interesse an einer »anderen Geschichte«?

So bewirken unter anderem die Geschichtskarten der Gewalt, daß die Landkarten der Gewalt unsere Weltsicht mitprägen. Dieses Buch, insbesondere der folgende Teil, soll dazu beitragen, daß Landkarten der Gewaltlosigkeit gezeichnet werden können und auch daß die »weißen Flecke« auf diesen Karten verschwinden.

Gewaltfreie Aktionen und Aktivitäten 1979 in Lateinamerika

EL SALVADOR
Internationale Tage für Frieden und Gerechtigkeit in Mittelamerika

BRASILIEN
● Gewaltfreier Kampf der Bauern um ihr Land (Alagamar, Altaneir de Carnaiba) (siehe S. 234 ff.)
● Metallarbeiterstreik in São Paulo (Brown Boveri, Caterpillar)
● Seminare über Gewaltfreiheit für Bauern und verschiedene kirchliche Gruppen

PANAMA
● Kampagne gegen die Wehrpflicht
● Beginn der gewerkschaftlichen Organisation von Indianern auf Bananenplantagen (siehe S. 153)
● Kampf der 80 000 Guyami-Indianer für den Schutz ihres Lebensraums gegen großtechnische Projekte
● Servicio organisiert gewaltfreies Training für Arbeiter und Bauern.

ECUADOR
Bischof Proano unterstützt den Kampf der Bauern um ihr Land.

BOLIVIEN
Gewaltfreie Bewegung bringt Banzer-Diktatur zu Fall und widersteht neuer Militärregierung Natusch. Ausschreibung von Wahlen für den Juni 1980 (zur Vorgeschichte siehe S. 184 ff.)

CHILE
● Informationsveranstaltungen von Servicio über die Gewaltfreiheit, vornehmlich in Gemeinden
● Einrichtung eines »Vicariat de la Solidaridad« (Solidarität) durch die katholische Kirche

PARAGUAY
Gründung von landwirtschaftlichen Genossenschaften (Ligas Agrarias)

ARGENTINIEN
● Adolfo Perez Esquivel wird aus dem Hausarrest entlassen und erhält seinen Paß zurück.
● Volksbewegung für Menschenrechte: Frauen mit weißen Kopftüchern fordern öffentlich Aufklärung über verschwundene Verwandte. Eine Gruppe von ihnen fährt zu einer Vortragsreise nach Europa, wo sie vom Papst empfangen wird.
● Servicio gründet trotz polizeilicher Repressionen ein Informations- und Forschungszentrum.

Die Methoden der gewaltfreien Aktion — ein Überblick

In diesem zweiten Teil werden die Aktionsmethoden der Gewaltfreiheit vorgestellt. Dieses Buch soll kein »Aktions-Handbuch« sein; da gibt es einige.[105] Es ist hingegen beabsichtigt, die Wirksamkeit bestimmter typischer Aktionsmethoden darzulegen. Dabei wird auf vielfältige Aktionsbeispiele aus der Geschichte und Gegenwart zurückgegriffen, ohne daß hier im geringsten eine Vollständigkeit auch nur hinsichtlich aller bedeutenderen gewaltlosen Aktionen angestrebt werden kann. Die Mehrzahl dieser Aktionen war nicht einmal Bestandteil einer bewußt gewaltfreien Strategie der handelnden Personen. Dies ist aber grundsätzlich auch kein Mangel, was ihren Erkenntniswert betrifft. Hierzu eine Überlegung:

Wer in einer parlamentarischen Demokratie zur Wahlurne geht, kennt in der Regel auch nicht die geschichtlichen, die rechtlichen und die politiktheoretischen Grundlagen dieses politischen Systems. Dennoch wird seine Stimme wirksam.

Wer sich in einem Land der dritten Welt an einem bewaffneten Befreiungskampf beteiligt, wird zumeist auch nicht die Theoretiker oder die Praktiker des bewaffneten Befreiungskampfes studiert haben. Und dennoch können seine Aktionen die Veränderung politischer Herrschaftsverhältnisse mitbestimmen.

Ähnlich verhält es sich mit dem Verzicht auf Gewalt im politischen Handeln. Dieser Verzicht kann gänzlich verschieden motiviert sein; er kann sogar das Ergebnis der Unfähigkeit oder Unmöglichkeit sein, Gewalt überhaupt anwenden zu können, weil man beispielsweise nicht im Besitz der notwendigen Waffentechnik ist oder die Art des Konflikts eine gewaltsame Auseinandersetzung gar nicht zuläßt. Wie etwa sollten sich die norwegischen Lehrer während der deutschen Besatzung im Zweiten Weltkrieg der Anordnung der faschistischen Quisling*-Regie-

---

* Vidkun Quisling, norweg. Politiker, arbeitete mit den Nationalsozialisten zusammen. Sein Name steht seitdem für »Kollaborateur«.

rung, einer Einheitsorganisation beizutreten, mit Gewalt widersetzen?* Oder wie hätten Kriegsdienstverweigerer ihre Gewissensentscheidung gewaltsam durchsetzen können?

So gibt es eine Fülle geschichtlicher Beispiele für gewaltloses
Handeln, ohne daß die Beteiligten Kenntnisse über eine entsprechende Theorie hatten. Eines der historisch folgenreichsten
Geschehen dieser Art ist die Durchsetzung des Christentums
gegen die römische Obrigkeit während des ersten Jahrhunderts
seiner Entwicklung. Auch die Arbeiterschaft, die im 19. Jahr-
dert Streik und Boykott als wirksame Aktionsformen zur
Durchsetzung ihrer Interessen anwendete, tat dies sicher nicht,
weil in wissenschaftlichen Abhandlungen deren Wirksamkeit
nachgewiesen worden war. Solche Untersuchungen erschienen
lediglich in der Folge der Aktionen. Und als ein anderes Ereignis
sei in diesem Zusammenhang der Widerstand gegen den Kapp-
Putsch im Jahre 1920 genannt. Die Beamtenschaft, die den Put-
schisten mit dem Hinweis auf die verfassungsmäßige Ordnung
den Gehorsam verweigerte, dürfte keine Kenntnisse über die
gewaltfreie Aktionstheorie gehabt haben (siehe Seite 221 f.).
Dennoch werten Friedensforscher heute die Weigerung der
Beamten, mit Kapp zusammenzuarbeiten, als eines der bemerkenswertesten Beispiele für gewaltlosen Widerstand in der an
Erfolgen armen deutschen Widerstandsgeschichte.

Diese Hinweise illustrieren die Erkenntnis des bedeutenden
amerikanischen Pazifisten Dave Dellinger:

»Die wichtigsten Fortschritte in Sachen Gewaltfreiheit kamen nicht von
Personen, die Gewaltfreiheit als ein Ziel an sich begriffen, sondern von
Leuten, die sich engagiert für die Abschaffung sozialer Ungerechtigkeit
einsetzten.«[106]

Man muß also nicht erst eine bestimmte Philosophie haben, um
sich an gewaltfreien Aktionen beteiligen zu können. Einsicht in
die Wirkungsmechanismen der gewaltfreien Aktion wird man
auch im eigenen Handeln und durch eine entsprechende Beobachtung der gesellschaftlichen Konflikte erlangen können.

* Wie sie sich wehrten, ist auf Seite 264 ff. nachzulesen.

Es hat bisher verschiedene Versuche gegeben, Erscheinungsformen von gewaltlosen Aktionen aus Vergangenheit und Gegenwart zu sammeln und unter bestimmten Merkmalen zusammenzufassen. Auf diese Weise entstanden Schemata über Methoden der gewaltlosen Konfliktaustragung.

Einige Beispiele:

Gene Sharp hat aufgrund jahrelanger Forschungsarbeiten insgesamt 198 verschiedenartige gewaltlose Aktionsformen in allen Gesellschaften und Kulturkreisen entdeckt und beschrieben. Innerhalb dieser Aufstellung hat er dann eine Grobgliederung durchgeführt.[107] Sharp unterscheidet:

1. Methoden des Protests und der Demonstration
2. Methoden der Nichtzusammenarbeit
3. Methoden der Einmischung (*intervention*)

Eine ähnliche Systematisierung gebraucht Wolfgang Sternstein[108], der die gewaltlosen Aktionen in folgender Weise einteilt:

1. Überwiegend symbolischer Widerstand
2. Überwiegend defensive Maßnahmen
3. Überwiegend offensive Maßnahmen

Ein Schema ist hilfreich — mehr nicht.

Es kann helfen, die Aktionen anderer und eigene Aktivitäten einzuordnen. Es kann aber nicht die eigene Phantasie ersetzen. Für die einzelnen Aktionsmethoden gibt es zahllose Beispiele der Ausführung. Diese Aktionsformen selbst sind aber auch noch keine Inhalte. Bei jeder Aktion ist daher zu prüfen, ob ihre Forderungen vernünftig sind, und außerdem sollte der Weg ihrer Realisierung aufgezeigt werden. In diesem Buch wird das von Theodor Ebert entwickelte Schema über die Methoden der gewaltfreien Aktionen verwendet[109], und zwar aus zwei Gründen:

Ebert berücksichtigt bei der Systematisierung der gewaltfreien Aktionen zum einen, in welchem Maße die Aktionen in die bestehenden politisch-gesellschaftlichen Verhältnisse eingreifen. Er führt aus diesem Grunde drei sogenannte »Eskalationsstufen«

(eskalieren = steigern) ein. Die dritte Stufe hat besonderes Gewicht, denn hier handelt es sich um nichtlegale Aktionen, also um Handlungen, bei denen Gesetze und Anordnungen mißachtet werden.

Zum anderen stellt Ebert in dem von ihm entwickelten Schema die konstruktiven Aktionen, also ein zentrales Merkmal der gewaltfreien Konfliktaustragung, besonders heraus.

Eskalationsstufe *(Grad des Eingriffs in die gesellschaftlichen Verhältnisse)*	Verweigerungsaktion	Konstruktive Aktion
1	Protest	funktionale Demonstration
2	legale Nichtzusammenarbeit	legale Rolleninnovation
3	Ziviler Ungehorsam	Zivile Usurpation

Aktionsmethoden

Formen der Demonstration und des Protests

Begriff und Wirksamkeit

Es ist sinnvoll, an dieser Stelle nochmals auf die Bedeutung der Begriffe »Demonstration« und »Protest« hinzuweisen. Diese Begriffe haben sich aus den lateinischen Verben *demonstrare* (zeigen, hinweisen) und *protestari* (öffentlich bezeugen, verkünden) entwickelt; sie sind von ihrer Bedeutung her also verwandt. Das Medium beider Aktionsformen ist die Straße. Im Wort »Demonstration« steckt eine doppelte Bedeutung: Man *weist auf etwas hin* — etwa auf einen sozialen Mißstand, auf eine Ungerechtigkeit —, und man *zeigt sich* selbst dabei. Nimmt man diese Aktionsform sozusagen »beim Wort«, so stellt sich das Problem der »Vermummung« bei Demonstrationen überhaupt nicht. Gewaltfreie Akteure werden sich niemals unkenntlich machen, es sei denn, dies ist für den Charakter der Aktion (zum Beispiel Straßentheater, Happening) notwendig. Ansonsten verhindert eine sogenannte Vermummung von vornherein eines der wichtigsten Ziele von Demonstrationen, nämlich auch bei Außenstehenden Aufmerksamkeit für ein Anliegen zu erwecken. Die Vermummung macht es unmöglich, sich mit einem Menschen zu identifizieren.

Die Wirksamkeit von Demonstrationen und Protestaktionen ist sehr stark vom gesellschaftlichen und politischen Umfeld abhängig. In einem Staat, in dem politische Freiheitsrechte unterdrückt werden, ist bereits eine demonstrative Ansammlung von wenigen Menschen, ja der Protest eines einzelnen, eine Herausforderung für die Behörden und wird strafrechtlich verfolgt. In den Südstaaten der USA waren die Massendemonstrationen von Schwarzen gegen die Rassentrennung und soziale Diskriminierung eine Erschütterung für das allgemeine Bewußtsein der Weißen, Schwarze seien zu organisatorischen Leistungen unfähig.

Und die Demonstrationen gegen den Vietnamkrieg der USA, an denen in westeuropäischen Großstädten Ende der sechziger Jahre mehrere zehntausend Menschen teilnahmen — eine Zahl, die heute in diesen Ländern kaum noch nennenswerte publizistische Aufmerksamkeit hervorruft —, erschütterten die moralische Position der amerikanischen Politik und das generell positive USA-Bild in Westeuropa nachhaltig.

Demonstrationen und Protestaktionen haben in den vergangenen Jahren stark zugenommen, und es besteht vornehmlich in großen Städten die Gefahr, daß insbesondere Umzüge von der allgemeinen Betriebsamkeit gleichsam aufgesogen werden. Dann ist die Phantasie der Akteure gefordert, demonstrative Aktionsformen zu entwickeln, die durch ihre Originalität die Aufmerksamkeit gerade auch der Medien auf sich ziehen.

Auch sind für die Akteure die Wirkungen von Demonstrations- und Protestformen häufig nur schwer erfahrbar. Hierzu trägt der amerikanische Pazifist Jim Forest eine Erfahrung bei:

»Während des Korea-Krieges gab es einen erheblichen Druck von seiten einiger Zeitungen und Teilen der Öffentlichkeit auf die US-Administration, Atomwaffen gegen China einzusetzen, obwohl die amerikanischen Truppen formal als UNO-Einheiten eingesetzt waren. In dieser Situation startete der Internationale Versöhnungsbund eine Aktion mit kleinen Jute-Säckchen, kaum handtellergroß, an die ein Bibel-Spruch geheftet war: ›Hungert deinen Feind, so speise ihn‹ (Sprüche 25,21 und Römerbrief 12,20); auf der Rückseite stand: ›Lebensmittel-Überschuß nach China‹.

Diese ›Getreide‹-Säckchen sollten an Präsident Eisenhower geschickt werden. Über die Auswirkungen der Aktion wurde nichts bekannt, bis 10 Jahre später ein damaliges Regierungsmitglied den Sekretär des Versöhnungsbundes ansprach:

›Mr. Hasler, haben Sie etwas über die Wirkung Ihrer Aktion gehört? Wir haben im Kabinett Eisenhower dreimal über diese Sache gesprochen. Als der Präsident erfuhr, daß 50 000 Säckchen eingegangen waren, sagte er: »Wenn sich so viele Leute aufregen, kein Wort mehr über den Einsatz von Atomwaffen!« Danach war nie mehr von der möglichen Eskalation die Rede.‹«[110]

Es ist nützlich und notwendig, einen ungerechten Zustand oder eine drohende Gefahr nicht nur anzuprangern, sondern zugleich Vorschläge zur Abhilfe zu machen. Dies sollte bei allen Formen der Demonstration beachtet werden. Sie müssen möglichst einen konstruktiven Kern haben, eine konstruktive Funktion. Daher spricht die Theorie der Gewaltfreiheit auch von »funktionalen Demonstrationen«. Bei bestimmten Aktionsformen wie Teach-ins, Tribunalen, Erarbeitung von Alternativkonzepten zur Stadt- oder Verkehrsplanung u. ä. überwiegt häufig sogar der Aspekt der konstruktiven Einmischung gegenüber dem des Protests.

Beispiele:

Publizierung von Ideen und Überzeugungen, offizielle Erklärungen

Die Auflösung von Konsens wird häufig dadurch eingeleitet, daß einzelne oder Gruppen ihre abweichenden Überzeugungen publizieren. Schon *Leserbriefe* (auch als gezielte Aktion denkbar) können hierzu beitragen. Seit einigen Jahren stößt man in der Presse zunehmend auf *gemeinsame öffentliche Erklärungen*, die von den Beteiligten häufig als (teure) Anzeigen aufgegeben werden. Gruppen, die in der Öffentlichkeit eine besonders positive Einschätzung erfahren, wie beispielsweise Ärzte oder Wissenschaftler, können dabei mit besonderer Beachtung rechnen. Auch *Aufrufe und Unterschriftenaktionen* sind dem zuzuordnen.

Zu den bekanntesten Aufrufen in der Geschichte der Bundesrepublik Deutschland gehört der »Krefelder Appell« gegen die sogenannte »Nachrüstung« der NATO.

Für solche Aktionen gibt es historische Vorbilder, wie etwa die Ponsonby-Aktion. Der Engländer Arthur Ponsonby, ehemaliger Unterstaatssekretär für auswärtige Angelegenheiten und späterer langjähriger Vorsitzender von *War Resisters' International* (siehe Seite 171 ff.), hatte in den Jahren 1926 und 1927 in Deutschland, Holland, den USA, Frankreich, Irland und England zu folgendem Aufruf weit über hunderttausend Unterschriften gesammelt:

»Die hier Unterzeichneten sind überzeugt, daß alle zwischenstaatlichen Streitigkeiten durch diplomatische Verhandlungen oder irgendeine Form internationaler Schiedsgerichtsbarkeit geschlichtet werden können. Sie erklären daher hierdurch feierlich, daß sie einer Regierung, die zu den Waffen greift, jede Unterstützung und jede Art von Kriegsdienst verweigern werden.«[111]

Die Wirksamkeit derartiger publizistischer Aktivitäten läßt sich nur schwer einschätzen. Sicher ist anzunehmen, daß sie dazu beitragen können, bislang Unsichere und Außenstehende zu einem Engagement zu ermutigen. Die Publizierung von Überzeugungen dokumentiert zudem gegenüber den Opponenten die gesteigerte Ernsthaftigkeit eines Anliegens.

Grundsätzlich erlangen soziale Aktionen ihre Wirksamkeit dadurch, daß sie von vielen getragen werden. Eine Ausnahme von dieser Regel stellt das abweichende Verhalten oder der Protest von Menschen dar, die aufgrund ihrer sozialen Stellung als einzelne mit öffentlicher Aufmerksamkeit rechnen können, wie Politiker, Kirchenführer, Schriftsteller, Sportler. Unter diesen Umständen können auch *Erklärungen von einzelnen* wirksam werden. Zu den Beispielen größten Mutes gehört der Protest des Bischofs von Münster, Clemens August Graf von Galen, gegen die von den Nationalsozialisten praktizierte Euthanasie. Am 3. August 1941 sagte er in einer Predigt unter anderem:

»Seit einigen Monaten hören wir Berichte, daß aus Heil- und Pflegeanstalten für Geisteskranke auf Anordnung von Berlin Pfleglinge, die schon länger krank sind und vielleicht unheilbar erscheinen, zwangsweise abgeführt werden. Regelmäßig erhalten dann die Angehörigen nach kurzer Zeit die Mitteilung, der Kranke sei verstorben, die Leiche sei verbrannt, die Asche könne nicht abgeliefert werden. Allgemein herrscht der an Sicherheit grenzende Verdacht, daß die zahlreichen Todesfälle von Geisteskranken nicht von selbst eintreten, sondern absichtlich herbeigeführt werden, daß man dabei jener Lehre folgt, die behauptet, man dürfe sogar ›lebensunwertes Leben‹ vernichten, also unschuldige Menschen töten, wenn man meint, ihr Leben sei für Volk und Staat nichts mehr wert. Eine furchtbare Lehre, die die Ermordung Unschuldiger rechtfertigen will, die die gewaltsame Tötung der nicht mehr arbeitsfähigen Invaliden, Krüppel, unheilbaren Kranken, Altersschwachen grundsätzlich freigibt...

Als ich von dem Vorhaben erfuhr, Kranke aus Mariental abzutransportieren, um sie zu töten, habe ich am 28. Juli der Staatsanwaltschaft beim Landgericht zu Münster und dem Herrn Polizeipräsidenten in Münster Anzeige erstattet durch eingeschriebenen Brief mit folgendem Wortlaut: Nach mir zugegangenen Nachrichten soll im Laufe dieser Woche (man spricht vom 31. Juli) eine große Anzahl Pfleglinge der Provinzialheilanstalten in Mariental bei Münster als sogenannte ›unproduktive Volksgenossen‹ nach Eichberg überführt werden, um dann alsbald, wie es nach Transporten aus anderen Heilanstalten geschehen ist, nach allgemeiner Überzeugung, vorsätzlich getötet zu werden. — Da ein solches Vorgehen nicht nur dem göttlichen und natürlichen Sittengesetz widerstreitet, sondern auch als Mord nach § 211 des RStGB mit dem Tode zu bestrafen ist, erstatte ich gemäß § 139 des RStGB pflichtgemäß Anzeige und bitte, die bedrohten Volksgenossen unverzüglich durch Vorgehen gegen die den Abtransport und die Ermordung beabsichtigenden Stellen zu schützen und mir von dem Veranlaßten Nachricht zu geben.«[112]

Abschriften dieser Predigt zirkulierten in der Bevölkerung und erreichten sogar die Front. Wegen des Bekanntheitsgrades des Bischofs entschied die Naziführung, keine Maßnahmen gegen ihn zu ergreifen. Zwar drang Martin Bormann auf Sanktionen, aber Goebbels widersprach. Hitler soll außerordentlich erregt gewesen sein. Er befürchtete jedoch, bei der Verfolgung von Galens einen Märtyrer zu schaffen. Tatsächlich wurde kurze Zeit später in einem sogenannten »Führerbefehl« die systematische Tötung von Geisteskranken offiziell gestoppt, wenngleich die Euthanasie teilweise in versteckter Form weitergeführt wurde.[113]

Öffentliche symbolische Handlungen

Zu den erfolgreichsten demonstrativen symbolischen Aktionen in den vergangenen Jahren zählt das »Schweigen für den Frieden«, eine Aktion, die 1980 von dem heutigen Bundestagsabgeordneten der GRÜNEN Roland Vogt angeregt wurde und über die Bundesrepublik Deutschland hinaus Anklang gefunden hat.

AUFRUF ZUR STILLE
»Menschen überall auf der Welt spüren, daß eine himmelschreiende Gefahr auf uns zukommt, eine Gefahr, für die uns die Worte fehlen, und hätten wir Worte, die Not, das Grauen, das auf alles Lebendige wartet, angemessen auszudrücken, so würden sich viele unserer Zeitgenossen abwenden und sagen: Spiel nicht mit den Propheten, erzähl uns lieber etwas Angenehmes!
Was tun? Hören wir auf, nur zu reden, zu schreiben: Laßt uns endlich *handeln*! Aber wie?
Erst einmal müssen wir die innere Kraft finden, die wir brauchen, um der an Größenwahn grenzenden Aufgabe gewachsen zu sein:

das auf Vernichtung programmierte Schicksal der Menschheit zu wenden.
1. Lernt Euch zu sammeln und zu konzentrieren:
Dafür schlage ich nach dem Vorbild der Friedensarbeiter im Straßburger Münster *Schweigestunden* vor:
Jeden Freitag von 18—19 Uhr eine *Stunde der Stille*.
Macht aus dieser Stille, der gemeinsamen Stille gleichzeitig an verschiedenen Orten Europas, einen Orkan der Ruhe und der Sammlung, eine Kraft! Prüft Euch, in diesen Stunden der Stille, wie weit Ihr, ein jeder von Euch, zu gehen bereit seid. Erfindet in diesen kostbaren Stunden der Konzentration die Aktionen der nächsten Stufe. Die Stunden der Stille, als Gemeinschaftserlebnis angelegt, können Euch helfen, zu handlungsfähigen Gruppen zusammenzuwachsen.
2. Lernt Eure Opferbereitschaft einzuschätzen:
Die rechtzeitig gemeinsam erbrachten Opfer können helfen, tragische ›überpersonale‹ Opfer von der Art der Selbstverbrennung Hartmut Gründlers zu vermeiden. Vorschlag, entsprechend der Aktion der Straßburger Friedensarbeiter: Gemeinsame Fastenaktionen (zur Einübung) vor Ostern, auf breiterer Basis weltweites Fasten vom 6. bis 9. August, der Zeit zwischen den Atombombenabwürfen auf Hiroshima und Nagasaki.«

Dieser Vorschlag wurde von vielen Aktionsgruppen im In- und Ausland aufgegriffen. Heute finden in Dutzenden von Städten sogenannte »Schweigestunden« statt. Von einem Mitglied der Berliner Aktionsgruppe stammt der folgende Bericht aus dem Jahre 1981.

ERFAHRUNGSBERICHT
»Jeden Freitag von 18.00—19.00 Uhr findet an der Gedächtniskirche in der Berliner City eine ›Schweigestunde für den Frieden‹ statt. Angeregt durch ähnliche Aktionen in Straßburg und anderen westdeutschen Städten, führten wir in Berlin die erste Schweigestunde am 12. Juli 1981 durch. Wir, das ist eine Gruppe von Leuten, die sich durch eine Privatinitiative für diese Art der Demontration zusammenfand.
Die Entscheidung gerade für eine Schweigestunde hat für uns folgende Gründe:
Es ist eine Aktionsform neben vielen anderen, die den Aktionsteilnehmern die Möglichkeit gibt, nicht nur nach außen zu agieren, sondern sich in meditativer Form mit dem Thema Frieden und mit den dabei bewußt und unbewußt schwelenden eigenen Ängsten, Befürchtungen,

manchmal Resignationen, aber auch Hoffnungen auseinanderzusetzen. Gleichzeitig ruft die Aktion gerade durch diese Form Interesse, Betroffenheit und Erstaunen bei den Passanten hervor, ja, regt sogar einige zum Mitmachen an.

Die erste Schweigestunde führten wir mit 25 Leuten durch, die größtenteils aus dem Freundes- und Arbeitskreis stammten. Viele der Teilnehmer haben Kinder und fühlen sich besonders dadurch innerlich gedrängt, mitzumachen. Um eine Kontinuität und eine wachsende Beteiligung zu gewährleisten, schien es uns sinnvoll, die Aktion nicht zu groß zu starten.

Wir stellen uns händefassend in einen Kreis, mit dem Gesicht nach außen. In der Mitte steht ein Transparent mit der Aufschrift ›Schweigestunden für den Frieden‹ jeden Freitag 18.00—19.00 Uhr. Jeder, der Lust hat, trägt eine Doppelpappe mit für sie/ihn wichtigen Texten und Bildern. Eine Stellwand mit politischen und technischen Informationen zur Rüstungsproblematik erregt starkes Interesse. Viele Passanten bleiben stehen und lesen die kurzgefaßten Texte, erregte Diskussionen zwischen ihnen finden statt, ausfallende Bemerkungen uns gegenüber sind nicht selten. Wieviel Aggressionspotential steckt in diesem Thema, wenn schon eine schweigende Gruppe zu Sprüchen wie ›Man müßte eine Handgranate in euch reinrollen lassen, das würde Spaß machen‹, oder ›Ihr müßtet alle ins KZ‹, und ›Mit euch werden wir auch noch fertig, wenn ich euch sehe, dann weiß ich, ich muß mich bewaffnen‹ etc. herausfordert. Aber es gibt auch positive Reaktionen. Immer wieder wird uns zustimmend zugenickt, manche haben auch den Mut, der Aufforderung ›Komm, mach mit‹ nachzukommen, und stellen sich mit in den Kreis. Die Mehrheit der Passanten stutzt, geht zögernd weiter und wagt nur aus den Augenwinkeln zu lesen, um was es sich eigentlich handelt. Aber wir glauben, selbst das hinterläßt bei einigen etwas Nachdenklichkeit. Der Kreis hat sich trotz Ferien auf eine Anzahl von 40—50 Leuten eingependelt. Wer sich einmal dazugestellt hat, kommt meistens wieder. Nach mehr als drei Monaten sind wir sicher, daß die Aktion gut ist und mit den vielen anderen Demonstrationen dazu beiträgt, mehr Öffentlichkeit für das Thema Frieden zu erreichen.

Wir wollen noch mehr werden, damit wir anstelle eines Kreises viele Kreise machen können. Sollten wir, was wir hoffen, sehr viele werden, besteht die Idee, die Aktion zu dezentralisieren und in die Geschäftszentren der einzelnen Bezirke zu gehen. Am Leopoldplatz findet zur gleichen Zeit eine ähnliche Aktion statt.

Die Zeitplanung ist in allen Städten und Orten dieselbe. Also, denkt daran: Jeden Freitag von 18.00—19.00 Uhr ›Schweigestunde für den Frieden‹ wo auch immer!«[114]

Gerade Gruppen der Friedensbewegung haben in den vergangenen Jahren vielfältige symbolische öffentliche Aktionen entwickelt. Die eingangs beschriebene Menschenkette beispielsweise ist in teilweise großem Stil nachgeahmt worden. In den Niederlanden legten Aktionsgruppen vor Kasernen symbolische Friedhöfe an. In verschiedenen Städten der Bundesrepublik wurden Straßennamen, die einen militaristischen Bezug haben, »umbenannt«, etwa: »Hindenburgplatz« zu »Hiroshimaplatz«. Dies scheint gerade für den Anfang gewaltfreier Aktivitäten gegen unsere militarisierte Gesellschaft ein wirkungsvolles Projekt zu sein, das zumindest im lokalen Bereich Aufmerksamkeit und Diskussionen hervorrufen wird.

Symbolische öffentliche Handlungen sind auch in den Staaten des sowjetischen Machtbereichs häufig durchgeführt worden und erfahren aufgrund der politischen Struktur dieser Länder in der Regel eine starke Beachtung. Besonders eindrucksvoll war am 21. August 1969, dem Jahrestag des Einmarsches von fünf Warschauer-Pakt-Staaten in die Tschechoslowakei, die Weigerung der Bevölkerung, die öffentlichen Verkehrsmittel zu benutzen. Hunderttausende gingen zu Fuß zur Arbeit, während die Straßenbahnen leer blieben. In Warschau entstand im Sommer 1982 geradezu ein stiller Kampf zwischen der Bevölkerung und sogenannten »Sicherheitskräften« (was »sichern« sie?) um ein Blumenkreuz, das zum Gedenken an den verstorbenen Kardinal Wyszyński angelegt worden war. Diese Stelle wurde mehrfach zum Ort des Protests gegen das damals bestehende Kriegsrecht. Auch Mitglieder der Friedensbewegung in der DDR führten symbolische Aktionen wie Mahnwachen zur Abrüstung vor den Botschaftsgebäuden der Großmächte durch.

Anstecker, Aufkleber, Abzeichen

Wir werden gegenwärtig von industriell gefertigten Ansteckern, Aufklebern und Abzeichen jeder Art überschwemmt, deren Informationswert und Bekenntnisgehalt sicher nicht unbedingt mit ihrer Zahl wachsen. Dennoch soll hier auf einige Widerstandsaktionen aufmerksam gemacht werden, bei denen Bild-

und Farbzeichen eine bedeutende Rolle gespielt haben und teilweise noch spielen.

Da wäre zunächst das Symbol der antimilitaristischen Bewegung zu nennen, das zerbrochene Gewehr. Nach dem Kenntnisstand des Autors erschien dieses Zeichen zum erstenmal 1909 im Kopf des Publikationsorgans der Internationalen Antimilitaristischen Vereinigung (IAMV) »De Wapens neder« (»Die Waffen nieder«). 1932 wurde das zerbrochene Gewehr Symbol der »Internationale der Kriegsdienstgegner« (War Resisters' International, WRI), die sich aus der IAMV entwickelt hatte. Das zerbrochene Gewehr blieb bis heute das Zeichen der antimilitaristischen Bewegung.

Zeichen und Farben sind in der Geschichte häufig auch Ausdruck von Widerstandsbewußtsein gewesen. In den Niederlanden protestierten Menschen gegen die Besetzung ihres Landes durch die deutsche Wehrmacht im Mai 1940, indem sie massenhaft Nelken trugen. In Dänemark tauchten während der Besatzung in großer Zahl Kleidungsstücke mit den Nationalfarben Rot und Weiß auf.

Eine der Solidaritätsaktionen der holländischen Bevölkerung mit den verfolgten Juden bestand darin, daß auch viele Nichtjuden den Judenstern trugen, und zwar mit der Aufschrift: »Jude und Nichtjude — eins im Kampf«.

In den vergangen Jahren wurden die Frauen der argentinischen Hauptstadt Rio bekannt, die öffentlich Aufklärung über verschwundene Familienmitglieder suchten und bei ihren Aktionen ein weißes Kopftuch trugen.

Eine wichtige Funktion hatte das Spinnrad im indischen Unabhängigkeitskampf gegen die Engländer. Gandhi kämpfte nicht nur für den Wiederaufbau einer einheimischen Textilindustrie die Wiederbelebung des dörflichen Textilhandwerks sollte zudem dabei helfen, der erzwungenen Untätigkeit der Landbewohner während der Regenzeiten zu begegnen. Symbol dieser Reform wurde das Spinnrad, Emblem in der indischen Flagge (siehe Seite 24).

Ein besonderes Schicksal hat das Symbol »Schwerter zu Pflugscharen«. Die Sowjetunion schenkte 1959 der UNO ein Standbild, das zu diesem Bibelwort geschaffen wurde. Heute ist »Schwerter zu Pflugscharen« das Symbol der Friedensbewegung in der DDR und wird von staatlicher Seite verfolgt.

Straßentheater und Happening

Straßentheater kann man als ein kurzes Lehrstück im Sinne Brechts verstehen. Es erweckt im allgemeinen großes Interesse bei Passanten. Ein Problem wird durch wenige Szenen, die zumeist von den Teilnehmern selbst erarbeitet wurden, einem Publikum verständlich gemacht. Dabei sollten Lösungen und Handlungsmöglichkeiten zur Überwindung eines Mißstandes aufgezeigt werden, und daher ist es zumeist auch sinnvoll, zugleich einen Informationsstand einzurichten.

Eine einfache, aber nicht unbedingt weniger wirkungsvolle Form von Straßentheater ist das Vortragen von gesellschaftlich engagierter Literatur. Durch wechselnde Sprecher, Sprechchöre und Akzente in der Kleidung ist durchaus eine dynamische Wirkung zu erzielen. Der Verfasser war einmal Zuschauer bei einer solchen Darbietung von Wolfgang Borcherts letztem Text »Dann gibt es nur eins!«. Die Zeile »Sag NEIN!« wurde von allen Teilnehmern gemeinsam herausgeschrien, während die übrigen Abschnitte von verschiedenen Sprechern und Sprecherinnen deklamiert wurden. Im übrigen enthält dieser Text nicht nur einen Aufruf zum zivilen und militärischen Ungehorsam, sondern auch — dieser Teil ist hier nicht wiedergegeben — eine der eindrucksvollsten Darstellungen von Kriegsverwüstungen in der deutschsprachigen Literatur.

WOLFGANG BORCHERT
DANN GIBT ES NUR EINS!
Du. Mann an der Maschine und Mann in der Werkstatt. Wenn sie dir morgen befehlen, du sollst keine Wasserrohre und keine Kochtöpfe mehr machen — sondern Stahlhelme und Maschinengewehre, dann gibt es nur eins:
Sag NEIN!
Du. Richter im Talar. Wenn sie dir morgen befehlen, du sollst zum Kriegsgericht gehen, dann gibt es nur eins:
Sag NEIN!

Du. Mann auf dem Bahnhof. Wenn sie dir morgen befehlen, du sollst das Signal zur Abfahrt geben für den Munitionszug und für den Truppentransporter, dann gibt es nur eins:
Sag NEIN!
Du. Mann auf dem Dorf und Mann in der Stadt. Wenn sie morgen kommen und dir den Gestellungsbefehl bringen, dann gibt es nur eins:
Sag NEIN!
Du. Mutter in der Normandie und Mutter in der Ukraine, du, Mutter in Frisko und London, du, am Hoangho und am Mississippi, du, Mutter in Neapel und Hamburg und Kairo und Oslo — Mütter in allen Erdteilen, Mütter in der Welt, wenn sie morgen befehlen, ihr sollt Kinder gebären, Krankenschwestern für Kriegslazarette und neue Soldaten für neue Schlachten, Mütter in der Welt, dann gibt es nur eins:
Sagt NEIN! Mütter, sagt NEIN!
Du. Mädchen hinterm Ladentisch und Mädchen im Büro. Wenn sie dir morgen befehlen, du sollst Granaten füllen und Zielfernrohre für Scharfschützengewehre montieren, dann gibt es nur eins:
Sag NEIN!
Du. Besitzer der Fabrik. Wenn sie dir morgen befehlen, du sollst statt Puder und Kakao Schießpulver verkaufen, dann gibt es nur eins:
Sag NEIN!
Du. Forscher im Laboratorium. Wenn sie dir morgen befehlen, du sollst einen neuen Tod erfinden gegen das alte Leben, dann gibt es nur eins:
Sag NEIN!
Du. Dichter in deiner Stube. Wenn sie dir morgen befehlen, du sollst keine Liebeslieder, du sollst Haßlieder singen, dann gibt es nur eins:
Sag NEIN!
Du. Arzt am Krankenbett. Wenn sie dir morgen befehlen, du sollst die Männer kriegstauglich schreiben, dann gibt es nur eins:
Sag NEIN!
Du. Pfarrer auf der Kanzel. Wenn sie dir morgen befehlen, du sollst den Mord segnen und den Krieg heiligsprechen, dann gibt es nur eins:
Sag NEIN!
Du. Kapitän auf dem Dampfer. Wenn sie dir morgen befehlen, du sollst keinen Weizen mehr fahren — sondern Kanonen und Panzer, dann gibt es nur eins:
Sag NEIN!
Du. Pilot auf dem Flugfeld. Wenn sie dir morgen befehlen, du sollst Bomben und Phosphor über die Städte tragen, dann gibt es nur eins:
Sag NEIN!
Du. Schneider auf deinem Brett. Wenn sie dir morgen befehlen, du sollst Uniformen zuschneiden, dann gibt es nur eins:
Sag NEIN![115]

Straßentheater war es auch, als im Frühjahr 1971 ehemalige Soldaten des Vietnamkrieges in vielen Staaten der USA, unter anderem auch auf den Stufen des Capitols in Washington, sogenannte »Massaker-Szenarios« darstellten. Sie simulierten Angriffe im Stil jenes Krieges (»Search-and-Destroy-Missions«), um die Bevölkerung auf seine systematischen Grausamkeiten aufmerksam zu machen. Die Presse berichtete ausführlich über die Form und Absichten dieser Aktionen. Am Ende des nachgestellten Angriffs wurden Flugblätter verteilt, in denen die verwunderten Zuschauer lasen, daß, »wenn sie Vietnamesen wären, ihre Häuser niedergebrannt, die Einwohner gefoltert und getötet, Frauen vergewaltigt und die Haustiere abgeschlachtet worden wären«[116].

Bei einem Happening werden gesellschaftliche Mißstände in provozierender oder auch ironischer Form bloßgestellt. Ein Beispiel: Die Westberliner »Arbeitsgruppe Kritischer Konsum« wollte der Öffentlichkeit verdeutlichen, in welchem Maße das Weihnachtsfest von der Wirtschaft dazu mißbraucht wird, den Konsum zu steigern. Deshalb führte die Gruppe an zwei Advents-Sonnabenden im Jahre 1969 eine »Dankprozession Berliner Unternehmer für das Christkind« durch.
Der »Prozession« ging ein Engel voran, der ein mit Geschenkpaketen verhängtes Kreuz trug. Dem folgten seriöse, schwarzgekleidete Herren als Unternehmer, von denen der erste eine Babypuppe als Symbol für das »Christkind« trug. In einem der Flugblätter, die durch »Engel« an die Passanten verteilt wurden, hieß es über die Unternehmer:
»Sie sind die freie Marktwirtschaft. Diese Herren denken nur an Umsatz und an Profit. Aus der Geburt Christi haben sie eine Konsumorgie gemacht. Ihnen ist jedes Mittel recht, um uns Dinge aufzuschwatzen, die uns nicht glücklicher machen.«
Die Unternehmer trugen Plakate, auf denen beispielsweise zu lesen war: »Wir Unternehmer danken dem Christkind« — »Halleluja, Gott ist groß und unser Umsatz nicht minder« — »Süßer die Kassen nie klingen« — »Stille Nacht, heilige Nacht. Alles zahlt, Hertie lacht«.

Hinter den »Unternehmern« gingen Demonstranten, deren Plakate auf die Diskrepanz zwischen den Hungertoten und den Rüstungsausgaben in der Welt hinwiesen.

Auch das christliche Vaterunser wurde bei dieser »Dankprozession« in folgender Weise verfremdet:

Vater unser im Himmel
Gepriesen sei Dein Werbeeinfall
Dein Sohn kam
Und unser Umsatz steigt
Leider erst auf Erden und noch nicht im Himmel
Unsere Umsatzsteigerung garantiere uns heute
Und gib uns Gewinn
Wie wir auch geben unsere Kirchensteuer
Und führe die Menschen nicht auf dumme Gedanken
Sondern befreie sie von Kaufhemmungen
Denn Dir gehört die Idee
Und uns der Profit
Hoffentlich jetzt und in Ewigkeit Amen

Peace Camps als Form der Demonstration

Die Aktionsform der »Peace Camps« (Friedenslager) wurde im über zehnjährigen Widerstand auf dem südfranzösischen Larzac gegen die Ausweitung eines Truppenübungsplatzes geboren (siehe Seite 236 ff.). Internationale Aufmerksamkeit erregte sie aber erst Ende 1981 in England als eine der Aktivitäten gegen die Aufrüstungsabsichten der NATO mit Pershing II und Cruise Missiles. An den geplanten Raketenstationierungsorten fanden sich Menschen zusammen, um über einen längeren Zeitraum gegen die Weiterrüstung zu demonstrieren. In der Nähe von bestehenden oder im Bau befindlichen Militärgeländen, also an Orten der Kriegsvorbereitung, entstanden kleine »Friedensdörfer«. Die Idee der Friedenscamps ist es, Widerstand dort einzuüben, wo die Militärmaschinerie für die Menschen wirklich erfahrbar ist. Die Akteure verfolgen mehrere Ziele:

— Anwesenheit am Ort von Kriegsvorbereitungen und Einübung von Formen direkter Aktion: Sitzproteste gegen die

Bauarbeiten; kürzere oder längere Blockaden von Zufahrtswegen; Abhalten von gemeinsamen Lernveranstaltungen und Meditationen.

— Aufbau lokalen Widerstands: Oft sind die »Peace-Camper« nur wenige und zunächst meist nicht aus der Umgebung. Es ist also notwendig, vor allem die örtliche Bevölkerung über ihre Anliegen zu informieren. Ziel ist es, ein Friedenslager zu einem in der Bevölkerung verankerten Zentrum des lokalen Widerstands zu machen.

Peace Camps erheben häufig den Anspruch, im Widerstand auch eine alternative Lebensform zu erarbeiten. Viele dieser Aktivitäten wurden ausschließlich von Frauen getragen. Außer in England existierten Peace Camps gegen die NATO-Weiterrüstung bislang in den Niederlanden und Italien sowie in der Bundesrepublik. Auch Schweizer Friedensgruppen haben sich dieser Aktionsform bereits bedient.

Nichtzusammenarbeit

> Was ist ein Mensch in der Revolte? Ein Mensch, der nein sagt. Aber wenn er ablehnt, verzichtet er doch nicht, er ist auch ein Mensch, der ja sagt aus erster Regung heraus. Ein Sklave, der sein Leben lang Befehle erhielt, findet plötzlich einen neuen unerträglich.
>
> *Albert Camus*

Begriff und Erscheinungsformen

Unter dem Begriff »Nichtzusammenarbeit« werden Aktionen zusammengefaßt, bei denen sich Menschen über einen längeren Zeitraum einzeln oder gemeinsam mit anderen weigern, bestimmte Formen gesellschaftlicher, wirtschaftlicher oder politischer Beteiligung weiter anzuerkennen beziehungsweise auszuüben. Menschen versuchen, einem Unrechtszustand oder einer bedrohlichen Entwicklung entgegenzuwirken, indem sie ihre in der Regel indirekte Mitwirkung an deren Fortbestehen einstellen. Insbesondere bei individuellen Aktionen von Nichtzusammenarbeit hat die Unterlassung häufig nicht mehr als eine symbolisch-demonstrative Funktion. Die Nichtzusammenarbeit vollzieht sich formal im Rahmen der Rechtsordung, die in einem politischen System herrscht. Man muß sich zudem verdeutlichen: Bei einer Vielzahl von Verweigerungshandlungen gibt es gar keine oder nur begrenzte Sanktionsmöglichkeiten des Staates. Wie kann jemand gezwungen werden, ein bestimmtes Produkt zu kaufen?

Es lassen sich, wie bereits erwähnt, Formen sozialer, wirtschaftlicher und politischer Nichtzusammenarbeit unterscheiden.

Soziale Nichtzusammenarbeit kann durch die Ablehnung von zivilen Ämtern, Würden und ehrenamtlichen Tätigkeiten demonstriert werden. So rief es nicht nur in der amerikanischen Öffentlichkeit großes Aufsehen hervor, als ehemalige Vietnamsoldaten im April 1971 als Protest gegen den Vietnamkrieg ihre Orden auf die Stufen des Capitols in Washington warfen. Selbst höchste »Tapferkeits«-Auszeichnungen, die mit einer finanziellen Unterstützung verbunden waren, wurden verächtlich fortgeworfen, weil die Orden, wie die Veteranen ausriefen, »die Integrität unseres Lebens verneinen«[117]. Ein anderes Beispiel: Im Juni 1984 erhielt US-Präsident Reagan während eines Staatsbesuchs in Irland die Ehrendoktorwürde der Juristischen Fakultät der Universität Dublin. Dies nahmen mehrere Absolventen der Universität zum Anlaß, ihren Doktortitel zurückzugeben. Sie protestierten damit gegen den Umstand, daß einem Politiker, dessen Regierung offen internationales Recht bricht und die Urteile des Internationalen Gerichtshofes in Den Haag mißachtet, der juristische Ehrendoktortitel verliehen wird. Das Fernbleiben von sozialen Ereignissen, die von den Herrschenden geprägt werden, wie Paraden, Staatsbesuche und dergleichen, ist ebenso wie die Auswanderung (meistens von Intellektuellen oder Künstlern) dieser Aktionsform zuzurechnen.

Eine gesteigerte Form der sozialen Nichtzusammenarbeit ist der Rückzug aus einem sozialen System, wie sich dies im Fasten, im Extremfall in der Selbsttötung äußert. Hierzu folgen im Abschnitt »Beispiele« einige Erläuterungen.

149

Die klassischen Formen *wirtschaftlicher Nichtzusammenarbeit* sind der Streik und der Boykott, beides traditionelle Kampfformen der Arbeiterbewegung. Wegen ihrer Bedeutung werden diese Aktionsformen im folgenden eingehender dargestellt.

Die *politische Nichtzusammenarbeit* schließlich äußert sich in der Zurückweisung von Machtansprüchen des Staates und in der vollständigen oder teilweisen Weigerung, politische und bürgerliche Pflichten zu erfüllen. Ein typisches Beispiel politischer Nichtzusammenarbeit stellt die Kriegsdienstverweigerung dar.

Eines der bekanntesten Beispiele für eine Kampagne der Nichtzusammenarbeit ist die sogenannte »Non-Cooperation«-Bewegung der Inder gegen die englische Militärherrschaft zu Beginn der zwanziger Jahre. Auf allen gesellschaftlichen und politischen Ebenen kündigten die Inder den Engländern die Zusammenarbeit auf. Diese Kampagne wurde dadurch erleichtert, daß der Gegner, die Kolonialmacht, leicht zu identifizieren war. Im übrigen umfaßte die »Non-Cooperation«-Bewegung entgegen ihrem Namen auch Elemente des Zivilen Ungehorsams gegen die Engländer; wie überhaupt der Übergang namentlich der politischen Nichtzusammenarbeit zum Zivilen Ungehorsam fließend sein kann.

Beispiele:

Streik und andere Kampfmittel der Arbeiterschaft

Schlägt man in der neueren Ausgabe eines Lexikons nach, so kann man unter dem Stichwort »Streik« beispielsweise lesen:

»*Streik*, Ausstand, die gemeinsame planmäßige Arbeitsniederlegung durch eine größere Zahl von Arbeitnehmern mit einem bestimmten Kampfziel und mit der Absicht, die Arbeit nach Beendigung des Streiks wieder aufzunehmen.

Der *wirtschaftliche (soziale) Streik* richtet sich gegen die Arbeitgeber, um Löhne und Arbeitsbedingungen zu verbessern oder zu erhalten.

Der *politische Streik* wird zur Ausübung eines Druckes auf die Allgemeinheit geführt.

Der *organisierte Streik* wird von den Gewerkschaften beschlossen, der *wilde Streik* von Arbeitnehmern eines Betriebes oder mehrerer Betriebe allein durchgeführt.

Der *Teilstreik* ergreift nur einen Teil der Arbeitnehmer eines Betriebes oder nur einen Teil der Betriebe, gegen die sich die Forderung richtet.

Beim *Sympathiestreik* wird zugunsten der Arbeitnehmer eines anderen Betriebes gestreikt.

Beim *Sitzstreik* verlassen die Arbeitnehmer die Arbeitsplätze nicht, verweigern aber die Arbeit.

Der *Generalstreik* hat die Lahmlegung aller oder der lebenswichtigen Betriebe eines Landes oder eines Gebietsteils zur Folge... Der Streik (ist) das letzte Mittel zur Durchsetzung gewerkschaftlicher Forderungen...«[118]

Es wird angesichts der Definition deutlich, daß der Streik eine Verweigerungshandlung, eine Form der Nichtzusammenarbeit ist. Wie eine Streikaktion aus der Sicht der Gewaltfreiheit zu bewerten ist, hängt natürlich letztlich von ihren Zielen ab. Wenn wir einmal von diesem Gesichtspunkt absehen und die Erklärungen zu Erscheinungsformen des Streiks formal betrachten, so wird deutlich, daß der Generalstreik nach diesem Verständnis nicht die Bedingungen einer gewaltfreien Aktion erfüllt. Dennoch wird nicht nur der Generalstreik im Zusammenhang mit dem Zivilen Ungehorsam noch einmal erwähnt werden; denn es ist festzuhalten, daß die meisten der aufgeführten Streikformen, etwa der politische Streik, selbst in Staaten, in denen ein Streikrecht besteht, eine ungesetzliche Aktion sind. Insofern können sie auch strafrechtlich verfolgt werden.

Das hier ausgewählte lexikalische Stichwort »Streik« liefert allerdings nur eine begrenzte Vorstellung von den durch die Arbeiterschaft entwickelten Kampfformen. Es scheint zudem stark von der gegenwärtig relativen Konfliktarmut in der Arbeitswelt geprägt zu sein. Allerdings darf vermutet werden, daß angesichts der vorherrschenden konservativen Sozial- und der ihr angepaßten Lohnpolitik künftig wieder mit schärferen Konflikten im Produktionsbereich zu rechnen ist. Vorläufig jedoch ist ein Rückgriff auf die Geschichte der Arbeitskämpfe noch erhellender. Schlägt man im in den zwanziger Jahren erschienenen »Handwörterbuch der Sozialwissenschaften« unter dem Begriff »Arbeitskämpfe« nach, so werden dort unter dem Abschnitt »Kampfmittel der Arbeiter« folgende Aktionsmethoden

genannt: der Streik, der partielle Streik, der Aufkündigungsstreik, die stille Betriebssperre, die passive Resistenz, die Sabotage, die Betriebsbesetzung und der Boykott.[119]
Gemeinsam ist all diesen Aktionsformen, daß auf menschenge-
fährdende Handlungen verzichtet wird und — abgesehen von
der Sabotage — auch auf Gewalt gegen Sachen. »Sabotage« meint
die »gewaltsame Hemmung und Zerstörung der Produktionsmittel« sowie die Unbrauchbarmachung von Arbeitsmaterial. [120]
Heute wird der Begriff in der Regel umfassender im Sinne der
Zerstörung von Anlagen, Brücken und so weiter verwendet.
Einige der genannten Aktionsformen bedürfen sicherlich der
Erläuterung.
»Aufkündigungsstreik« und »stille Betriebssperre« richten sich
gegen unzumutbare Arbeitsbedingungen und setzen einen
hohen Organisationsgrad der Arbeiter voraus. Im ersteren Fall
kann man von einer Aktion systematischer Kündigung durch die
Arbeiter sprechen. Neue Arbeiter lassen sich einstellen, um als-
bald wieder zu kündigen. Im zweiten Fall wird durch Mundpro-
paganda davor gewarnt, in einem bestimmten Betrieb eine Stelle
anzutreten. Die »passive Resistenz« — ein Begriff, der ja, wie wir
gesehen haben, fälschlicher- oder diskriminierenderweise zur
Kennzeichnung der gewaltfreien Konfliktaustragung verwendet
wird — trägt als eines der Mittel im Arbeitskampf den Namen zu
Recht. »Passive Resistenz« bedeutet die vorsätzliche, versteckte
Einschränkung der Arbeitsleistung.
Auf die Kampfform des Boykotts wird im folgenden noch eingegangen, während die »Betriebsbesetzung« ebenso wie auch der
politische Streik im Kapitel »Ziviler Ungehorsam« behandelt
werden.
Wenn wir auch die Mehrzahl der Kampfmittel in der Geschichte
der Arbeiterschaft als gewaltlose Aktionen einstufen können, so
ist der Streik im Produktionsbereich als bewußt angewendetes
Kampfmittel in einer gewaltfreien Kampagne bislang selten. Dies
hat in erster Linie sicher seine Ursache darin, daß die historisch
gewachsenen Gewerkschaften mit ihrem in der Regel ausgepräg-
ten Legalitätsdenken von der Arbeiterschaft überwiegend als

Interessenvertretung akzeptiert wurden. Interessant ist allerdings die Tatsache, daß Ausgebeutete, deren Interessen von gewerkschaftlichen Organisationen bislang nicht oder nur am Rande wahrgenommen wurden, Träger gewaltfreier Widerstandsprojekte geworden sind. Ein bemerkenswertes Beispiel hierfür ist der gewaltfreie Kampf amerikanischer Wanderarbeiter unter Cesar Chavez. (Siehe hierzu den Bericht von John Braxton, »Streik und Boykott«, Seite 163 ff.) Andere Beispiele finden sich insbesondcre in Ländern der dritten Welt, wo Unterdrückte und Ausgebeutete zunehmend gewaltfreie Aktionsformen anwenden, in denen auch Streiks im Produktionsprozeß eine Rolle spielen. (Siehe hierzu den Beitrag von Hildegard Goss-Mayr über einen Streik in São Paulo, Seite 154 ff.) Auch ethnische Minderheiten bedienen sich im Kampf um ihre Existenz und Identität vielfältiger gewaltloser Aktionen und beginnen zunehmend, sich — wie beispielsweise die Guyami-Indianer, die Arbeiter auf den Bananenplantagen Panamas — gewerkschaftlich zu organisieren. Streiks und andere Aktionen der Verweigerung und Nichtzusammenarbeit sind in Geschichte und Gegenwart nicht nur zur Veränderung von sozialen und politischen Verhältnissen durchgeführt worden, sondern auch zu deren Verteidigung: Die klassischen Konfliktsituationen heißen »Staatsstreich« und »militärische Intervention«. Die deutsche Geschichte liefert mit dem Kampf gegen den Kapp-Putsch 1920 und mit dem Ruhrkampf 1923 aufschlußreiches Anschauungsmaterial für die Wirksamkeit von Verweigerungsaktionen. Über den Ruhrkampf folgen einige Informationen in diesem Abschnitt (Seite 156 f.), über den Kapp-Putsch in den Teilen über Zivilen Ungehorsam und Zivile Usurpation.

Die Beispiele für den Streik als gewaltlose Kampfform im Produktionsprozeß werden mit Informationen über die Aktionen einer australischen Bauarbeitergewerkschaft ergänzt, deren Mitglieder sich weigern, umweltzerstörende Projekte auszuführen, und schließlich abgeschlossen mit einer Nachricht über die Weigerung englischer Seeleute, Atommüll im Meer zu versenken.

Hildegard Goss-Mayr*: Der Streik der Arbeiter von »Perus«, São Paulo

»22 Millionen Cruzeiros (etwa neun Millionen Mark) für die streikenden Arbeiter von ›Perus‹ — der ungerechte Unternehmer muß bezahlen.« Diese Schlagzeile, entnommen der größten Tageszeitung von São Paulo »O Estado de São Paulo«, November 1974, berichtet vom siegreichen Ende eines siebenjährigen Streiks der Zementarbeiter von »Perus« im Rahmen einer umfassenden gewaltfreien Aktion. Wie sah der Kampf aus, der es einer Handvoll (rund 100) einfachen Arbeitern ermöglichte, unter der strengen Polizeikontrolle des Militärregimes der mächtigen Unternehmergruppe »Abdallah« (15 Betriebe, politisches Mandat, Grundbesitz) mit ihren wirtschaftlichen, politischen und finanziellen Druckmitteln und ihrem Einfluß auf die Massenmedien erfolgreich Widerstand zu leisten? »Firmeza permanente« — beharrliche Kraft des Widerstandes — nennen die Arbeiter der »Frente Nacional de Trabalho« (FNT) die Kraft der Gewaltlosigkeit, mit der sie seit 1962 um die Durchsetzung ihrer Rechte gegen Korruption, Manipulation, Mißachtung der Menschenrechte kämpfen. 1962 führten wir mit der FNT, einer christlichen, kirchlich nicht gebundenen Arbeitnehmerbewegung, die sich mit Hilfe eines kleinen Teams von Rechtsanwälten, unter Leitung von Mario Carvalho de Jesus, für die Rechte der Arbeiter einsetzt, einen Schulungskurs in gewaltfreiem Widerstand durch.

Der Kampf wurde in folgenden Stufen aufgebaut:

1. *Solidarisierung mit Arbeitern anderer Betriebe*

Die Arbeiter mußten lernen, daß einer allein schwach ist, viele gemeinsam eine wirksame Kraft darstellen, die imstande ist, die Furcht zu überwinden und Gerechtigkeit herzustellen. Die Angst davor, den mühsam errungenen Arbeitsplatz zu verlieren und verfolgt zu werden, ist eine mächtige Stütze des etablierten Systems. Doch als die Arbeiter von anderen Betrieben, die die Streikenden aufsuchten und ansprachen, nach mühevollen, langen Gesprächen einsahen, daß ihre eigene Zukunft an den Ausgang des Streiks von »Perus« gebunden ist, begannen erst einzelne, dann immer mehr Arbeiter, sich zu solidarisieren. Die Streikenden wurden so das erste Mal in ihrer Überzeugung bestätigt, daß »passive« »Unter«-Menschen sich zu verantwortlichen, engagierten Personen entfalten und gemeinschaftlich ihre Kraft im Kampf um Gerechtigkeit einsetzen können. Diese Solidarität ermöglichte es — wenn auch unter großen Opfern —, den Streik sieben Jahre lang durchzuhalten.

---

* Hildegard Goss-Mayr ist Österreicherin. Sie arbeitete gemeinsam mit ihrem Mann Jean Goss jahrelang im Auftrag des Internationalen Versöhnungsbundes in lateinamerikanischen Ländern und leistete dort gewaltfreie Basisarbeit.

2. Die Unternehmergruppe vor Gericht

In sieben Prozessen, die bis zur obersten gerichtlichen Instanz des Landes aufstiegen, kämpfte Dr. Mario de Jesus um die Durchsetzung der Rechte der Arbeiter, deren Gehälter vier Monate in Verzug waren und die um sozialen Wohnungsbau und andere Sozialleistungen betrogen wurden. Korruption und Bedrohung, Bestechung und Spaltungsversuchen widerstand er beharrlich und gelassen mit der Kraft der Wahrheit, mit der Kraft des Rechtes. Diese Prozesse waren Ausgangspunkt für eine breitangelegte Arbeit der Meinungsbildung unter Beamten und Richtern. Das Zeugnis der einfachen Arbeiter, die das Unrecht der Situation in seiner Härte und Tragik vor dem Gewissen der Verwalter von Recht und Gesetz aufrollten, führte dazu, daß die Schiedssprüche sich von der anfänglich totalen Verurteilung der Arbeiter schrittweise zur Durchsetzung des Rechtes wandelten und so ein Präzedenzfall für unzählige gleichartige Fälle im Industriebereich geschaffen wurde.

3. Öffentlichkeitsarbeit

Der beharrliche Widerstand der Arbeiter, ihr öffenliches Zurückweisen von Haß und Gewalt erwies sich als massiver moralischer Druck auf die öffentliche Meinung. Anfangs als »Kommunisten« und »Subversive« angeprangert und verfolgt, wuchs mehr und mehr die Bewunderung für Menschen, die unter Einsatz ihres Lebens den Machtgruppen des Landes gewaltfrei Widerstand leisteten. Schließlich faßte die große Tageszeitung »O Estado de São Paulo« Mut und berichtete die Wahrheit über den Fall »Perus«. Damit wurde ein neuer, wesentlicher Sprung nach vorne in der Breitenwirkung der Aktion vollzogen.

4. Die Kirche

Es kostete uns viel Überzeugungskraft, die Arbeiter dazu zu bewegen, den Versuch zu machen, auch die Kirche, die in Lateinamerika noch über Einfluß im öffentlichen Leben verfügt, auf ihre Seite zu bringen. Ihre traditionelle Bindung an die Mächtigen hat sie weitgehend um das Vertrauen der Arbeiter gebracht. Wir mußten darauf bestehen: »Auch ein Bischof hat ein Gewissen. Die Wahrheit, die ihr bezeugt, ist wie ein Schwert, das das Gewissen und Herz des Menschen aufbricht.« Schließlich versuchten sie das Gespräch. Als Ergebnis unterzeichneten 37 von 60 Bischöfen eine Bittschrift an den Präsidenten der Republik, sich für die Durchsetzung der Rechte der Streikenden einzusetzen. Der Kardinal von São Paulo, Dom Paulo, und die Diözesenzeitung wurden wichtigste Stützen der Arbeiter.

5. Direkte Aktion

Einen Höhepunkt an Intensität erreichte die Aktion, als der Unternehmer gesetzwidrig bereits festangestellte Streikende entließ und neue Arbeiter aufnahm, um die Fabrik wieder in Betrieb zu nehmen. Die entlassenen Streikenden umstellten die Fabrik, zu deren Schutz bewaffnete

155

Polizei eingesetzt worden war. Die Streikenden versuchten — ohne Erfolg — die neuen Arbeiter zu solidarisieren. Als schließlich die ersten mit Zement beladenen Lastwagen aus der Fabrik rollten, entschlossen sie sich, das Letzte zu wagen, um den Sieg, dem sie so nahe gekommen waren, zu retten. Einer, zwei, immer mehr warfen sich vor dem ersten Lastwagen auf den Boden und forderten den Fahrer heraus, sie zu überfahren: dies sei lediglich die letzte Konsequenz seines Streikbruches, der fortgesetzte Ausbeutung der brasilianischen Arbeiter bedinge. Das Gewissen der Fahrer schloß sich nicht auf — wohl aber das der Polizisten, die seit langem die Aktion der Arbeiter verfolgt, sie verhaftet, im Gefängnis gesehen hatten. Der Gewaltlosigkeit, dem Mut dieser Männer konnten sie nicht länger widerstehen. Sie sprangen auf den Lastwagen und drohten dem Lenker mit Verhaftung, wenn er weiterführe. Die Kraft der Gewaltlosigkeit hat sie mit den Armen, aus deren Mitte sie selbst stammen, neu solidarisiert. Der ungerechte Befehl wurde nicht länger befolgt. Die neuen Arbeiter verließen die Fabrik. — Die Stadt stand nunmehr auf der Seite der Arbeiter. Unter diesem von allen Seiten mächtig anwachsenden Druck wurde schließlich Recht gesprochen: der Scheck über 22 Millionen Cruzeiros (sieben Jahre Streik) für die Arbeiter ausgestellt. Diese sehen den Hauptwert der Arbeit jedoch darin, daß in breiten Schichten der Stadt eine neue Haltung gegenüber dem Kampf der Arbeiter um Gerechtigkeit entstanden ist. Durch das Büro der FNT gehen monatlich 3000 Arbeiter, die sich schrittweise im gewaltfreien Kampf um Gerechtigkeit schulen.[121]

Nichtzusammenarbeit im Ruhrkampf 1923

Anlaß des Ruhrkampfes waren Auseinandersetzungen um Deutschlands Reparationszahlungen an die Siegermächte nach dem Zweiten Weltkrieg. Nachdem bereits 1921 französische und belgische Truppen Düsseldorf, Duisburg und Ruhrort besetzt hatten, marschierten ab Januar 1923 Truppen dieser Länder auch in das übrige Ruhrgebiet ein, um, wie es hieß, »produktive Pfänder« sicherzustellen. Die deutsche Regierung rief die Bevölkerung im Ruhrgebiet zum »passiven Widerstand« gegen die Besatzung auf und sicherte der Bevölkerung die Unterstützung durch das Reich zu. Kohlengruben, Fabriken, Verkehrsmittel wurden, wenn Franzosen sie mit Beschlag belegen wollten, weitgehend stillgelegt. Die Besatzungmacht war gezwungen, um überhaupt Sachwerte aus dem Ruhrgebiet abtransportieren zu können, eigene Techniker, Ingenieure, Eisenbahner (11 000!) in

Anspruch zu nehmen und ausländische Arbeiter anzuwerben. Der Ruhrkampf verlief nicht nur gewaltlos. Es gab gewaltsame Sabotageaktionen, die — zwar nicht von der Regierung unterstützt, aber von der nationalen Rechten in Deutschland gefeiert (Schlageter*) — allerdings auch Vorwand für scharfe Polizeimaßnahmen der Besatzungsmacht gegen die Bevölkerung wurden. Außerdem beschleunigte die materielle Unterstützung des Ruhrkampfes durch die Reichsregierung die Inflation. Ende September 1923 rief die Regierung zur Aufgabe des Widerstands auf. Zu den Erfolgen dieses Widerstands muß gezählt werden, daß in der Weltöffentlichkeit das einseitige Vorgehen Frankreichs auf große Kritik stieß und daß der Bevölkerung im Ruhrgebiet internationale Sympathie entgegengebracht wurde. Außerdem kam es innerhalb der politischen Führung Frankreichs zu Auseinandersetzungen über die Angemessenheit des Vorgehens, in deren Folge der französische Ministerpräsident Raymond Poincaré 1924 zurücktreten mußte (siehe Seite 304).

»Green Ban« — Arbeiter gegen umweltzerstörende Projekte

Als »Green Ban« haben australische Arbeiter ihre organisierte Weigerung bezeichnet, sich an der Zerstörung der Umwelt zu beteiligen. Diese Aktionsform wurde von der Bauarbeitergewerkschaft von New South Wales entwickelt.

»Der erste von ihr durchgesetzte ›green ban‹ betraf ›Kelly's Bush‹, ein letztes Stück unberührter Natur in der Nähe des Sydneyer Hafens. Ein Bauunternehmen plante, ›Kelly's Bush‹ einzuebnen und dort eine große Anzahl von Häusern zu errichten. Der Plan wurde vergeblich von Umweltschützern und lokalen Bürgerinitiativen bekämpft, und die Situation spitzte sich schließlich derart zu, daß sich Frauen vor Bulldozer legten, um diese aufzuhalten. In ihrer Verzweiflung wandten sich die Gegner des Projekts an die Bauarbeitergewerkschaft und konnten in Gesprächen mit ihr schließlich erreichen, daß diese ihre Mitglieder dazu aufrief, alle Arbeiten an dem Projekt einzustellen. Die Gewerkschaft

---

* Albert Leo Schlageter (1894—1923) führte während des Ruhrkampfes Anschläge gegen die Besatzungstruppen aus. Er wurde von einem französischen Kriegsgericht zum Tode verurteilt und standrechtlich erschossen.

warnte außerdem vor dem Einsatz von Streikbrechern und wies darauf hin, daß in diesem Fall ein anderes Projekt der Baugesellschaft, ein Geschäftsgebäude im Zentrum von Sydney, ›halbfertig als ständiges Denkmal für »Kelly's Bush« stehengelassen werden würde‹. ›Kelly's Bush‹ blieb erhalten.

Seitdem hat die Bauarbeitergewerkschaft insgesamt 42 solcher ›green bans‹ durchgesetzt. Sie verhinderte den geplanten Bau von Bürohochhäusern, die die Rocks, das älteste Stadtviertel von Sydney, zerstört hätten, und die Vernichtung eines Teils des botanischen Gartens, der Platz machen sollte für den Bau eines unterirdischen Parkhauses für die Besucher der Oper von Sydney. In einem Fall rettete sie sogar eine historische Kirche, die die Kirchenleitung abreißen lassen wollte, um an ihrer Stelle ein Bürogebäude errichten zu lassen.

Jack Munday, der Sekretär der Bauarbeitergewerkschaft, schilderte 1977 in einem Interview weitere ›green bans‹ seiner Gewerkschaft:

›Wie für die meisten großen Städte wurde auch für Sydney ein Autobahnsystem vorgeschlagen, wodurch ganz nebenbei 25 000 Wohnungen abgerissen werden sollten. Die Gewerkschaft lehnte diesen Vorschlag ab und unterstützte das Komitee »Rettet die öffentlichen Verkehrsmittel«. Bis jetzt ist noch kein Gebäude auf den vorgesehenen Abschnitten abgerissen worden. Dieser Kampf dauert jetzt schon vier Jahre und ist immer noch nicht vorbei. Unser Vorschlag: Das Geld sollte lieber in die öffentlichen Verkehrsmittel gesteckt werden. Warum kann man nicht aus den Tragödien wie Los Angeles, Tokio oder Toronto lernen?

Ein weiterer herausragender Sieg, glaube ich, ist der »green ban« gegen ein Atomkraftwerk, das nahe bei Melbourne gebaut werden sollte — einer Stadt mit nahezu 3 Millionen Einwohnern. Umweltschützer lehnten dieses Projekt aus verschiedenen Gründen ab. Der »ban« geht jetzt schon zwei Jahre, obwohl eine sehr starke Opposition Millionen ausgibt, um das KKW doch zu bauen. Die Regierung hat gedroht, die Führer der KKW-nein-Bewegung einzusperren, Gewerkschaftsgelder einzuziehen und weitere Repressionen anzuordnen, wenn die Gewerkschaften sich in den Weg der sogenannten »lebenswichtigen« Projekte stellen. Aber der »green ban« wurde nicht aufgehoben; die meisten Gewerkschaften von Viktoria stehen immer noch dahinter.‹

Das Grundprinzip der Bauarbeitergewerkschaft ist, einen ›green ban‹ nicht eigenmächtig, sondern nur ›auf Anfrage eines größeren Teils der Bevölkerung einer Ortschaft‹ auszusprechen.

Es geht ihnen ›nicht nur darum, daß die Umweltzerstörung aufgehalten wird. Vielmehr sollen die betroffenen Leute in diesen Gegenden mehr zu sagen haben und nicht alles dem Willen der bürokratischen Regierung überlassen‹.

Eine erste englische ›green-ban‹-Gruppe hat sich 1976 in Birmingham gebildet. Sie kämpft für die Erhaltung eines alten viktorianischen Postgebäudes, das abgerissen und an dessen Stelle ein Verwaltungshochhaus errichtet werden soll. Die Gruppe vereinigt Umweltschützer und lokale Bürgerinitiativen und hat die Unterstützung der Bauarbeitergewerkschaft UCAT. Diese Unterstützung beinhaltet, daß Gewerkschaftsmitglieder sich weder an einem eventuellen Abriß des Postgebäudes noch an dem geplanten Bau des Verwaltungshochhauses beteiligen werden.«[122]

Englische Seeleute-Gewerkschaft boykottiert Atommüllversenkung (1983)

»›Wir werden an keiner Versenkungsaktion mehr teilnehmen, solange die englische Regierung uns nicht beweisen kann, daß Atommüllversenkung hundertprozentig sicher ist!‹ kündigte Jim Slater, Generalsekretär der englischen Seeleute-Gewerkschaft NUS (National Union of Seamen), an.

Gemeinsam mit zwei Transportarbeitergewerkschaften hatte die NUS einen Boykott der Atommüllversenkung beschlossen.

Der englischen Atomenergiebehörde kommt diese Haltung äußerst ungelegen. Sie wollte im Juli genauso wie die ganzen letzten Jahre wieder Atomabfall ins Meer kippen lassen, so wenig hatten sie der Protest der galicischen* Bevölkerung und auch die Bedenken der Wissenschaftler beeindruckt, so wenig die Resolution der Londoner Konvention vom Februar dieses Jahres, wo eine große Mehrheit der Mitgliederstaaten für ein zweijähriges Moratorium gestimmt hatte.

Ja, wie zum Trotz wollte man dieses Jahr mehr Radioaktivität als je zuvor im Meer verschwinden lassen.

Es sollten 4000 Tonnen Atommüll, mit einer Strahlungsstärke von 150 000 Curie, sein!

Den Frachter ›Atlantic Fisher‹ ließ man extra so umbauen, daß die Fässer durch eine Öffnung im Schiffsrumpf versenkt werden können, um Greenpeace-Aktionen vorzubeugen. Außerdem drohte man uns mit Einstweiligen Verfügungen und Geldstrafen.

Der ganze feine Plan scheint aber zu mißlingen. Die ›Atlantic Fisher‹ liegt im Hafen fest. Kein Arbeiter will sie beladen, kein Seemann will auf dem Schiff anheuern. Die englische Regierung denkt schon daran, Marine einzusetzen. Tut sie das, riskiert sie einen großen Konflikt mit den Gewerkschaften.«[123]

* Galicien: Provinz an der Nordwestküste Spaniens

Boykott

Volker Hornung*: Lexikalisches Stichwort »Boykott« (Auszüge)

1. Entstehung des Begriffs 2. Definition 3. Repressive und emanzipatorische Formen 4. Geschichte und Strategie

1. Entstehung des Begriffs

In der Auseinandersetzung zwischen einzelnen und Gruppen spielt von jeher das Bemühen eine Rolle, die sozialen Beziehungen zum Gegner abzubrechen, um ihn zu isolieren und zum Aufgeben einer Position zu veranlassen.

Die Bezeichnung »Boykott« für dieses Vorgehen geht auf eine Aktion (1879/80) irischer Landpächter gegen den Güterverwalter Charles Cunnigham *Boycott* in der irischen Grafschaft Mayo zurück. Boycott hatte die von ihm Abhängigen rücksichtslos ausgebeutet. Als er sie schließlich aus ihren Behausungen zu vertreiben suchte, beschlossen sie auf Massenversammlungen die völlige Isolierung Boycotts. Nicht nur alle Arbeiter verließen Boycott, er wurde auch von jeglichem geschäftlichen und gesellschaftlichen Verkehr ausgeschlossen. Die Aktion war so wirksam, daß Boycott schließlich das Land verlassen mußte.

Sein Name steht seitdem für die Form der Auseinandersetzung, in der eine Vielzahl von Menschen die in weitestem Sinne sozial notwendige Zusammenarbeit mit einer Person oder einem begrenzten Personenkreis abbricht.

2. Definition

Nach Harry W. Laidler läßt sich Boykott definieren als »eine gemeinsame Anstrengung, wirtschaftliche oder soziale Beziehungen zu gegnerischen Gruppen oder Individuen abzubrechen und andere zu bewegen, dasselbe zu tun«[1]**. Nach allgemeinem Verständnis kann die Bezeichnung Boykott überall da verwandt werden, wo wechselseitige Abhängigkeitsverhältnisse bewußt und konsequent genutzt werden. Boykott kann der Maßregelung von Außenseitern innerhalb einer gesellschaftlichen Klasse dienen, er kann ebenso ein Kampfmittel *zwischen* gesellschaftlichen Klassen oder Gruppen sein.[2]

3. Repressive und emanzipatorische Formen

Ein Boykott kann repressiven oder emanzipatorischen Charakter haben. Eine für kapitalistische Gesellschaften typische repressive Spielart ist der Boykott eines geschäftlichen Außenseiters durch die Konkurrenzunternehmen, Zulieferer oder Konsumenten. Diese repressive Form des Boykotts von Minderheiten durch die privilegierte Mehrheit

---

* Volker Hornung ist Friedensforscher; er lebt in West-Berlin.
** Die Belege zu diesem Artikel finden sich unter Anmerkung 124.

hat häufig politische und rassistische Motive. Eine typische Form des politischen Boykotts ist das Zurückziehen von Werbeanzeigen aus linksgerichteten Publikationsorganen, welche den Unternehmen mißliebige Ansichten vertreten. Rassistisch motivierte Boykottaktionen richteten sich im Dritten Reich gegen deutsche Bürger jüdischer Herkunft. In den Südstaaten der USA wird die öffentliche Solidarisierung von weißen Geschäftsleuten, Anwälten, Ärzten und Pfarrern mit schwarzen Bürgerrechtskämpfern häufig mit Boykottdrohungen oder -maßnahmen beantwortet. Kennzeichnend für diese Boykottaktionen ist, daß sie nicht gewaltfrei, sondern mit Gewaltandrohungen verbunden sind.

Emanzipatorischen Charakter hat der Boykott bei seiner Anwendung durch Abhängige und Unterprivilegierte im Kampf um soziale Gerechtigkeit. Während der Entwicklung der Arbeiterbewegung zählte der Boykott wie das Mittel des Streiks zu den wichtigsten Waffen im Arbeitskampf. Das gilt insbesondere für die USA, wo etwa die »Knights of Labor« den Boykottgedanken entwickelten[3] und die Kaufkraft der Arbeiter für die Arbeitskämpfe nutzbar machten. . .

Unter dem Aspekt gewaltfreien Handelns kommt dem wirtschaftlichen Boykott gerade in der modernen Industrie- und Konsumgesellschaft besondere Bedeutung zu. »Da die gegenwärtige wirtschaftliche Organisationsstufe den ununterbrochenen Absatz von Waren und Dienstleistungen zu einer beständigen Notwendigkeit macht, wird diese Wirtschaft in hohem Maße verwundbar; und die Verminderung der Profite durch Käuferboykott oder Verzicht auf Dienstleistungen kann von größerer sozialer Schlagkraft sein als offener (gewaltsamer = V. H.) Konflikt.«[4] In Situationen, wo Demonstrationen und andere Aktionen von den Trägern der Macht ignoriert werden können, wo andererseits gewaltsame Aktionen gegen deren Initiatoren selbst wieder zurückschlagen und sie isolieren müßten, kann wirtschaftlicher Boykott wirksam werden, weil er einen Teil des angegriffenen Systems lahmzulegen vermag und an die wirtschaftlichen Grundlagen der Macht rührt.

4. Geschichte und Strategie

Bürgerrechts- oder Emanzipationsbewegungen haben bis in die Gegenwart hinein auf das Mittel des Boykotts zurückgegriffen, um ihren Forderungen Nachdruck zu verleihen. 1768 begann der Aufstand der nordamerikanischen Kolonien gegen England mit einem Boykott englischer Waren — den Auftakt gab die Bostoner »Tea Party«.

Im Kampf um ihre Unabhängigkeit wandten die Inder wiederholt das Mittel des Boykotts gegen englische Waren an, erstmals 1905 und dann vor allem während der Unabhängigkeitskampagne der Jahre 1930/31. Als Ergebnis ging der Import fertiger Baumwollwaren aus England bis zu 84 % zurück.[5]

Im Jahre 1959 demonstrierten die Südafrikaner ihre Widerstandsgesinnung gegen die Apartheidspolitik der weißen Regierung mit einem dreimonatigen Boykott der von Sträflingen in Gefängnisfarmen unter menschenunwürdigen Bedingungen angebauten Kartoffeln.[6] Der Boykott hatte hier keine wirtschaftliche Zielsetzung, sondern diente der politischen Demonstration. — Die Erfahrungen der amerikanischen Bürgerrechtsbewegung mit gewaltfreien Boykottaktionen haben die Möglichkeiten des Boykotts in hochindustrialisierten Ländern verdeutlicht. Hier organisierte vornehmlich die von Martin Luther King begründete »Southern Christian Leadership Conference« in Zusammenarbeit mit anderen Bürgerrechtsgruppen wirtschaftliche Boykottaktionen, die gegen die Rassentrennung und die Diskriminierung der schwarzen Bevölkerung auf wirtschaftlichem Sektor zielten*.[124]

Voraussetzungen für den Erfolg eines wirtschaftlichen Boykotts

1. Vorauszusetzen ist das Vorhandensein einer als schwerwiegend beurteilten Streitfrage mit *moralischem Kern,* in deren Einschätzung sich die (ethnische) Gruppe oder Minderheit einig sieht und durch die zugleich ein starkes Engagement in der Gruppe ausgelöst wird.
2. Die Streitfrage muß auf die Mehrheit der Bevölkerung beziehungsweise auf die Mehrheit des für eine Boykottbeteiligung in Frage kommenden Bevölkerungsteils Anziehungskraft ausüben; zugleich muß ein Potential für wachsendes Problembewußtsein gegenüber dem Konfliktstoff vorhanden sein.
3. Eine solide organisatorische Basis und die Voraussetzungen für eine zentrale Koordinierung aller Boykottaktivitäten müssen vorhanden sein, wenn eine Boykottkampagne in Gang gebracht werden soll.
4. Der »wirtschaftliche Hebel« für einen Boykott muß vorhanden sein, das heißt, die den Boykott organisierende Gruppe muß über ausreichende Marktmacht und/oder die Möglichkeit verfügen, entsprechende Verbündete für die Beteiligung am Boykott zu gewinnen.
5. Die detaillierte Vorbereitung des Boykotts erfordert genaue Kenntnis der Marktbedingungen und -mechanismen.
6. Notwendig ist eine sorgfältige Selektion des Boykottziels. Das bedeutet: der Boykott ist auf leicht identifizierbare und möglichst wenig Produkte (im Idealfall nur ein Produkt), die vom Verbraucher durch nicht dem Boykott unterliegende Produkte ersetzt werden können, zu konzentrieren.

* Siehe hierzu insbesondere in Teil 3 dieses Buches: »Lehrstücke aus der nordamerikanischen Bürgerrechtsbewegung«

7. Die Boykottorganisatoren müssen über ausreichende Kommunikationsmöglichkeiten zur Gewährleistung der Boykottinformation und -propaganda verfügen und in der Lage sein, das öffentliche Interesse an der dem Boykott zugrundeliegenden Streitfrage über längere Zeit aufrechtzuerhalten.

8. Die Boykottätigkeit im engeren Sinne wird durch andere gewaltfreie Aktionsformen ergänzt.

9. Bei der Vorbereitung und Organisation einer Boykottkampagne sind die rechtlichen Rahmenbedingungen zu erklären und zu berücksichtigen.

Die Bedingungen, die erfüllt werden müssen, wenn wirtschaftlicher Boykott Erfolg haben soll, lassen erkennen, daß das auf den ersten Blick so unkompliziert erscheinende Kampfmittel bei näherem Zusehen erhebliche Anforderungen an Organisationsfähigkeit, Disziplin, Bereitschaft zum Engagement und Ausdauer derjenigen stellt, die auf dieses Mittel in der gewaltfreien Auseinandersetzung zurückgreifen wollen. Boykottaktionen eignen sich deshalb nicht für eine spontane Anwendung. Es bedarf vielmehr einer sorgfältigen und realistischen Prüfung, ob die für erfolgreiche Aktionen unerläßlichen Voraussetzungen gegeben sind.[125]   *Volker Hornung*

John Braxton:
Streik und Boykott.
Der Kampf der Traubenpflücker Kaliforniens

Vorbemerkung

Der nachfolgende Bericht beschreibt die Aktionen kalifornischer Landarbeiter gegen ihre Ausbeutung durch die großkapitalistisch organisierten Pflanzer und ihren gewaltfreien Kampf um gewerkschaftliche Anerkennung seit Mitte der sechziger Jahre. In den vergangenen Jahrzehnten sind in den USA verschiedene ethnische Gruppen als Landarbeiter ausgebeutet worden. Indianer, Chinesen, Japaner und andere sind dem Angebot der Farmer an »niederer Arbeit« zum Opfer gefallen. Auch vom gegenwärtigen Präsidenten Ronald Reagan wird der Mythos genährt, der »amerikanische« Arbeiter sei nicht bereit, diese Art von Arbeit auszuüben. Daher sei es notwendig, »Fremde« anzuwerben. Heute befinden sich Filipinos und Mexikaner in der Rolle der billigen Arbeitskräfte für »niedere Arbeiten«. Häufig werden sie illegal als Wanderarbeiter lediglich für eine Erntezeit angeworben.

Es ist leicht vorstellbar, daß diese Arbeiter, die mit ihren Familien am Rande des Existenzminimums leben, nur außerordentlich schwer zu organisieren sind. Seit dem Beginn der sechziger Jahre ist dies dem Sozialarbeiter Cesar Chavez gelungen. Er baute eine gewerkschaftliche Organisation auf, die *National Farm Workers' Association* (NFWA). Zugleich überzeugte er die Landarbeiter von der Notwendigkeit eines gewaltfreien Kampfes.

Der Auszug aus einem (leicht gekürzten) Bericht von John Braxton (siehe auch Seite 174 ff.) setzt mit den ersten Streikaktionen der Landarbeiter ein.

Der Beginn des Streiks

Im Mai 1965 kam es zum ersten NFWA-Streik, nicht gegen die Pflanzer, sondern gegen die Wohnbehörde, die die Miete für die Arbeiterwohnungen erhöhen wollte — für Blechdachhütten, die — ohne Fenster und fließendes Wasser — aus einem Raum bestanden und 1937 für kurzfristige Behelfsunterbringung gebaut worden waren. Die Miete wurde von 18 auf 25 Dollar pro Monat erhöht ... Die NFWA rief einen Mietstreik aus und inszenierte einen 7-Meilen-Marsch zum Büro der Wohnungsbehörde trotz einer Hitze von 58 Grad Celsius. Die Mieter gewannen den Streik im November. Noch im selben Jahr kam es zu Arbeitsniederlegungen. Die NFWA rief einen Streik (span.: *huelga*) aus.

Während der gesamten Huelga-Kampagne hat Chavez Gewaltanwendung aus taktischen wie aus moralischen Gründen abgelehnt. »... wir haben oft genug gesagt, daß ein Tropfen Menschenblut mehr wert ist als alle Verträge. Wir werden Streiks und Boykottaktionen dazu benutzen, um die gewerkschaftliche Anerkennung zu erreichen, aber wir werden so lange wie nötig warten, um vertragliche Abmachungen ohne Gewaltanwendung zu erreichen ...

Gewaltfreiheit ist die einzige Waffe, die Mitleid gestattet und den Wert eines jeden Menschen anerkennt ... Wir wollen den Besiegten davor bewahren, zum Opfer zu werden. Wir wollen den Vollstrecker davor bewahren, Scharfrichter zu werden.«

Die Grundstrategie der Gewerkschaften bestand darin, jeden Morgen bei Sonnenaufgang Streikposten gruppenweise zu den Weinbergen auszusenden. Sie sollten die streikbrechenden Arbeiter erwarten, die, obwohl das illegal war, oft aus Mexiko herangeschafft wurden. Die etwa 2000 Streikenden unterrichteten einander dann gewöhnlich darüber, wo die Pflücker an jenem Tag arbeiteten. Daraufhin fuhren Wagen voller Streikender in das betreffende Gebiet und informierten die Streikbrecher, daß gestreikt würde (da die Pflanzer das den Arbeitern nicht mitgeteilt hatten) und forderten sie auf, den Arbeitsplatz zu verlassen. Bei zwei Gelegenheiten benutzte Chavez die neue Technik, mit einem leichten Flugzeug, das einigen Priestern gehörte, über die Weinberge zu fliegen. Über einen Lautsprecher rief er dabei den Arbeitern zu, daß sie die Streikbemühungen schädigten und daß es für alle von Vorteil wäre, die Felder zu verlassen.

Die Pflanzer und die Gerichte von Delano reagierten auf diese Bemühungen mit einer Vielzahl gesetzlicher und ungesetzlicher Aktionen. Die Streikenden wurden auf eine schwarze Liste gesetzt.

Vertreter lokaler Behörden stellten sich auf die Seite der Pflanzer und erließen zeitweilig einschränkende Verordnungen, durch die unterbunden werden sollte, daß sich die Streikposten durch Rufen den Streikbrechern verständlich machten. Dadurch wurde es schwierig, die Arbeiter von dem Streik zu unterrichten. Die Streikwachen konnten ja nicht zu den Arbeitern gehen, ohne wegen unbefugten Eindringens auf die Grundstücke verhaftet zu werden. Ein Mann wurde festgenommen, weil er Jack Londons »Definition eines Streikbrechers« verlas, 44 wurden verhaftet, weil sie den Streikbrechern »Huelga!« zuriefen. Picketing — eine Demonstrationsform, bei der die Teilnehmer in einer Reihe hintereinander gehen, hier »Streik-Ketten« — wurde nur noch von Gruppen mit nicht mehr als fünf Personen erlaubt. Dazu kam eine Anmeldefrist von 30 Tagen, die später auf vier bis fünf Tage verkürzt wurde.

Die Pflanzer beantworteten den Streik mit eigenen Aktionen. Die Bandbreite dieser Aktionen reichte von Versuchen, die Stimmen der Streikposten durch Automotoren zu übertönen und mit Hilfe von Traktoren erstickenden Staub aufzuwirbeln, bis hin zu Maßnahmen der Art, Insektengifte gegen die Streikenden zu versprühen, und bis zur Anwendung physischer Gewalt.

Von den Streikenden wurde die Picketing-Taktik fortgesetzt, und man hatte einigen Erfolg, Arbeiter dazu zu überzeugen, die Felder zu verlassen. Aber das genügte nicht, um die Weinernte zu verhindern. Als man erfuhr, daß Streikbrecher in Gegenden angeworben wurden, die bis zu 30 Meilen entfernt waren, schickte man streikende Arbeiter in diese Städte, damit sie Flugblätter verteilten und versuchten, die Leute zu überreden, sich nicht den Streikbrechern anzuschließen.

Vom Streik zum Boykott

Das Picketing und der Streik selbst stellten jedoch nur *eine* wichtige Phase der Huelga-Bewegung dar. Die nächste Phase bestand aus einem Boykott aller Produkte des Schenley-Unternehmens und der Di-Giorgio-Gesellschaft. Dabei wurden eher verarbeitete Produkte für den Boykott ausgewählt als die Weintrauben selbst, weil mehr als 90 Prozent der Gesamteinkünfte der Gesellschaften aus dem Verkauf der verarbeiteten Erzeugnisse stammten.

Chavez wählte 13 größere Städte im Lande als Boykottzentren aus und schickte einen Boykottstab von 16 Leuten, alle jünger als 25 Jahre, per Anhalter oder Eisenbahn in diese Städte.

Chavez gab dem Boykottstab bewußt kein Geld ». . . sowohl aus Notwendigkeit als auch um einen Punkt unter Beweis zu stellen: Wenn jemand nicht genug Geld zusammenbekommen konnte, um sich selbst über Wasser zu halten . . ., dann würde er auch von geringem Nutzen dafür sein, Geldspenden zusammenzutragen und eine Organisation aufzubauen«.

Der Propaganda-Feldzug gegen Schenley gipfelte während der Osterzeit in einem 300-Meilen-Marsch nach Sacramento. Dieser Marsch lenkte nationale Aufmerksamkeit auf den Streit, schädigte Schenleys Image in der Öffentlichkeit (der Kurs von Schenleyaktien fiel um fünf Punkte) und verstärkte die Unterstützung verschiedener Gruppen für die beteiligten Gewerkschaften . . . Auch prominente Einzelpersonen boten Hilfe an, unter ihnen Senator Robert Kennedy . . .

Als die Marschierer in Sacramento eintrafen, kapitulierte Schenley und erklärte sich bereit, die NFWA als einzigen Verhandlungspartner für die Arbeiter anzuerkennen . . .

Die Gewerkschaft konzentrierte sich nun auf die Erzeuger von Tafelweintrauben und rief zu einem nationalen Boykott gegen kalifornischen Tafelwein auf. 34 Städte schloß dieser Boykott ein, mehrere Kettenläden wurden boykottiert, darunter Safeway und A & P. 15 Kettenläden mit 13 000 Filialen verkauften keine Guimarra-Weintrauben mehr. Auf örtlicher Ebene wurden vielfältige und einfallsreiche Taktiken der direkten Aktion ins Spiel gebracht.

Beispiele spektakulärer Aktionen

In Boston veranstalteten die Boykottorganisatoren eine »Boston Tea Party«, erwarben einige Körbe voller Weintrauben, zogen durch die Stadt und warfen sie in Anlehnung an das historische Ereignis in den Hafen. In New York erklärte sich die Transportarbeitergewerkschaft bereit, 50 Millionen Flugblätter zu verteilen, auf denen die Leute aufgefordert wurden, keine Weintrauben zu kaufen, die von Streikbrechern geerntet worden waren. Den Lastwagen, die Weintrauben geladen hatten, folgten die Streikenden von Delano aus bis an den Bestimmungsort. In den Städten, durch die die Lastwagen fuhren, stellten sie Streikposten auf, um die Öffentlichkeit auf das Eintreffen der von Streikbrechern geernteten Trauben aufmerksam zu machen.

In einigen Städten wurden »Shop-ins« organisiert. Käufer füllten in den Kettenläden ihre Einkaufskörbe mit verschiedenen Nahrungsmitteln. Dann erklärten sie, daß sie die Lebensmittel nicht kaufen könnten, weil das Geschäft kalifornische Weintrauben verkaufe. Folglich ließen sie die Waren im Korb, dem Ladeninhaber blieb es überlassen, die Waren wieder in die Regale einzusortieren.

In einer kanadischen Stadt füllten Boykott-Teilnehmer Luftballons mit Gas. Die Ballons trugen die Aufschrift: »Kauft keine Streikbrecher-Trauben«. In einem Geschäft, in dem die Trauben noch verkauft wurden, ließen sie dann die Luftballons los.

Als Verkaufsstellenleiter versuchten, die Ballons abzuschießen, entdeckten sie, daß die Ballons voller Konfetti waren. Sie konnten also nur auf Kosten der Ordnung im Geschäft entfernt werden.

Zur Dramatisierung der Streitfrage griff man auch auf Spottschriften und auf die Methode szenischer Darstellungen zurück.

Die Unterstützung wird weltweit

Mittlerweile unterstützten verschiedene Gewerkschaften und andere Gruppen die Streikenden, sogar mit direkten Aktionen. In San Franzisko weigerte sich die Internationale Hafenarbeitergewerkschaft, Trauben aus Delano auf das Schiff »President Wilson« zu verladen, das nach dem Orient in See gehen sollte. Zwei andere Schiffe mußten ebenfalls ohne Traubenfracht die Anker lichten, weil sich Fuhrleute und Hafenarbeiter weigerten, die Trauben zu verladen. Die Mitglieder der Fuhrleutegewerkschaft in San Franzisko weigerten sich einige Tage, die Kette der NFWA-Streikposten vor einem Schenley-Warenhaus zu durchqueren. In einem Fall wurde ein Lastzug voller für den Hafenbezirk und Vietnam bestimmter Weintrauben blockiert, bis nach acht Tagen durch eine gerichtliche Anordnung die Demonstration beendet wurde.

Im Februar 1969 lehnten es britische Dockarbeiter ab, über 70 000 Pfund kalifornischer Trauben auszuladen. Finnische, schwedische und norwegische Transportarbeitergewerkschaften taten es ihnen gleich. Die bestreikten Schiffe mußten schließlich den deutschen Hafen Hamburg anlaufen, von wo aus die Trauben auf dem Landwege nach Schweden transportiert wurden. Bis sie dort eintrafen hatte der Boykott soviel öffentliche Aufmerksamkeit gewonnen, daß kaum noch Weintrauben verkauft werden konnten. Die schwedische Konsumgenossenschaft hat sich bereit erklärt, keine kalifornischen Weintrauben mehr zu verkaufen.

Die kalifornische Landarbeitergewerkschaft wurde insgesamt in etwa 200 amerikanischen Städten sowie in Kanada, Tokio, Kopenhagen und einigen westeuropäischen Städten unterstützt. Der 10. Mai 1969 wurde zum »Internationalen Traubenboykott-Tag« erklärt. Durch viele örtliche Demonstrationen wurde noch vor der Erntezeit die Aufmerksamkeit auf das Problem gelenkt. Sogar von einigen Pflanzern, die bereits Tarifverträge abgeschlossen hatten, kam Unterstützung.

Der Boykott wirkte. Die »New York Times« stellte fest, daß kalifornische Tafeltrauben fast völlig vom Markt verschwunden waren, auf

Grund des Druckes der Gewerkschaften und der Organisationstätigkeit vieler Gruppen.[126]

Boykottaktionen in der Bundesrepublik Deutschland

Auch in der Bundesrepublik Deutschland hat es bereits eine Reihe von erfolgreichen wie auch erfolglosen Boykottaktionen gegeben. Hier sollen einige Beispiele dargestellt werden.[127]

VERKEHRSBOYKOTT UND »AKTION ROTER PUNKT« 1969 IN HANNOVER

Zum 1. Juni 1969 erhöhten die Hannoverschen Verkehrsbetriebe *Üstra* (Überlandwerke und Straßenbahnen) mit Genehmigung aller zuständigen Stellen die Fahrpreise für die öffentlichen Verkehrsmittel um 12 bis 33,3 Prozent. Diese Maßnahme stieß auf den energischen Widerstand der Bevölkerung. Man forderte unter anderem die Rücknahme der Preiserhöhung und den sogenannten »Null-Tarif«, das kostenlose Fahren auf öffentlichen Verkehrsmitteln. In einer Darstellung dieser Ereignisse heißt es u. a.:

»Das Ziel war klar, aber der Protest allein genügte nicht. Es mußten Alternativen für die Benutzung von Straßenbahnen und Bussen geboten werden... Die Alternative war die ›Aktion Roter Punkt‹. An jedem Privatwagen angebracht, sollte er die Bereitschaft seines Fahrers signalisieren, unentgeltlich Passagiere zu befördern...

Am nächsten Demonstrationstag versammelten sich schon mehr als 1000 Menschen. Aus den Betrieben trafen die ersten Solidaritätserklärungen ein. Sie wurden begeistert aufgenommen und stärkten die Moral der Demonstranten beim Sitzstreik, der die Einstellung des Innenstadtverkehrs erzwang...

Die Sitzblockade zwang die Stadtverwaltung zum Handeln. Unvorbereitet und ohne Kenntnis der Stimmung der Hannoveraner beging die Polizeiführung ihren ersten in der Reihe schwerer Fehler. Zunächst ließ sie am Aegidientorplatz die sich völlig friedlich-passiv verhaltenden Demonstranten von den Schienen ›räumen‹; zehn von ihnen wurden verletzt, zwei verhaftet. Dann rückten am Steintorkreisel und vor dem Pressehaus mehrere Hundertschaften Bereitschaftspolizei vor; sie bildeten einen Ring um die Demonstranten, 30 Mann mit Gasmasken marschierten auf, die ersten Granaten flogen in den Kessel: ›Luftkampfstoff-Tränengaswurfkörper Vers. Nummer 6910-12-137-633 Cloracetophenol — Nur im Freien verwenden — Bei Augenreiz nicht reiben.‹ Trä-

nengas und Sprechchöre brachten den Demonstranten die Sympathie der Bevölkerung . . .
Am Abend des 10. Juni zogen etwa 3000 Menschen durch die Innenstadt und verteilten sich zur Blockade auf die verschiedenen Verkehrsknotenpunkte . . .«[127]

Die Cabora-Bassa-Boykottkampagne

1970 erregte ein Boykottaufruf von Aktionsgruppen und Persönlichkeiten, die sich mit den politischen und sozialen Problemen im südlichen Afrika beschäftigten, Aufsehen. In der damaligen portugiesischen Kolonie Mozambique wurde ein Staudamm gebaut, von dem viele meinten, er werde dazu beitragen, die weiße Vorherrschaft in diesem Gebiet und die Unterdrückung der großen schwarzen Bevölkerungsmehrheit zu sichern. Am Bau dieses Staudamms waren auch westdeutsche Firmen beteiligt. Der Boykottaufruf betraf die Produkte dieser Firmen.

AUFRUF ZUR KAMPAGNE CABORA BASSA

»Die Beteiligung deutscher Firmen am Bau des Cabora-Bassa-Staudammes in Mozambique und die finanzielle Absicherung des Vorhabens durch die Bundesregierung widersprechen den Ergebnissen moderner, emanzipatorischer Entwicklungsforschung.

Das portugiesische Kolonialregime und das den Staudamm militärisch absichernde Apartheid-Regime Südafrikas mißachten die Menschenrechte und die sich auf sie berufenden Resolutionen der Vereinten Nationen.

Die Treue zur Verfassung der Bundesrepublik Deutschland, die von uns fordert, ›dem Frieden in der Welt zu dienen‹, die Anerkennung der Erklärung der Menschenrechte der Vereinten Nationen vom 10. Dez. 1948 und die praktische Solidarität mit den unterdrückten Bürgern Mozambiques sind für uns wichtiger als die Rücksicht auf die Profitinteressen der beteiligten deutschen Firmen.

Wenn wir nicht unser Vietnam im Süden Afrikas erleben wollen, dann müssen wir uns jetzt mit allen uns zu Gebote stehenden, gewaltfreien Mitteln gegen das Cabora-Bassa-Projekt und für die Realisierung der Menschenrechte im portugiesischen und südafrikanischen Herrschaftsbereich einsetzen.

Wir fordern von den beteiligten Firmen und von der Bundesregierung, daß sie sich — selbst wenn es mit finanziellen Einbußen verbunden sein sollte — von dem Cabora-Bassa-Projekt zurückziehen.

Um unserer Forderung Nachdruck zu verleihen, erklären wir hiermit,

169

daß wir bis zu ihrer Erfüllung keine Produkte der beteiligten Firmen AEG-Telefunken, BBC, Hochtief, Siemens und J. Voith kaufen oder in Auftrag geben werden. Diesen Entschluß werden wir den Firmen und der Bundesregierung mitteilen.«

Boykottkampagne gegen Produkte aus der Republik Südafrika

Seit dem Beginn der siebziger Jahre bilden sich in verschiedenen westeuropäischen Ländern Initiativen zum Boykott von Produkten aus der Republik Südafrika. Diese Aktionen verstehen sich als Protest und als wirtschaftliches Druckmittel gegen die brutale Unterdrückung der über 20 Millionen farbigen, zumeist schwarzen Südafrikaner durch die weiße Minderheit (etwa vier Millionen) als Resultat der Apartheidspolitik. In der Bundesrepublik gingen die wichtigsten Impulse zu einem Sympathieboykott von südafrikanischen Produkten, vornehmlich Früchten (Cape, Outspan), von der »Ev. Frauenarbeit in Deutschland e. V.«, Frankfurt, aus.

Boykottaktionen im Zusammenhang mit Aktivitäten gegen Kriegsspielzeug

Seit Jahren gibt es vornehmlich örtliche Aktivitäten gegen Kriegsspielzeug und dessen Vertrieb. Neben Informationen über den Widersinn von Kriegsspielzeug und Tauschaktionen (»militante« gegen »friedliche« Gegenstände) hat es in verschiedenen Städten auch Boykottaufrufe gegen Spielzeuggeschäfte und Warenhäuser gegeben, die Kriegsspielzeug verkaufen. Dies scheint insbesondere dann ein wirtschaftliches Druckmittel zu sein, wenn sich den Boykottankündigungen »Großabnehmer« wie Kindergärten oder Grundschulen anschließen.

Kriegsdienstverweigerung

Am Beispiel der Kriegsdienstverweigerung wird besonders deutlich, wie schwer sich eine Aktion in ein Schema einordnen läßt. In der Bundesrepublik Deutschland ist die Kriegsdienstverweigerung ein durch Artikel 4 Absatz 3 gewährleistetes Grundrecht, dessen Wahrnehmung allerdings erst in einem Anerkennungsverfahren legalisiert wird. In den meisten anderen Staaten ist Kriegsdienstverweigerung ein Straftatbestand. Wer dennoch den Kriegsdienst verweigert, begeht Zivilen Ungehorsam.

Schon immer hat es in der Geschichte religiös motivierte Kriegsdienstverweigerung gegeben. Zu einer politischen Kampfform entwickelte sich die Kriegsdienstverweigerung erst im Zuge der Einführung der allgemeinen Wehrpflicht, und das auch erst im 20. Jahrhundert. 1921 trafen sich im niederländischen Bilthoven Vertreter gewaltfreier anarchistischer Gruppen von Kriegsdienstgegnern und gründeten die Organisation »Paco« (Esperantowort für »Frieden«). Grundlage des Zusammenschlusses war folgende Erklärung: »Krieg ist ein Verbrechen gegen die Menschheit. Wir sind daher entschlossen, keine Art von Krieg zu unterstützen und für die Beseitigung aller seiner Ursachen zu kämpfen.«

Im Jahre 1922 kam der Begriff *war resistance* auf. Im folgenden Jahr wurde »Paco« zu »War Resisters' International« (WRI) umbenannt und die Zentrale nach London verlegt.

Die Kriegsdienstverweigerung wird seit einigen Jahren in einer Reihe von Ländern durch die sogenannte »Totalverweigerung« verschärft. Hierbei lehnen es die Wehrpflichtigen bereits ab, auf die Wehrerfassung und die Aufforderungen zur Musterung zu reagieren, überhaupt einen Antrag auf Kriegsdienstverweigerung zu stellen oder einen zivilen Ersatzdienst zu leisten. Sie tun dies mit dem Argument, dem Militarismus grundsätzlich jegliche Unterstützung verweigern zu wollen. Für sie ist das ganze militärische System Ausdruck der Entwürdigung des Menschen. Totalverweigerung stellt auch in der Bundesrepublik Deutschland eine Handlung des Zivilen Ungehorsams dar und wird strafrechtlich verfolgt.

Im Zusammenhang mit der Kriegsdienstverweigerung werden hier folgende Materialien wiedergegeben:

1. Die Erläuterungen zur Erklärung von WRI aus dem Jahre 1925.
2. Die Begründung der Kriegsdienstverweigerung durch den

amerikanischen Quäker John Braxton, dessen Argumentation beispielhaften Charakter hat.

3. Die Begründung der Zivildienstverweigerung durch den damaligen Studenten der katholischen Theologie Egon Spiegel als ein Beispiel für die Motivation zur Totalverweigerung.

Neben einer solchen Rechtfertigung gibt es noch andere Motive für die Totalverweigerung. Der »Bundesverband Bürgerinitiativen Umweltschutz« (BBU) begründete beispielsweise seine Kampagne zur Verweigerung von Wehr- und Ersatzdienst mit dem Argument, etwa ein Viertel der weltweiten Naturzerstörungen durch Landschafts-, Energie- und Rostoffverbrauch sei militärisch bedingt.

ERKLÄRUNG DER »INTERNATIONALE DER KRIEGS-DIENSTGEGNER« (1925)

Krieg ist ein Verbrechen gegen die Menschheit. Wir sind daher entschlossen, keine Art von Krieg zu unterstützen und für die Beseitigung aller seiner Ursachen zu kämpfen.

Erläuterung

Folgende Erläuterung wurde von der ersten Internationalen Konferenz in Bilthoven, Holland, 1921, angenommen und in der Hoddesdon-Konferenz 1925 abgeändert bestätigt:

Krieg ist ein Verbrechen gegen die Menschheit!

Denn er ist ein Verbrechen gegen das Leben und mißbraucht den Menschen als Mittel für politische und wirtschaftliche Zwecke.

Wir sind daher entschlossen,

getrieben von starker Liebe zur Menschheit,

keine Art von Krieg,

weder Angriffskrieg noch Verteidigungskrieg zu unterstützen. Dies ist wichtig, weil fast jeder Krieg von den Regierungen als Verteidigungskrieg hingestellt und im Bewußtsein der Völker als Verteidigungskrieg geführt wird.

Wir unterscheiden drei Arten von Krieg:

a) *Krieg zur Verteidigung des Staates,* zu dem wir durch Geburt oder Wahl gehören. Den Waffendienst für diesen Zweck zu verweigern, ist schwierig, weil der Staat alle seine Machtmittel gebrauchen wird, uns zu zwingen. Ferner, weil man die angeborene Liebe zu unserer Heimat so lange zu der nationalistischen Täuschung mißbraucht hat, als seien Staat und Heimat dasselbe.

b) *Krieg zur Verteidigung der bestehenden Gesellschaftsordnung* mit ihren Sicherungen und Vorrechten für die Besitzenden. Daß wir keine Waffen für diese Zwecke ergreifen werden, versteht sich von selbst.

c) *Krieg zur Verteidigung und Befreiung des bedrückten Proletariats*. Die Weigerung, für diesen Zweck die Waffen zu ergreifen, ist sehr schwer.

1. Weil der bolschewistische Staat und noch mehr das empörte Proletariat in Zeiten der Revolution in jedem einen Verräter sehen wird, der sich weigert, es mit Waffengewalt zu unterstützen.

2. Weil unsere angeborene Liebe für die Leidenden uns in Versuchung führen könnte, Gewalt zu gebrauchen, um ihnen zu helfen oder sie zu unterstützen.

Wir sind indessen überzeugt, daß Gewalt niemals die Ordnung aufrechterhalten, nicht wirklich unsere Heimat schützen, das Proletariat nicht wahrhaft befreien kann.

Die Erfahrung hat gezeigt, daß durch jeden Krieg eine erschreckende Verwilderung und Verrohung, die Vernichtung aller Freiheit eintritt und daß das Proletariat nur scheinbar dadurch gewinnt, in Wahrheit aber seine Leiden vermehrt. Es ist daher unmöglich, irgendeinen Krieg zu unterstützen,

weder durch direkten Dienst im Heere, in der Flotte, in der Luft *noch durch bewußtes Herstellen von Munition und Kriegsmaterial, noch durch Zeichnung von Kriegsanleihen, noch durch Hergabe unserer Arbeit,* um andere für den Kriegsdienst freizumachen.

Wir sind uns klar, daß wir als konsequente Pazifisten nicht das Recht haben, eine bloß negative Stellung einzunehmen, sondern bemüht sein müssen, die tieferen Ursachen des Krieges zu erkennen und für die Beseitigung aller seiner Ursachen zu kämpfen.

Als Ursachen des Krieges sehen wir nicht nur Selbstsucht und Habsucht an, die sich in jedem Menschenherzen finden, sondern auch alle Faktoren, welche die Menschen als Massen zu gegenseitigem Haß und Massenmord führen.

Wir sehen in folgenden Antrieben die für unsere Zeit wichtigsten:

1. Die Unterschiede der *Rassen,* die zu Neid und Haß künstlich gesteigert werden.

2. Die Unterschiede der *Glaubensbekenntnisse,* die durch Unduldsamkeit zu gegenseitiger Mißachtung künstlich aufgestachelt werden.

3. Die Gegensätze der *Klassen,* der Besitzenden und der Nichtbesitzenden, die fast unvermeidlich hintreiben zu Völker- und Bürgerkrieg, solange das gegenwärtige Produktionssystem besteht, das auf Profitwirtschaft anstatt auf Bedarfswirtschaft beruht.

4. Die Gegensätze der *Nationen,* in denen wir zum großen Teil eine Folge des jetzigen Produktionssystems sehen, das zum Weltkrieg und zu wirtschaftlichem Chaos geführt hat.

Wir sind überzeugt, daß diese Gegensätze durch eine den Bedürfnissen der einzelnen Nationen angepaßte Regelung der Weltwirtschaft ausgeglichen werden können.

5. Endlich sehen wir auch eine wesentliche Ursache des Krieges in der falschen Auffassung über das Wesen des Staates. Der Staat ist um des Menschen willen da, nicht der Mensch um des Staates willen.

Die Anerkennung der Heiligkeit des menschlichen Lebens, der menschlichen Persönlichkeit muß das Grundgesetz der menschlichen Gesellschaft werden.

Andererseits darf auch der einzelne Staat nicht mehr als souveränes Einzelwesen betrachtet werden; denn jede Nation ist ein Teil der großen Familie der Menschheit.

Wir müssen daher mit aller Kraft für die Beseitigung von Klassen und trennenden Gesetzen wirken und für die Schaffung einer weltumfassenden Brüderlichkeit, begründet auf gegenseitige Hilfe.[128]

John Braxton: Warum ich ins Gefängnis gehe

Vorbemerkung

Am 29. Dezember 1970 wurde der Quäker John Braxton in Philadelphia zu zweieinhalb Jahren Gefängnis verurteilt, weil er sich weigerte, der Wehrpflicht nachzukommen, ohne sich dabei auf die ihm als Quäker gesetzlich zugestandene religiöse Motivation zu berufen. Der damals 27jährige Braxton war eines der Stabsmitglieder der »Quaker Action Group« und gehörte den Mannschaften der »Phoenix« an, die Medikamente nach Nord- und Südvietnam gebracht hatte.

Hier wird das Schlußwort von John Braxton als beispielhafte Begründung von Kriegsdienstverweigerung in unserer Zeit dokumentiert:

Militärdienst = Sklaverei

Militärdienst, der für ein Land unter Zwang geleistet wird, dient niemandem. Man muß ihn eher als Knechtschaft bezeichnen, und für die ist in einer Demokratie kein Platz. Habe ich das erkannt, so ist meine Pflicht als amerikanischer Bürger, diese Einsicht auf die selektive Dienstpflicht in den Vereinigten Staaten anzuwenden.

Schon vor langer Zeit, nämlich 1812, klagte Daniel Webster die Militärdienstpflicht im Kongreß an, als er fragte: »Entspricht sie dem Charakter einer freien Regierung? Ist das Bürgerfreiheit?«

Heute stehe ich hier in der Öffentlichkeit als einer von Tausenden von

Amerikanern, die »nein« sagen. Ich kann mich nicht guten Gewissens an diesem System beteiligen.

Den Status des Kriegsdienstverweigerers, der mir aufgrund meiner weißen, mittelständischen Herkunft als Quäker angeboten wurde, kann ich aus drei wichtigen Gründen nicht akzeptieren. Zum ersten will ich dieses Privileg nicht annehmen, welches den meisten Männern im Rekrutierungsalter verweigert wird. Zum zweiten will ich mich nicht an einem System unfreiwilliger Knechtschaft beteiligen. Zum dritten will ich nicht an einem System teilhaben, welches das Gemetzel in Vietnam ermöglicht. Ich habe die Auswirkungen dieses vietnamesischen Blutbades gesehen, ich will dazu nichts beitragen.

Das Etikett des »Kriminellen«

In einer Debatte über das Schicksal der Militärdienstpflicht während des 1. Weltkrieges sagte der Kongreßabgeordnete John Nicholls aus North Carolina: »In meinem Staat hat man das Gefühl, daß ein Eingezogener ein Sklave ist. Und ich möchte Sie fragen: Was ist das für eine Regierung, die mit einer Armee von Sklaven nach Deutschland geht, um Sklaven zu befreien?«

Heute weigern sich Tausende aus meiner Generation, Teil dieser undemokratischen Maschinerie zu werden, deren Macht sich auf jeden Bereich unserer Gesellschaft erstreckt. Wir weigern uns, zu Hause Sklaven zu sein; und wir weigern uns zu glauben, daß mit Hilfe von Sklaverei in unserer Gesellschaft Freiheit nach Vietnam, Laos oder Kambodscha gebracht werden kann.

Wir leisten auf tausenderlei Weise Widerstand, innerhalb wie außerhalb der Armee. Wir leisten Widerstand in voller Kenntnis dessen, daß die Regierung und die Militärbehörden versuchen werden, uns zu unterdrücken. Aber viele müssen leiden, damit der Kampf um Gerechtigkeit gewonnen wird. Bei einer früheren Gelegenheit rechtfertigte dieses Gericht die Verurteilung eines Kriegsdienstverweigerers mit dem Argument, daß er in der Debatte einer freien Gesellschaft unterlegen sei. Aber tatsächlich haben wir die Debatte in einer freien Gesellschaft nicht verloren. Es ist die freie Gesellschaft, welche die Debatte verloren hat. Die freie Gesellschaft, von der unsere Vorvater geträumt und die sie zu erreichen versucht haben, ist besiegt worden. Die entscheidenden Aspekte der »Debatte« sind nicht einmal in den Hallen des Kongresses oder auf den Straßen unserer Städte erörtert worden. Über das Ergebnis der Debatte ist nicht durch Wahlen entschieden worden. Und die schließlich siegreiche Politik wurde nicht nach rationalen Maßstäben ausgewählt.

Die entscheidenden Debatten werden in den Hallen des Pentagons und in den Büros übernationaler Gesellschaften ausgetragen. Das Ergebnis wird aus Anlaß von Zusammenkünften führender Militärs und Wirtschaftsleute beschlossen. Die Entscheidungsmaßstäbe sind Profiterwartungen und vorgebliche Sicherheitsgesichtspunkte.

Auf diese Weise finden wir uns in einer Gesellschaft, die es sich leisten kann, im vergangenen Jahr pro Sekunde 1000 Dollars in Vietnam und seit dem 2. Weltkrieg mehr als eine Trillion Dollars für Kriegsproduktion auszugeben. Doch die gleiche Gesellschaft läßt Millionen ihrer Bürger buchstäblich hungern, läßt Hunderttausende von Rüstungsarbeitern arbeitslos werden, wenn Vietnam einmal keinen Profit mehr verspricht; diese Gesellschaft versagt Millionen ihrer Bürger menschenwürdige Wohnungen und medizinische Fürsorge; sie zeigt nicht einmal das nötige Interesse, um die Verseuchung ihrer Luft und ihrer Wasservorräte zu verhüten. Diese Gesellschaft bleibt schließlich dabei, jene Personen als Kriminelle zu brandmarken, die zum Diebstahl getrieben werden, um in einer Gesellschaft zu überleben, die ihnen die grundlegenden Menschenrechte verweigert.

Die Lesebücher unserer Grundschulen beschreiben den Schrecken der mittelalterlichen englischen Gerichtsbarkeit, wo Menschen oft einige Jahre im Gefängnis saßen, weil sie ein Laib Brot gestohlen hatten. Geschichtsbücher der Zukunft werden mit gleichem Entsetzen solche Vorfälle wie die Ermordung von Schwarzen wegen der Plünderung eines Schnapsladens oder die Ermordung von Studenten wegen Steinewerfens beschreiben.

Vision einer humanen Gesellschaft

Wir sind in diesem Lande mit Freiheiten gesegnet, die revolutionär waren, als sie zum erstenmal erklärt wurden, und die viele Menschen in der Welt nicht besitzen. Doch wir verfügen über die Möglichkeit, eine Gesellschaft zu schaffen, die nicht nur die vier grundlegenden Freiheiten erlaubt, sondern die darüber hinaus für jeden Bürger die Freiheit vom Hunger, die Freiheit von Armut, die Freiheit zu produktiver Arbeit parallel zur Freiheit von erzwungener Arbeit verkündet.

Wir können eine genossenschaftliche Gesellschaft aufbauen, die ihre Entscheidungen nach dem Grundsatz der größten Wohlfahrt für alle anstelle des Gewinns für wenige trifft. Wir können eine Gesellschaft errichten, in der sich jeder produktive, erfüllte Arbeit auswählen kann, statt am Fließband hinter einer Maschine zu sitzen oder in einer Schlange vor dem Wohlfahrtsamt zu warten.

Wir wären in der Lage, eine Entwicklung in Gang zu bringen, in deren Verlauf jeder eine bedeutsame Rolle bei den politischen und wirtschaftlichen Entscheidungen spielen kann, die ihn angehen.

Das ist die freie Gesellschaft, zu der wir fähig sind. Mein Vorfahr, Carter Braxton, zählte zu den Unterzeichnern jenes bedeutsamen Dokumentes, welches verkündete, »daß alle Menschen von ihrem Schöpfer mit gewissen unveräußerlichen Rechten ausgestattet sind; daß dazu Leben, Freiheit und das Streben nach Glück gehören... daß, wenn immer irgendeine Regierungsform sich als diesen Zielen abträglich erweist, es Recht des Volkes ist, sie zu ändern oder abzuschaffen und eine neue Regierung einzusetzen und diese auf solchen Grundsätzen aufzubauen und ihre Gewalten in der Form zu organisieren, wie es ihm zur Gewährleistung seiner Sicherheit und seines Glückes geboten zu sein scheint«.

Die Zerstörung verweigern

Wir stehen in diesem Lande Problemen so bedeutsamer und komplexer Art gegenüber, daß sie fast unerträglich sind. Unsere Gesellschaft vergiftet sich selbst mit Gewalt. Aber wir verfügen auch über große Hilfsquellen, sowohl über natürliche als auch menschliche. Es ist soweit, daß wir fragen müssen, ob es nicht Zeit ist, die weisen Worte unserer Unabhängigkeitserklärung auf unsere eigene Regierung anzuwenden. Eine solche Revolution muß, wenn sie eine gewaltfreie Gesellschaft schaffen soll, selbst gewaltfrei sein. Ich habe mich daher für Gewaltfreiheit als Lebensprinzip und als Weg, für eine freie Gesellschaft zu kämpfen, entschieden.

Eine freie Gesellschaft kann nicht auf den Fundamenten der Sklaverei errichtet werden. Es gibt für uns keinen Weg, das große, für den Aufbau einer freien Gesellschaft erforderliche Werk zu vollenden, bevor wir nicht die Institutionen der alten Gesellschaft, die den Aufbauprozeß zerstören, abgeschafft haben. Das System der selektiven Dienstpflicht ist eine dieser verderblichen Einrichtungen. Und weil ich damit jetzt konfrontiert bin, muß ich ihren gesetzlichen Anspruch an mich ablehnen, um gewissenhaft jene konstruktive Arbeit, die nötig ist und der ich mich freiwillig widme, tun zu können.

So handle ich im Bewußtsein der damit verbundenen Risiken, aber auch mit dem Wissen, daß das Böse triumphieren wird, wenn die guten Menschen untätig bleiben. Ich begehe also das Verbrechen, die Zusammenarbeit mit Mord und Sklaverei zu verweigern.

Sie, Euer Ehren, haben die Pflicht, mich für dieses Verbrechen zu bestrafen. Ich bitte Sie, diese Aufgabe im Lichte des 13. Zusatzartikels zur Verfassung der Vereinigten Staaten zu betrachten, der unfreiwillige Knechtschaft verbietet. Ich bitte Sie, diese Aufgabe im Lichte der Nürnberger Urteile zu prüfen. Ich bitte Sie, diese Pflicht im Blick auf die täglichen Greuel des Krieges in Indochina zu prüfen. Schließlich bitte ich Sie, diese Aufgabe vom Standpunkt einer Einzelperson in einer Gesellschaft zu betrachten, deren letzte Macht und Ruhm auf Einzelmenschen wie Ihnen und mir beruhen müssen.

Ich habe meine Entscheidung getroffen und bin gegenüber Ihnen als

Individuum frei von bösem Willen. Aber ich ziehe vor, von meiner Regierung ein Krimineller genannt zu werden, anstatt von meinem Gewissen ein Sklave oder Verräter.[129]

Egon Spiegel: Warum ich keinen Zivildienst leisten kann

Weil es gute Gründe gibt, im Zivildienst eine besondere Form des Kriegsdienstes zu sehen, muß ich als Kriegsdienstverweigerer konsequenterweise auch den Zivildienst verweigern. Wie der Militärdienst ist der Zivildienst ein Kriegsdienst. Beide stehen in einem unmittelbaren Zusammenhang. Dieser ergibt sich aus dem im sogenannten Ernstfall intendierten Zusammenwirken von Militärdienst und Zivildienst. Die Absicht, auch den Kriegsdienstverweigerer/den Zivildienstleistenden im Krieg gezielt einzusetzen, verrät das Zivildienstgesetz eindeutig, wenn es da im § 79 »Vorschriften für den Verteidigungsfall« aufstellt. (Die zufällige Entdeckung dieser Vorschriften schlug bei mir »wie eine Bombe« ein und ließ mich meine Entscheidung zur Kriegsdienstverweigerung bis hin zur Zivildienstverweigerung weiterdenken: Immerhin hatte ich bis zu diesem Augenblick fest geglaubt, mit dem von mir verabscheuten Krieg niemals direkt etwas zu tun haben zu müssen, zumal ich sogar »staatlich geprüfter und anerkannter« Kriegsdienstverweigerer sei!)

Mittels dieser Vorschriften nun kann der Kriegsdienstverweigerer für eine beliebig lange Zeit (bis zur Vollendung des 60. Lebensjahres) mitten in das Kriegsgeschehen, in das Kriegsunternehmen hineinverpflichtet werden, und zwar so, daß er — der an sich grenzenlose (!) Pazifist — schließlich doch im Interesse einer ganz bestimmten kriegführenden Partei zu wirken hat, indem er für sie einen, wenn auch waffenlosen, Kriegsdienst leisten muß.

Wer etwas von Militärstrategie versteht, der sieht hier auf den ersten Blick, daß die gesetzlich verankerte Möglichkeit, ein ganzes Heer Kriegsdienstverweigerer/Zivildienstleistender staatlich organisiert und zielgerichtet einzusetzen, eine ganz beträchtliche Komponente der Kriegsplanung abgibt. (Man denke zum Beispiel auch nur einmal an die Bedeutung, die Militärstrategen dem Zivilschutzprogramm innerhalb der Abschreckungsdoktrin beimessen. Auch der Zivilschutz ist kein direkter Waffendienst, trotzdem eine unverzichtbare Waffe in der Kriegsstrategie. Wie der Sanitätsdienst ist der Zivilschutz unerläßliche Bedingung zur Aufrechterhaltung der »Heimatfront« und schließlich der Kampfmoral der Soldaten, die in enger Verbindung steht mit der moralischen Verfassung der Menschen zu Hause.)

In diesem Sinne geht jeder fügsame (!) Kriegsdienstverweigerer schon in sogenannter Friedenszeit in die militärpolitische und militärstrategische Berechnung und Planung ein. Das heißt: Jeder zum Zivildienst bereite

Kriegsdienstverweigerer bildet einen Faktor innerhalb des ganzen Abschreckungssystems. Im Kriegsfalle würde der Zivildienstleistende, der Kriegsdienstverweigerer also, dort eingesetzt, wo man früher — zum großen »Leid« der Strategen — Soldaten abstellen mußte, »unabkömmlich erklären« mußte, um die sogenannte »Heimatfront« aufrechterhalten zu können; beispielsweise im Krankenhausdienst, im Lebensmitteldienst, im Schuldienst, im Hausmeisterdienst, etc. Der taugliche Zivildienstleistende wird also kraft Gesetz dort eingesetzt werden können, wo in früheren Zeiten ein tauglicher Soldat — fern der Waffe — tätig sein mußte.

Von der Entscheidung zur Kriegsdienstverweigerung bleibt mit diesem Ersatzdienst nur dieses übrig: Mit meiner amtlichen Anerkennung als Kriegsdienstverweigerer wurde eine Art Vorentscheidung getroffen darüber, wer als tauglicher Mann innerhalb der gesamten Kriegführung direkten Dienst an der Waffe zu leisten hat und wer durch seine Anerkennung als Kriegsdienstverweigerer vom Waffendienst befreit, aber eine ebenso für die ganze Kriegführung wichtige Aufgabe an der »Heimatfront« übernehmen darf. Als Kriegsdienstverweigerer erfülle ich dann Aufgaben, die früher ohne weiteres vielleicht ein Soldat hätte übernehmen können. Kraft der durch meine Anerkennung als Kriegsdienstverweigerer zustande gekommenen Entscheidung verdränge ich dabei einen Menschen, der wohl zum direkten Waffendienst bereit ist, aber vielleicht auch lieber z. B. einen Sanitätsdienst oder Versorgungsdienst aufgenommen hätte, von vornherein an die »schmutzige Waffe«.

Es gibt aber auch noch eine weitere Überlegung, die den Unsinn eines staatlich verordneten und gelenkten Zivildienstes vor Augen führt: Die einseitige Indienstnahme des Kriegsdienstverweigerers durch den Staat macht gerade jenes grenzüberschreitende pazifistische Engagement unmöglich, das gerade im ersten Augenblick des Krieges vom Kriegsdienstverweigerer verlangt wird. Die ebenfalls gesetzlich fixierten Einschränkungen der Grundrechte des Zivildienstleistenden — nach § 80 ZDG — führen jede pazifistische Gesinnung, die nicht von vornherein bereit ist zum Martyrium, von der Wurzel her schon ad absurdum. Denn, was nützt der beste Pazifismus, wenn er im entscheidenden Augenblick nicht artikuliert, geschweige, gelebt werden darf, weil zum Beispiel eine politisch kritische Betätigung verboten ist.[130]

Politisches Fasten und Selbsttötung

Fastenaktionen und sogenannte »Hungerstreiks« haben in den vergangenen Jahren immer wieder öffentliche Aufmerksamkeit hervorgerufen. In der Bundesrepublik reicht die Spanne solcher Aktionen von den Hungerstreiks von Gefangenen aus terroristischen Bewegungen (RAF; 2. Juni) bis hin zu der Aktion »Hungern nach Abrüstung — Fasten für das Leben«. Wie sind solche Aktionen, die zweifellos ein hohes dramatisches Potential haben können, unter den Gesichtspunkten der Gewaltfreiheitstheorie zu werten? Sind Fastenaktionen nicht eine typische gewaltfreie Methode? Die Beantworung dieser Frage wird nicht zuletzt dadurch erschwert, daß beinahe jeder, der von Gandhi gehört hat, von seinen Fastenaktionen weiß, wie gering die Kenntnisse über ihn sonst auch sein mögen.

Wichtig erscheint zunächst die Unterscheidung zwischen einem zeitlich begrenzten Fasten einerseits und einem unbegrenzten Fasten andererseits, bei dem der Hungertod in Kauf genommen wird, falls bestimmte Forderungen nicht erfüllt werden. Nur im letzten Fall kann man logischerweise von einem Hungerstreik sprechen. Das zeitlich begrenzte Fasten sollte man besser als »Fastendemonstration« bezeichnen. Denn es ist die Absicht der Aktion, einem bestimmten Anliegen durch öffentliches Fasten Nachdruck zu verleihen. Dies ist auch der Sinn des unbegrenzten Fastens. Allerdings setzt der Einsatz des Lebens den Adressaten des Hungerstreiks in ungleich stärkerer Weise unter Druck.

Bei einer Bewertung von Fastenaktionen unter den Aspekten der Gewaltfreiheit muß man die Zielsetzung der Aktion im Auge behalten. Es läßt sich beim Fasten oder Hungerstreik nur dann von einer gewaltfreien Aktion sprechen, wenn auch die Ziele der Idee der Gewaltfreiheit entsprechen. Mit den Hungerstreiks der gefangenen IRA-Mitglieder in Belfast beispielsweise war auch eine Wiedermobilisierung des gewaltsamen Widerstands in Nordirland beabsichtigt. Insofern war die Aktion nur in einem formalen Sinn »gewaltlos«.

Was das politische Fasten betrifft, so scheint es tatsächlich sinnvoll zu sein, auf Gandhi zurückzugreifen. Das wird dadurch erleichtert, daß Gandhis erster Hungerstreik eingehend in dem Buch »Gandhis Wahrheit« von Erik H. Erikson dargestellt und untersucht worden ist.[131] Fassen wir die Umstände, die dazu führten, kurz zusammen:

Gandhi hatte sich nach seiner Rückkehr aus Südafrika in der sechstgrößten Stadt Indiens, in Ahmedabad, niedergelassen. Ahmedabad war das »Manchester Indiens«. Es hatte eine technisch hochentwickelte Spinn- und Webindustrie, die nach kolonialem Muster mit englischen Maschinen ausgestattet war, aber von indischen Kapitalisten betrieben wurde. Die Stadt und ihre Umgebung lieferten ein unerschöpfliches Arbeiterpotential.

Ende 1917 entwickelte sich ein Lohnkonflikt. Gandhi unterstützte die Forderungen der Arbeiter. 1918 kam es zu Streiks und Aussperrungen. Gandhi stellte sich an die Spitze der Streikenden und ermunterte sie, unnachgiebig ihre Forderungen zu vertreten und sich auf keine Kompromisse einzulassen. Täglich traf er mit den Arbeitern zusammen. Nach etwa drei Wochen wurden die Klagen der Arbeiter, dem Verhungern nahe zu sein, vehement. Daraufhin erklärte Gandhi, seinerseits keine Nahrung zu sich nehmen zu wollen, bis die Forderungen der Arbeiter erfüllt seien. Damit begann seine erste Fastenaktion, die vom 15. bis 18. März 1918 dauerte. Die Textilfabrikanten gaben nach — sicher nicht zuletzt bewogen durch das Handeln Gandhis. Dieser kam — das soll nicht unerwähnt bleiben — durch einen intellektuellen Trick auch den Angeboten der Unternehmer entgegen und ließ sich entgegen seiner späteren Einstellung auf eine Kompromißlösung ein:

Nur am ersten Tag der Arbeitsaufnahme wurde den Arbeitern die geforderte Lohnerhöhung von 35 Prozent gezahlt, am zweiten Tag 20 Prozent — das war das Unternehmerangebot — und vom dritten Tag an 27 1/2 Prozent.

War dieses erste Fasten Gandhis also eine Solidaritätsaktion mit hungernden Arbeitern, so hat Gandhi später aus verschiedenen Anlässen gefastet, nämlich:

zur Besinnung vor Kampagnen Zivilen Ungehorsams,

als Ausdruck des Eingeständnisses, Fehler gemacht zu haben, als Reaktion auf Gewalttätigkeiten unter seinen Anhängern.

Gandhi hat das Fasten nie gegen bestimmte Personen gerichtet. Seine Fasten-Grundsätze wurden von seinem Schüler Pyarelal in folgender Weise zusammengefaßt:

»Man darf ein Fasten nicht gegen jene richten, die uns für ihre unversöhnlichen Feinde ansehen oder auf deren Liebe wir uns nicht vermöge eines selbstlosen Dienstes ein Anrecht geschaffen haben; es darf keine Person dazu Zuflucht nehmen, die sich nicht mit der Sache identifiziert oder für die gearbeitet hat, für die sie zu fasten vorgibt; es darf nicht angewendet werden um eines selbstsüchtigen materiellen Zwecks willen oder um die ehrenhaft vertretene Meinung anderer zu ändern oder um einem Streit seine Unterstützung zu leihen, der nicht eindeutig, nicht durchzusetzen und nicht nachweisbar gerecht ist. . .«[132]

In Europa erregten die Fastenaktionen von Danilo Dolci in den Elendsgebieten des italienischen Südens in den fünfziger und sechziger Jahren großes Aufsehen. Sein erstes, im übrigen erfolgreiches Fasten kündigte Dolci in einem Brief an die Bewohner von Trappeto auf Sizilien in folgender Weise an:

»Vorigen Winter habe ich mit meinen eigenen Augen unter Tausenden und Abertausenden von äußerst traurigen Fällen auch ein neugeborenes Kind Hungers sterben sehen. . . Wir können verhindern, daß der Tod sich als Herrscher aufspielt. . . Es ist eine Unterlassungssünde gegen diese unsere Brüder, sie sollte uns leid tun, und wir sollten uns von ihr befreien. Man muß sich auf der Stelle rühren. Extreme Übel brauchen extreme Heilmittel. Ich will Buße tun, damit alle sich bessern. Ehe noch ein Kind Hungers stirbt, will lieber ich sterben. Von heute an werde ich nichts mehr essen, solange nicht die dreißig Millionen vorhanden sind, die gebraucht werden, um den Bedürftigsten sofort Arbeit und den Arbeitsunfähigen die nötigste Hilfe zu beschaffen.«[133]

Weitere Fastenaktionen unternahm Dolci — teilweise gemeinsam mit anderen — 1956, um der Forderung nach einem Deichbau Nachdruck zu verleihen; und ein Jahr später, um die Regierung zur beschleunigten Sanierung von Slums in sizilianischen Städten zu bewegen; 1961 dann, um gegen die Behinderung des Dammbaus durch die Mafia zu protestieren. Gegen die Praktiken der Mafia war auch Dolcis bislang letzte und auf sieben Tage begrenzte Fastenaktion im Jahr 1966 gerichtet.

Anhänger der Gewaltfreiheit und Führer gewaltfreier Bewegungen haben zahlreiche Fastenaktionen von unterschiedlicher Dauer durchgeführt. Das gemeinsame Merkmal dieser Aktionen war es, daß ihr Ziel nicht auf die Verbesserung der eigenen persönlichen Situation gerichtet war. Die Fastenden wollten vielmehr in einer bestimmten Konfliktsituation die unsicher gewordenen Aktionsträger beeinflussen oder sich für das Leben beziehungsweise die existentiellen Rechte von Dritten einsetzen. Dies wird man allgemein als Maßstab dafür nehmen müssen, daß ein Fasten oder ein Hungerstreik einer gewaltfreien Haltung entspricht.

Fastenaktionen haben ihre Eignung zur Mobilisierung der Öffentlichkeit wiederholt bewiesen. Ob die mit Fastenaktionen verbundenen Forderungen auch erfüllt werden, hängt nicht zuletzt von deren realistischem Gehalt ab. Die Ziele müssen »nachweisbar gerecht«, aber auch durchsetzbar sein. Dies war Gandhis Haltung. Ein konsequent durchgeführter Hungerstreik angesichts der Forderungen, die in der kurzen Zeit einer noch nicht lebensbedrohenden Fastenaktion mit hoher Wahrscheinlichkeit unerfüllbar bleiben, ist von vornherein mit einer demonstrativen Selbsttötung gleichzusetzen.

In der jüngeren Vergangenheit hat es verschiedene Beispiele von Selbsttötung gegeben. Hier seien genannt: die Selbstverbrennungen buddhistischer Mönche aus Protest gegen die Diktatur 1963 in Vietnam; die Selbstverbrennung Jan Pallachs und in der Folge mehrerer Gesinnungsgenossen 1969 in Prag aus Protest gegen die Unterdrückung des Reformkommunismus und gewalttätige Ausschreitungen des tschechischen Widerstands gegen sowjetische Einrichtungen; die Selbstverbrennung von Hartmut Gründler anläßlich des SPD-Bundesparteitags 1977 in Hamburg als Protest gegen die atomare Energiepolitik.

Theodor Ebert hält die demonstrative Selbsttötung in Diktaturen für gerechtfertigt, wenn keine anderen Alternativen zu einem gewaltfreien Vorgehen zu bestehen scheinen. Ansonsten gibt er zu bedenken:

»Die demonstrative Selbsttötung ist das letzte Mittel des gewaltfreien

Kampfes. Wenn sich ein Widerstandskämpfer zu diesem Schritt entschließt, erweckt er damit auch den Eindruck, daß alle anderen gewaltfreien Kampfmittel wirkungslos oder nicht einsetzbar sind und daß die Lage... insgesamt hoffnungslos ist. Die Selbsttötung kann so zum Zeichen perspektivloser Resignation werden.«[134]

Im folgenden Bericht über den Hungerstreik von Bergarbeiterfrauen 1977/78 in Bolivien werden die Mobilisierungsmöglichkeiten, die mit dieser Aktionsform unter günstigen Bedingungen verbunden sind, deutlich.

Hildegard Goss-Mayr: Hungerstreik und Mobilisierung. Bergarbeiterfrauen gegen die Militärdiktatur in Bolivien

Am 9. November 1977 kündigte General Banzer, zu diesem Zeitpunkt Präsident von Bolivien, allgemeine Wahlen für den 9. Juli 1978 an und schuf damit ein Klima, das zum erstenmal seit der Errichtung der Militärdiktatur im Jahre 1971 einen gewissen politischen Dialog erlaubte. Am 22. Dezember versprach die Regierung eine *Generalamnestie* für politische Gefangene und Gewerkschaftsmitglieder. Von dieser wurden jedoch 348 Gefangene, denen besondere Bedeutung zugemessen wurde, ausgeschlossen. Diese Tatsache, die die Bevölkerung mit Erbitterung zur Kenntnis nahm, gab den Anstoß zu einer schweren Auseinandersetzung zwischen Volk und Diktatur.

Am 28. Dezember 1977 trafen *vier Bergarbeiterfrauen* aus Llallagua (wo sich eine sehr bekannte, seit 1952 verstaatlichte Zinnmine befindet), deren Männer von der Amnestie ausgeschlossen waren, mit ihren insgesamt vierzehn Kindern in La Paz ein. Da sie in der gegebenen politischen Situation kein anderes Mittel mehr sahen, um sich für die Freiheit der Gefangenen einzusetzen, beschlossen sie mit großem Mut, in einen *politischen Hungerstreik* zu treten. Die bolivianische »Permanente Versammlung für die Menschenrechte«, die im ganzen Land Gruppen zur Durchsetzung der Menschenrechte aufgebaut hat und an die sich die Frauen wandten, hielt eine derartige Aktion für unwirksam und riet den Frauen davon ab. Diese beharrten jedoch auf ihrem Beschluß, suchten (und fanden) im Haus des Erzbischofs von La Paz, Mons. Manrique, Asyl und begannen noch am gleichen Tag den Hungerstreik, indem sie vier Forderungen erhoben:

— Durchführung einer Generalamnestie ohne Einschränkungen;
— Wiederaufnahme aller entlassenen, gefangenen oder exilierten Bergarbeiter in ihre früheren Arbeitsstellen;
— Rückkehr aller Exilierten;
— Aufhebung der Besetzung der Bergbauzonen durch die Armee.

Erst am 31. Dezember 1977 schließen sich in La Paz zwei weitere Gruppen von elf Personen dem Fasten an. Sie wählen eine Kirche und den Sitz der katholischen unabhängigen Zeitung »Presencia« — die in der Folge eine bedeutende Rolle für die Kommunikation und Koordination der Aktion spielen wird — als Ort ihres Fastens. Am gleichen Tag stellen sich die Gewerkschaftsföderation der Bergleute, die Frauen-Union Boliviens, das Interfakultäre Komitee der Universität und die Permanente Versammlung für die Menschenrechte durch Publikationen und Kundgebungen hinter die Fastenden und deren Forderungen und lösen damit eine Welle der Solidarität aus, die sich nach und nach über das ganze Land ausbreitet. Beauftragte der Ministerien für Bergbau, Arbeit und Innere Angelegenheiten suchen die Frauen auf und versprechen, ihre »Fälle« zu revidieren. Doch die Frauen bleiben fest und bestehen darauf, daß es ihnen nicht nur um ihre eigene Familie, sondern um alle Lizenzierten, alle Gefangenen und Exilierten und deren Freiheit gehe.
Unterstützungskampagnen laufen im ganzen Land und bei den Exilbolivianern an. Am 10. Tag des Fastens haben sich allein in La Paz 300 Personen den fastenden Frauen angeschlossen. In Cochabamba, Potosí, Oruro, Tarija und Santa Cruz treten gleichfalls Gruppen in den Hungerstreik; die meisten von ihnen suchen und finden in Kirchen Asyl. Sie setzen sich vorwiegend aus Arbeitern, Studenten und Priestern, Ordensfrauen und Mitarbeitern der Permanenten Versammlung für die Menschenrechte zusammen. Unter ihnen befindet sich auch Adolfo Salinas, ehemaliger Präsident von Bolivien und Vorsitzender der Permanenten Versammlung für die Menschenrechte. Am letzten, dem 21. Tag des Hungerstreiks fasten im ganzen Land mehr als 1200 Personen!
Universitäten, Betriebe und Minen führen während dieser drei Wochen kürzere oder längere Streiks als Ausdruck ihrer Solidarität durch. Ein Verhandlungskomitee unter Expräsident Salinas wird gebildet. Die Kirche stellt sich prinzipiell hinter die berechtigten Forderungen der Fastenden.
Die Regierung ihrerseits weist zunächst jegliches Verhandlungsangebot, auch das des Erzbischofs von La Paz, zurück und organisiert sporadisch Demonstrationen, die die Treue des Volkes zur Regierung bezeugen sollen und die Streikenden der Subversivität bezichtigen. Nachdem diese Haltung aber zu nichts führt und die Bewegung sich im ganzen Land verstärkt, lädt General Banzer Kardinal Maurer, den Erzbischof von Sucre, ein zu vermitteln und versucht, über ihn einen Kompromißvorschlag durchzubringen. Dieser wird jedoch von den Fastenden als unannehmbar zurückgewiesen.
Daraufhin organisiert die Regierung durch von ihr beauftragte gewerkschaftliche Koordinatoren einen Streik, der vor allem den Verkehr lahmlegt. Er ist gegen die Interessen der Fastenden gerichtet, da er die Koor-

dinierung des Widerstandes behindern, ja brechen soll, eine Maßnahme, die vom Volk mit Empörung aufgenommen wird.

Schließlich gelingt es, Verhandlungen zwischen der Regierung, den Fastenden und vier politischen Parteien in Gang zu bringen. Ganz plötzlich bricht jedoch die Regierung in der Nacht vom 16. auf den 17. Januar 1978 die Verhandlungen ab und stellt den Fastenden das Ultimatum, die Aktion binnen 24 Stunden abzubrechen.

In den frühen Morgenstunden des 17. Januar besetzt eine starke Abteilung der Polizei die Räume der Redaktion von »Presencia«, der Pressegewerkschaft, der Universität, der Weltgesundheitsorganisation sowie der Kirchen von Obrajes und Cristo Rey, alles Orte, wo Fastende Asyl gesucht hatten. Alle Fastenden werden mit Gewalt abgeführt; einige werden in Spitäler gebracht, andere auf Polizeistationen. Die aus den USA eingetroffenen Beobachter des Katholischen Büros der US-Bischofskonferenz und des US-Kirchenrates beobachten die Besetzung der Räume von »Presencia«. Lediglich das Haus des Erzbischofs wird nicht gestürmt: Dort setzen die Frauen das Fasten fort. In Sucre, Potosí und Cochabamba stürmt die Polizei gleichfalls die Kirchen, in denen die Streikenden Asyl gesucht haben. Meinte die Regierung durch diese Gewaltakte das Fasten brechen zu können, so hatte sie sich getäuscht: Außerhalb der Asylstätten wurde es mit noch größerer Unterstützung weitergeführt.

Presse und Radio beschließen einen 24stündigen Streik aus Protest gegen die Besetzung der Räume der Pressegewerkschaft und der Redaktion von »Presencia«.

Der Erzbischof von La Paz, der sich von Anfang an hinter die legitimen Forderungen der Fastenden gestellt hatte, protestiert gegen die Übergriffe auf die Kirchen, die in der Geschichte des Landes stets Bedrängten Asyl geboten haben. Er spricht die *Exkommunikation* über diejenigen aus, die für die Besetzung der Kirchen Verantwortung tragen, und kündigt, gemeinsam mit anderen Bischöfen des Landes, eine dreitägige Schließung aller Kirchen (»Interdikt«) an, eine Maßnahme, die auch einen Sonntag betrifft.

Die Auseinandersetzung zwischen Volk und Diktatur ist auf dem Höhepunkt angelangt. Die Verhandlungen werden wieder aufgenommen und mit großer Intensität geführt. Am 17. Januar um 23 Uhr (dem 21. Tag des Fastens) wird ein *Übereinkommen* geschlossen, das den vier Forderungen der Fastenden völlig entspricht. Das Fasten endet um 23.30 Uhr. Die große Mehrheit der Gefangenen und Verhafteten wird sofort entlassen. Die durch diese gewaltfreie Aktion erkämpften Rechte werden Schritt für Schritt verwirklicht.

Das Bewundernswerteste, so berichtet ein Priester, der die Situation in La Paz und Sucre miterlebte, war *der Mut* dieser vier Bergarbeiterfrauen, die die Aktion, zunächst ohne jegliche Unterstützung, aufnahmen und deren Zeugnis für die Gerechtigkeit unter Einsatz ihres Lebens eine Welle gewaltfreien Widerstandes in der ganzen Nation auszulösen vermochte. Bewundernswert auch die Bereitschaft so vieler Menschen, in diesem dreiwöchigen Fasten *Gesundheit und Freiheit* einzusetzen, betrachtet doch das Regime jegliche Opposition und abweichende Meinung als subversiv. Durch dieses Fasten wurde auch die innere Unsicherheit des Regimes deutlich, das innerhalb von zwanzig Stunden von härtester Repression zu Nachgiebigkeit überging und die Generalamnestie und Rückkehr der Exilierten (etwa 17 000 Personen nach Schätzung der Opposition) akzeptierte. Das im gewaltfreien Widerstand geeinte Volk hat so die Diktatur, die es seit 1971 unterjocht, erstmals durchbrochen und für die Zukunft Zuversicht in diese ihm eigene Kraft der Befreiung gewonnen.

Rückblickend schrieb die Autorin 1981
zu diesen Geschehnissen:
Seit diesem Ereignis sind drei Jahre vergangen. Die Diktatur von General Banzer wurde überwunden. Der Demokratisierungsprozeß ging trotz massiver Störungsversuche der Militärs unaufhaltsam weiter. Am 29. Juni 1980 fanden allgemeine Wahlen statt, aus denen Siles Suazo, der Kandidat der linken Mitte, als Sieger hervorging. Der lange Kampf um die Errichtung der Demokratie und die Durchsetzung der Grundrechte des Volkes schien sein Ziel erreicht zu haben. Am 17. Juli 1980 kam es jedoch, mit Hilfe Argentiniens, zu einem neuen Militärputsch, der das Land unter dem Vorzeichen der Ideologie der Nationalen Sicherheit wieder der Militärdiktatur unterworfen hat.[135]

Rolleninnovation

Begriff und Erscheinungsformen
Rolleninnovation heißt: konstruktive Aktionsform auf der Stufe der Nichtzusammenarbeit. Rolleninnovation bedeutet: Menschen schaffen freiere und gerechtere Strukturen (lat. *innovare* = erneuern). Sie übernehmen im Rahmen der bestehenden gesetzlichen Möglichkeiten neue gesellschaftliche Rollen.
Die vielfältigen Rolleninnovationen unserer gesellschaftlichen Umwelt lassen sich nach drei Gesichtspunkten ordnen.

1. Es werden neue gesellschaftliche Werte praktiziert:
   Zu solchen Aktionen gehören beispielsweise der Zivildienst;
   der Konsumverzicht zugunsten von Projekten in der dritten
   Welt; eine ökologisch angepaßte Lebensweise; ja, die gewaltfreie Aktion selbst ist hier einzuordnen.
2. Es werden repressionsfreie Lebens- und Produktionsformen
   entwickelt:
   Hier sind die wichtigsten Beispiele die Bildung von Wohn- und
   Hausgemeinschaften als Alternative zur Kleinfamilie und von
   selbstverwalteten Jugendheimen sowie die Gründung von
   wirtschaftlichen Unternehmungen auf kooperativer Basis
   unter Ablehnung kapitalistischer Grundsätze.
3. Es werden alternative Gruppenbeziehungen und Kommunikationssysteme aufgebaut:
   Ein wichtiges historisches Beispiel hierzu ist die Entstehung
   der Gewerkschaftsbewegung, der in der Gegenwart möglicherweise die Bildung von Bürgerinitiativen und anderer
   Aktionsgruppen und deren überregionale Zusammenschlüsse
   entsprechen. Weiter sind zu nennen die Schaffung alternativer,
   aus Widerstandsaktionen hervorgegangener Bildungsstätten
   (Volkshochschule Whyl oder Volksuniversität im Wald
   [Frankfurt Startbahn West]) sowie das Erstellen eigener Zeitungen und anderer Kommunikationsmittel.

Im folgenden werden einige Beispiele für Rolleninnovationen
eingehender vorgestellt.

Beispiele:

Über den Gebrauch »richtiger Wörter«

»Die Umwelt des Menschen besteht nicht nur aus seiner physischen
Umgebung, auch wenn diese auf die heutzutage viel diskutierte ökologische Umgebung ausgedehnt wird. Sie schließt auch die semantische
Umwelt [die Umwelt der Wörter und ihrer Bedeutung — d. Verf.] ein,
einen Ozean von Worten, der unser Denken und Handeln gestaltet. Tatsächlich kann man sagen, daß der Mensch die Wirklichkeit nicht unmittelbar empfindet. Vielmehr empfindet er, was er über diese Wirklichkeit

sagt. Seit der Renaissance haben sich die Naturwissenschaften von dieser Tyrannei der Wörter befreit. Die entsprechende Emanzipation der Sozialwissenschaften ist noch immer unvollendet. Den durch Tradition und Ideologie vermittelten und von Sprachgewohnheiten fixierten Vorstellungen wird der Status von Tatsachen verliehen.«[136]

Wörter gestalten also unsere Vorstellung von der Wirklichkeit mit, ja, sie können bestimmen, was Wirklichkeit ist. Diese Einsicht war für eine Gruppe von westdeutschen Universitätsangehörigen Anlaß zu einer Aktion zum Gebrauch »richtiger Wörter«, die sie 1981 mit einem »Aufruf zum Ausbruch aus dem Irrenhaus« einleitete.

Dieser Aufruf wird hier in Auszügen wiedergegeben, weil er die Verlogenheit zentraler Begriffe im Zusammenhang mit den aktuellen Konflikten um Rüstungswahnsinn und Umweltzerstörung entlarvt.

AUFRUF ZUM AUSBRUCH AUS DEM IRRENHAUS
»Wir sitzen in einem Irrenhaus, aber das Irrenhaus hat für alles, was darin vor sich geht, vernünftige Namen erfunden, und wir haben diese Namen der Unvernunft willfährig und fügsam gelernt. Es sind falsche Namen, aber indem wir uns auf sie einlassen, sind wir genötigt, über uns ergehen zu lassen, was im Namen dieser Vernunft verfügt wird.
Wir sagen, wir sind ohnmächtig. Vielleicht sind wir weniger ohnmächtig, wenn wir die richtigen Namen wissen; vielleicht sind wir weniger ohnmächtig, wenn wir den falschen Namen den Gehorsam aufkündigen, weil wir dann das Recht wahrnehmen können, uns zu wehren gegen das Reglement des Irrenhauses.
— Sie sagen uns: Wir haben ein Ministerium, das zuständig ist für unsere Sicherheit. Es trägt den Namen *Verteidigungsministerium.* Nach allem, was wir wissen können, gibt es aber für die Bundesrepublik — wenn es zum Krieg kommt — den Verteidigungsfall nicht mehr. Es gibt nur noch den Vernichtungsfall. In diesem Ministerium wird die Möglichkeit unserer Vernichtung verwaltet. Warum nennen wir es nicht bei seinem Namen: Vernichtungsministerium. Gegen Nachbewilligungen in Milliardenhöhe zugunsten der Verteidigung des Lebens läßt sich nicht viel einwenden. Aber Nachbewilligungen für ein Vernichtungsministerium?
— Sie sagen: › *Unsere amerikanischen Freunde und Verbündeten* ‹ und wissen doch sehr gut, daß diese ›Freunde‹ von uns die Aufrüstung Westeuropas mit Pershing-II-Raketen verlangen und gleichzeitig

darüber spekulieren, einen möglichen Atomkrieg auf ein europäisches Schlachtfeld zu begrenzen, Amerika aber zu schonen. Wie realistisch solche Spekulationen immer sein mögen, Freunden stehen sie keinesfalls gut an. Das ist doch wohl eher die Art von Geiselnehmern.

— Wir sagen: Das Irrenhaus ist weltumspannend. Auch die *Friedenspolitik* der Sowjetunion ist waffenstarrend.
Im Namen der sozialistischen *Befreiung* wird halb Europa unterjocht und mit Interventionsdrohung bei der Stange gehalten. Wie wollen wir diese Freiheit nennen?
— Sie nennen es: *Sicherheitspolitik* in Ost und West. Und sie sagen, sie seien Experten für unsere Sicherheit. Tatsache ist, daß diese Sicherheitspolitik uns in die extremste Unsicherheit geführt hat, der sich die Menschheit je gegenüber sah. Und: Tatsache ist, daß die Art, wie sie sich unserer Sicherheit bemächtigt haben, uns nachts den Schlaf raubt und tagsüber Todesangst macht . . .
— Sie nennen es: *Wachstum*. Sie haben einen frühlingsduftenden Namen erfunden für den gigantischsten Krieg, der je gegen die Natur, gegen alles, was lebt und wächst, geführt wurde. Sie sind besessen von der Liebe zur Maschine, an die sie die ganze Welt verfüttern, aber sie nennen es Wachstum. Erich Fromm sagt, Nekrophilie, die Liebe zum Leichenhaften. (Während bald jeder zehnte von uns dafür bezahlt wird, direkt oder indirekt Vernichtungswaffen zu produzieren, stirbt auf der südlichen Hemisphäre jedes zweite Kind in den ersten Wochen seines Lebens aus Mangel an Nahrung und Versorgung mit dem Nötigsten.)
Nur wenn wir die richtigen Namen lernen, können wir das Leben wählen . . .
Wir sind Pädagogen, Lehrer, Hochschullehrer, Wissenschaftler. Wir kündigen die Loyalität auf gegenüber den falschen ›vernünftigen‹ Namen für die verrückten, todessüchtigen Machenschaften. Wir begreifen es als vordringlichste Aufgabe an unserem Arbeitsplatz, daß wir uns jetzt auf die Suche nach den richtigen Namen begeben und daß wir sie weitersagen. Das wird Konsequenzen haben. Wenn wir den Namen die Gefolgschaft versagen, verweigern wir auch den Gehorsam gegenüber denen, die mit diesen Namen beschönigen und verschleiern.«

Alternative Wirtschaftsprojekte in der Bundesrepublik — »Die Firma ohne Chef«

1980 arbeiteten etwa 80 000 Menschen in über 10 000 alternativen Wirtschaftsprojekten. Im nebenstehenden Überblick[137] sind diese Projekte den Wirtschaftszweigen zugeordnet.

Alternative Projekte

Landwirtsch. Produktion 4 %	4 %	Landbau, Gartenbau, Tierhaltung
Verarbeitendes Gewerbe 8 %	1 %	Druckereien, Setzereien
	5 %	Prod. u. Reparaturhandwerk (z. B. Bäcker, Tischler, Bodenleger, Färber, Wollspinner)
	0,5 %	Alternativtechnologische Betriebe (Fahrräder, Altwarenverwertung, Kraftheizung)
	1,5 %	Kunsthandwerk
Zirkulation 9 %	1,5 %	Verkehr (Taxi-, Entrümpelungskollektive, Umzüge, Wegereinigung)
	4,5 %	Handel (Lebensmittelläden, Koops, Trödel, Reiseläden, Kioske)
	3 %	Buchläden (einschl. Buchauslieferungen, -versand, -vertrieb)
Freizeit- Infrastruktur 9 %	4 %	Kneipen, Cafés, Restaurants
	4 %	Tagungs- u. Ferienhäuser, Kommunikationszentren
	1 %	Kinos, Galerien
Information, Öffentlichkeits- arbeit 17 %	3 %	Medien (z. B. Film, Video)
	1 %	Graphik, Fotos (einschl. Schreibarbeiten)
	9 %	Zeitschriften u. a. Publikationen (einschl. Kalender, Tagungen, Kongresse)
	4 %	Verlage
(Selbst-)Ver- verwaltungs- dienste 5 %	5 %	Koordinations- u. Organisationsprojekte (einschl. Beratung, Auskünfte, Verbände, Networking)
Sozialberufliche Dienste 22 %	7 %	Kinder (Kinderläden, Eltern-Kind-Gruppen, Tagesstätten)
	3 %	Schulen (einschl. Erwachsenenbildung, freie VHS, Unis)
	1 %	Medizinische Gruppen (einschl. z. B. Physio- u. Atemtherapie)
	11 %	Therapeutische, sozialpädagogische und Jugendsozialhilfeprojekte
Kultur 8 %	8 %	Kunst, Sport, Wissenschaft (Theater, Zirkus, Musik, Tanz, Aikido, Karate)
Politische Arbeit 18 %	9 %	Bürgerinitiativen (einschl. Stadtteilprojekte, Community, Development)
	8 %	Bürgerkomitees (z. B. Berufsverbote-, Mieter-, Ausländerkomitees, Knastgruppen)
	1 %	Parteiartige Gruppen (Grüne, Bunte, Wählerlisten, gewerkschaftliche und kirchliche Gruppen mit alternativem Selbstverständnis)

Alternative Presse in der Bundesrepublik

»Die alternative Presse hat sich in ihrer heutigen Erscheinungsform in der zweiten Hälfte der siebziger Jahre herausgebildet. Es dominieren Stadtzeitungen und Flugschriften von regionalen Initiativgruppen und Bewegungen. Alternative Medien erheben den Anspruch, die unterbliebenen Nachrichten zu veröffentlichen. Ihre Anfänge lassen sich bis in die APO-Szene zurückverfolgen. In den Jahren seit 1975 sind jedoch zahlreiche Zeitungsprojekte neu entstanden. Heute werden alternative Zeitungen längst nicht mehr nur von Insidern der Linken gemacht und gelesen. In ihnen kann jeder mitmachen. Die Trennung von Machern und Konsumenten soll entfallen; das Wort sollen nicht journalistische Profis haben, sondern die Betroffenen.

Die Zielgruppen der Organe sind so unterschiedlich wie die Blätter selbst. So geben Frauen-, Mieter-, Kinderladen- oder Jugendgruppen eigene Zeitungen heraus, oder es wird nach dem sogenannten ›Leserzeitungskonzept‹ verfahren, wobei eigenständig arbeitende Gruppen gemeinsam eine Zeitung herausgeben.

Nach diesem Konzept verfahren die meisten der derzeit erscheinenden Stadtzeitungen. Einige kommen wöchentlich heraus, andere erscheinen alle 14 Tage oder monatlich. 1976 existierten etwa 100 derartiger Publikationen in der Bundesrepublik. Vier Jahre später waren es 240 Zeitungen mit einer erheblich gesteigerten Auflage von rund 300 000 Exemplaren. Allein 1978 sind 41 neue Titel hinzugekommen; acht Blätter mußten eingestellt werden. Heute addiert sich die Gesamtauflage der regelmäßig erscheinenden alternativen Blätter monatlich auf mehr als 1,6 Millionen Exemplare.

Große alternative Zeitungen sind:

— ›Zitty‹, Berlin	45 000 Exemplare,
— ›TAZ‹, Berlin	30 000 Exemplare,
— ›Stadtrevue‹, Köln	22 000 Exemplare,
— ›Blatt‹, München	15 000 Exemplare,
— ›plärrer‹, Nürnberg	10 000 Exemplare,
— ›Oxmox‹, Hamburg	42 000 Exemplare.

Die beiden großen alternativen Frauenzeitschriften sind:

— ›Emma‹	130 000 Exemplare,
— ›Courage‹	70 000 Exemplare.

Der jüngst eingestellte Informationsdienst zur Verbreitung unterbliebener Nachrichten (ID) war für die alternative Presse eine wichtige Nachrichtenquelle. Die nach langen Diskussionsprozessen um Form und Inhalt heute bundesweit vertriebene Tageszeitung TAZ spielt für die alternativen Zeitungen die Rolle einer Presseagentur, der die überregionalen Themen entnommen werden.

Allerdings muß angemerkt werden, daß sich über den Anzeigenmarkt die Kommerzialisierung ausweitet; so haben sich 1978 die 12 größten alternativen Stadtillustrierten, die ihre Auflage mit knapp 200 000 angeben, zur ›Szene-Programm-Presse‹ zusammengeschlossen, um mit dieser gemeinsamen Agentur auch lukrative Werbeanzeigen aufnehmen zu können. Andererseits sind gerade die preisgünstigen Kleinanzeigen das Medium, das viele Leser anspricht und die alltägliche Kommunikation in der Szene ermöglicht.«[138]

Verantwortliches Produzieren

In der modernen Industriegesellschaft hat sich eine Haltung herausgebildet, nach der Arbeit an sich ein positiver Wert ist, unabhängig davon, welche Ziele diese Arbeit hat. Diese Wertsetzung hat Auschwitz erst möglich gemacht. Man vergegenwärtige sich, daß Tausende von Eisenbahnern die mit Menschen vollgestopften Züge zu den Massenvernichtungsstätten zuverlässig und pünktlich abgefertigt haben und Tausende andere durch »normale« Verwaltungstätigkeit ihren Anteil an der Vernichtung von Millionen Menschen haben.

In der Geschichte der Arbeiterbewegung gab es immer wieder Ansätze, der Gleichgültigkeit gegenüber dem Zweck von Arbeit entgegenzuwirken. In den zwanziger Jahren dieses Jahrhunderts beispielsweise riefen Gruppen in der Arbeiterbewegung zum »verantwortlichen Produzieren« auf. [139] Sie beriefen sich auch auf den englischen Sozialphilosophen John Ruskin, der im übrigen großen Einfluß auf Gandhi gehabt hat. Ruskin hatte während des Deutsch-Französischen Krieges 1870/71 in offenen Briefen die englischen Arbeiter aufgefordert, lieber zu sterben, als Mordwerkzeuge herzustellen. Im siebenten dieser Briefe hieß es unter anderem:

»Verrichtet Eure Arbeit mit Hingabe; aber achtet darauf, daß es sinnvolle Arbeit ist, die Ihr tut. Achtet darauf, daß Ihr Brot und Salz herstellt und nicht Pulver und Gift. Und vergegenwärtigt Euch dies — Wort für Wort: Sterbt lieber, als daß Ihr irgendein Zerstörungsmittel baut oder es benutzt. Es gibt bis zu diesem Tag kein Verbrechen, das so unentschuldbar und ohne Parallele ist wie das Herstellen von Kriegsmaschinerien und das Erfinden von Zerstörungsmaterial.«[140]

Die Idee des »verantwortlichen Produzierens« ist angesichts der Tatsache, daß in aller Welt Millionen von hochqualifizierten Wissenschaftlern und Facharbeitern direkt oder indirekt an der Produktion von Rüstungsgütern beteiligt sind und damit die Zerstörung von Leben und Sachwerten erst ermöglichen, von ungeminderter Bedeutung. In dieser Hinsicht gibt es in der internationalen Gewerkschaftsbewegung aber bislang offensichtlich nur bescheidene Denkansätze.

Dazu zählen Strategien, Rüstungsproduktion auf die Produktion nützlicher ziviler Güter umzustellen (sogenannte »Konversion«). In der jüngeren Vergangenheit gingen entsprechende Vorschläge von Belegschaftsmitgliedern des britischen Rüstungskonzerns »Lucas Aerospace« aus. Sie entwickelten Pläne zur Herstellung von medizinischen Geräten wie künstliche Nieren oder Rollstühle, Umweltschutzanlagen, energiesparende Antriebssysteme und anderes mehr. Die Angestellten und Arbeiter von Lucas Aerospace fordern seither nicht nur das Recht auf Arbeit, sondern ein Recht auf sozial nützliche Arbeit. Bislang haben sie ihre Vorstellungen gegen die Konzernleitung allerdings nicht durchsetzen können.[141]

In der Bundesrepublik trat 1983 eine Arbeitsgruppe des Bremer Rüstungsunternehmens MBB/VFW (Vereinigte Flugtechnische Werke GmbH) mit Vorschlägen zur Rüstungskonversion in ihrem Betrieb an die Öffentlichkeit und fand auf dem Gewerkschaftskongreß der IG Metall auch Aufmerksamkeit.

Ziviler Ungehorsam

Begriff und Erscheinungsformen — oder: Legalität und Legitimität

> Sohn: Aber wo kommen wir hin, Vater, wenn jeder nach seinem Gewissen entscheiden darf, ob er staatliche Gesetze befolgt oder nicht?
> Vater: Und wo sind wir hingekommen, weil niemand nach seinem Gewissen entscheiden wollte, ob er staatliche Gesetze befolgen solle oder nicht?
>
> *R. M. Müller*[*]

---

[*] R. M. Müller ist Publizist; das Zitat ist der 79. seiner 103 Dialoge »Über Deutschland«.

Unter »Zivilem Ungehorsam« werden Aktionen verstanden, bei denen die Akteure bestehende Gesetze und Anordnungen, die Unrechtsverhältnisse und Bedrohungen aufrechterhalten oder begünstigen, offen mißachten. Der Rahmen, in dem sich gewaltfreie Aktionen bewegen, wird also nicht von den bestehenden Gesetzen eingegrenzt. Gesetze und Befehle können mißachtet werden, wenn es nicht möglich ist, auf dem formalen Rechtsweg ein Unrecht zu beseitigen oder bedrohliche Entwicklungen abzuwenden. Diese Haltung ist nicht Ausdruck mangelnden Rechtsbewußtseins. Im Gegenteil: Ziviler Ungehorsam setzt ein ausgeprägtes Rechtsempfinden voraus. Gandhi hat darauf aufmerksam gemacht, indem er schrieb:

»Ehe jemand dazu geeignet ist, Zivilen Ungehorsam zu leisten, muß er den Gesetzen des Staates willig und achtungsvoll gehorcht haben... Ein Anhänger der Gewaltfreiheit gehorcht den Gesetzen der Gesellschaft bewußt und aus freiem Willen, weil er es für eine heilige Pflicht hält, das zu tun. Nur wenn jemand solchermaßen den Gesetzen der Gesellschaft genau gehorcht hat, ist er in der Lage, zu beurteilen, welche besonderen Gesetze gut und gerecht und welche schlecht sind. Nur dann erwächst ihm die Berechtigung, gewissen Gesetzen gegenüber unter genau bestimmten Umständen Zivilen Ungehorsam zu leisten.«[142]

Und Theodor Ebert schränkt, Gandhi gleichsam ergänzend, die Bereitschaft zu Zivilem Ungehorsam in folgender Weise ein:

»Der Zivile Ungehorsam ist die höchste und gefährlichste Eskalationsstufe im gewaltfreien Widerstand. Man wird nicht dazu greifen, solange legale Widerstandsformen noch erfolgversprechend sind. Gerade wenn man sich der Risiken des Zivilen Ungehorsams bewußt ist, muß man sich fragen, ob man im Verlauf eines Konfliktes alles getan hat, um vor der dramatischen Zuspitzung, die nur noch vom Zivilen Ungehorsam Erfolg erwarten läßt, mit anderen Mitteln eine Wendung herbeizuführen.«[143]

Die Rechtfertigung des Zivilen Ungehorsams ist im Zusammenhang mit den Ausführungen über ein Widerstandsrecht in repräsentativen rechtsstaatlichen Demokratien und über Gehorsam und Ungehorsam zu sehen (siehe Seiten 16 ff. und 69 ff.). In einem weiterführenden Abschnitt werden zusätzlich noch einige grundlegende, teilweise klassische Texte zur Rechtfertigung von Zivilem Ungehorsam wiedergegeben.

Angesichts der Erfahrungen mit dem deutschen Faschismus, dem es gelang, ohne nennenswerten Widerstand, ja mit Hilfe der damaligen Justiz eine Rechtsordnung außer Kraft zu setzen (nicht wenige der Beteiligten durften später in der Bundesrepublik Recht sprechen oder bekleideten hohe politische Ämter), ist es sicher richtig und notwendig, den Wert einer Rechtsordnung, die Menschenrechte weitgehend schützt, besonders zu betonen, wenn auch in der Bundesrepublik bestimmte Verfassungsänderungen (Einführung der Wehrpflicht, Notstandsgesetze) und viele gesetzliche Regelungen den Freiheitsgehalt ihrer demokratischen Ordnung fraglos gemindert haben.

Zur Auseinandersetzung mit dem Zivilen Ungehorsam gehören einige allgemeine Überlegungen zum Problem der Legalität:

Gesetze und anerkannte Gewohnheiten sind wichtige Grundlagen unseres Zusammenlebens. Die in einer Gesellschaft bestehende Rechtsordnung (Legalordnung) wird aber häufig durch die Interessen herrschender Gruppen mehr oder weniger beeinflußt und steht daher nicht unbedingt im Einklang mit höherwertigen Menschen- und Grundrechten.

Es gibt Gesetze, die zum Nutzen und zur Bewahrung der Vorrechte von nur wenigen Menschen gemacht sind. So können — wie in Lateinamerika — ungerechte Besitzverhältnisse gesetzlich geregelt sein und mit dem Hinweis auf den Schutz des Eigentums begründet werden. Wer diese Verhältnisse nicht beachtet, verstößt gegen Gesetze. In Südafrika ist noch heute die Rassentrennung unter Androhung schwerster Strafen durch Gesetz geregelt. Auch all die historischen ungerechten und unmenschlichen Gesellschaftsverhältnisse — Sklaverei, Leibeigenschaft, Unterdrückung der Arbeiter, Verfolgung der Juden durch den deutschen Faschismus — waren einmal gesetzlich geregelt.

Die Ansicht darüber, was in einer gesellschaftlichen und politischen Ordnung legal ist, ändert sich also im Laufe der Geschichte. Heute kann ein Handeln legal sein, was noch vor Jahrzehnten formal nicht rechtmäßig war. Diese Feststellung gilt für viele Grundrechte wie Demonstrationsrecht, Versammlungsrecht, Streikrecht und so weiter.

Zudem ist nicht in allen Staaten, nicht einmal in allen rechtsstaatlichen Demokratien, die Rechtsordnung gleichermaßen entwickelt. Dies zeigt sich zum Beispiel daran, wie völlig verschiedenartig das Recht auf Kriegsdienstverweigerung etwa in der Bundesrepublik Deutschland, in der Schweiz, in Frankreich oder in den USA ausgelegt wird. Eine Handlung, die in dem einen Staat nicht gegen die Rechtsordnung verstößt oder sogar geschützt ist, kann in einem anderen, der politischen Ordnung nach durchaus vergleichbaren Staat strafrechtliche Folgen haben.

Wer in der Bundesrepublik den Kriegsdienst verweigert, kann sich auf ein Grundrecht berufen; in der Schweiz erwartet ihn eine Gefängnisstrafe.

In Frankreich stimmte die Nationalversammlung erst 1963 über ein entsprechendes Gesetz ab. Darin verbot der berüchtigte Artikel L 50 jegliche Werbung für die Kriegsdienstverweigerung und drohte bei Vergehen mit bis zu drei Jahren Haft. Eine Absurdität, wenn man bedenkt, daß mündige Bürger eigentlich die sie möglicherweise oder tatsächlich betreffenden Gesetze kennen sollten. Es gab ein Anerkennungsverfahren, in dem politische Gründe nicht akzeptiert wurden; der Zivildienst dauerte doppelt so lange wie der Militärdienst. Am 8. Juli 1983 verabschiedete die sozialistische Mehrheit ein neues Gesetz, das zumindest die öffentliche Information über die Kriegsdienstverweigerung nicht mehr verbietet.

In den USA bestand 125 Jahre lang keine Wehrpflicht. Erst die beiden Weltkriege und dann der Vietnamkrieg machten, um eine ausreichende Zahl von Soldaten rekrutieren zu können, die Wehrpflicht notwendig, die nur Mitglieder bestimmter religiöser Gruppen (z. B. Quäker) ablehnen konnten (siehe Seite 174 ff.). Seit 1973 setzt sich die US-Armee wieder ausschließlich aus Freiwilligen zusammen.

Dies alles zeigt, aus welchen Gründen die Legalität einer Handlung, also ihre Zulässigkeit im Sinne bestehender Gesetze, nicht der alleinige Maßstab für ihre Berechtigung, gemessen an den Menschenrechten und dem Schutz zukünftigen Lebens, sein kann. Gewaltfrei Handelnde müssen selbstverständlich immer sorgfältig begründen, warum sie sich legitimiert fühlen, ein Gesetz oder eine Anordnung mißachten zu können, ja zu müssen. Das allein reicht allerdings nicht. Auch die Mitglieder der sogenannten »Rote Armee Fraktion« (RAF) haben ihr terroristisches Handeln immer zu erklären versucht. Gewaltfreie Akteure hingegen unterstreichen die Ernsthaftigkeit ihrer Entscheidung dadurch, daß sie niemandem einen Schaden zufügen und bereit sind, die Sanktionen des Staates für ihre Gewissensentscheidung hinzunehmen. Zusammenfassend ist zu sagen:

»Ob Widerstandsaktionen bestraft oder legalisiert werden, hängt vor allem vom politischen Kräfteverhältnis ab und nicht von Gesetzen, die auch gewaltfreie Aktionen als gewalttätig definieren. Die Gesetze selbst sind ja von politischen Faktoren bestimmt, daher leitet sich die Legitimität einer gewaltfreien Aktion nicht primär von staatlichen Gesetzen, sondern mehr vom Ausmaß des abzuwehrenden Unrechts, von der Abwägung, daß alle legalen Mittel ausgeschöpft sind, und dem Ziel einer gewaltfreien, herrschaftslosen Gesellschaft ab.«[144]

Ein wesentliches Unterscheidungsmerkmal der Erscheinungsformen von Zivilem Ungehorsam ist die Reichweite einer Aktion. Es ist zu fragen: Richtet sich die Mißachtung gesetzlicher Regelungen oder anderer staatlicher Anordnung gegen die Grundlagen eines politischen Systems oder lediglich gegen Entwicklungen in gesellschaftlichen Teilbereichen?

Wer ein Industriewerk blockiert, das die Umwelt belastet,
wer sein Kind wegen eines schulischen Mißstandes oder eines gefährlichen Schulweges nicht zur Schule schickt,
wer in ein leerstehendes Haus einzieht,
wer eine Fabrik wegen arbeiterfeindlicher Unternehmenspolitik besetzt,
wer wie die Anhänger der Bürgerrechtsbewegung in den USA die Rassentrennung und Rassendiskriminierung mit nicht gesetzmäßigen, aber gewaltfreien Aktionen bekämpft,
wer all dieses Ungesetzliche tut,
der will ja kein anderes politisches System.
Die Adressaten seiner Aktion sind zumeist sogar die politisch Verantwortlichen, denen durch den Zivilen Ungehorsam ein

besonders dramatisches Signal übermittelt wird.

Es gibt aber auch Zivilen Ungehorsam, der gegen ein politisches System insgesamt gerichtet ist. Die Volksbewegung 1979 in Persien gegen das Schah-Regime und die Streikbewegung der Gewerkschaft »Solidarität« gegen die Praxis der Machtausübung durch die Kommunistische Partei in Polen sind Beispiele aus der jüngeren Geschichte. Das klassische Mittel des Zivilen Ungehorsams, der tatsächlich die Machtfrage stellt, ist der Generalstreik.

Sonderfälle des Zivilen Ungehorsams sind die Konfliktsituationen, in denen gesellschaftliche Zustände nicht verändert, sondern verteidigt werden sollen. Dazu gehört der Widerstand gegen einen Staatsstreich, der Ungehorsam gegenüber den illegalen Machthabern. Die an Erfolgen arme Geschichte des demokratischen Widerstands in Deutschland weist mit den Aktionen der Arbeiter- und Beamtenschaft gegen den Kapp-Putsch 1920 in Berlin immerhin ein bemerkenswertes Beispiel für einen solchen Widerstand auf.

Schließlich ist noch zu erwähnen, daß im Zusammenhang mit Zivilem Ungehorsam der Begriff »Begrenzte Regelverletzung« geprägt wurde. Damit wird versucht, Handlungen zu kennzeichnen, bei denen die Mißachtung gesetzlicher Regelungen oder Verordnungen durch die Akteure bewußt räumlich und zeitlich eingeschränkt, eben »begrenzt«, und/oder nur ein geringes Rechtsgut verletzt wird.

Der Zivile Ungehorsam kann als eine durch Gesetzesmißachtung gesteigerte Form der Nichtzusammenarbeit verstanden werden. Sein Gegenteil ist nicht Gehorsam schlechthin, sondern — aus der Sicht der Akteure — der unverantwortliche Gehorsam. Im Gegensatz zu Aktionen der legalen Nichtzusammenarbeit stellt sich für die Machthaber jedoch das Problem, in welchem Maße Sanktionen ergriffen werden sollen, wenn sie nicht ihre Positionen durch Autoritätsverlust von vornherein gefährden wollen. Aber sie untergraben ihre moralische Glaubwürdigkeit, wenn sie Menschen bestrafen, die sich aufgrund einer an humanen Werten orientierten Gewissensentscheidung zu gewaltfreier Gesetzesmißachtung verpflichtet fühlen. Zu den Wirkungsmechanismen des

Zivilen Ungehorsams zählt es im übrigen, daß seine glaubwürdige Ankündigung bereits politische Entscheidungen mit beeinflussen kann. Dies hat die Auseinandersetzung um die Volkszählung im Frühsommer 1983 in der Bundesrepublik gezeigt.

In der folgenden Zusammenstellung wird die Erscheinung des Zivilen Ungehorsams systematisch zu erfassen versucht.[145]

Zehn Merkmale des Zivilen Ungehorsams

Der *juristische* Gesichtspunkt:

1. Die Handlung ist illegal.

Der *moralische* Gesichtspunkt:

2. Die Handlung beruht auf einer Gewissensentscheidung.

Der *rationale* Gesichtspunkt:

3. Die Handlung ist wohlüberlegt.

4. Es besteht ein Zusammenhang zwischen dem Aktionsziel und der Handlungsweise.

Der Gesichtspunkt der *Verpflichtung gegenüber der Gesellschaft*:

5. Die Gehorsamsverweigerung wird öffentlich begründet.

6. Alle legalen Mittel sind ausgeschöpft.

7. Die Handlung wird ohne Verheimlichung vollzogen.

8. Eine Bestrafung wird bewußt in Kauf genommen.

Der Gesichtspunkt der *Verpflichtung gegenüber den Mitmenschen:*

9. Festlegung auf Gewaltfreiheit

10. Die Rechte anderer Menschen werden unbedingt beachtet.

Materialien zum Zivilen Ungehorsam

> Massen-Ungehorsam ist eine Strategie für soziale
> Neuerung, die mindestens so nachdrücklich wirkt
> wie ein Krankenwagen mit heulender Sirene.
> *Martin Luther King*

Im folgenden sind einige Materialien zusammengestellt, in denen Ziviler Ungehorsam gekennzeichnet, begründet und in seiner Anwendung diskutiert wird.

Auszügen aus der Schrift »Über die Pflicht zum Ungehorsam

gegen den Staat« von Henry David Thoreau, die in der neuzeitlichen Geschichte der Gewaltfreiheit entscheidenden Einfluß gehabt hat, schließen sich zwei grundlegende Texte von Mohandas K. Gandhi über Voraussetzungen und die Praktizierung des Zivilen Ungehorsams an.

Die Diskussion über Zivilen Ungehorsam ist nicht bei Gandhi stehengeblieben. Davon zeugen die Ausführungen des norwegischen Politikwissenschaftlers Christian Bay, der sich zunächst insbesondere mit der inhaltlichen Bedeutung des Begriffs *civil disobedience* auseinandergesetzt hat.

Dann folgt ein Zitat aus dem Brief Martin Luther Kings aus dem Gefängnis von Birmingham, den dieser an weiße Pfarrer richtete, die ihn nach der Legitimität seines Kampfes gefragt hatten. Kings Argumentation zur Feststellung gerechter und ungerechter Gesetze ist natürlich stark von der Situation der Rassentrennung geprägt, was das Problem zweifellos erleichtert.

Es schließen sich Texte zur Rolle des Zivilen Ungehorsams in demokratischen Gesellschaften an. Während Christian Bay den Zivilen Ungehorsam damit begründet, daß die Manipulationsmöglichkeiten der Herrschenden eine wirklich demokratische Willensbildung verhindern, setzt sich der Friedensforscher Wolfgang Sternstein mit dem Argument auseinander, Ziviler Ungehorsam sei eine undemokratische Methode und entspringe der Anmaßung einer Minderheit.

Die beiden darauf folgenden Texte betreffen die Begrenzte Regelverletzung. Peter Schneider stellt in geradezu beispielhafter Weise die Funktion einer Begrenzten Regelverletzung im öffentlichen Aufklärungsprozeß dar. Theodor Ebert veranschaulicht die Begrenztheit des Zivilen Ungehorsams in der Bundesrepublik und stellt einige Überlegungen über dessen Vereinbarkeit mit der Idee der Demokratie an.

Am Schluß dieser Materialien stehen Thesen von Günter Altner, in denen dieser einen religiös motivierten Zivilen Ungehorsam gegen Kriegsvorbereitung und Umweltzerstörung begründet und Anforderungen an den Charakter des Widerstands stellt.

»Über die Pflicht zum Ungehorsam gegen den Staat« — eine Schrift von Henry David Thoreau

> Die beste Regierung ist die, die am wenigsten regiert.
>
> *H. D. Thoreau*

Selten kann man die Formulierung einer Idee und deren Nachwirkungen so deutlich verfolgen wie am Beispiel der 1848 als Vortrag verfaßten und 1849 veröffentlichten Schrift des Amerikaners Henry David Thoreau »Über die Pflicht zum Ungehorsam gegen den Staat« (Originaltitel: *The Resistance to Civil Government*).[146] Wir wissen, daß Gandhi diese Schrift immer mit sich führte und für sie warb. Wir wissen, daß Thoreau auf Martin Luther King großen Eindruck gemacht hat. Diese Schrift ist so etwas wie eine Pflichtlektüre der gewaltfreien Bewegung, obwohl Thoreau selbst nicht als bewußter Anhänger der Gewaltlosigkeit bezeichnet werden kann.

Zur Person:
Thoreau wurde 1817 in Concord, der Hauptstadt des Bundesstaates New Hampshire, geboren. Er studierte am Harvard College und betätigte sich danach als Lehrer. Dabei fiel er durch seine wenig autoritären Unterrichtsmethoden auf. 1845 zog Thoreau in eine Blockhütte am kleinen Waldensee, nicht weit von seiner Geburtsstadt entfernt, wo er in Abgeschiedenheit ein naturverbundenes Leben führte. Seine Erfahrungen verarbeitete er in seinem 1854 veröffentlichten Buch »Walden«.
1847 zog Thoreau in die Stadt zurück, arbeitete als Landvermesser und übte verschiedene andere Tätigkeiten aus. Politisch besonders aktiv war er im Kampf gegen die Sklaverei. Er starb 1862.

Zum Inhalt der Schrift:
Der Schrift Thoreaus über den Ungehorsam gegen den Staat ist die gefühlsmäßige Betroffenheit des Verfassers anzumerken. Es sind drei Erscheinungen, die ihn empören und die er für unvereinbar mit den hohen moralischen Ansprüchen der amerikanischen Demokratie hält: die Sklaverei, die Unterdrückung und

Ausrottung der Indianer sowie — als aktuelles Ereignis — der Angriffskrieg der USA gegen das Nachbarland Mexiko (1846 bis 1848), bei dem das Gebiet der späteren Bundesstaaten Texas, Kalifornien, Nevada, Utah, Arizona und Neu-Mexiko erobert wurde. Gerade in diesem Zusammenhang finden sich vielfältige kritische Anmerkungen zum Militarismus, auf die hier nicht weiter eingegangen werden soll.

Schon Thoreau hat sich mit dem Selbstverständnis der repräsentativen Demokratie auseinanderzusetzen:

»Der praktische Grund, warum die Mehrheit regieren und für längere Zeit an der Regierung bleiben darf, wenn das Volk die Macht hat, ist schließlich nicht, daß die Mehrheit das Recht auf ihrer Seite hat, auch nicht, daß es der Minderheit gegenüber fair ist, sondern ganz einfach, daß sie physisch am stärksten ist. Aber eine Regierung, in der die Mehrheit in *jedem* Fall den Ausschlag gibt, kann nicht auf Gerechtigkeit gegründet sein, nicht einmal soweit Menschen die Gerechtigkeit verstehen. Könnte es nicht eine Regierung geben, in der nicht die Mehrheit über Falsch und Richtig befindet, sondern das Gewissen, in der die Mehrheit nur solche Fragen entscheidet, für die das Gebot der Nützlichkeit gilt? Muß der Bürger auch nur einen Augenblick, auch nur ein wenig, sein Gewissen dem Gesetzgeber überlassen?«

Thoreau vertritt hingegen die These:

»Ich finde, man soll erst Mensch sein und danach Untertan. Man soll nicht den Respekt vor dem Gesetz pflegen, sondern vor der Gerechtigkeit.«[147]

Auch der Grundkonflikt, den Thoreau beschreibt, mutet äußerst aktuell an:

»Es gibt ungerechte Gesetze: sollen wir ihnen befriedigt gehorchen, oder sollen wir es auf uns nehmen, sie zu bessern, und ihnen nur so lange gehorchen, bis wir das erreicht haben, oder sollen wir sie vielleicht sofort übertreten? Die Leute glauben im allgemeinen, unter einer Regierung, wie wir sie jetzt haben, sollten sie warten, bis sie die Merhheit zu den Änderungen überredet haben. Wenn sie Widerstand leisteten, so glauben sie, wäre die Kur schlimmer als die Krankkeit. Aber es ist die Regierung, die allein schuld hat, daß die Kur schlimmer als die Krankheit ist. Sie macht sie schlimmer. Warum tut sie nicht mehr dafür, Reformen vorzusehen und einzuleiten? Warum achtet sie nicht auf die verständige Minderheit? Warum muß sie lärmen und sich sträuben, bevor sie noch Schaden gelitten hat? Warum ermutigt sie die Bürger nicht, wachsam zu sein und ihre Fehler anzuzeigen und ihr damit Besseres zu tun, als an ihnen getan wurde?«[148]

Angesichts dieser Situation fordert Thoreau zumindest die Nichtbeteiligung an einer Unrechtssituation:

»Der Mensch ist nicht unbedingt verpflichtet, sich der Austilgung des Unrechts zu widmen, und sei es noch so monströs. Er kann sich auch anderen Angelegenheiten mit Anstand widmen; aber zumindest ist es seine Pflicht, sich nicht mit dem Unrecht einzulassen, und, wenn er schon keinen Gedanken daran wenden will, es doch wenigstens nicht praktisch zu unterstützen.«[149]

Wird man durch ein Gesetz gezwungen, ein Unrecht zu begehen, so ist das Gesetz zu brechen:

»Wenn aber ein Gesetz so beschaffen ist, daß es notwendigerweise aus dir den Arm des Unrechts an einem anderen macht, dann, sage ich, brich das Gesetz. Mach dein Leben zu einem Gegengewicht, um die Maschine aufzuhalten.«[150]

Auch Thoreau mußte sich Gedanken darüber machen, welche Möglichkeiten Minderheiten überhaupt haben, um gesellschaftliche und politische Wirkung zu erzielen. Minderheiten können Anstöße zu Veränderungen geben. So schreibt er hinsichtlich der Sklaverei:

»Ich weiß ganz genau, wenn nur tausend Menschen, hundert, zehn, ja sogar wenn nur *ein* Ehrenmann im Staate Massachusetts, weil er keine Sklaven mehr halten will, nicht mehr an dieser Gemeinschaft teilhaben wollte und dafür ins Gefängnis gesperrt würde: es wäre das Ende der Sklaverei in Amerika. Denn es spielt keine Rolle, wie gering die Anfänge zu sein scheinen: was einmal wohlgetan ist, ist für immer getan.«[151]

Als weitere Aktion schlägt Thoreau die Steuerverweigerung vor, solange ein Staat Unrecht tut. In diesem Zusammenhang verdeutlicht eine kurze Passage, wie sich Thoreau die politischen Auswirkungen einer solchen Verweigerung vorstellt. Diese Überlegung ist entsprechenden Annahmen der Gewaltfreiheitstheorie nicht unähnlich:

»Vor der Wahl, ob er alle anständigen Menschen im Gefängnis halten oder Krieg und Sklaverei aufgeben soll, wird der Staat mit seiner Antwort nicht zögern. Wenn tausend Menschen dieses Jahr keine Steuern bezahlen würden, so wäre das keine brutale und blutige Maßnahme — das wäre es nur, wenn sie sie zahlten und damit dem Staat erlaubten, Brutalitäten zu begehen und Blut zu vergießen. Das erstere ist, was wir unter einer friedlichen Revolution verstehen — soweit sie möglich ist. Wenn nun aber — wie es geschehen ist — der Steuereinnehmer oder irgendein Beamter mich fragt: ›Was soll ich aber jetzt tun?‹, so ist meine Antwort: ›Wenn du wirklich etwas tun willst, dann gib dein Amt auf.‹ Wenn einmal der Untertan den Gehorsam verweigert und der Beamte sein Amt niedergelegt hat, dann hat die Revolution ihr Ziel erreicht.«[152]

Die Kernaussage Thoreaus zur Rolle von Minderheiten lautet:

»Eine Minderheit ist machtlos, wenn sie sich der Mehrheit anpaßt: sie ist dann noch nicht einmal Minderheit; unwiderstehlich aber ist sie, wenn sie ihr ganzes Gewicht einsetzt.«[153]

So weit die Auszüge aus der Schrift Thoreaus. In ihr finden sich zahlreiche anregende Passagen von nicht geringer Aktualität, was als Empfehlung verstanden werden sollte, diese Abhandlung zu lesen.

Mohandas K. Gandhi: Die Voraussetzungen für Zivilen Ungehorsam

Auf politischem Gebiet besteht der Kampf von seiten des Volkes im Widerstand gegen Irrtum, der ihm in Gestalt ungerechter Gesetze entgegentritt. Wenn es mißlungen ist, den Irrtum durch Petitionen und dergleichen an die Gesetzgeber zurückzuweisen, so bleiben, sofern man sich ihm nicht unterwerfen will, nur zwei Wege: entweder den Gesetzgeber durch Gewalt zum Nachgeben zu zwingen oder dann die Strafe für die Gesetzesübertretung zu tragen. Aus diesem Grunde sieht die Öffentlichkeit in *Satyagraha* hauptsächlich Zivil-Desobedienz oder Zivil-Resistenz. Es ist zivil in dem Sinne, daß es nicht kriminell ist. Der Verbrecher bricht das Gesetz im geheimen und sucht der Strafe auszuweichen. Nicht so der Zivil-Resistente. Er gehorcht den Gesetzen nicht deshalb, weil er sich vor der Strafe fürchtet, sondern weil er sie für geeignet erachtet, das Wohlergehen des Volkes zu fördern. Es gibt jedoch Fälle — im allgemeinen sind sie selten —, in denen ein Gesetz so ungerecht ist, daß ihm gehorchen einer Entehrung gleichkäme. In solchen Fällen bricht der Zivil-Resistente das Gesetz offen und erleidet die Strafe für sein Vorgehen. Und um seinem Protest gegen den Gesetzgeber noch mehr Nachdruck zu verleihen, kann er dem Staate seine Mitarbeit (Kooperation) entziehen, indem er auch andern Gesetzen den

Gehorsam verweigert, solchen wenigstens, deren Übertretung keine Unehrenhaftigkeit bedeutet.[154]

Mohandas K. Gandhi: Das Praktizieren von Zivilem Ungehorsam

Wer bis zum letzten Zivilen Widerstand leisten will, muß einfach die Autorität des Staates ignorieren. Er wird zum Geächteten, der für sich beansprucht, jedes unmoralische Gesetz des Staates mißachten zu dürfen. So darf er sich beispielsweise weigern, Steuern zu zahlen, er darf sich weigern, die staatliche Autorität anzuerkennen, die ihm Beschränkung seines täglichen Umgangs mit anderen auferlegen will. Er darf Verbotsvorschriften außer acht lassen und militärische Unterkünfte betreten, um zu den Soldaten zu sprechen. Er kann es ablehnen, ein Streikpostenverbot zu beachten, und in einem verbotenen Bezirk als Streikposten auftreten. Bei all dem wendet er nie Gewalt an oder leistet er Widerstand, wenn Gewalt gegen ihn selbst angewandt wird. Im Gegenteil, er fordert zur Verhaftung oder Gewaltanwendung gegen sich auf. Dies tut er, weil und wenn er die körperliche Freiheit, die er scheinbar genießt, als unerträgliche Last empfindet. Vor sich selbst verantwortet er es damit, daß der Staat persönliche Freiheit nur soweit gewährt, als sich der Bürger seinen Vorschriften beugt. Unterwerfung unter das Staatsgesetz ist der Preis, den der Bürger für seine persönliche Freiheit bezahlt. Unterwerfung unter ein Staatsgesetz, ob es völlig oder weitgehend ungerecht ist, ist darum ein unmoralisches Tauschobjekt für die Freiheit. Ein Bürger, der also die üble Beschaffenheit eines Staates erkannt hat, lehnt es ab, von dessen Gnade zu leben, und ist lieber in den Augen der Andersdenkenden ein öffentliches Ärgernis, wenn er, ohne moralische Schuld auf sich zu laden, den Staat zwingt, zu seiner Verhaftung zu schreiten. So betrachtet ist Ziviler Widerstand eine äußerst eindrucksvolle Kundgebung seelischer Pein und ein nicht zu überhörender Protest gegen das Fortbestehen eines üblen Staates.[155]

Christian Bay: Was Ziviler Ungehorsam *(civil disobedience)* bedeutet

Civil ist der mehrdeutige der beiden Begriffe. Mindestens fünf verschiedene Bedeutungen scheinen denkbar, und in diesem Bereich erscheint es angemessen, den Bogen weit zu spannen und jede der folgenden Bedeutungen als gleichberechtigt zu betrachten:
1. Der Begriff kann sich auf eine Anerkennung allgemeiner Bürgerpflichten, das heißt auf die Legitimität der bestehenden Rechtsordnung in ihrer Gesamtheit beziehen. Bemüht man sich, den Widerstand auf eine bestimmte Gesetzesklausel oder Politik (*policy*) zu beschränken und/oder Gewalt zu vermeiden, so läßt sich dies (jedoch nicht notwen-

digerweise) als die Wahrnehmung einer allgemeinen Bürgerpflicht interpretieren.

2. *Civil* kann sich auf das Gegenteil von »militärisch« im weiten Sinne beziehen. Die herkömmliche Hervorhebung der Gewaltlosigkeit läßt sich als a) Anerkennung des staatlichen Anspruchs auf ein Monopol zur legitimen Ausübung physischer Gewalt ansehen oder b) als die Ablehnung jeder physischen Gewalt, da diese unter allen Umständen und ohne Rücksicht auf Sinn und Zweck illegitim oder moralisch zu verurteilen ist.

3. *Civil* kann das Gegenteil von *uncivil* (unhöflich, grob) oder von *uncivilized* (unzivilisiert) meinen; Handlungen von *civil disobedience* können Ideale staatsbürgerlichen Verhaltens oder der Moral zu verkörpern suchen, welche Gegner und/oder Unbeteiligte hoffenswerterweise zu einem zivilisierten Verhalten veranlassen oder zu einem Verhalten, das mit den bestimmten Idealen mehr in Einklang steht, die eine gegebene Kampagne der *civil disobedience* inspirieren.

4. *Civil* kann sich auch auf »öffentlich« im Unterschied zu »privat« beziehen. Handlungen von *civil disobedience* versuchen nicht allein, einem bestimmten Prinzip im Privatbereich Geltung zu verschaffen, sondern suchen öffentliches Interesse auf die Anschauung zu lenken, daß ein wichtiger Grundsatz der Moral durch ein Gesetz oder die Politik einer Regierungsinstitution verletzt wird.

5. *Civil* kann andeuten, daß der Sinn von Ungehorsam darin liegt, solche Veränderungen im politischen System herbeizuführen, die nicht allein die Freiheitsrechte eines oder einer Gruppe von Bürgern betreffen, sondern die Freiheitsrechte aller Bürger. Eine religiöse Sekte, die an gesetzwidrigen Formen des Gottesdienstes festhält (z.B. der Payote-Kult bei Indianern im Westen der USA, bevor ihm der US Supreme Court zu Hilfe kam), kann sich auf die Forderung beschränken, daß man sie in Frieden läßt, oder kann gleichzeitig dafür eintreten, daß auch andere Sekten in den Genuß derselben Rechte gelangen. Der Grad an Einsicht in die sekundären Implikationen von Gehorsamsverweigerungen ist als begriffliches Unterscheidungskriterium nicht allzugut geeignet. Es scheint durchaus sinnvoll, den Begriff *civil disobedience* auch auf sehr begrenzt motivierten Ungehorsam anzuwenden.

Die Bedeutungsnuancen des Begriffs *civil* werden in der obigen kurzen Aufzählung keineswegs ausgeschöpft, doch gehören die fünf erwähnten Definitionen wahrscheinlich zu den gebräuchlichsten. Wahrscheinlich verbinden jene, die *civil disobedience* praktizieren, ihr Verhalten als *civil* mit mehreren Interpretationen.[156]

Martin Luther King: Über gerechte und ungerechte Gesetze

Sie zeigen sich sehr besorgt darüber, daß wir die Absicht haben, Gesetze zu brechen. Das ist bestimmt eine berechtigte Sorge. Da wir die Leute so eifrig auffordern, dem Beschluß des Obersten Bundesgerichts vom Jahre 1954 zu gehorchen und die Rassentrennung in den öffentlichen Schulen aufzuheben, ist es ziemlich merkwürdig und paradox, daß Sie nun in uns bewußte Gesetzesbrecher finden. Sie werden vielleicht fragen: »Wie können Sie es rechtfertigen, einige Gesetze zu übertreten und anderen zu gehorchen?« Das liegt einfach daran, daß es zwei Arten von Gesetzen gibt, gerechte und ungerechte. Ich möchte mit Augustin sagen:»Ein ungerechtes Gesetz ist kein Gesetz.« Wo liegt nun der Unterschied zwischen beiden? Wie kann man erkennen, ob ein Gesetz gerecht ist? Ein gerechtes Gesetz ist ein von Menschen gemachtes Gesetz, das mit dem Gesetz der Moral oder dem Gesetz Gottes übereinstimmt. Ein ungerechtes Gesetz dagegen ist ein Gesetz, das mit dem Gesetz der Moral nicht harmoniert. Um mit Thomas von Aquin zu sprechen: »Ein ungerechtes Gesetz ist ein menschliches Gesetz, das nicht im Gesetz des Ewigen und der Natur verwurzelt ist. Jedes Gesetz, das die menschliche Persönlichkeit erniedrigt, ist ungerecht.« Alle Rassentrennungsgesetze sind ungerecht, weil die Rassentrennung der Seele und dem Charakter des Menschen Schaden zufügt. Sie gibt ihren Verfechtern ein falsches Gefühl der Überlegenheit und ihren Opfern ein falsches Gefühl der Minderwertigkeit . . .

Wir wollen uns einmal einem konkreteren Beispiel für gerechte und ungerechte Gesetze zuwenden. Ein ungerechtes Gesetz ist ein Gesetz, das eine Mehrheit einer Minderheit auferlegt und an das sie sich selbst nicht gebunden fühlt. Damit wird die *unterschiedliche* Behandlung von Menschen legalisiert. Ein gerechtes Gesetz ist ein Gesetz, das eine Mehrheit einer Minderheit auferlegt und das sie selbst zu befolgen gewillt ist. Damit wird die *gleiche* Behandlung von Menschen legalisiert.

Lassen Sie mich noch eine andere Erklärung geben. Ein ungerechtes Gesetz ist ein einer Minderheit diktiertes Gesetz, an dem diese Minderheit nicht mitwirken konnte, weil sie nicht das Recht hatte zu wählen.[157]

Christian Bay: Ziviler Ungehorsam und formale Demokratie

Demokratie, wie wir sie im Westen kennen, ist offenbar zu einem fast reibungssicheren Instrumentarium zur Erhaltung des Status quo geworden. Geregelter politischer Widerstand ist nur noch in dem Maße möglich, in dem die Staatsbürger den verbreiteten Glauben aufgeben, demokratische Verhältnisse seien schon geschaffen, und man müsse die in unserer Gesellschaft herrschenden Gesetze einhalten. Unter den Bedingungen des demokratischen Pluralismus bedeutet unkritischer Gesetzesgehorsam nicht nur die Vermeidung von Gewalt, sondern auch effektiv, daß man jede überlegte Anstrengung aufgibt, wirksam auf eine Veränderung des Systems hinzuarbeiten. Denn damit ist man von vornherein einverstanden, unter Regeln zu leben, die in Wirklichkeit bestehen, um die Entwicklung wahrhaft demokratischer Verhältnisse zu verhindern. Die Mächtigen sind mächtiger geworden, die Machtlosen ohnmächtig. Dabei bleibt der äußere Schein von Demokratie gewahrt, was jedoch zunehmend schwieriger wird. Allerdings haben sich die Medien der Kommunikation und der Indoktrination dieser Schwierigkeit gewachsen gezeigt. So ist die Diskrepanz zwischen unseren rosaroten Vorstellungen einer »Regierung durch das Volk« und den starren Realitäten von Armut und Unterdrückung immer weiter gewachsen.[158]

Wolfgang Sternstein: Ziviler Ungehorsam und demokratische Mehrheit

Bürgerlicher Ungehorsam, so wird schließlich behauptet, sei undemokratisch, weil hier eine Minderheit versuche, der Mehrheit ihren Willen aufzuzwingen. Das ist falsch. Wo immer die Mehrheit beschließt, Unrecht zu tun, hat der einzelne oder die Minderheit die Pflicht, sich diesem Beschluß zu widersetzen, indem sie sich weigern, an diesem Unrecht mitzuwirken. Wer davon überzeugt ist, daß das atomare Wettrüsten ein Verbrechen ist, weil es früher oder später zum Atomkrieg führt, ist zum gewaltfreien Widerstand verpflichtet, wenn er an diesem Verbrechen nicht mitschuldig werden will.

Der gewaltfreie Widerstand appelliert mit Argumenten an Vernunft und Einsicht. Er appelliert aber auch durch die Bereitschaft, für die eigene Überzeugung Unannehmlichkeiten und Nachteile auf sich zu nehmen, an das Gefühl. Gewaltfreier Widerstand zielt darauf ab, durch massenhaften Widerstand das von der Mehrheit beschlossene Unrecht undurchführbar zu machen und durch freiwillig auf sich genommene Nachteile die Mehrheit davon zu überzeugen, daß sie Unrecht tut. Sein Ziel ist es also, die Mehrheit zu gewinnen. Ziviler Ungehorsam und Demokratie schließen sich also keineswegs aus, sie ergänzen sich vielmehr.[159]

Peter Schneider: Warum Begrenzte Regelverletzung?

Wir haben in aller Sachlichkeit über den Krieg in Vietnam informiert, obwohl wir erlebt haben, daß wir die unvorstellbarsten Einzelheiten über die amerikanische Politik in Vietnam zitieren können, ohne daß die Phantasie unserer Nachbarn in Gang gekommen wäre, aber daß wir nur einen Rasen betreten brauchen, dessen Betreten verboten ist, um ehrliches, allgemeines und nachhaltiges Grauen zu erregen. Wir haben vollkommen demokratisch gegen die Notstandsgesetze demonstriert, obwohl wir gesehen haben, daß wir sämtliche Ränge des Zivildienstes aufzählen können, ohne irgendeine Erinnerung wachzurufen, aber daß wir nur die polizeilich vorgeschriebene Marschrichtung zu ändern brauchen, um den Oberbürgermeister und die Bevölkerung aus den Betten zu holen. Wir haben ruhig und ordentlich eine Universitätsreform gefordert, obwohl wir herausgefunden haben, daß wir gegen die Universitätsverfassung reden können, soviel wir wollen, ohne daß sich ein Aktendeckel hebt, aber daß wir nur gegen die baupolizeilichen Vorschriften zu verstoßen brauchen, um den ganzen Universitätsaufbau ins Wanken zu bringen. Da sind wir auf den Gedanken gekommen, daß wir erst den Rasen zerstören müssen, bevor wir die Lügen über Vietnam zerstören können, daß wir erst die Marschrichtung ändern müssen, bevor wir etwas an den Notstandsgesetzen ändern können, daß wir erst die Hausordnung brechen müssen, bevor wir die Universitätsordnung brechen können.

Da haben wir den Einfall gehabt, daß das Betretungsverbot des Rasens, das Änderungsverbot der Marschrichtung, das Veranstaltungsverbot der Polizei genau die Verbote sind, mit denen die Herrschenden dafür sorgen, daß die Empörung über die Verbrechen in Vietnam, über die Notstandspsychose, über die vergreiste Universitätsverfassung schön ruhig und wirkunslos bleibt. Da haben wir gemerkt, daß sich in solchen Verboten die kriminelle Gleichgültigkeit einer ganzen Nation austobt. Da haben wir es endlich gefressen, daß wir gegen den Magnifizenzwahn und die akademischen Sondergerichte, gegen Prüfungen, in denen man nur das Fürchten, gegen Seminare, in denen man nur das Nachschlagen lernt, gegen Ausbildungspläne, die uns systematisch verbilden, gegen Sachlichkeit, die nichts weiter als Müdigkeit bedeutet, gegen die Verketzerung jeder Emotion, aus der die Herrschenden das Recht ableiten, über die Folterungen in Vietnam mit der gleichen Ruhe wie über das Wetter reden zu dürfen, gegen demokratisches Verhalten, das dazu dient, die Demokratie nicht aufkommen zu lassen, gegen Ruhe und Ordnung, in der die Unterdrücker sich ausruhen, gegen verlogene Rationalität und wohlweisliche Gefühlsarmut — daß wir gegen den ganzen alten Plunder am sachlichsten argumentieren, wenn wir aufhören zu argumentieren und uns hier in den Hausflur auf den Fußboden setzen.

Das wollen wir jetzt tun.[160]

Theodor Ebert: Über die Begrenztheit des Zivilen Ungehorsams in der Bundesrepublik

Gewissensgründe für unsere Auflehnung gegen die Vorbereitung auf einen Atomkrieg gibt es genug. Unser Legitimierungsproblem lautet eher: Warum haben wir nicht längst Widerstand geleistet und so lange mit der Bombe gelebt? Schließlich befinden sich Atomwaffen seit 1954 auf deutschem Boden. Eine weitere kritische Frage müssen wir uns stellen: Haben wir nach Kräften alle legalen Möglichkeiten des friedenspolitischen Engagements genutzt und uns auch um die Alternativen zur militärischen Verteidigung gekümmert — oder haben wir aus Bequemlichkeit und weil wir die Prioritäten falsch gesehen haben, den Dingen ihren Lauf gelassen und sind jetzt in eine Lage geraten, in der wir meinen, nur noch mit Hauruck die Notbremse des Zivilen Ungehorsams ziehen zu können? Wir haben tatsächlich einiges versäumt. Was hätten eine halbe Million Kriegsdienstverweigerer bei kontinuierlichem Engagement nicht alles erreichen können! Darum sollten wir uns jetzt vor selbstgerechten Untertönen hüten bei unseren Hinweisen auf die staatsbürgerliche Pflicht zum Zivilen Ungehorsam. Wir sollten uns vor falschem Pathos hüten und auch nicht leichtfertig so klingende Namen wie Henry David Thoreau und Mahatma Gandhi vor uns hertragen.

Die bisherigen Aktionen Zivilen Ungehorsams waren ja auch eher bescheidener Natur, eigentlich eher Aktionen im Vorfeld tatsächlichen Widerstands. Die gewaltfreien Behinderungsaktionen an der Raketenbase Großengstingen, die dosierte Behinderung am 12. Dezember 1982 vor dem EUCOM* in Stuttgart und die Blockaden während der Ostermärsche, besonders hier in Ulm und in Kellinghusen, hatten das Ziel, die Ernsthaftigkeit des Anliegens der Atomwaffengegner an Ort und Stelle zu dramatisieren, und zwar in einer Form, die ein Ignorieren der Vernichtungsmaschinerie in unserer alltäglichen Umgebung nicht länger zuläßt. Die bisherigen Aktionen Zivilen Ungehorsams waren aber kaum mehr als eine besonders intensive Nutzung des Demonstrationsrechts. Diese Aktionen waren in vielerlei Hinsicht begrenzt. Sie waren begrenzt in ihrer Teilnehmerzahl, in ihrer Dauer und Intensität der Behinderung. Die Blockaden ließen von vornherein Lücken, oder sie waren durch den Einsatz geringer Polizeikräfte relativ kurzfristig zu beseitigen. Von einem tatsächlichen Eingriff in das Funktionieren des Abschreckungssystems konnte keine Rede sein. Ich betone dies, weil die Staatsanwälte heute im Blick auf diese Aktionen von »Nötigung« sprechen, was aber die Ausübung unausweichlichen Zwangs voraussetzen würde. Es stünde der deutschen Jurisprudenz gut an, wenn sie die angelsächsische Tradi-

*EUCOM: European Command — Befehlszentrale der US-Armee für Europa, Nordafrika und den Nahen Osten

tion der *Civil Disobedience* und der *Non-violent Action* zur Kenntnis nehmen würde. Für einen Angelsachsen wäre es absurd, wenn man wie deutsche Innenminister gewaltfreie Aktionen unter Hinweis auf den — von mir bestrittenen — strafrechtlichen Tatbestand der »Nötigung« in den Ruch der Gewaltsamkeit bringen würde. Erfreulicherweise widerspricht dies mittlerweile auch schon dem deutschen Sprachempfinden. In angelsächsischen Demokratien weiß man, daß diese Aktionen symbolischer Behinderung einen demonstrativen Charakter haben und notwendig sind, weil auch Demokratien mit Grundrechtsgarantien eine Möglichkeit brauchen, radikalen Dissens zwischen den Wahlen und vorbei am Filter des Parteiensystems zum Ausdruck zu bringen. Es gibt ja auch in unserer Demokratie bereits Beispiele dafür, daß staatliche Institutionen durch Aktionen demonstrativen Zivilen Ungehorsams zu der Einsicht gebracht wurden, daß bestimmte Gesetze der Revision bedürfen. Selbstanzeigen von Frauen, die abgetrieben hatten, zeigten dem Gesetzgeber, daß der alte § 218 nicht länger zu halten war. Die zahlreichen Aufrufe, die Volkszählung zu boykottieren, hatten für das Bundesverfassungsgericht wichtige Signalwirkung, und die gesetzgebenden Parteien müssen den Karlsruher Richtern eigentlich dankbar dafür sein, daß sie sich als sensibel für Zivilen Ungehorsam erwiesen und ihnen in letzter Minute eine Blamage ersparten. Die Auseinandersetzung um die Volkszählung zeigt, daß in Demokratien nicht nur einfache Mehrheiten, sondern alle Repräsentanten des Volkes einmütig irren können und darum eben gelegentlich ihre Entscheidungen der Korrektur durch das Bundesverfassungsgericht oder, falls auch dieses versagt, durch den Zivilen Ungehorsam der Bürger bedürfen. Das Instrumentarium des demonstrativen Zivilen Ungehorsams gehört also legitimerweise zum demokratischen Willensbildungsprozeß.[161]

Günter Altner: Ungehorsam als Gehorsam für Größeres? Zehn Thesen zum Widerstand für die Schöpfung

1. Der Zustand, in dem sich unsere Lebenswelt heute befindet, fordert uns zu entschiedenem Widerstand für die Schöpfung heraus. Dieser Widerstand muß sich gegen die Trägheit und Gleichgültigkeit in unseren Herzen richten, aber ganz sicher auch gegen etablierte einseitige Wirtschaftsinteressen und gegen Staatsbürokratien, die immer nur gerade so viel zur Sanierung der Umwelt tun, wie es der Bedarf der Schlüsselindustrien und wie es der Bedarf der Sanierungsunternehmer erfordert.

2. Die perverseste Form der Umweltzerstörung stellen Kriegsvorbereitungen dar, insbesondere Herstellung, Erprobung, Lagerung von und Übung mit Massenvernichtungswaffen.

3. Widerstand für die Schöpfung ist eine Angelegenheit der mensch-

lichen Phantasie, bedeutet Aufbrechen aus den Denk- und Handlungs-
zwängen der totalen Kapitalisierung der Natur. Widerstand für die
Schöpfung heißt nicht generell Technikfeindlichkeit.

4. Widerstand für die Schöpfung erfordert Zivilcourage. Dabei ist man
schnell allein. Deshalb ist Solidarität über die Grenzen hinweg vonnö-
ten. Greenpeace ermutigt uns. Ermutigen wir auch Greenpeace? Die
eine irdische Lebenswelt ist unteilbar. Das verpflichtet uns zu internationaler Zusammenarbeit. Vergessen wir dabei die Entwicklungsländer
nicht.

5. Widerstand für die Schöpfung muß konkret und deshalb gerade auch
Widerstand bei uns vor Ort sein, in Wyhl, Boxberg, Dragahn und an
tausend anderen Orten. Widerstand für die Schöpfung schließt auch
Konsumverweigerung ein...

6. Widerstand für die Schöpfung sollte alle im Rechtsstaat bestehenden
Rechtsmittel ausschöpfen, alle Klagerechte und auch alle Bürgerrechte
bis hin zum Demonstrationsrecht. Demonstrieren ist nicht unanständig.
Das Recht auf Leben und körperliche Unversehrtheit ist im Grundgesetz verankert. Man sollte immer wieder versuchen, es einzuklagen.

7. Zahlreiche Umweltkonflikte zeigen, daß die bestehenden Rechtsord-
nungen und Rechtsmittel zu einer Bewältigung der Umweltkrise nicht
hinreichen, was auch nicht überrascht, da viele Rechtsgrundlagen vor
Bewußtwerden der ökologischen Krise entstanden. Hier ergibt sich für
den betroffenen Bürger eine unlösbare Spannung zwischen der Legalität, die die staatlichen Vollzugsorgane nach wie vor beanspruchen und
formal auch beanspruchen können, und der Legitimität des Widerstands, den der Bürger empfindet und ausüben möchte.

8. Das im Grundgesetz vorgesehene Widerstandsrecht zielt nicht auf
den ökologischen Notstand, in dem wir uns heute national wie international befinden. So bleibt im Extremfall nur die durch keinen Rechtstitel
gedeckte »ethische Widerstandspflicht« für die Bewahrung der Schöpfung.

9. Mit dieser Pflicht muß man sehr sorgfältig umgehen. Sie kann nur das
Ergebnis kritischer Selbstprüfung sein. Derjenige, der diese Pflicht auf
sich nimmt, sollte sein Gewissen sorgfältig prüfen. Es geht um die Ausübung Zivilen Ungehorsams. Dabei muß die Gewalt strikt ausgeschlossen bleiben. Es liegt in der Konsequenz des Zivilen Ungehorsams und
der daraus abzuleitenden Handlungsweisen (Boykott, Blockade, Besetzung . . .), daß gegen geltendes Recht verstoßen wird.
Es gehört zur Einübung in den Zivilen Ungehorsam, daß man die rechtlichen Sanktionen, die damit ausgelöst werden, in ihrer Wirkung auf das
eigene Selbst und die Öffentlichkeit abschätzen lernen muß. Auch die
möglicherweise eintretenden finanziellen Folgen sind sorgfältig zu kal-
kulieren. Auch sollte man nicht außer acht lassen, daß die Argumente

für die höhere Legitimität klar und unmißverständlich sein und im Einklang mit der täglich vollzogenen Lebenspraxis stehen sollten.

Selbstverständlich erfordert Ziviler Ungehorsam ein intensives Vorbereitungstraining und die Vermeidung aller Mittel, die als Gewalt weckende Provokationen wirken könnten.

10. Der gewaltfreie Zivile Ungehorsam zielt nicht auf die Zerstörung der Rechtsordnung, sondern auf deren Fortschreibung und Erweiterung zugunsten von Mensch und Schöpfung. Die Kirchen haben die Schuldigkeit, diejenigen, die sich für den Weg des Widerstands entschieden haben, seelsorgerlich zu begleiten. Hier tut sich ein überaus diffiziles Feld der Seelsorge auf, das Sachverstand, Parteilichkeit und Zivilcourage von den kirchlichen Beiständen erfordert. Die Kirchen sollten dabei nicht vergessen, daß der gewaltfreie Zivile Ungehorsam in der ökologischen Krise Zeichen des Gehorsams vor einem »Größeren« ist.[162]

Beispiele für Zivilen Ungehorsam:

Der Salzmarsch Gandhis 1930

Handlungen Zivilen Ungehorsams wirken nach außen hin häufig wenig dramatisch. So gibt es Filmaufnahmen und Fotos von Gandhi, wie dieser 1930 am Strand des Indischen Ozeans einige Brocken Salz aufhebt. Dies war eine folgenreiche Aktion des Zivilen Ungehorsams gegenüber der englischen Kolonialmacht. Gandhis Kampagne richtete sich gegen das »Salt Act« der Engländer. Dieses Gesetz regelte die Salzsteuer. Es brachte der Kolonialmacht zwar nur 25 Millionen Pfund Reingewinn aus dem Gesamtaufkommen von 800 Millionen Pfund Sterling, die sie jährlich aus Indien abzog. Aber das Gesetz traf die große arme Bevölkerungsmehrheit besonders hart, denn Salz war für Mensch und Tier in der tropischen Hitze unbedingt notwendig und zudem ein wichtiges Konservierungsmittel.

Vor seiner Aktion hatte Gandhi alle legalen Möglichkeiten ausgeschöpft. So hatte er auch dem britischen Vizekönig seine Absichten in einem Schreiben mitgeteilt, in dem er unter anderem argumentierte: »Denken Sie an Ihr eigenes Gehalt. Es ist 5000mal höher als das Durchschnittseinkommen in Indien. Wenn die Ausbeutung Indiens nicht aufhört, dann verblutet Indien immer schneller.« Mit der Aufzählung zahlloser Ungerechtigkeiten begründete Gandhi seine Absicht, Zivilen Ungehorsam zu leisten, nannte das Datum der Aktion und räumte dem Vizekönig noch eine Frist für Verhandlungen ein.

Gandhi gab der geplanten Demonstration von Zivilem Ungehorsam einen dramatischen Rahmen, indem er einen Marsch von 200 Meilen zum Meer zurücklegte. Als er aufbrach, begleiteten ihn 78 Anhänger. Im Verlauf von 24 Tagen wurden es Zehntausende. Berichte über den Marsch gingen durch die Weltpresse. Mit seinem Ungehorsam gab Gandhi das Signal für alle Inder, unter Mißachtung der Kolonialgesetze Salz zu schöpfen. Auch Versuche brutaler Unterdrückung vermochten diese Bewegung nicht mehr aufzuhalten.[163]

Besetzungen und Blockaden

In der neueren Geschichte der sozialen Kämpfe trifft man bereits vor dem Ersten Weltkrieg in Italien auf Landbesetzungen. Landarbeiter oder landarme Bauern nahmen unbebaute Gebiete oder Latifundien für kürzere oder längere Zeit in Besitz. Der erste Teil des Bernardo-Bertolucci-Films »1900« (Italien 1976) zeigt im übrigen diese Kämpfe in ausgezeichneter Weise. Zu Beginn der zwanziger Jahre griff diese Aktionsform auch auf die Industrie über. Als im Jahre 1920 in einer Mailänder Fabrik Arbeiter ausgesperrt wurden, beantworteten die Gewerkschaften dieses Vorgehen mit der Besetzung aller Metallbetriebe in Mailand. Bald folgten Rom, Turin, Genua; und als Unternehmer sich zur Aussperrung in der gesamten Metallindustrie des Landes entschlossen, dehnte sich die Bewegung der Fabrikbesetzungen landesweit auch auf andere Industriezweige aus. Über das weitere Geschehen ist in einem zeitgenössischen Bericht zu lesen:

»Aber nun kam erst das entscheidende Problem. Es handelte sich darum, diese Betriebe auch weiterzuführen. Die Arbeiter mußten mit den vorhandenen Betriebsmitteln auszukommen versuchen, die Möglichkeit, sich neue zu verschaffen, war nicht gegeben. Zwar hatte man sich die Mitarbeit der technischen und administrativen Leiter gesichert, teils mit, teils ohne Zwang; aber dennoch entstanden für die Arbeiter Sorgen um Sorgen, insbesondere auch wegen Beschaffung des Rohmaterials. Die Lieferanten standen auf seiten der Industriellen. Die ausgesperrten

Unternehmer warteten ruhig ab, sie wußten, daß ihre Zeit kommen mußte. Nach einigen Wochen wurden in der Tat die Betriebe den Unternehmern überlassen, die allerdings den Arbeitern durch Einrichtung der Betriebsräte, die Zulassung der Betriebskontrolle ein gewisses Entgegenkommen zeigten.«[164]

Hier offenbart sich ein Grundproblem von Besetzungen und Blockaden. Sie sind Ausdruck von Verweigerung, Ausdruck eines Protests. Man kann die These aufstellen: Besetzungen und Blokkaden können in dramatischer Weise auf einen Mißstand oder eine politische Streitfrage hinweisen. Insofern haben sie eine wichtige Funktion im gewaltfreien Kampf. Sie werden eine nachhaltige gesellschaftliche und politische Wirksamkeit aber eher erlangen, wenn mit ihnen ein konstruktives Ziel verbunden ist.

Sicher ist es leichter, ein besetztes Stück Land zu bebauen und ein vom Abriß bedrohtes oder für Luxusmodernisierung vorgesehenes Haus »instand zu besetzen«, als die Produktion einer Fabrik in Selbstverwaltung zu übernehmen. Fabrikbesetzungen durch die Arbeiter werden vermutlich nur da zu Erfolgen führen, wo der Unternehmer — dies kann auch der Staat sein — auf die Fortsetzung der Produktion angewiesen ist. Wenn in einem Industriezweig ohnehin ein Auftragsmangel besteht, wird eine Fabrikbesetzung kaum über eine demonstrative Wirkung hinausgelangen.

Im Abschnitt über »Zivile Usurpation« werden einige Beispiele für »konstruktive« Besetzungen genannt.

DIE GRÜNEN: Ziviler Ungehorsam gegen eine militarisierte Gesellschaft

Unser Ziviler Ungehorsam beginnt bei unserer eigenen Sprache, die mit militärischem Vokabular durchsetzt ist: Wir wollen uns die Denkweisen des *Front-Machens*, des *In-die-Zange-Nehmens*, des *Fertigmachens* abgewöhnen.

Unser Ziviler Ungehorsam bezieht das staatliche Bildungssystem ein, das nach den Gesetzen des Konkurrenzkampfes »reformiert« worden ist. Wir lehnen die Auslesemechanismen des Schulsystems ab und werden als Lehrer schon jetzt die Befähigung zur Friedensfähigkeit im Unterricht fördern — auch entgegen bestehenden Richtlinien und vor allem in den eigenbestimmten und selbstverwalteten Bildungseinrichtungen, denen unsere Unterstützung gilt.

Als Lehrer der naturwissenschaftlichen Fächer werden wir der herrschenden Ideologie des technischen Fortschritts eine umfassende Information über die Gefährdungen durch radioaktive Strahlung und die Vergiftung der Naturgrundlagen menschlichen Lebens entgegensetzen.

Als Journalisten werden wir nicht länger mit täglichen Nachrichten ein Zerrbild von der Realität zeichnen, in dem die Weltgeschichte aus einigen Dutzend Politikern mit ihren Erklärungs-, Handels- und anderen Kriegen besteht. Uns interessieren vielmehr die Nachrichten von den namenlosen Menschen, unseren angeblichen »Feinden«, von ihren Ängsten und Hoffnungen, die auch die unseren sind.

Wir setzen uns ein für die Erarbeitung von betrieblichen Plänen für die Umstellung der Produktion von Rüstungsgütern auf zivile Güter mit sanfter Technologie, für eine entsprechende Änderung der Herstellungsmethoden und der Produktionsentscheidungen. Als Beschäftigte und als Konsumenten werden wir gegen Firmen, die sich an der Produktion und am Export von Rüstungsgütern beteiligen, Käuferstreiks, gewaltfreie Sabotagen und Arbeitsniederlegungen organisieren.

Auf alle diese Momente Zivilen Ungehorsams, die zusammengenommen die Strukturen und Bedingungen unserer Gesellschaft verändern, baut *soziale Verteidigung* auf. Wir erklären uns auch sicherheitspolitisch für unsere unmittelbare Umgebung zuständig (z.B. Aufbau von Versorgungslinien für Lebensmittel, Energie und eines Kommunikationssystems) und eignen uns auf neue Weise die Funktionszusammenhänge unseres gesellschaftlichen Lebens an. Wir werden gleichzeitig mit allen Methoden gewaltfreien Widerstandes die Funktionsfähigkeit dieses Militärapparates behindern und klarmachen, daß wir mit der Vorbereitung des Krieges nicht Frieden schließen werden.

Wir werden uns als Wehrdienstpflichtige weigern, uns für den großen Krieg ausbilden und vorbereiten zu lassen. Schon heute verweigern 15 Prozent eines männlichen Jahrganges den Dienst mit der Waffe. Kriegsdienstverweigerer sollten... die Möglichkeit erhalten, in sozialer Verteidigung für den Friedensdienst ausgebildet zu werden.

Wir lehnen die Maßnahmen des Zivilschutzes und die Bunker, die doch nur für »besondere« Personen reserviert sind, ab, weil sie uns in einem Atomkrieg nicht schützen können und nur die Kehrseite der Vorbereitung auf einen Krieg sind. Wir wehren uns gegen Werbekampagnen der Bundeswehr, insbesondere in der Schule, und gegen Inszenierung öffentlicher Rekrutengelöbnisse und Militärparaden, die das System der atomaren Abschreckung nur ideologisch absichern und die Wehrbereitschaft erhöhen sollen.

Wir werden als Frauen nicht den »sauberen« Hilfsdienst an der schmutzigen Arbeit der Krieger übernehmen. Wir werden den Ruf nach »Frauen in die Bundeswehr«, die Pervertierung der legitimen Interessen der Frauen an Gleichberechtigung und voller Emanzipation für lebensfeindliche Zwecke, zurückweisen. Wir werden als Angestellte im Gesundheitssystem uns nicht dienstverpflichten lassen — gegen einen Atomkrieg gibt es keinen ärztlichen Schutz. Wir werden die Einschränkungen unserer Grund- und Menschenrechte im sogenannten »Spannungsfall« nicht hinnehmen.

Wir werden uns dafür einsetzen, daß in allen Gemeinden und Kreisen der Bundesrepublik Anti-Atomwaffen-Entscheidungen der kommunalen Mandatsträger getroffen werden, das heißt, daß sich — nach Vorbildern in Großbritannien — schon heute kommunale Gebiete zu atomwaffenfreien Zonen erklären, um den Widerstand der Bevölkerung zu verdeutlichen.

Wir lehnen die Atomenergieanlagen genauso wie die militärischen Einrichtungen ab, weil sie besondere Zielpunkte für die Raketen des Kriegsgegners darstellen und uns schon jetzt mehr polizeiliche Überwachung und alle Gefahren radioaktiver Verseuchung bringen.[165]

Kriegssteuerboykott

Jeder, der Steuern zahlt, finanziert damit auch das militärische System. Aus dieser Überlegung ist die Idee entstanden, einen Teil der Steuern zurückzubehalten, um die Nichtbeteiligung am Militarismus zu dokumentieren. Schon während des Vietnamkrieges entstand in den USA eine entsprechende Bewegung, die beziehungsvollerweise mit »Thoreau Money« für ihr Aktionsprojekt warb.

Auch in der Bundesrepublik haben sich Aktionsgruppen mit dem Ziel der Steuerverweigerung aus antimilitaristischen Motiven gebildet, wie im übrigen auch Stromzahlungsboykotts als Protest gegen den Bau von Atomkraftwerken. Die Initiatoren des Kriegssteuerboykotts (Bundesverband Bürgerinitiativen Umweltschutz, Die Grünen, Zeitschrift »Courage« u. a.) schlagen vor, zunächst geringe, symbolische Beiträge zu verweigern — nicht zuletzt, um die »Reizschwelle« der Steuerbehörden zu testen und die Kosten gering zu halten. Die Zurückbehaltung von 5,12 DM entspräche nach einem Rechenbeispiel der Initiatoren einem verweigerten Pfennig für jede der ab 1983 geplanten weiteren Atomraketen in Westeuropa.

Gandhi hat übrigens das Verweigern des Steuerzahlens nicht

unkritisch befürwortet und folgendes zu bedenken gegeben, was sich auf unsere sozialen Verhältnisse durchaus übertragen läßt:

»Wir dürfen zur Steuerverweigerung nicht deshalb unsere Zuflucht nehmen, weil sie eine prompte Reaktion darstellt. Die Schlagfertigkeit birgt nämlich eine verhängnisvolle Versuchung in sich. Steuerverweigerung aus diesem Motiv ist weder ein ziviles noch ein gewaltloses Mittel, sondern ist verbrecherisch und voller Gewaltmöglichkeiten. Nicht ehe die bäuerliche Bevölkerung über die Gründe und die Wirksamkeit der Steuerverweigerung aufgeklärt ist und nicht ehe sie bereit ist, in ruhiger Ergebenheit dem Einzug ihres Besitzes und der Zwangsversteigerung ihres Viehes und anderer Habseligkeiten zuzuschauen, sollte man ihr die Verweigerung des Steuerzahlens anraten.«[166]

Der politische Streik

Mit dem politischen Streik soll auf Regierung und Gesetzgebung eingewirkt werden. Der politische Streik äußert sich als Massenstreik oder als Generalstreik. Er greift also in seiner Gestaltung, Ausdehnung und Zielsetzung weit über gewerkschaftliche Angelegenheiten hinaus. Die Durchsetzung des allgemeinen Wahlrechts war in beinahe allen europäischen Ländern mit Massenstreiks der Arbeiterschaft verbunden. Besondere historische Bedeutung kommt den Massenstreiks 1905 in Rußland zu, die das Zarenregime zu Zugeständnissen im Hinblick auf eine konstitutionelle Verfassung zwangen, und der Streikbewegung vom Februar 1917, die zum Sturz des Zaren führte.

Außerhalb Europas wurden Massenstreiks häufig im antikolonialen Kampf durchgeführt. Gandhi allerdings hat lediglich zu zeitlich begrenzten, meistens eintägigen Arbeitsniederlegungen mit überwiegend demonstrativer Zielsetzung aufgerufen (»Hartal«).

Idealtypisch bedeutet der Generalstreik das Einstellen jeglicher Produktion und aller Dienstleistungen, um ein bestimmtes politisches Ziel durchzusetzen. Soweit davon auch lebensnotwendige Dienstleistungen betroffen sind, kann man den Generalstreik schon formal nicht zu den gewaltfreien Aktionsformen zählen. Tatsächlich waren sich die Propagandisten des Generalstreiks aber darüber im klaren, daß bestimmte Funktionen zugunsten der Bevölkerung immer sichergestellt bleiben müssen. In der

Arbeiterbewegung hat es insbesondere in der Zeit vor dem Ersten Weltkrieg eine teilweise heftige Debatte um Sinn und Zweck des Generalstreiks gegeben. Sie wurde ausgelöst durch anarchistische Forderungen nach Ausrufung des Generalstreiks im Falle der Kriegserklärung. Dies schien den Anarchisten das geeignetste Mittel zur Verhinderung des Krieges zu sein.

Im folgenden werden einige erfolgreiche Massen- bzw. Generalstreiks dokumentiert, und zwar historisch besonders bemerkenswerte Beispiele. Tatsächlich gibt es in der Gegenwart eine Vielzahl von politischen Streiks, die häufig geringen publizistischen Aufmerksamkeitswert haben. Die folgende Nachricht aus dem Berliner »Tagesspiegel« vom 21. Juli 1982 aus dem Nahen Osten ist hierfür ein Beleg. Zugleich wird deutlich, daß es auch in diesem politischen Raum, der immer nur durch Gewaltsamkeiten Schlagzeilen macht, erfolgreiche Formen gewaltloser Konfliktaustragung gibt.

DRUSEN BEENDETEN GENERALSTREIK

Jerusalem (AFP). Die Drusen auf den von Israel annektierten Golanhöhen haben gestern ihren seit Dezember vergangenen Jahres andauernden Generalstreik abgebrochen. Wie der israelische Rundfunk meldete, faßte eine Versammlung führender Drusen diesen Beschluß in Magdal Shams, der größten Ortschaft des ehemals syrischen Gebietes.

Die Drusen waren am 15. Dezember 1981 einen Tag nach der Annexion des Golan durch Israel in den Streik getreten und hatten in der Folge die Annehme israelischer Ausweispapiere verweigert. Auf diese Weise unterstrichen die Drusen ihre Zugehörigkeit zu Syrien. Die Blockade der Golanhöhen durch die israelische Armee und Strafaktionen in dem Gebiet konnten den drusischen Widerstand offenbar nicht brechen und waren in Israel selbst auf scharfe Kritik gestoßen.

Nach Berichten aus Magdal Shams sollen die 13 000 Golan-Drusen von den Israelis erhebliche Zugeständnisse erhalten haben, über die der israelische Rundfunk jedoch keine Angaben machte. Nach diesen Informationen wurde den Drusen garantiert, nicht in der israelischen Armee dienen zu müssen, außerdem bleiben ihre Besitzungen Privateigentum, und die Grenzübergänge nach Syrien werden nicht geschlossen.

Generalstreik gegen den Kapp-Putsch 1920

Am Vormittag des 13. März 1920 besetzten die Marinebrigade Ehrhardt und einige andere Militärverbände unter Leitung des Generals v. Lüttwitz das Regierungsviertel in Berlin. Der ostpreußische Generallandschaftsdirektor Wolfgang Kapp, der 1917 gemeinsam mit dem Flottenadmiral Alfred von Tirpitz die rechtsradikale Deutsche Vaterlandspartei gegründet hatte, wurde zum Reichskanzler ernannt. Die reguläre Regierung unter Reichskanzler Gustav Bauer konnte fliehen.

Der Putsch scheiterte, weil sich die Bürokratie weigerte, mit Kapp zusammenzuarbeiten, und weil die Gewerkschaften einen Generalstreik ausriefen, so daß die Verkehrsverbindungen von und nach Berlin abgeschnitten waren.

Der Aufruf zum Streik[167] dokumentiert, daß man nur bedingt von einem echten Generalstreik sprechen kann, weil lebensnotwendige Dienstleistungen aufrechterhalten wurden (siehe auch Seite 150 ff.).

AUFRUF DES ALLGEMEINEN DEUTSCHEN GEWERK-SCHAFTSBUNDES (ADGB) ZUM GENERALSTREIK GEGEN DEN KAPP-PUTSCH

Auf zum Generalstreik!

An alle Arbeiter, Angestellten und Beamten! Männer und Frauen!

Die militärische Reaktion hat ihr Haupt von neuem erhoben und in Berlin die Gewalt an sich gerissen. Pflichtvergessene Reichswehrtruppen sind hier unter Führung meuternder Offiziere einmarschiert und haben sich neben der vom Volk gewählten Regierung eine illegale Gewalt angemaßt. Die Reaktionäre haben die Nationalversammlung und die Preußische Landesversammlung als aufgelöst erklärt und schicken sich an, auch die Errungenschaften der Revolution vom November 1918 zu beseitigen.

Die Deutsche Republik ist in Gefahr.

. . . Lasse sich kein denkender Arbeiter, Angestellter und Beamter durch zweifelhafte Versprechungen der Putschregierung betören. Es gilt, alle Kräfte des Volkes zum Widerstand zusammenzufassen. Das Volk wäre nicht wert der Freiheiten und Rechte, die es sich erkämpft hat, wenn es sich nicht bis zum äußersten verteidigen würde.

Wir fordern daher alle Arbeiter, Angestellten und Beamten zum einmütigen Protest gegen die Gewaltherrschaft auf, überall sofort in den

Generalstreik einzutreten. Alle Betriebe müssen stillgelegt werden. Ausgenommen sind nur die Wasserwerke, Krankenhäuser und Krankenkassen. Die örtlichen zuständigen Vertretungen der Arbeitnehmerschaft werden darüber entscheiden, in welchen sonstigen lebensnotwendigen Betrieben die Arbeit fortgesetzt werden darf.

Der Abwehrkampf muß ein gewaltiger und erdrückender werden. Deshalb darf sich kein Beruf und keine Gruppe davon ausschließen. Jeder einzelne tue seine Pflicht. An dem geschlossenen Widerstand des Volkes muß die Reaktion scheitern. Ihre Machtmittel werden in Kürze versagen. Der Sieg wird auf seiten des arbeitenden Volkes sein.

Berlin, den 13. März 1920

El Salvador 1944: Sturz der Regierung durch Massenstreiks

Im Jahre 1944 wurde die Diktatur in El Salvador durch eine Folge von Massenstreiks, bis hin zum Generalstreik, gestürzt. Im folgenden Brief vom 10. Juli 1977 an die Zeitschrift »The New Republic« beschreibt ein Salvadorianer die Ereignisse:

»Während der ersten Tage im Dezember 1943 protestierte eine Gruppe von Bürgern aus San Salvador beim Obersten Gerichtshof gegen einige Verfassungsartikel, die zu der bevorstehenden Präsidentenzeit erlassen worden waren und die festlegten, daß der einzige Mann, der das Amt des Präsidenten innehaben könnte, General Martinez sei. Dieses ›Verbrechen‹ war der Anlaß für die Verhaftung und für das Einsperren in Einzelhaft von mehr als hundert Menschen.

Am 29. Februar bestimmt die Nationalversammlung, daß die Amtszeit des Präsidenten, die regulär am 31. Dezember enden sollte, bis Ende Februar verlängert würde und daß am 1. März für Präsident Martinez die neue Amtszeit beginnen sollte. An diesem Tag breitete sich in der Stadt Unmut über die Amtsfortführung aus, doch verlief der folgende Monat mehr oder weniger ruhig.

Am 2. April begann ein Aufstand. Es gelang Martinez, die Revolte am 4. April niederzuschlagen. Der Notstand wurde ausgerufen; Hunderte wurden verhaftet. Ein ganzer Häuserblock wurde dem Erdboden gleichgemacht. Flugzeuge bombardierten die Stadt. Von den Kasernen aus wurden wir beschossen, und einige Bomben und Granaten schlugen direkt vor unserem Haus ein. Es gab Tausende von Toten. Die Verhafteten wurden unbeschreiblicher Folter unterworfen ... Welches war der Rahmen für diesen tragischen Versuch, die Regierung zu stürzen?

Das soziale Bild von El Salvador war nicht gerade schön. Der Hauptexportartikel Kaffee war weitgehend in der Hand einiger weniger Familien. Die Oligarchie war mit der Herrschaft von General Maximiliano Hernandez Martinez, der mit Hilfe eines Militärputsches 1931 an die

Macht kam, zufrieden. Eine der ersten Amtshandlungen Martinez' war es, eine Revolte total verarmter Bauern grausam niederzuschlagen. Den Schrei ›Kommunist‹ auf den Lippen, herrschte der General über ein Blutbad, in welchem mindestens einige tausend Menschen ermordet wurden (Schätzungen gehen von der offiziellen Zahl von 2000 bis zu der großen Zahl von 100 000 Toten). Martinez hatte also zur Zeit der Rebellion April 1944 eine Menge Erfahrung darin, Unzufriedenheit im Volk zu unterdrücken.

Seine Straßenbaupolitik und die hohe Bezahlung von Angehörigen der Armee und der Verwaltung verband er mit repressiver Zensur und dem Verbot einer politischen Opposition, um einen offenen Konflikt zu verhindern. Selbst die traditionellen Wahlen zu den Bezirksräten wurden zugunsten von Ernennungen durch die Regierung abgeschafft. Doch kann sich ein Diktator innerhalb von zwölf Jahren eine Menge Feinde machen. Es war ihm wahrscheinlich auch nicht sehr hilfreich, daß er übernatürliche Macht für sich beanspruchte, als er gegenüber seinen Offizieren über geistliche Themen große Ansprachen hielt. 1944 war Martinez immer noch klug genug, um mit einer gutorganisierten Militärrevolte fertigzuwerden, was er zeigte, als er den versuchten Putsch im April niederschlug. Dieser Niederschlagung ließ er Wochen voller Terror folgen, wobei er alle die zu Strecke brachte, die an dem Putsch irgendwie beteiligt waren. Der Regierung verkündete er die Hinrichtung von 25 Führern der Revolte und verurteilte andere in Abwesenheit zum Tod. Es gibt inoffizielle Berichte von erheblich mehr Hinrichtungen als auch über Tausende von Verhaftungen. Als es immer mehr Todesopfer gab, setzte sich der Erzbischof für ein Ende dieser Schlächterei ein. Es wird berichtet, daß Martinez ihm die Tür vor der Nase zuschlug.

Am 24. April übernahmen die Studenten die Initiative, indem sie folgendes Flugblatt verteilten:

›Aufruf zum Generalstreik, Krankenhäuser, Gerichte und öffentliche Arbeiten mit inbegriffen... Die Grundlage des Streiks sollen sein: allgemeiner passiver Widerstand, Verweigerung der Zusammenarbeit mit der Regierung, das Tragen von Trauerkleidung, die Einheit aller Klassen, das Verbot von Festen. Wir werden den Sturz des Tyrannen erreichen, indem wir den Abgrund, der zwischen ihm und dem Volk liegt, aufzeigen und indem wir ihn vollständig isolieren. Boykottiert Kinos und die Nationallotterie, zahlt keine Steuern, gebt eure Arbeitsplätze in der Verwaltung auf und besetzt sie nicht wieder neu. Predigt täglich für die Geister der Ermordeten. Der Bischof ist gedemütigt worden.‹

Die Flugblätter wurden mit Schreibmaschine geschrieben mit der Bitte, daß jede Person, die eines in die Hand bekommt, davon 10 Kopien machen solle, um diese dann zu verteilen. Kinder zeigten offen die aufrührerischen Blätter vor der Polizei und forderten diese auf, sie ins Gefängnis zu werfen. Anfangs tat die Polizei dies auch, doch wurde ihr das, was beinahe schon zu einem Spiel wurde, bald zuviel. Oberschüler und Studenten gingen als erste in den Ausstand. Nach drei Tagen hatten sich ihnen die Bus- und Taxifahrer angeschlossen, am 28. April verließen die staatlichen und städtischen Angestellten ihren Arbeitsplatz. Dann folgten die Eisenbahner. Die Geschäfte machten zu, der Müll häufte sich auf der Straße, die Gerichtsgebäude blieben leer. Geistliche unterstützten die Bewegung. Eine Messe für die Seelen der Ermordeten brachte riesige Menschenmassen zusammen, wurde aber von der Polizei beendet.

Eine Gruppe von Ärzten sandte an die Regierung ein Memorandum, in dem sie Pressefreiheit und Amnestie für die politischen Gefangenen forderte. Als das Ultimatum ohne Antwort verstrich, schlossen 135 von 150 praktizierenden Doktoren in El Salvador ihre Praxen und halfen nur noch in Notfällen. Die Reichen wurden mit hohen Gebühren belastet, die in einen Streikfonds wanderten. Die Apotheken machten ebenfalls dicht. Die Bankangestellten streikten; nur in der Zentralbank wurden unter Maschinengewehrbewachung kleinere Geldgeschäfte abgewickelt. Die Streikenden konnten nur mit Mühe einige kleine Lebensmittelgeschäfte davon überzeugen, daß sie für den Notbedarf an Lebensmitteln geöffnet bleiben. Studenten backten freiwillig Brot. Am 6. Mai wurden sogar die Fabriken geschlossen.

Martinez war während dieser Zeit nicht untätig. Er wendete sich über Radio an die Nation, wobei er die Reichen angriff, die Armen hochlobte und behauptete, daß der Streik aus ›Naziquellen‹ finanziert würde. Als sich keine sofortige Reaktion der Landarbeiter zeigte, brachte Martinez einige von ihnen mit Macheten für seinen ›sogenannten‹ Krieg gegen die Reichen in die Hauptstadt. Die Polizei ließ Kriminelle aus dem Gefängnis frei, damit diese die Unruhe schürten.«

Der Salvadorianer erzählte weiter, daß an einem Nachmittag eine Gruppe von Jugendlichen auf der Straße vor dem Haus des Vorsitzenden der Partei von Martinez stand und sich unterhielt:

»Ein Polizist erschien und befahl ihnen, weiterzugehen. Die Jugendlichen machten sich auf fortzugehen, doch der Polizist spannte sein Gewehr und schoß einem der Jungen ohne Warnung in den Rücken. Als der Junge zusammensackte, schoß der Polizist noch drei weitere Male. In der ganzen Stadt erhob sich der Protest. Das gesamte diplomatische Corps ging zu Martinez und forderte unverblümt das Ende der Unterdrückung und seinen Rücktritt. Nach dem Begräbnis des Jungen am 8. Mai marschierte eine große Menschenmenge zum Nationalpalast,

224

drang in die Räume ein und rief: ›Wir wollen Freiheit, Tod dem Tyrannen!‹ Mehr als 40 000 Menschen standen vor dem Palast in der Erwartung, daß Martinez bald seinen Rücktritt verkünden würde. Zu dieser Zeit wurden selbst die Kirchen in San Salvador aus Protest gegen die Unterdrückung geschlossen.

Während der Polizeiaktion wurde ein US-Bürger ermordet, und Botschafter Thurston protestierte. Selbst die Armee lief immer mehr über. Martinez bat sein Kabinett um Rat. Alle außer einem der Kabinettsmitglieder empfahlen ihm, zurückzutreten.

Das Parlament nahm am 9. Mai das Rücktrittsgesuch an. Der Streik wurde jedoch fortgesetzt. Die Salvadorianer wollten erst dann ihre Arbeit wieder aufnehmen, wenn Martinez das Land verließ. Am 11. Mai heulten die Sirenen, Feuerwerke wurden gezündet. Der gehaßte Diktator war nach Guatemala geflohen. Der neue Präsident ordnete Amnestie für alle politischen Gefangenen an, verkündete die Pressefreiheit und begann mit der Vorbereitung allgemeiner Wahlen. Der Generalstreik war vorüber.«[168]

Politische Streiks 1978/79 in Persien und 1980 in Polen

Die Macht von politischen Streikbewegungen zeigte sich — wenn auch in völlig verschiedenartigen soziopolitischen Räumen — in den vergangenen Jahren insbesondere in Persien und in Polen. In beiden Fällen, vor allem in Persien, kann von gewaltfreien Aktivitäten nicht die Rede sein.

In Persien erreichte im Jahre 1978 eine breite Volkserhebung gegen das Schah-Regime durch sich allmählich steigernde Massendemonstrationen und Massenstreiks ihren Höhepunkt, was im Januar 1979 zur Flucht des Schahs führte. Auch brutalste Unterdrückungsmaßnahmen — Zehntausende wurden durch Polizei und Militär getötet — vermochten die Aktionen nicht zu unterbinden.

Im Gegensatz zu den persischen Ereignissen muß hinsichtlich der Geschehnisse in Polen festgestellt werden, daß die Führer der Gewerkschaftsbewegung eine unbedingte Gewaltvermeidungsstrategie angewendet haben und daß die soziale Zielsetzung dieser Bewegung einer freiheitlichen Gesellschaft entspricht.

Im Sommer 1980 begannen auf der Lenin-Werft in Danzig Streikaktionen, die das Ziel verfolgten, eine von der Kommunistischen Partei des Landes unabhängige Gewerkschaftsbewegung ins Leben zu rufen. Trotz erheblicher staatlicher Repression wurde der Streik nicht aufgegeben; das dürfte Grundlage des Erfolgs gewesen sein.

Nach Gründung der »Solidarität« beging die Gewerkschaftsführung zweifellos grundlegende Fehler. Ihre Aktivitäten waren zu stark auf eine Konfrontation mit der Partei abgestellt, blieben zu wenig konstruktiv, und sie stellte — vermutlich in Fehleinschätzung ihrer Möglichkeiten und der tatsächlichen Machtverhältnisse — politische Forderungen im Stile einer Gegenregierung. Die Folge war: Erklärung des Kriegsrechts in Polen am 13. Dezember 1981 und zugleich Verbot der Gewerkschaft. Dennoch gab es weiterhin eindrucksvolle gewaltlose Widerstandsaktionen der polnischen Bevölkerung (siehe Seite 142).

Greenpeace — Ziviler Ungehorsam für das Leben

Es begann 1971; damals segelten Kanadier und Amerikaner mit einem Schiff namens »Greenpeace« nach Amchitka, einer der Südspitze Alaskas vorgelagerten Insel. Kurz zuvor hatte die amerikanische Regierung diese Insel zum Atomwaffengelände erklärt, und dagegen wollten die Segler protestieren. Die Küstenwache fing das Schiff ab; aber die Aktion hatte dennoch Erfolg: Die US-Regierung gab dem öffentlichen Druck nach und stellte die Atombombentests auf Amchitka ein.

Nach der »Greenpeace« benannten sich von da an Gruppen von Menschen, die sich mit gewaltfreien Aktionen für Frieden und die Rettung der Natur einsetzen. Weitere aufsehenerregende Aktionen waren Anfang der siebziger Jahre gegen die französischen überirdischen Atombombentests gerichtet. Heute kämpft die Organisation auch gegen die Fortsetzung unterirdischer Tests. Bekannt wurden weiter ihre Kampagnen und spektakulären Aktionen für den Schutz bedrohter Tierarten (Wale, Robben), gegen chemische Verseuchung der Umwelt und gegen die Ausbeutung der Antarktis.

In der Bundesrepublik Deutschland hat GREENPEACE etwa 18 000 Förderer. Aufmerksamkeit erregten die Greenpeace-Aktionen gegen die Verklappung (Ablassen) von Dünnsäure in der Nordsee, bei denen Greenpeace-Aktivisten waghalsige Manöver gegen das Schiff durchführten, sowie der Ballonflug über West- und Ost-Berlin aus Protest gegen die unterirdischen Atomwaffentests der Großmächte, die in Berlin präsent sind.

Zivile Usurpation

Begriff und Erscheinungsformen

Usurpation bedeutet, wie man in jedem Wörterbuch nachlesen kann, »widerrechtliche Inbesitznahme« oder »widerrechtliche Machtaneignung«. Im Rahmen der Gewaltfreiheitstheorie, ergänzt mit dem Begriff »zivil«, erlangt das Wort »Usurpation« jedoch eine veränderte Bedeutung.

Die Zivile Usurpation kann als eine Verbindung des Zivilen Ungehorsams mit der Rolleninnovation verstanden werden. Zur Erinnerung: Rolleninnovation heißt, Menschen entwickeln neue Formen des Zusammenlebens und der Produktion; sie praktizieren neue, menschlichere, demokratischere Werte. Nun kann es sein, daß solche Ziele der in einem Staat bestehenden Rechtsordnung widersprechen. Es gibt in Geschichte und Gegenwart genügend Beispiele dafür, daß menschlicher Fortschritt und die Wahrnehmung von Menschenrechten durch rechtliche Regelungen unterbunden werden beziehungsweise der Versuch dazu gemacht wurde. Versuchen aber einzelne oder Gruppen, Rolleninnovationen selbst gegen bestehendes Recht durchzusetzen, so spricht man von »Ziviler Usurpation«.

Die Erscheinungsformen der Zivilen Usurpation lassen sich unter den gleichen Gesichtspunkten ordnen wie die des Zivilen Ungehorsams:

1. Zivile Usurpation kann lediglich auf Teilbereiche einer Gesellschaft bezogen sein: Beispiele sind Sit-ins in rassengetrennten Restaurants, Instandbesetzungen leerstehender Häuser, die Erklärung eines Gebietes zur militärisch befreiten oder atomwaffenfreien Zone.

2. Die Zivile Usurpation kann sich aber auch gegen die Grund-

lagen eines politischen Systems richten: Ein historisch außerordentlich folgenreiches Ereignis war 1789 die Erklärung des dritten Standes (Bürgertum) der französischen Generalstände, sich als Nationalversammlung zu verstehen und nicht mehr auseinanderzugehen zu wollen, bis eine Verfassung erarbeitet worden sei.

Eine Zivile Usurpation in diesem Sinn liegt immer dann vor, wenn im Rahmen eines Regierungssystems Oppositionelle Parallelinstitutionen bilden, die ihrerseits der Bevölkerung bestimmte Leistungen anbieten (z. B. Bildungseinrichtungen in »befreiten Gebieten«) oder zu bestimmten Verhaltensweisen auffordern, namentlich zum Ungehorsam gegenüber den herrschenden Machthabern.

3. In den vorangegangenen Beschreibungen gewaltloser Aktionsmethoden wurde mehrfach erwähnt, daß in der Geschichte häufig Methoden der Nichtzusammenarbeit und des Zivilen Ungehorsams angewendet wurden, um gegen illegale Machtergreifungen und militärische Besetzungen Widerstand zu leisten. In solchen Konflikten schafft die Berufung auf die alten rechtmäßigen Verhältnisse eine Situation, die mit einer Zivilen Usurpation vergleichbar ist; denn die widerrechtlichen Machthaber wollen ja ihre Unterdrückungsmaßnahmen durchsetzen. Eine solche Situation soll an zwei Beispielen erläutert werden:

Zum Zeitpunkt des Kapp-Putsches war Arnold Brecht Geheimer Regierungsrat in der Reichskanzlei. Er schildert in seinen Memoiren folgende Begebenheit:

»Ein Zivilist mit zwei Soldaten, die Handgranaten trugen, betrat vom Büro her mein Zimmer. Er fragte: ›Sind Sie bereit, für den Herrn Reichskanzler zu arbeiten?‹ Ich sagte: ›Das tue ich ja bereits.‹ Er sah mich stirnrunzelnd an: ›Ich meine nicht für den früheren Reichskanzler, sondern für Reichskanzler Kapp.‹ Ich: ›Ich kenne nur Reichskanzler Bauer.‹ Er: ›Der ist abgesetzt.‹ Ich: ›Er ist nach der Verfassung der einzige Kanzler. Ich habe einen Eid auf die Verfassung geleistet, und ich trage meinen Eid nicht in der Hand wie Ihre Leute ihre Handgranaten.‹ . . . Ich zog meinen Mantel an und verließ das Haus.«[169]

Im November 1940 erließ die deutsche zivile Besatzungsverwaltung in den Niederlanden eine Verfügung, nach der alle jüdischen Beamten aus dem Dienst zu entfernen waren. Der Leidener Professor Cleveringa protestierte gegen die Amtsenthebung seines jüdischen akademischen Lehrers E. M. Meyer in einer Vorlesung mit dem Hinweis auf die niederländische Verfassung:

»In Übereinstimmung mit der niederländischen Tradition erklärt bekanntlich die Verfassung jeden Niederländer als im Genuß der gleichen Bürger- und Bürgerschaftsrechte befindlich. Er kann jedes Amt bekleiden, gleich welchen Glaubens er ist. Nach Artikel 43 des Landkriegsreglements ist ein Besetzer gehalten, diese Gesetze zu achten . . . Das zwingt uns, die Amtsenthebung Meyers als Unrecht zu bezeichnen.«[170]

Daraufhin brach an der Universität in Leiden und an der Hochschule in Delft ein Studentenstreik aus, der die deutschen Besatzungsbehörden veranlaßte, diese Universitäten zu schließen. Sie wurden bis zum Kriegsende nicht mehr geöffnet.

Beispiele:

Atomwaffenfreie Gebiete

Im Zusammenhang mit der Auseinandersetzung um die weitere Aufrüstung der NATO seit 1981 nehmen Beschlüsse von Gemeindeparlamenten, universitären Institutionen und ähnlichem zu, ein bestimmtes Gebiet zu einer »atomwaffenfreien Zone« zu erklären. Häufig sind solche Erklärungen auch nur Bestandteil einer friedenspolitischen Basisaktivität, wie der folgende Bericht zeigt.

KARLSRUHE ATOMWAFFENFREI

Im letzten Herbst hatte sich Karlsruhes englische Partnerstadt Nottingham per Stadtratsbeschluß zur atomwaffenfreien Zone erklärt. Dies und der Besuch dreier japanischer Freunde, die den Atombombenüberfall auf Hiroshima über- bzw. miterlebt haben, waren für uns günstige Voraussetzungen, als wir im Rahmen der Karlsruher Friedenstage ʼ82 ca. 100 Quadratmeter der Fußgängerzone in der Innenstadt zur atomwaffenfreien Zone erklärten.

Während einer 24stündigen Mahnwache am Stadtwappen Nottinghams, das die Innenseite eines geräumigen Bogenganges ziert und wohl die offizielle Verbundenheit mit der englischen Partnerstadt demonstrieren soll, war über dem Torbogen ein 11,37 m langes Transparent gespannt: »Unsere Partnerstadt Nottingham ist schon atomwaffenfreie Zone — wann Karlsruhe?« Unsere atomwaffenfreie Zone grenzten wir mit diversen Absperrungen, A-Waffen-Verbotsschildern und Hinweistafeln ab. Im Innern standen unser Info-Tisch und Stellwände, die die Bemühungen der A-Waffen-Gegner in Nottingham dokumentierten, die Katastrophen in Hiroshima und Nagasaki zeigten, die Auswirkungen eines A-Bomben-Abwurfs auf Karlsruhe projizierten und Veranstaltungshinweise gaben. Um unsere Friedensinseln herum erinnerten weiße Kreuze mit roten Totenlichtern an die zukünftigen Opfer, falls die nukleare Abrüstung nicht zuvor stattfindet. Als Blickfang wirkte unsere 6 m hohe, pflegeleichte und abrüstungsfreundliche Rakete mit der Aufschrift »Toll, reicht für 3 Mio. Tote«.

Weder Kälte noch Regen, noch Reagan konnten unsere »Bomben«stimmung erschüttern. Zwar erreichten wir in den Nachtstunden weniger Passanten, dafür waren die Gespräche um so herzlicher. Gleichgesinnte Bürger versorgten uns mit Brötchen und heißem Tee, während wir die Flugblätter falteten. So konnte uns die Nacht nicht lang werden. Morgens verteilten wir dann binnen weniger Stunden über 3000 Flugblätter. Wir hätten getrost doppelt so viele drucken können. Das Interesse an unserer Aktion war groß; es ergaben sich viele rege Diskussionen. In den Papierkörben der Umgebung fanden wir kein einziges unserer Flugblätter.

Am Abend trauten wir unseren Augen nicht: Zu unserer Veranstaltung mit den japanischen Hiroshima-Überlebenden kamen, trotz Informationsboykotts durch die einzige Karlsruher Tageszeitung, über 500 Besucher, so daß der Saal überfüllt war. Außerdem wurde eine große Zahl Unterschriften für eine atomwaffenfreie Zone Karlsruhe gesammelt.[171]   *Lutz Abraham*

Ähnliche Aktionen hat es in der Vergangenheit bereits gegeben. Beispielsweise erklärten sich bereits vor dem Ersten Weltkrieg verschiedene Gemeinden in den Niederlanden zu »militärisch befreiten Gebieten«, und sie setzten diesen Anspruch auch gegenüber der Obrigkeit durch, indem alle Männer konsequent den Kriegsdienst verweigerten.

Diese Probe aufs Exempel ist bisher den Initiatoren von »atomwaffenfreien Zonen« erspart geblieben. Insofern könnte man zunächst meinen, solche Erklärungen hätten eher demonstrativen symbolischen Charakter. Eine Aufwertung hat diese Aktionsform dann allerdings durch regierungsamtliche Stellungnahmen erhalten, in denen ausdrücklich die staatsrechtliche

Unzulässigkeit derartiger Erklärungen betont wird. Dies geschah möglicherweise nicht ohne Grund. Denn in Großbritannien mußte 1982 eine Zivilschutzübung abgesagt werden, weil zu viele Stadtparlamente die Beteiligung daran verweigert hatten. Dem Leser wird aufgefallen sein, daß die Karlsruher Friedensgruppe bei ihrer Aktion ausdrücklich auf die Partnerstadt Nottingham verweist. Eine Vorbildfunktion dieser Art war sicherlich nicht im Sinne der Schöpfer von Partnerschaften zwischen Städten oder Gemeinden, die zumeist nur aufwendigen Reisen von Kommunalpolitikern dienen.

ABSAGE EINER ZIVILSCHUTZÜBUNG IN GROSSBRITANNIEN

London, 15. Juli (dpa). Der britische Innenminister Whitelaw hat überraschend eine große, für den Herbst angekündigte Zivilschutzübung in ganz Großbritannien absagen müssen, weil viele Städte sich aus *Protest gegen die Stationierung von Atomwaffen* auf der Insel nicht beteiligen wollen. Nur 34 von insgesamt 54 Stadtverwaltungen erklärten sich nach Presseberichten vom Donnerstag bereit, das von vielen Seiten kritisierte Überlebenstraining für den Fall eines Atomkrieges mitzumachen. Ein großer Teil der britischen Städte — darunter die Hauptstadt London —, in denen die Labour-Partei regiert, sind von den Stadtparlamenten in den vergangenen Monaten zu »atomwaffenfreien Zonen« erklärt worden.

Neue Zürcher Zeitung,
Fernausgabe Nr. 162,
17. Juli 1982

BONN KRITISIERT ERKLÄRUNGEN ZU »ATOMWAFFENFREIEN ZONEN«

Bonn (dpa). Das Bundesinnenministerium hat kritisiert, daß sich einige Städte in der Bundesrepublik zu »atomwaffenfreien Zonen« erklärt haben. Der Parlamentarische Staatssekretär im Innenministerium, Waffenschmidt, sagte, diese Beschlüsse gefährdeten die Verteidigungsfähigkeit der Bundesrepublik und der Bundeswehr. Sie stellten eine parteipolitische und ideologisch motivierte »Anmaßung verteidigungspolitischer Zuständigkeiten dar, die allein dem Bundestag und der Bundesregierung vorbehalten bleiben müssen«. Waffenschmidt unterstrich, die Gemeinden und ihre Organe seien nicht befugt, Beschlüsse zu fassen über Angelegenheiten, die den örtlichen Wirkungskreis überschreiten und zur Zuständigkeit des Bundes gehören. *Der Tagesspiegel, Berlin,*
3. März 1983

Die Freie Republik Wendland

Im Kampf gegen die Arbeiten zum Bau einer Wiederaufbereitungsanlage für atomare Brennstoffe im Raum Gorleben — im übrigen als größte industrielle Anlage in der Bundesrepublik geplant — entwickelte sich im Frühjahr 1980 in der Widerstandsbewegung die Idee, eine der Bohrstellen langandauernd zu besetzen. Dies wurde von einigen Gruppen mit dem phantasievollen Vorhaben verbunden, dort ohne gesellschaftliche Zwänge und Leistungsdruck zu leben. So entstand Anfang Mai auf der Bohrstelle 1004 ein aus etwa hundert Hütten bestehendes Dorf, dem die Gründer den Namen »Freie Republik Wendland« gaben. Neben Wohnhütten gab es Meditationshaus, Kirche, Solardusche, Backofen, Schwitzhütte, Freundschaftshaus, Küchenhaus, Spiel- und Ruheplätze, Infohaus, Haus der Aktivisten und Haus der Zweitwohnsitzler. Man organisierte Kulturprogramme, dachte über das eigene Aktionsverhalten nach und war erfolgreich bemüht, die Einheimischen in den Widerstand einzubeziehen (Landkreis-Abende). In diesem Dorf, in dem ein basisdemokratisches Modell zu praktizieren versucht wurde, kristallisierte sich 1980 der Widerstand gegen den Atomstaat Bundesrepublik.

Nach 33tägiger Besetzung, am 4. Juni 1980, wurde das Dorf durch den größten Polizeieinsatz in der bundesrepublikanischen Geschichte, Brokdorf, Grohnde, Kalkar und Ohu eingeschlossen, geräumt. Wie abgesprochen, widersetzten sich die Besetzer durch passives Verhalten.

Anläßlich dieser Räumung kam es in der Bundesrepublik an über hundert Orten zu Solidaritätsaktionen, an denen etwa 50 000 Menschen teilnahmen. 35 Kirchen, sechs energiewirtschaftliche Anlagen, eine Fabrik, zwei Rathäuser und kurzfristig auch ein Kaufhaus wurden besetzt, 14 »Botschaften der Freien Republik Wendland« eingerichtet und fünf Straßenblockaden durchgeführt. Außerdem gab es sieben Aktionen gegen Einrichtungen des Atomstaats (Forschungsinstitute, Atombunker u. ä.).[172]

Instandbesetzungen

Hausbesetzungen haben in den vergangenen Jahren, ja Jahrzehnten Schlagzeilen gemacht: in den sechziger Jahren Amsterdam, in den siebziger Jahren Kopenhagen, seit etwa 1980 West-Berlin. Insbesondere in städtischen Ballungszentren mit großen sanierungsbedürftigen Wohnquartieren entstand ein Konflikt zwischen der zumeist staatlich begünstigten Profitorientierung von Hauseigentümern oder Wohnungsbaugesellschaften (Stichwort: »Luxusmodernisierung«) und dem Bedarf vornehmlich junger Menschen an preisgünstigem einfachem Wohnraum. Im Zuge von Sanierungsprojekten kommt es zur sogenannten »Entmietung« und nicht selten zu jahrelangem Leerstand von Wohnraum. Hier setzten die Hausbesetzungen ein, die als Aktionsform zunächst einmal Zivilen Ungehorsam bedeuten. Indem die Hausbesetzer aber in den von ihnen besetzten Häusern eine Sanierung selbst durchführten, indem sie die Häuser also »instand besetzten«, wurden ihre Aktionen konstruktiv. Sie schufen somit Vorbilder für eine kostensparende Sanierung unterhalb des Luxusniveaus. Nicht wenige, so beispielsweise Professor Fritz Eberhard, der als Mitglied des Parlamentarischen Rates das Grundgesetz mitgeschaffen hat, sahen mit den Hausbesetzungen sogar das in der Berliner Verfassung zugestandene Widerstandsrecht eingelöst.

In West-Berlin gelang es der Hausbesetzerszene allerdings nicht, in der Auseinandersetzung mit den staatlichen Autoritäten eine Strategie zu entwickeln, die der anfänglich breiten Sympathie in der Bevölkerung, die die Wohnungsmisere in ihrer Stadt tagtäglich am eigenen Leibe spürt, Rechnung getragen hätte. Statt dessen kam es zu einer Wechselwirkung von, wie in Einzelfällen sogar Gerichte feststellten, überzogenen Polizeieinsätzen und vielfältigen Gewalttaten aus der Hausbesetzerszene. Das bewirkte eine weitgehende Isolierung der Hausbesetzer in der öffentlichen Meinung. Nichtsdestoweniger wurde die Wohnungs-, insbesondere die Sanierungspolitik in der Stadt entscheidend korrigiert.

Zu Beginn der siebziger Jahre hat sich in Berlin (West) im übrigen erwiesen, wie erfolgreich Hausbesetzungen sein können, wenn sie gewaltlos bleiben. Das heutige Kreuzberger Kulturzentrum in den Gebäuden eines ehemaligen Krankenhauses (Bethanien) wurde — nach jahrelangem Leerstand — praktisch durch die anhaltende Besetzung des Gebäudes geschaffen.

Hildegard Goss-Mayr: Gewaltfreier Kampf um Bodenrechte in Brasilien

Der Kampf um den Boden ist eines der schwerwiegendsten Probleme in Lateinamerika. Im Zuge der Modernisierung der Bewirtschaftung (Agro-Business) lösen nationale, vor allem aber internationale Firmen die individuellen Großgrundbesitzer ab, die seit der Kolonialzeit die Struktur des Bodenbesitzes bestimmt haben (in ihren Händen lagen oft 70 bis 90 Prozent des bebaubaren Bodens). Im Zuge dieser Modernisierung werden Hunderttausende, ja auf dem gesamten Kontinent Millionen Kleinbauern, Landarbeiter und Indios, die keinen Nachweis über Besitzrechte erbringen können, von dem Boden vertrieben, den sie oft seit Generationen bebauen, und enden entweder in den Elendsvierteln der Großstädte oder werden als Wanderarbeiter — die Sklaven unserer Epoche —, als billige Arbeitskräfte von Region zu Region verschickt. Diese Situation trifft in besonderer Weise auf Brasilien zu. Die gesamte Machtstruktur (Bodenbesitzer, Agro-Business, das Agrar-Reform-Institut INCRA, Baufirmen, Gouverneure, private und staatliche Polizei, Militär und die »grileiros« — Makler mit Schlägern, die die Bevölkerung einschüchtern, vertreiben, ja tötende Gewalt anwenden) steht geschlossen gegen die arme Landbevölkerung. Die einzige Stütze der Bauern und Landarbeiter ist — wie sich in den letzten Jahren gezeigt hat — die Kirche. Die Nationale Bischofskonferenz Brasiliens (CNBB) hielt im August 1979 angesichts der wachsenden Zahl von Landvertreibungen und gewaltsamen Auseinandersetzungen in diesen Konflikten eine Sondersitzung zur Bodenfrage ab und veröffentlichte ein Dokument mit dem Titel: »Orientierungspunkte für die Gesellschaftspolitik«. In diesem geht sie mit dem in Brasilien praktizierten Entwicklungs- und Gesellschaftsmodell, das das Elend der Landbevölkerung begründet, hart ins Gericht und bietet Ansatzpunkte zu einer Neuorientierung. Mit diesem Dokument stellt sie sich hinter den Kampf der Landbevölkerung um ihre Grundrechte.

»Niemals töten — niemals verletzen;
niemals nachgeben — immer geeint bleiben;
der Obrigkeit den Gehorsam verweigern,
wenn ihre Befehle uns erniedrigen und zerstören.«

Mit diesen fünf Grundsätzen kämpfen im Innern des Staates Paraíba, Nordostbrasilien, Hunderte von Kleinbauern um die Durchsetzung des Landreformgesetzes Nr. 4401, das jedem Bauer 25 Hektar Land zuspricht. Dieses seit 1964 bestehende Gesetz wurde nicht nur nie beachtet, sondern im Zuge des Ausbaus moderner Agrikultur werden Hunderttausende Pächter, Kleinbauern und Landarbeiter von ihrem Boden vertrieben ...

Beispiel Alagamar

Alagamar ist ein Grundbesitz von 13 000 Hektar. Nach dem Tode des Besitzers 1975 kam das Land in die Hände einer Unternehmergruppe. Sie beschloß, den gesamten Boden für Zuckerrohrbau (Beimischung von Alkohol zum Benzin) und für Massenaufzucht von Rindern (Fleischexport) in Anspruch zu nehmen und die Bauern mit allen Mitteln zu vertreiben.

Die 700 betroffenen Bauernfamilien entschieden sich, den Boden nicht zu verlassen, und schlossen sich zu gewaltfreiem Widerstand zusammen. Die christlichen Basisgemeinden sind tragende Elemente in diesem Kampf. Als im Verlauf des Widerstandes acht Bauern verhaftet wurden und die Polizei den Befehl zur Festnahme brachte, erklärten 96 andere Bauern, sie seien in gleicher Weise verantwortlich für den Einsatz um die Bodenrechte, und verlangten, ebenfalls festgenommen zu werden. Zu Fuß begleiteten sie die acht Kameraden bis zur Stadt, stellten sich vor dem Gerichtsgebäude auf und verlangten, festgenommen zu werden. Sie sangen, beteten und ließen sich nicht vertreiben. Schließlich war der Richter genötigt, alle freizulassen.

Doch die Bauern waren sich bewußt, daß ihnen ein langer und harter Kampf bevorstand. Um die Kosten für ihren Widerstand zu decken (Rechtsanwälte, Reisespesen und so fort), pflanzten sie auf dem Boden, der ihnen laut Agrarreform zusteht, aber vom Unternehmer beansprucht wird, *Gemeinschaftsfelder*. Diese waren dem Grundherrn ein besonderer Dorn im Auge, und er wollte den Widerstand in exemplarischer Weise zerbrechen.

Als eines Tages 80 Bauern auf einem dieser Mandiokafelder arbeiteten, sandte der Grundherr gedungene Landarbeiter von einem anderen Bundesstaat, die bewaffnet waren und vor den Augen der Bauern begannen, die Pflanzen auszureißen. Was sollten sie tun? Sie versammelten sich: »Niemals töten, niemals verletzen — nein, wir lassen uns nicht zur Gegengewalt provozieren. Es wäre das Ende unseres Widerstandes und eine Absage an unsere Zielsetzung. Wir wollen nicht so handeln wie jene, die heute über uns herrschen.« Sie verharrten entschlossen auf dem Feld und sahen zu, wie die bestochenen Arbeiter 3000 Mandiokastauden ausrissen. Am nächsten Tag bepflanzten sie den Boden neu.

Dom José Maria Pires, der Erzbischof, kam, ließ sich von den Bauern berichten und ermutigte sie. Er nahm einige der ausgerissenen Pflanzen und legte sie in der Kathedrale in João Pessoa auf den Altar ...

Journalisten, Menschen aus der Mittelschicht, Intellektuelle, immer mehr Kräfte begannen, die Bauern zu unterstützen. Schließlich wurden ihnen 2500 Hektar Land als erstes Teilstück zugesprochen.

Der Kampf ging weiter und erreichte Anfang Januar 1980 auf einem anderen Teilgebiet der Domäne (Alagamar, Caipora und Maria de Melo) einen neuen Höhepunkt. Der Grundherr ließ 200 Stück Vieh auf die Pflanzungen der Bauern treiben. Als die Bauern das Vieh verjagen wollten, griff — über Veranlassung des Grundherrn — die Polizei ein. Der Versuch der Bauern, ihre Pflanzungen zu retten, wurde als aggressiver Akt ausgelegt. Man verbreitete die Nachricht, sie hätten Vieh getötet und sich mit Revolvern zur Wehr gesetzt, was nicht der Wahrheit entsprach. Der Ausnahmezustand wurde ausgerufen und das gesamte Gebiet von der Polizei besetzt. Sie ging mit Tränengas und Mißhandlungen gegen die Bevölkerung vor. Allen Außenstehenden wurde der Zutritt in das Gebiet verwehrt (4.1.1980).

Dom José Maria Pires traf am 5. Januar 1980 mit drei weiteren Bischöfen der Region, darunter Dom Helder Câmara, Erzbischof von Recife, in dem Gebiet ein. Er stellte fest, in einer Situation brutaler Gewalt und Verletzung der Menschenrechte müsse der Bischof auf der Seite des Volkes stehen, um dessen Hoffnung zu stärken und zu verhindern, daß von Brasilianern brasilianisches Blut vergossen werde. Dies wäre das Schlimmste, was der Nation zustoßen könne.

Die Bischöfe wurden in das Gebiet hineingelassen. Die Bevölkerung versammelte sich um sie. Sie beteten mit den Bauern, ließen sich die Lage erklären und fragten darauf das Volk, ob es die Kühe vertreiben wolle. Alle hoben die Hand als Zeichen der Zustimmung. Da intervenierte der Polizeichef, befahl den Polizisten, ihre Maschinenpistolen in Anschlag zu bringen und Tränengasbomben bereitzuhalten. Jeder weitere Schritt der Bevölkerung würde eine bewaffnete Intervention zur Folge haben. Die Bischöfe jedoch fragten das Volk nochmals, ob es die Rinder vertreiben wolle; und wieder wurde das bejaht. Da nahmen die Bischöfe kleine Stöcke in die Hand und begannen — der Erzbischof zu Pferd — gemeinsam mit dem Volk die Rinder von den Feldern zu vertreiben, gefolgt von der Polizei mit schußbereiten Maschinenpistolen. Es wurde jedoch kein Schuß abgegeben.

Am Ende der Aktion dankte Dom Helder Câmara persönlich jedem Polizisten für seine Kooperation. Einige Polizisten sagten zu ihm: Die Bauern haben es besser als wir, denn ihnen steht ein Recht auf Bodenbesitz zu, selbst wenn sie darum kämpfen müssen. Wir aber haben nichts und sind gezwungen, um leben zu können, ungerechte Befehle

236

auszuführen; Befehle, die sich gegen unsere Brüder richten.

Am Ende dieses Tages wurde beschlossen, Verhandlungen zwischen den Bauern, dem Besitzer, dem Gouverneur und der Polizei- und Militärbehörde wie dem Bischof zu führen.

Am 16. Januar erklärte der Gouverneur, er werde die 800 Hektar des umstrittenen Bodens kaufen und den Bauern zur Errichtung einer Kooperative unter ihrer eigenen Leitung zur Verfügung stellen. Auch die Bauern brachten ihre Vorschläge ein und versicherten, den gewaltfreien Kampf so lange fortzusetzen, bis für alle in Alagamar eine gerechte Lösung erzielt worden sei.[173]

Die Kombination gewaltfreier Aktionsformen am Beispiel der Kampagne von Larzac

Ein Nachteil der Auflistung von Beispielen für gewaltfreie Aktionen liegt in der isolierten Darstellung; lediglich einige zusammenfassende Berichte sind eine Ausnahme. Tatsächlich ergibt sich die Wirksamkeit gewaltfreier Aktionen zumeist erst durch die Kombination verschiedenartiger Aktionen. Dies zeigt sehr anschaulich die folgende Zusammenfassung über eine der erfolgreichsten gewaltfreien Widerstandsaktivitäten der Gegenwart: der Kampf der Bauern auf dem südfranzösischen Larzac gegen die Ausweitung eines Truppenübungsplatzes. Im Laufe des mehr als zehnjährigen Widerstands wurden alle Formen der gewaltfreien Konfliktaustragung angewendet.[174]

Hildegard Goss-Mayr: Zehn Jahre Gewaltfreier Widerstand auf dem Larzac gegen die Ausweitung eines Truppenübungsplatzes

Das Plateau von Larzac befindet sich in Frankreich im südlichen Teil des Departements Aveyron. Die Staatsstraße 9 verbindet es mit Montpellier. Was die Landschaft betrifft, so ist das Plateau bekannt für die Schafzucht. Etwa 35 Prozent des Bodens werden für Getreidebau verwendet, der Rest ist Weideland. 1903 war in der Nähe der Stadt Millau ein Truppenübungsplatz mit einem Gebiet von 3000 Hektar errichtet worden. Schon immer hatte es Gerüchte über eine Vergrößerung des Militärgeländes gegeben, im Oktober 1970 schließlich informierte der zuständige

Staatssekretär die Bevölkerung über das Projekt, den Übungsplatz auf 17 000 Hektar zu erweitern. Die Folgen: Ein Großteil der Weideflächen für 18 000 Schafe, aus deren Milch jährlich 325 Tonnen Roquefort-Käse gewonnen werden, würden dem Truppenübungsplatz zum Opfer fallen. 527 Personen wären von der Enteignung betroffen.

Sofort nach Bekanntwerden dieser Tatsache legten verschiedene Linksparteien mit Flugblättern und Plakaten Protest ein.

Im Januar 1971, nach der offiziellen Bekanntgabe des Projektes, gründete der Bürgermeister von Saint-Jean-de-Bruel (einem in dem betroffenen Gebiet gelegenen Ort) ein *Komitee zur Rettung des Larzac*, das sofort alle verfügbaren Mittel für einen wirksamen Protest gegen das Projekt einsetzte. Auf dem Plateau wuchs die Unruhe. Es begann eine Phase von Protesten und Demonstrationen. Aber auch ein Jahr später bekräftigte die Regierung nochmals die Pläne.

Entscheidung für Gewaltfreiheit von 103 Bauern

Durch einen glücklichen Umstand erfahren die Bauern von den Möglichkeiten des gewaltfreien Kampfes. Unweit des Larzac besteht seit Jahrzehnten die gewaltfreie Dorfgemeinschaft »Arche«, die der Gandhi-Schüler Lanza del Vasto gegründet hat. Del Vasto begibt sich zu den Bauern und beginnt eine Informationskampagne. Ein Bauer berichtet: »Lanza hat für mich den Schuh gefunden, der auf meinen Fuß paßte. Es ist klar, daß Lanza im rechten Augenblick gekommen ist. Niemand wußte mehr aus noch ein. Der Funke kam von ihm. Die Gewaltlosigkeit, die er vorschlug, war derart, daß man nicht mehr wünschte, sich dem Kampf fernzuhalten, denn in dieser Form des Widerstandes wurde man anerkannt, für voll genommen. Doch eine schwerwiegende Frage blieb offen: Wird die Gewaltlosigkeit wirksam sein? Aber, sollte sie nicht funktionieren, könnte man ja wieder zum Gewehr greifen.«

Ende März 1972 legten 103 der 109 betroffenen Bauern das feierliche Versprechen ab, das Land nie aufzugeben, sich nie kaufen oder ablösen zu lassen. Es war kein spektakulärer Akt, doch vielleicht der subversivste, stärker als alle folgenden Aktionen. Dieses Versprechen, das die Bauern *einte,* wurde zum *Eckstein,* auf den man immer wieder, gerade in den schwierigsten Situationen, zurückkam. Die Einigkeit, die es zum Ausdruck bringt, ist eine Wirklichkeit, die die zehn Jahre des Kampfes hindurch von allen akzeptiertes Grundelement blieb.

Am 2. und 3. April, den Tagen der »offenen Höfe«, kamen Tausende Menschen aus allen Teilen Frankreichs, um mit den Bauern zu sprechen. An der Staatsstraße 9 wurden große Mengen Flugblätter an Touristen verteilt und eine große Zahl neuer Unterschriften gesammelt. Es waren Tage der Freude.

In den Monaten April, Mai und Juni wuchs die Welle des Widerstandes in ganz Frankreich. Am 14. Juli, dem Nationalfeiertag, zogen 20 000 Menschen in Ruhe und mit Würde gemeinsam mit den Bauern, die mit ihren Traktoren gekommen waren, durch Rodez. Tausende junger Pazifisten und Vertreter der übrigen im Hilfskomitee vertretenen Gruppen standen Schulter an Schulter neben den Bauern; die Zuversicht wuchs, daß es gelingen würde, die Behörden von ihrem Projekt abzubringen. Voraussetzung dafür bleibt jedoch, daß der Kampf so wie bisher auch in Zukunft gewaltlos geführt wird.

Am 11. Oktober 1972 kündigte die Präfektur des Departements Aveyron eine Untersuchung über die *utilité publique* (Verwendung zu öffentlichem Nutzen) des von der Armee geforderten Bodens an. Die Durchführung begann am 16. Oktober. Aus Protest versammelten die Bauern 2000 Schafe vor dem Bürgermeisteramt von La Cavalerie.

Erster Appell an die französische Öffentlichkeit: »Schafe unter dem Eiffelturm« (Oktober 1972)

Fünf Bauern aus dem Larzac brachten am 26. Oktober 1972 in einem Lastauto sechzig Schafe nach Paris und ließen sie auf dem Marsfeld unter dem Eiffelturm frei; ein Transparent wurde auf der ersten Terrasse des Eiffelturms angebracht, Flugblätter über die »Affäre« Larzac abgeworfen und verteilt, Transparente aufgestellt. Presse, Radio und Fernsehen waren verständigt und zur Stelle. Zwei Stunden lang wurde mit der Polizei diskutiert, verhandelt, das Problem dargestellt. Die Polizei nahm schließlich — angesichts der Schwierigkeiten, die für sie das Einfangen der Schafe bedeutet hätte — von Verhaftungen Abstand. Die Demonstranten fingen, nachdem sie ihr Ziel, die Öffentlichkeit zu informieren, erreicht hatten, die Tiere in aller Ruhe wieder ein und wurden von der Polizei an den Stadtrand von Paris gebracht. Ihre erste direkte Aktion auf nationaler Ebene war in Ruhe und Disziplin durchgeführt worden und gelungen. Die Nation begann das Problem aus einer neuen Perspektive zu sehen.

Trotz steigender Anzahl der Einwände gegen das Projekt der Erweiterung des Militärlagers wurde von der Präfektur des Departements Aveyron am 26. Dezember 1972 öffentlich erklärt, »daß die Erwerbung bebauten und unbebauten Bodens im Ausmaß von 13 700 Hektar für militärische Zwecke, wenn nötig durch Enteignung, in den Bereich öffentlicher Nutzung falle«.

Diese Entscheidung des Verteidigungsministeriums beantworteten die Bauern mit einem Protest, der breite Schichten der Bevölkerung solidarisieren sollte.

Der Zug der Traktoren nach Paris (7.–12. Januar 1973)

Nach sorgfältigen Vorbereitungen, mit Transparenten versehen, machten sich 26 Bauern mit Traktoren vom Larzac-Plateau auf den Weg nach Paris. Über Millau (Hauptstadt des Departements), wo mehrere tausend Menschen die Bauern verabschiedeten, und Rodez, wo Mgr. Menard, der Bischof, sie ermutigte: »Der Boden gehört denjenigen, die ihn bebauen, und niemand hat das Recht, ihn ihnen wegzunehmen. Die Bauern des Larzac, die seit Generationen das Plateau bewohnen, werden niemals der Bedrohung aus Gründen der Landesverteidigung nachgeben.« ...

Am 11. Januar 1973 wurde der Zug in Orléans aufgehalten; Polizei umstellte die Traktoren. Die Bauern beschlossen, zu Fuß nach Paris weiterzumarschieren. Die Zahl derer, die sich ihnen anschlossen, wuchs unentwegt. Bauern stellten ihre Traktoren zur Verfügung, um jene des Larzac zu ersetzen. Eine Delegation wurde mit Autos nach Paris geschickt, um die Versammlung in den Räumen der Arbeiterbörse vorzubereiten und dem Verteidigungsminister das Protestschreiben zu überreichen, in dem die Bauern seine Entscheidung zurückwiesen.

Gleichfalls im Januar 1973 wurde, als erster Schritt eines konstruktiven Programms zum Aufbau des Larzac, der »Verein für die Entwicklung der Landwirtschaft im Larzac« (APAL) gegründet. Der Fonds zur Unterstützung der Bauern, den APAL errichtete, wird zu 50 Prozent aus jenen Geldern genährt, die französische Staatsbürger von der Steuer zurückbehalten, das heißt jene 3 Prozent, die dem Steueranteil für Militärausgaben entsprechen. 1979 betrug das Budget des APAL 500 000 Francs.

Erste Schritte des Zivilen Ungehorsams (April 1973)

Im April 1973 kam es zu einer neuerlichen Intensivierung des Kampfes, in dem erstmals *Ziviler Ungehorsam* angewandt wurde. Gemeinsam mit einer gewaltfreien Gruppe aus Orléans und einer wachsenden Anzahl französischer Bürger sandten nach reiflicher Überlegung mehr als fünfzig wehrpflichtige Bauern ihre Militärpapiere an das Verteidigungsministerium zurück (nachträgliche Militärdienstverweigerung, die gesetzlich nicht gestattet ist). Es war der erste ungesetzliche Akt, den sie ausführten, mit der Begründung, nicht länger Soldaten eines Landes sein zu wollen, das im Dienste der Vernichtung stehe. So sagt Elie Jonquet, ein Bauer: »Ich sah (bei den Truppenübungen) englische Truppen in meinem Hof, auf dem Dach meines Hauses Krieg spielen — und am Abend sah ich im Fernsehen, wie englische Soldaten in Nordirland eine grausame Repression durchführten. Ich habe im Zweiten Weltkrieg gekämpft, um mein Vaterland vom Faschismus zu befreien. Und jetzt bemerke ich, daß dieser in Frankreich selbst Fuß faßt. Das werde ich niemals akzeptieren. Ich werde es nicht tolerieren, daß meine Erde in einen riesigen Übungsplatz zum Erlernen der Repression für die französische und für ausländische Armeen umgewandelt wird.«

Prozesse gegen diese Wehrdienstverweigerer sind in verschiedenen Teilen Frankreichs im Gange.

25./26. August 1973: *Massendemonstration* von 60 000 Bauern, Arbeitern, Studenten und Intellektuellen im Larzac. Die größte Bedeutung dieses Treffens liegt zweifellos darin, daß es viele Gruppen der Nation, die Unrecht erleiden, zu gemeinsamer Arbeit zusammenführte; daß von diesen die Militärpolitik Frankreichs wie auch seine Wirtschaftspolitik, die das Land zum drittgrößten Waffenproduzenten der Welt gemacht hat, einmütig verurteilt wurde. All diese ideologisch sehr unterschiedlichen Gruppen wurden unter dem Zeichen der Gewaltlosigkeit — die Bauern forderten von allen Beteiligten gewaltloses Verhalten im Raume des Larzac — zu Gespräch, Erfahrungsaustausch und Planung des weiteren Kampfes zusammengeführt. Eine nationale Koordination begann sich zu entwickeln. Einer der Höhepunkte dieser Demonstration war es, daß eine Bäuerin, Mme. Giraud, Mutter von 6 Kindern, ausgewählt wurde, um den 60 000 Demonstranten den Sinn des Kampfes um den Larzac zu erklären! Etwas später wurde ein Attentat auf ihren Hof verübt, das diesen zerstörte. Die Familie kam mit dem Leben davon.

Über Druck der Bevölkerung wurde im Oktober 1973 die erste Schule im Larzac eröffnet. In diesem Sommer fiel auch der Bau eines großen Schafstalles in La Blaquière durch freiwillige Arbeit vieler junger Franzosen auf einem Grundstück, das von den Militärs beansprucht wird, sowie die Errichtung der GFA, einer Genossenschaft zum Aufkauf von Boden, dessen Besitzer abwesend sind und ihn nicht nutzen. Dieser Boden wird Bauern in langfristigen Pachtverträgen zur Verfügung gestellt.

Bis 1979 wurden von 5000 Unterzeichnern mehr als 5 Millionen Francs eingebracht und mehr als 1000 Hektar Land gekauft.

Beide Initiativen haben, ebenso wie die Besetzung des Hofes Truels (diesen hatten die Militärs aufgekauft und ließen ihn ungenutzt liegen) im Oktober 1974, den gleichen Sinn, der den gesamten gewaltfreien Widerstand des Larzac kennzeichnet: Leben einpflanzen anstelle von Zerstörung des Bodens; schöpferisches Leben als Alternative zur Erziehung zu Repression und Vernichtung zu entfalten.

Das Erntefest (August 1974)

Dieses Ziel wurde in besonderer Weise gekennzeichnet durch das *Erntefest am 16. und 17. August 1974:* Mehr als 103 000 Personen versammelten sich im Larzac unter der Parole: *Weizen schafft Leben — Waffen töten!* Eines der Ziele der Erweiterung der Militärbasis von Larzac war es, neue Waffen zu erproben und im Hinblick auf ihre Ausfuhr in die dritte Welt vorzustellen. Die Bauern des Larzac waren jedoch immer der Überzeugung, daß ihr Boden dem Leben dienen müsse, nicht dem Tod . . . Deshalb fand im Monat August, als das erste Gemeinschaftsfeld der Genossenschaft zur Ernte reif war, im Larzac ein Erntefest statt. Hauptziel dieses Festes war es, ein Maximum an Getreide und Geld für die von der Hungersnot betroffenen Völker der dritten Welt zu sammeln . . . Zu diesem Fest wurden auch Gastarbeiter und andere unterprivilegierte Gruppen Frankreichs wie Betroffene aus der Sahelzone Afrikas eingeladen. Den afrikanischen Bauern soll Hilfe zur Selbsthilfe und Selbstorganisation geboten werden. 60 000 Francs wurden überreicht.

Die Bauern haben in ihrem mehrjährigen Kampf einen grundlegenden Wandel durchgemacht: Sie haben die großen Zusammenhänge erkannt, in die der Konflikt um Larzac eingebettet ist, und sind bereit geworden, gegen die große nationale und internationale Unrechtsituation anzukämpfen, die der militärisch-wirtschaftlich-politische Komplex darstellt.

Mgr. Menager, Erzbischof von Reims und Vorsitzender der französischen Kommission für Gerechtigkeit und Frieden, schrieb den Bauern zum Erntefest: »... Ihr habt es selbst erfahren, was es heißt, Boden fruchtbar zu machen, und seid zu einem annehmbaren Ergebnis gelangt. Dieses ist durch die Erweiterung des Militärlagers bedroht. Ihr habt Euch zunächst gegen das erhoben, was Euch als eine Vergewaltigung Eures Rechtes als Bauern erschien ... Später erkanntet Ihr, daß es sich um eine viel schwerwiegendere Sache handelt: Soll man Verteidigungssystemen nachgeben, die auf endlose Vergrößerung des Waffenarsenals aufbauen? Die kollektive Sicherheit eines Landes ist eine wichtige Frage für jeden von uns. Das wißt Ihr sehr wohl. Ihr aber bezeugt, daß selbst die perfektesten Waffen dazu nicht genügen und daß die wahre Kraft des Widerstandes, so dieser geübt werden muß, in der Seele eines Volkes liegt. Die Erfahrung der Gewaltlosigkeit, zunächst instinktiv praktiziert, dann in systematischerer Weise entdeckt, weist den Weg in diese Richtung.«

Am 9. Januar 1975 verlautbarte die Präfektur, daß die 12 200 Hektar Bodens, die die Bauern nicht freiwillig an die Armee verkaufen wollten, binnen Jahresfrist enteignet werden würden. Es wurde mit der Registrierung und Bewertung der einzelnen Parzellen begonnen. Die Polizei drang mit Gewalt in die Höfe ein. In zehn Gemeinden verbrannten Frauen Dokumente der Untersuchungskommission.

Im Dezember 1975 erklären der Verteidigungsminister und der Präfekt des Departements, das Dekret über die Ausweitung des Truppenübungsplatzes werde nicht rückgängig gemacht, doch suche man eine Lösung, die die Interessen der Landwirte respektiere. Im März

1976 weist der Staatsrat die Berufung, die die Bauern gegen die Verwendung ihres Bodens zu »öffentlicher Nutzung« eingelegt hatten, zurück. Die Wochenschrift »Gardarem Lo Larzac« wird gegründet. Sie erscheint seither regelmäßig und dient als Instrument der Meinungsbildung in Frankreich. Im Zuge der Bodenregistrierung versucht die Armee durch hohe Preisangebote und durch Spekulanten möglichst viel Boden aufzukaufen. Aus Protest dringen deshalb am 28. Juni 22 Personen in das Armeebüro Antenne-Génie-Domaines ein und zerreißen 500 Akten. Es befindet sich auf dem Truppenübungsplatz. Sie werden von der Polizei verhaftet, vor Gericht gestellt und zum Teil bis zu sechs Monaten Gefängnisstrafen verurteilt (teilweise bedingt). Alle Bauern werden jedoch unter dem Vorwand der herrschenden trockenen Witterung entlassen. Auch die anderen Verhafteten kommen nach drei Wochen Arrest frei; doch verlieren alle 22 das Wahlrecht.

Am 24. Oktober 1976 wird in Millau eine Militärparade abgehalten. Das »Klima«, das unter der Bevölkerung herrscht, soll getestet werden. Die Bauern des Larzac und die Bevölkerung von Millau verhindern durch Störung die Abhaltung der Parade.

Im August 1977 findet eine weitere Großveranstaltung mit 50 000 Teilnehmern auf dem Plateau des Larzac statt. Im Oktober dieses Jahres kauft die Armee den Hof Pinel; kurz darauf pflügen die Bauern alle dazugehörigen Felder um und bebauen sie. — Der Verteidigungsminister bekräftigt, daß das Projekt Larzac *nicht* aufgegeben wird.

Im Mai 1978 sperren Mütter von Schulkindern, die mit Schulbussen abgeholt werden, während einer Woche den Verkehr für alle Militärfahrzeuge. Sie erreichen, daß der Verkehr der Militärfahrzeuge einer strikten Regelung unterworfen wird.

Fußmarsch nach Paris (November 1978 — 710 Kilometer)

Zwischen dem 29. September und 18. Dezember 1978 erhielten die Bauern von neun Gemeinden durch Bescheid die Aufforderung, im Hinblick auf die Ausweisung das Land fortan nicht mehr zu bebauen. Die Enteignungsdokumente wurden von dem zuständigen Richter in Rodez unterzeichnet. 13 Männer und Frauen fasteten daraufhin in der Kathedrale von Rodez. Ende Oktober wurde in ganz Frankreich ein Tag der Solidarität mit den Bauern des Larzac durchgeführt. In 100 Städten wurde gefastet, und Demonstrationen wurden abgehalten. In dieser Situation beschlossen die Bauern, eine Delegation *zu Fuß nach Paris* zu senden, um mit dem Präsidenten der Republik zu sprechen. 18 Bauern und Bäuerinnen machten sich auf den Weg: »Vom Larzac zum Elysée-Palast« in 24 Tagen, 710 Kilometer. Jeden Abend wurden sie in einer Stadt empfangen und hielten öffentliche Veranstaltungen ab. Präsident Giscard d'Estaing erklärte, er werde die Bauern nicht empfangen. Als diese am 2. Dezember nach einer ungeheuren Anstrengung in Paris eintrafen, wurden sie von 50 000 Menschen empfangen. Dieses Zeichen der Solidarität stellte einen Höhepunkt ihres langen und mühevollen gewaltfreien Kampfes dar.

Eine Delegation der Bauern wird nicht vom Staatspräsidenten, wohl aber vom Kabinettschef des Verteidigungsministers empfangen. Verhandlungen werden für Mitte Januar 1979 vereinbart und auch durchgeführt. Die Enteignung wird um zwei Monate hinausgeschoben. Die Bauern aller Gemeinden erklären dem Präfekten, daß sie das Land nicht verlassen werden. Mitte Juli 1979 werden die Ablösegelder gerichtlich festgelegt. Zur gleichen Zeit legen die Bauern den Grundstein zu einem Kulturzentrum auf der von den Militärs geplanten Eisenbahntrasse bei Hospitalet.
— Neuerliche Verhandlungen mit dem Verteidigungsministerium führen zu dem Ergebnis, daß 68 von 83 betroffenen Höfen erhalten bleiben sollen. — Am 12. Oktober werden dem Vorsitzenden der Abrüstungskommission der UNO 1000 Militärpässe überreicht, nachdem das Verteidigungsministerium sich geweigert hatte, diese entgegenzunehmen. Mitte November besucht der Staatspräsident Rodez. Aus diesem Anlaß fasten 14 Bauern und Bäuerinnen sieben Tage vor der Landwirtschaftskammer. Während des Festessens zu Ehren des Präsidenten weigern sich mehrere Geladene aus Solidarität mit den Fastenden, Speisen zu sich zu nehmen. Der Präsident erklärt, den Vorschlägen der Bauernvertreter werde Rechnung getragen. Der Enteignungsrichter begibt sich jedoch in weitere Gemeinden.

Am 7. Mai 1980 stellt der Beschwerdegerichtshof fest, daß aufgrund eines Formfehlers 66 der bisher ausgestellten Enteignungsdokumente *ungültig* sind. Dadurch sind 3280 Hektar Land von der Enteignung befreit. Der Gesamtvorgang der Enteignung (der mehrere Jahre in Anspruch genommen hatte) muß neu aufgerollt werden.

Im Mai 1980 treffen sich die Bauern mit der Bevölkerung von Pogloff, die gegen den Bau eines Kernkraftwerkes Widerstand leistet. Es versammeln sich 100 000 Personen. Von Juli bis September 1980 werden Arbeiten zur Verbesserung der Struktur im Larzac von Bauern und freiwilligen Helfern durchgeführt: Dächer, Wege, Wasserleitungen, Telefon . . .

Sieg der Bauern des Larzac

Präsident François Mitterrand hat am 3. Juni 1981 vor dem Ministerrat seinen Entschluß bekanntgegeben, sein Wahlversprechen gegenüber den Bauern des Larzac einzulösen: Das Projekt der Ausweitung des Truppenübungsplatzes auf 16 000 Hektar wird ab sofort zurückgezogen (*Le Monde*, 5. Juni 1981). Damit war der zehnjährige gewaltfreie Kampf der Bauern siegreich beendet.

Teil 3
Die Wirkungsmechanismen
der gewaltfreien Aktion

Gewaltverzicht und Konfliktaustragung

> Es gibt immer ungeduldige Menschen; aber das
> Leben ist schwerer auszudrücken als die Mechanik.
> Die Kämpfe werden im allgemeinen mechanistisch
> gesehen, als handele es sich um Sachen.
>
> *Roger Moreau**

Die Ausübung von Gewaltfreiheit — ein Flugblatt aus der nordamerikanischen Bürgerrechtsbewegung

An dieser Stelle soll der Text eines Flugblatts wiedergegeben werden, das von der amerikanischen *Fellowship of Reconciliation* (in der Bundesrepublik: Versöhnungsbund) seit dem Ende der fünfziger Jahre zur Einführung in gewaltfreies Handeln verbreitet wird. Es diente anfänglich als Informationsmaterial bei Sit-ins, Go-ins und ähnlichen Aktionen und hat in jahrelanger Praxis seine Nützlichkeit bewiesen. Wenn auch die Mehrzahl der Gesichtspunkte im weiteren eingehender diskutiert wird, so sind in der Flugschrift die wesentlichen Elemente der gewaltfreien Konfliktaustragung bereits knapp zusammengefaßt.

DIE AUSÜBUNG VON GEWALTFREIHEIT**

Was ist Gewaltfreiheit?

Die meisten Menschen wenden keine Gewalt an — es sei denn, sie werden bis zur Weißglut gereizt, oder zur Selbstverteidigung gegen Gewalt, deren Opfer sie sind. Es ist jedoch möglich, in solchen Situationen andere Mittel anzuwenden, nämlich, auf Gewalt bewußt zu verzichten. Das ist es, was hier unter Gewaltfreiheit verstanden wird.

Für einige ist Gewaltfreiheit eine moralische Verpflichtung, die

---

* Roger Moreau, Mitglied der gewaltfreien Gemeinschaft »l'Arche« (Die Arche), hat sich als Bauer auf dem Larzac angesiedelt.
** Die Übersetzung des Flugblatts stammt vom Verfasser.

auf religiösem Glauben basiert. Für viele ist sie eine praktikable Aktionsform, die Erfolge verspricht.

Es ist nicht die Absicht zu erklären, warum Gewaltfreiheit gut ist. Es sollen vielmehr die grundlegenden Schritte erläutert werden, die man tun kann, um Gewaltfreiheit auszuüben.

Worum geht es?

Gewaltfreiheit ist kein Weg, Ungerechtigkeit zu vergelten, sondern sie zu überwinden. Sie wurzelt in der Einsicht, daß dein Gegner ein Mensch ist. Und weil er ein Mensch ist, wird er vermutlich mit Furcht reagieren, wenn du ihn bedrohst. Aber auf die Dauer wird er dir wahrscheinlich Wohlwollen entgegenbringen, wenn du dich dazu überwindest, dieses Wohlwollen zu ermutigen. Erwarte nicht sofort Ergebnisse. Die erste Reaktion deines Gegners dürfte Überraschung darüber sein, daß du Ungerechtigkeit nicht mit Ungerechtigkeit beantwortet hast. Er kann möglicherweise gereizt sein, weil du nicht »seine Sprache sprichst«, und er wird vielleicht versuchen wollen, dich weiter zu provozieren, dich zur Gewalt anzustacheln.

Wahrscheinlich wird er sehr argwöhnisch sein und vermuten, daß du beabsichtigst, ihn in irgendeiner undurchschaubaren Weise hereinzulegen. Möglicherweise denkt er auch, daß dein Verzicht auf Gewalt von Schwäche herrührt, und er wird versuchen, sich das zunutze zu machen. Aber allmählich, wenn du an deiner gewaltlosen Haltung festhältst, wird dein Gegner dir gegenüber Respekt entwickeln. Wenn deine Aktion erfolgreich ist, so nicht deshalb, weil er besiegt, sondern weil seine Feindseligkeit abgebaut wurde. Du wirst nicht nur dein Ziel erreicht, sondern du wirst das Ergebnis auf der Grundlage des Wohlwollens gefestigt haben, so daß es von Dauer sein kann.

Bei den folgenden Hinweisen wird angenommen, daß eine gewaltfreie Kampagne durch eine Gruppe durchgeführt wird und nicht von einzelnen.

Vier Grundregeln

1. Legt euer Ziel fest

Es bestehen viele Ungerechtigkeiten um euch herum. Eine einzige gewaltfreie Kampagne wird nicht alle abbauen können. Lenkt die Aufmerksamkeit auf eine aktuelle Ungerechtigkeit. Sie muß einfach erkennbar und mit scharfen Begriffen einfach zu diskutieren sein. Weitere Probleme können später in den Kampf einbezogen werden, und andere umfassendere Ziele können in späteren größeren Kampagnen verfolgt werden.

2. Seid aufrichtig

Teil eures Zieles ist es, die Achtung des Gegners zu gewinnen. Verhaltet euch so, daß ihr diese Achtung ermutigt. Laßt den Gegner durch eure gewissenhafte Sorge um Wahrheit und Gerechtigkeit erfahren, daß ihr seinen Respekt verdient. Dies kann bedeuten, daß ihr mehr gebt, als ihr bekommt; aber ihr werdet herausfinden, daß es die Sache auf lange Sicht wert ist. Seid euch auch darüber im klaren, daß ihr selbst nicht ohne Schuld seid. Ihr könnt großen Nutzen daraus ziehen, wenn ihr euer gegenwärtiges und vergangenes Verhalten überprüft.

3. Liebet euren Gegner

Dies klingt widersinnig, aber es hat seine Wirkung. Ihr habt es nicht mit einem durchtriebenen Schurken zu tun, sondern mit einem Menschen, der falsch gehandelt hat. Und obwohl ihr danach strebt, dieses Übel abzustellen, bringt ihm — was auch immer er tut — Wohlwollen entgegen. Zu keiner Zeit, in keiner Weise dürft ihr ihn herabsetzen, lächerlich machen oder erniedrigen. Laßt ihn immer wissen, daß ihr Gerechtigkeit wollt und nicht seine persönliche Niederlage.

4. Bietet eurem Gegner einen Ausweg an

Indem ihr gewaltfrei handelt, demonstriert ihr eine Form der Macht, welche die Schwäche der Ungerechtigkeit aufdeckt. Spielt gegenüber eurem Gegner nicht die Überlegenen. Beachtet seine Schwächen und seine Schwierigkeiten. Entwickelt eine Möglichkeit, ihn an eurem Sieg, wenn er absehbar ist, teilhaben zu lassen.

Fünf strategische Schritte

1. Untersuchung

Sammelt Tatsachen. Klärt von Anfang an alle möglichen Mißverständnisse. Wenn ihr sicher seid, daß eine Unrechtssituation besteht, so habt ihr zugleich darüber die Gewißheit, wer daran Schuld trägt. Eine gewaltfreie Kampagne, die auf falschen oder

248

unsicheren Annahmen beruht, ist gescheitert, bevor sie beginnt.

2. Verhandlung

Geht zu eurem Gegner und tragt ihm die Angelegenheit vor. Vielleicht kann schon in diesem Stadium eine Lösung gefunden werden. Vielleicht hat euer Gegner einen Einwand, von dem ihr nichts gewußt habt. Jetzt ist die Zeit, das herauszufinden. Wenn keine Lösung möglich ist, laßt euren Gegner wissen, daß ihr fest beabsichtigt, Gerechtigkeit wiederherzustellen. Und laßt ihn wissen, daß ihr immer bereit seid, weiterzuverhandeln.

3. Aufklärung

Informiert die Mitglieder eurer Gruppe, und informiert die Öffentlichkeit. Dies kann durch die verschiedensten Formen von Druckschriften und persönlichen Kontakten, durch öffentliche Reden und Presseinformationen geschehen. Wendet euch auch persönlich an die örtlichen Zeitungen und erläutert euren Standpunkt. Organisiert eine Leserbriefkampagne an Zeitungen und eine ähnliche Briefkampagne an die politischen Entscheidungsträger. Haltet euch immer an die Tatsachen, vermeidet Übertreibungen, macht es kurz, und zeigt euren guten Willen.

4. Demonstration

In diesem Stadium sind die verschiedenen Formen demonstrativer Aufklärung notwendig: Streikposten stehen, Plakate tragen, Massenversammlungen, Flugblätter auf der Straße verteilen und so weiter. All diese Aktionen müssen in geordneter Weise ablaufen. Leute, die demonstrieren, sollten durch ihr Äußeres keine Distanz aufbauen. Sie sollen gut informiert und zurückhaltend sein. Sie sollen fähig sein, Belästigungen ertragen zu können und möglichen gewaltsamen Reaktionen ohne Ängste und gewaltsame Gegenwehr zu widerstehen. Es ist äußerst wichtig, in diesem Stadium die Disziplin aufrechtzuerhalten.

5. Widerstand

Gewaltfreier Widerstand ist der letzte Schritt nach den anderen vier Schritten, wenn es keinen anderen Weg gibt. Er bedeutet Boykott oder Streik, die Mißachtung eines ungerechten Gesetzes oder andere Formen Zivilen Ungehorsams. Die Disziplin muß so stark sein, daß jedes Umschlagen in gewaltsame Widerstandsformen ausgeschlossen ist. Jede Provokation muß mit fortgesetztem Wohlwollen beantwortet werden. Ihr müßt zu Opfern bereit sein, damit keine Zweifel an eurer Rechtschaffenheit und eurem Mut aufkommen. Aber denkt daran, daß ihr Leiden immer nur erduldet und niemals zufügt. Darin liegt die moralische Überlegenheit, durch die euer Kampf gewonnen werden kann.

Acht Regeln für das persönliche Verhalten

1. Sei schöpferisch
Gewaltfreiheit bedeutet nicht, abseits zu stehen und unfähig zum Handeln zu sein. Du mußt in der Situation selbst schöpferisch handeln.

2. Bleib standhaft
Wenn du einmal eine Position bezogen hast, so behalte sie auch bis zum Sieg beharrlich bei. Dies bedeutet, daß du deine Fähigkeit zu ausdauerndem Verhalten abwägen und die von dir selbst gestellte Aufgabe sorgfältig überprüfen mußt.

3. Sei demütig
Vermeide Prahlereien ebenso wie Unterwürfigkeit. Hüte dich davor, Zugeständnisse zu machen oder nebensächliche Erfolge zu beschönigen, die nichts mit dem eigentlichen Konflikt zu tun haben, so verführerisch dies auch sein mag.

4. Sei offen
Sei deinem Gegner gegenüber jederzeit fair und ehrlich, wie immer sich dieser auch verhält. Rede höflich und über den Kern der Sache.

5. Bleib gelassen
Es ist selten, daß ein Mensch bei Anspannung nicht wütend oder ängstlich wird. Denk nicht, daß es eine Schwäche ist, wenn du Furcht empfindest. Aber versuche, dies zu überwinden, indem du dir dein Ziel vor Augen führst. Und zeige weder Furcht noch Zorn.

6. Sei hilfsbereit
Deine Freunde, die am Kampf beteiligt sind, können deine materielle oder geistige Hilfe benötigen. Jeder, der an einer Aktion beteiligt ist, sollte auf die Bedürfnisse seiner Mitstreiter achten. Du solltest zuerst jenen helfen, die am meisten leiden.

7. Sei versöhnlich
Laß deinen Zorn gegenüber dem Übel, das du bekämpfst, nicht überhandnehmen. Vergib deinem Gegner. Sei großzügig genug, das Böse, das er geschaffen hat, zu überwinden, ohne gegen ihn persönlich Groll zu hegen.
8. Bleib freundlich
Versuche, ohne von deinem Ziel abzugehen, die Situation aus der Sicht deines Gegners zu sehen. Tu, was du kannst, um das Gute in ihm zu fördern. Laß ihn wissen, daß du ihm gegenüber nichts Böses im Schilde führst und daß du es begrüßen würdest, wenn du von ihm das gleiche Wohlwollen erfahren würdest, das du ihm ständig zeigst.

Was Gewaltfreiheit mit Jiu-Jitsu zu tun hat

Zur Einführung zunächst zwei Geschichten:

Vor etwa 1500 Jahren sahen sich die Mönche eines chinesischen Klosters vor ein Problem gestellt: Sie hatten sich zahlreicher Räuber und Wegelagerer zu erwehren, waren aber zugleich aufgrund ihrer Religion gehalten, keine verletzende Gewalt auszuüben. Sie entwickelten daher eine Technik des Kampfes, bei der sie durch Hebel und Würfe das Prinzip der Gleichgewichtsbrechung des menschlichen Körpers nutzten. Hierbei brauchten sie selbst nur geringfügige Kräfte aufzubieten.[175]

»Vor langer Zeit machte ein Meister des alten Ju jitsu in seinem Garten während eines heftigen Schneetreibens folgende Beobachtung: Ein Kirschbaum, dessen starke Äste über und über mit Schnee bedeckt waren, stand am Wege. Und immer noch fiel der Schnee aus den grauen Wolken. Die Last des Schnees auf den Ästen wurde immer größer, die bald unter dem Gewicht nachgaben und krachend zersplitterten.
Anders erging es einer Weide, die in unmittelbarer Nähe an einem Bache stand. Auch ihre Äste waren reichlich mit Schnee bedeckt und bogen sich unter ihrer Last. Aber die schlanken, geschmeidigen Äste bogen sich mühelos bis zur Erde, so daß der Schnee abrutschend die Äste von ihrer Last befreite, die sich unbeschädigt aufrichten konnten.«[176]

Die beiden Begebenheiten und ähnliche Überlieferungen beschreiben das Entstehen des japanischen Jiu-Jitsu (ursprünglich Ju-Jitsu: Ju=sanft, weich; Jitsu=Kunst, Wissenschaft) als eine Form der Selbstverteidigung, woraus sich unter anderem der Judo-Sport entwickelte. Im ersten Fall wird Jiu-Jitsu als eine Kampftechnik dargestellt, die den Angreifer durch geschickte Einwirkung auf bestimmte Stellen seines Körpers aus dem Gleichgewicht bringt. Und in dem anderen wird die »Philosophie« dieser Kampftechnik vermittelt, die man als »Siegen durch (scheinbares) Nachgeben« kennzeichnen kann.

Zwei der maßgeblichen, bereits mehrfach erwähnten Theoretiker der gewaltfreien Konfliktaustragung, Richard Gregg und Gene Sharp, haben Vergleiche mit Jiu-Jitsu angestellt, um die Wirksamkeit des Gewaltverzichts in sozialen Auseinandersetzungen zu veranschaulichen. Dabei untersucht Richard Gregg die Reaktionsmöglichkeiten eines Menschen, gegen dessen Handeln gewaltfreie Aktionen gerichtet sind, während Gene Sharp die Wirkungen der Gewaltfreiheit vor allem im Zusammenhang mit einem politischen System sieht. Gregg spricht von »moralischem Jiu-Jitsu«, Sharp von »politischem Jiu-Jitsu«.

Moralisches Jiu-Jitsu

Wenn ein Mensch mit physischer Gewalt angegriffen wird und sich dem gewaltsam zur Wehr setzt, dann besteht zwischen den Streitenden, so scharf die Gegensätze ansonsten auch sein mögen, eine grundlegende Übereinstimmung: Beide sehen Gewaltanwendung als angemessene Verhaltensweise zur Austragung eines Interessengegensatzes an.

Unterstellen wir nun: Der Angegriffene verzichtet auf gewaltsame Gegenwehr. Er nimmt die Schläge hin, wirkt furchtlos und beherrscht. Er bleibt aber nicht passiv. Er bekundet seinen Glauben an die Wahrheit in dem Konflikt und kündigt an, seine Aufrichtigkeit lieber durch eigenes Leiden unter Beweis stellen zu wollen als dadurch, daß er dem Gegner Schaden zufügt.

Der Angreifer wird diese Haltung nur schwer als Furcht auslegen können. Denn der Angegriffene flieht nicht, was dem Angreifer eine Genugtuung bedeuten würde, wäre damit doch die Überlegenheit seiner Gewalttätigkeit anerkannt. Der Angreifer stößt vielmehr auf ein gänzlich anderes Wertsystem, mit dem er sich auseinanderzusetzen hat. Das gewaltfreie Verhalten des Angegriffenen verunsichert den Angreifer, der sein »moralisches Gleichgewicht« gestört sieht. Es kann zu einem »moralischen Jiu-Jitsu« kommen:

»(Der Angreifer) verliert plötzlich und unerwartet den moralischen Halt, der ihm durch den üblichen, ihm von den meisten Gegnern entgegengesetzten [gewaltsamen — d.Verf.] Widerstand geboten würde. Er stürzt gewissermaßen vornüber in eine neue Welt von Wertbegriffen. Er fühlt sich unsicher durch die Neuartigkeit der Lage und seine Unfähigkeit, ihr zu begegnen. Er verliert seine Pose und sein Selbstvertrauen.«[177]

Der Modellcharakter dieser Überlegung muß betont werden. Es wird ein denkbares psychisches Geschehen beschrieben, das sich in der Realität insofern komplizierter abspielt, als zwei Kontrahenten ja nicht isoliert von einem sozialen Bezug handeln. Die gewaltfreie Konfliktaustragung ist eher durch kollektives Handeln und durch kollektive Konfrontationen gekennzeichnet, was nicht heißt, daß individuelle Erfahrungen und Verhaltensweisen bei den Konfliktparteien ohne Bedeutung sind.

Aber soziale Konflikte vollziehen sich immer in einem bestimmten politischen Raum. Und dessen Willensbildungs- und Entscheidungsmechanismen gilt es durch gewaltfreies Handeln zu beeinflussen.

Politisches Jiu-Jitsu

Ein politisches System hat nicht wie der menschliche Körper Punkte, auf die man einwirken kann, um es aus dem Gleichgewicht zu bringen. Es gibt aber Einwirkungsbereiche, die man beeinflussen kann, um Veränderungen außerhalb des institutionellen Verfahrens zu erreichen. Diese Einwirkungsbereiche lassen sich als »Scharniere«, als »Gelenkstellen« eines politischen Systems verstehen.

Als »Scharniere« eines politischen Systems können angesehen werden:

Die herrschenden Gruppen
Der Konsens
Die Kommunikationssysteme

Die besondere Wirkung gewaltlosen Widerstands und gewaltfreier Gesellschaftsveränderung kann nur einsetzen, wenn die
Oppositionellen ihre gewaltlose Haltung unbedingt beibehalten.
Das heißt, sie müssen auch bestrebt sein, eventuelle Gewaltakte
von anderen Gruppen zu verhindern, so schwierig dies in einer
konkreten Situation auch sein mag. Die Bedeutung der streng
gewaltlosen, also der gewaltfreien Haltung der Oppositionellen
wird indirekt schon dadurch deutlich, daß wir aus Geschichte
und Gegenwart genügend Beispiele kennen, die zeigen, daß die
Herrschenden selbst durch »agents provocateurs« in sozialen
Konflikten Gewaltanwendung provozieren.

Inwieweit nun eröffnet die gewaltfreie Konfliktaustragung die
Möglichkeit, *auf seiten der Herrschenden* Uneinigkeit hervorzu-
rufen?[178]

Herrschende stellen keine Einheit dar. Wie überall finden sich
auch innerhalb dieser Gruppe Menschen mit verschiedenartigen
Lebenserfahrungen, Gefühlswelten und Interessen. Daraus ergeben sich auch unterschiedliche Haltungen in Konfliktsituationen, wie etwa die unterschiedliche Bereitschaft zu Kompromis-
sen und auch eine unterschiedliche Bereitschaft, Gewaltanwendung gegen gewaltlos agierende Oppositionelle mitzutragen.

Es gilt eine Grundregel: Gewaltsame Unterdrückung von
gewaltlosen Aktivisten wird innerhalb der Herrschenden viel
eher Unbehagen und Kritik hervorrufen als die gewaltsame
Unterdrückung von Oppositionellen, die Gewalt anwenden.
Dafür gibt es zwei Gründe: Erstens werden harte Unterdrük-
kungsmaßnahmen gegen Gewaltlose eher als unvernünftig,
unangemessen, unmenschlich und als gefährlich für die Gesellschaft angesehen. Zweitens ist es für Personen im Lager der
Herrschenden wesentlich leichter, mögliche Zweifel vorzubrin-
gen und zur Rücksicht zu mahnen oder auf eine Abänderung der
getroffenen Maßnahmen, vielleicht auf eine Veränderung der
Politik zu drängen, wenn die Oppositionellen gewaltlos handeln.

Einige Leute auf seiten der Herrschenden werden nicht nur die Unterdrückungsmethoden in Frage stellen, sondern auch nach den Ursachen von Unterdrückung und Ungerechtigkeit fragen. Es bedeutet eine neue Qualität der Auseinandersetzung, wenn die Machthaber bereit sind, die Ziele der gewaltlosen Oppositionellen zu beachten. So kann es zu Formen von Uneinigkeit innerhalb ihrer Reihen kommen und damit zu einer Schwächung der Macht. Dieser Wandel innerhalb der herrschenden Gruppen kann deutlich werden in:

— dem Gefühl, daß Unterdrückung und Grausamkeiten übertrieben sind und daß man bessere Wege finden muß;
— der Analyse der bestehenden politischen Verhältnisse, die wahrscheinlich einhergeht mit der Überzeugung, daß wichtige Veränderungen in der Politik, unter den herrschenden Personen oder auch im Herrschaftssystem selbst notwendig sind;
— Sympathien für die gewaltlosen Oppositionellen und ihre Angelegenheit;
— Formen von Zweifel, Uneinigkeit und selbst Abtrünnigkeit und Ungehorsam, auch bei Funktionären und Leuten im Unterdrückungsapparat;
— Formen der Unterstützung für die Unterdrückten einschließlich der Hilfe für die gewaltlosen Oppositionsgruppen.

Wir haben bereits gesehen, daß die *Auflösung des Konsenses* in einem politischen Streitpunkt dem Einstieg in einen Konflikt gleichkommt. Die Auflösung von Konsens gilt es durch gewaltfreie Aktionen zu dramatisieren, was nicht nur Auswirkungen auf die herrschenden Eliten, sondern auch auf die Öffentlichkeit hat.

In sozialen Konflikten haben wir es in der Regel mit drei Gruppen von Öffentlichkeit zu tun:

1. Bevölkerungsteile, die durch den Konflikt nicht direkt betroffen sind, und zwar sowohl auf regionaler als auch nationaler, möglicherweise sogar internationaler Ebene;
2. Anhänger des politischen Gegners, also die Gegner von Veränderungen;

3. Betroffene von Unrechtsverhältnissen, die an Veränderungen ein Interesse haben.

Diese Gruppierung kann sich je nach Konfliktgegenstand verändern, denn in den Konflikten um Militarismus und Umweltzerstörung gibt es ja tendenziell keine *nicht*betroffenen Menschen; es gibt allenfalls solche, die sich mehr, und solche, die sich weniger oder gar nicht angesprochen fühlen.

Man sollte die Aufmerksamkeit, die Herrschende, gerade politisch Herrschende, öffentlichen Stimmungen entgegenbringen, nicht unterschätzen. Wir wissen vom Naziregime, daß es bereits in den dreißiger Jahren, also vor Kriegsausbruch, aufmerksam und systematisch Stimmungen in der Bevölkerung registriert hat. In Diktaturen wird nicht selten eigens zu diesem Zweck ein Informationssystem aufgebaut. In westlichen Demokratien haben Meinungsforschungsinstitute diese Aufgabe übernommen.

Im Zusammenhang mit einem manifesten Konflikt läßt sich also sagen: Wenn Gewaltlose durch Gewalt unterdrückt werden, so ist dies von großer Wichtigkeit für die Aufmerksamkeit, die ihrem Kampf in der Öffentlichkeit zuteil wird. Es ist anzunehmen, daß insbesondere unter jenen, die nicht unmittelbar von dem Konflikt und seinen Ursachen betroffen sind, das Leiden der gewaltlos Handelnden Sympathien weckt. Es ruft solidarische Gefühle hervor, wenn Menschen, die sich prinzipiell nicht gewaltsam einem Unrecht widersetzen, Nachteile in Kauf nehmen.

Die Mißbilligung einer politischen Maßnahme durch Nichtbetroffene innerhalb eines Landes wie eine weltweite Verurteilung können auf das Verhalten einer Regierung wichtigen Einfluß haben. Ein Land, in dem anhaltende soziale Konflikte offen ausgetragen werden, gerät im internationalen System schnell in die Rolle eines »unsicheren Kantonisten«. Gerade internationale Wirtschaftskreise werden sich in solchen Situationen eher zurückhaltend verhalten.

Nichts wird öffentlich, es sei denn durch *Kommunikationsmittel*, durch *Medien*. Medien wirken sowohl auf die Herrschenden als auch auf die Öffentlichkeit. Wir brauchen uns nur zu vergegenwärtigen, wie viele folgenschwere politische Skandale von Journalisten aufgedeckt wurden — von Nixons Watergate bis zur Parteispendenaffäre in der Bundesrepublik Deutschland—, um zu erkennen, welcher Druck auf die Herrschenden durch die Medien ausgeübt werden kann.

Gewaltfreie Akteure sollten sich intensiv um zumindest wohlwollende Berichte in den Medien bemühen, in denen die oppositionellen Standpunkte, die Abweichung vom Konsens, sorgfältig begründet und deutlich gemacht werden.

Gewaltfreiheit und gewaltsame Unterdrückung

Alle gesellschaftlichen und politischen Systeme besitzen ein breitgefächertes Instrumentarium, um abweichende Verhaltensweisen korrigieren und/oder eine Bedrohung des Systems abwehren zu können. An anderer Stelle wird darauf näher eingegangen (siehe Seite 278 ff.).

Hier nun einige Hinweise zu einem Problem, das in beinahe jeder Diskussion über die gewaltfreie Konfliktaustragung aufkommt. Es wird etwa gesagt: »Was kann denn die Gewaltfreiheit gegen brutale gewaltsame Unterdrückung ausrichten? Da ist sie doch chancenlos.« Dies wird vorgebracht mit der Absicht, die Bedeutung der Gewaltfreiheit stark herabzuwürdigen.

Nehmen wir also an — und da muß man die Phantasie nicht allzu stark strapazieren—, wir haben ein politisches System, in dem sich eine Führungsgruppe mit gewaltsamen Unterdrückungsmaßnahmen (und vermutlich ausländischer Unterstützung) an der Macht hält, um bestimmte wirtschaftliche Vorrechte zu sichern. Wir müssen uns fragen, welche Möglichkeiten die Unterdrückten in solcher Situation haben.

Zunächst einmal sind sie zum Widerstand nicht gezwungen. Sie können resignieren und sich arrangieren. Nun wissen wir aber aus der Geschichte und aus unserer Gegenwart, daß es keine Diktatur ohne Widerstand gibt. Die Ideen der Menschenrechte sind wie ein Bazillus, der sich unaufhaltsam ausbreitet. Wenn Unterdrückte also ihre Lage verändern wollen, so haben sie, wollen sie nicht passiv bleiben und auf eine unbestimmte bessere Zukunft warten, nur die Wahl zwischen einem gewaltsamen und einem gewaltlosen Widerstand. Das klassische Beispiel des gewaltsamen Befreiungskampfes ist der Guerillakampf, der unter anderem an bestimmte geographische Voraussetzungen geknüpft ist und in der Geschichte Siege und Niederlagen verzeichnen kann. Es geht hier nicht um eine zahlenmäßige Aufrechnung von Siegen und Niederlagen. Jedenfalls steht fest: Auch der Widerstand von Guerillas kann gewaltsam gebrochen werden, was für sich genommen natürlich nicht gegen den Guerillakampf spricht. Dies kann aber auch nicht gegen die Gewaltfreiheit sprechen, die ebenfalls ihre Siege und Niederlagen kennt.

Es ist also intellektuell unredlich, an die Gewaltfreiheit höhere Maßstäbe anzulegen als an die mit ihr sozusagen in Konkurrenz stehende gewaltsame Form emanzipatorischer Konfliktaustragung.

Darüber hinaus kann die Geschichte des gewaltlosen Widerstandes durchaus Erfolge gegen diktatorische Gewaltregime vorweisen; im Anschluß an die folgenden Überlegungen werden zwei Beispiele aus der Zeit der Naziherrschaft angeführt.

Zuvor jedoch zu dem allgemeinen Problem einer Konfrontation von Soldaten und gewaltlos auftretenden Oppositionellen: Tendenziell unterliegen auch Soldaten den Mechanismen des moralischen Jiu-Jitsu. Doch ihre auf mechanischen Gehorsam gedrillte Disziplin und der Gruppendruck, der auf ihnen lastet, dürften einer Verunsicherung lange Zeit entgegenwirken. Der Ansatzpunkt für die gewaltfreie Aktion liegt im Selbstverständnis von Soldaten. In allen Armeen der Welt wird den Soldaten gesagt, sie seien Beschützer ihres Landes und seiner Bevölkerung. Diese Einschätzung gehört zur ideologischen Grundausstattung eines jeden Soldaten. Wenn seine Handlungen allzu deutlich diesem subjektiven Glauben widersprechen, kann ein Prozeß der Verunsicherung einsetzen.

Besonders sinnfällig war dies in der Auseinandersetzung in Prag im August 1968. Hier sahen sich die Soldaten, denen gesagt worden war, sie seien aufgrund eines brüderlichen Hilferufs in die ČSSR einmarschiert, dem gewaltlosen Widerstand nahezu der gesamten Bevölkerung gegenüber. Die Kluft zwischen Anspruch und Wirklichkeit wurde für viele von ihnen zu groß. Die Folge war, daß ein großer Teil der Truppen der DDR und Polens ausgewechselt werden mußte.

Grundsätzlich kann man die These aufstellen: Gewaltfreier Widerstand ist in besonderer Weise geeignet, das Selbstverständnis von Soldaten — die Beschützerrolle — in Frage zu stellen. Gewaltfreier Widerstand birgt die (wenn auch geringe) Chance in sich, daß ein Soldat zu denken beginnt, daß er anfängt, mit seinen Kameraden über die Angemessenheit des eigenen Handelns zu sprechen. Und wenn erst der Sinn der Befehle hinterfragt wird, dann ist es nur ein kleiner Schritt zur Auseinandersetzung mit dem Anliegen der Oppositionellen.

Wir kennen aus der Geschichte verschiedene, im übrigen aber gar nicht so zahlreiche Fälle, in denen Soldaten oder Polizisten das Feuer auf eine waffenlose Menge eröffnet haben. Die Auswirkungen waren nachhaltig, und zwar immer zu Ungunsten der Herrschenden:

— der Blutsonntag des 24. Februar 1905 in Petersburg (1. Russ. Revolution);
— das Blutbad 1919 in Jallianwalla Bagh (Indien), bei dem ein englischer Oberst eine unbewaffnete Menschenmenge zusammenschießen ließ;
— die Ereignisse 1976 in Soweto bei Johannesburg, wo weiße Polizei eine Demonstration von schwarzen Schülern mit Waffengewalt auflöste.

Diese wenigen Beispiele dokumentieren bereits, daß brutale Gewaltanwendung gegen gewaltlose Widerstandsaktionen die politisch Verantwortlichen zumindest um ihr Ansehen in der Weltöffentlichkeit bringt, wenn dieses Vorgehen nicht sogar den Anfang vom Ende ihrer Unrechtsherrschaft bedeutet.

Beispiele für gewaltlose Widerstandsaktionen gegen die Nazis

Die Darstellung des Widerstands gegen den Nationalsozialismus leidet in der Bundesrepublik Deutschland — wie übrigens auch in der DDR — bis heute unter vielen Verkürzungen und Einseitigkeiten. Jahrzehntelang wurde lediglich der bürgerlich-militärische Widerstand offiziell gewürdigt, wobei beinahe unter den Tisch gefallen wäre, daß dieselben Militärs den faschistischen Aggressionskrieg bis zu dem späten Zeitpunkt der Widerstandshandlungen teilweise maßgeblich mit ermöglicht hatten. Erst seit einigen Jahren zeichnet sich insbesondere im Rahmen regionalgeschichtlicher Arbeiten eine Tendenz ab, Elemente von Volkswiderstand darzustellen.

Erst recht besteht eine Lücke in der Untersuchung nicht gewaltsamer Widerstandsaktionen und ihrer besonderen Wirksamkeit im Vergleich zu gewaltsamen. Tatsächlich hat es bemerkenswerte gewaltlose Widerstandshandlungen gegen Maßnahmen der Nazis gegeben, die kaum ins allgemeine Bewußtsein gedrungen sind. Wenn es sich dabei um den Kampf von Völkern, insbesondere Niederländern, Norwegern, Dänen, handelt, die unter nationalsozialistischer Besatzungsherrschaft gestanden haben, so ist die Unwissenheit noch zu erklären*, wenn es aber um Aktionen geht, die öffentlich, ja sogar in den Straßen Berlins stattgefunden haben, kann das nur verwundern.

Im folgenden wird exemplarisch über zwei gewaltlose Widerstandsaktionen gegen die Nazis berichtet; zum einen über eine Massendemonstration von nichtjüdischen Frauen zur Befreiung ihrer festgenommenen jüdischen Ehepartner und zum anderen über den Lehrerwiderstand in Norwegen.

---

* So erfuhr auch der Verfasser erst während der Arbeit an diesem Buch vom gewaltlosen Widerstand des bulgarischen Volkes gegen die Verfolgung der Juden des Landes. Die beabsichtigte »Endlösung« scheiterte an einem breiten Bevölkerungsprotest, der am 24. Mai 1943 in einer Massendemonstration gipfelte.[179]

Demonstration von 6000 Frauen zur Befreiung ihrer jüdischen Ehemänner 1943 in Berlin

Es sei vorausgeschickt: Der Verfasser hat die Ereignisse jener Tage bislang nicht in all ihren Aspekten mit wissenschaftlicher Gründlichkeit untersuchen können. Dennoch ist das Geschehen unbestritten und von daher im Zusammenhang dieses Buches unbedingt mitteilenswert.

Anscheinend gibt es nur zwei publizistische Hinweise auf diese Vorgänge: einen Aufsatz von Georg Zivier, der in der Nummer 2/1945 der Zeitschrift »sie« erschienen ist und den Heinz Ullstein in seinen Lebenserinnerungen zitiert[180], und eine Tagebuchnotiz von Ruth Andreas-Friedrich[181].

Das auslösende Ereignis ist kurz dargestellt. Am 27./28. Februar 1943 (Samstag/Sonntag) begann in Berlin eine weitere, nach den Vorstellungen der Nazis letzte Welle von Festnahmen jüdischer Menschen und anschließender Deportierung. Unter den Verhafteten waren Juden, in der Mehrzahl Männer, die mit nichtjüdischen Ehepartnern verheiratet waren, und sogenannte »Geltungsjuden« (das bedeutete: ein Elternteil war Jude, einer nicht).

Diese im Nazisprachgebrauch »Arischversippten« — es waren mehrere tausend — wurden in ein Sammellager in der Rosenstraße 2, dem früheren Verwaltungsgebäude einer dortigen Synagoge, gebracht.

Über das Geschehen der nächsten Tage berichtet Georg Zivier unter anderem:

»Die Geheime Staatspolizei hatte aus den riesigen Sammellagern der zusammengebrachten jüdischen Einwohnerschaft von Berlin die ›Arischversippten‹ aussortieren und in ein Sonderlager in der Rosenstraße bringen lassen. Es war völlig unklar, was mit ihnen geschehen würde. Da griffen die Frauen ein. Bereits in den Morgenstunden des nächsten Tages hatten sie den Aufenthaltsort ihrer Männer aufgespürt, und wie auf Verabredung, wie auf einen Ruf hin, erschienen sie in Massen vor dem improvisierten Gefängnis. Vergeblich bemühten sich die Beamten der Schutzpolizei, die Demonstranten — etwa 6000 — abzudrängen und auseinanderzubringen. Immer wieder sammelten sie sich, drängten sich vor, riefen sie nach ihren Männern, die sich, strengen Verboten zum Trotz, am Fenster zeigten — und forderten die Freilassung.

Das Hauptquartier der Gestapo lag in der Burgstraße [gemeint ist die Leitstelle Berlin der Gestapo — d. Verf.], unweit des Platzes der Demonstrationen. Ein paar Maschinengewehre hätten die aufständigen Frauen davonjagen können, aber die SS schoß nicht, diesmal nicht. Erschreckt über diesen Vorfall, der in der Geschichte des Dritten Reiches nicht seinesgleichen hatte, ließ sich die Burgstraße auf Verhandlungen ein, man beschwichtigte, machte Zusicherungen und gab die Männer schließlich frei.«[182]

Und Ruth Andreas-Friedrich stellt dieses Geschehen in folgender Weise dar:

»Noch am selben Tage machten sich die Frauen jener Männer auf, ihre verhafteten Ehegefährten zu suchen. Sechstausend nichtjüdische Frauen drängten sich in der Rosenstraße vor den Pforten des Gebäudes, in dem man die ›Arischversippten‹ gefangenhielt. Sechstausend Frauen riefen nach ihren Männern. Schrien nach ihren Männern. Heulten nach ihren Männern. Standen wie eine Mauer. Stunde um Stunde, Nacht und Tag. In der Burgstraße liegt das Hauptquartier der SS [gemeint ist wieder die Leitstelle der Gestapo — d. Verf.]. Nur wenige Minuten entfernt von der Rosenstraße. Man war in der Burgstraße sehr peinlich berührt über den Zwischenfall. Man hielt es nicht für opportun, mit Maschinengewehren zwischen sechstausend Frauen zu schießen. SS-Führerberatung. Debatte hin und her. In der Rosenstraße rebellieren die Frauen. Fordern die Freilassung iher Männer. ›Privilegierte sollen in die Volksgemeinschaft eingegliedert werden‹, entscheidet am Montag mittag das Hauptquartier der SS. Wen das Zufallsglück traf, einen nichtjüdischen Partner geheiratet zu haben, der darf sein Bündel schnüren und nach Hause gehen. Die anderen werden in Güterzüge verladen und abtransportiert. In unbekannte Richtung — mit unbekanntem Ziel.«[183]

Nachforschungen des Verfassers[184] lassen bislang folgende Erläuterungen zu: Die Nachricht von den Verhaftungen verbreitete sich außerordentlich schnell. Dazu muß man wissen, daß Mitglieder der Jüdischen Gemeinde Berlins grundsätzlich zur Betreuung bei Deportationen eingesetzt wurden. Insofern wurde der Verbleib der Verhafteten den Familienangehörigen sofort bekannt (»Jüdischer Mundfunk«).

Die meisten Juden waren in den Fabriken verhaftet worden, in denen sie Zwangsarbeit zu leisten hatten (sogenannte »Fabrikaktion«). Sie trugen also nichts als ihre Arbeitskleidung. Dieser Umstand hatte zur Folge, daß sich die Ehepartner (oder auch

Mütter) der Verhafteten zur Rosenstraße begaben, um den Gefangenen Briefe, Kleidungsstücke, Wäsche, Nahrungsmittel zu bringen. Dabei ergab es sich beinahe zwangsläufig, daß mehrere hundert Menschen sich vor dem Gebäude einfanden. Man redete miteinander, sah Bekannte und Freunde.

Erst allmählich entwickelte sich aus dem zufälligen Zusammentreffen dieser Menschen ein Verhalten, das als Demonstration bezeichnet werden kann. Es kamen immer mehr, und sie verweilten vor dem Gebäude viele Stunden, dann Tag und Nacht.

Von einer Frauendemonstration läßt sich im übrigen nur insofern sprechen, als die große Mehrzahl der Demonstrierenden Frauen gewesen sind. Unter ihnen befanden sich aber auch Männer (sogar Uniformierte), deren jüdische Ehefrauen verhaftet worden waren.

Der Verlauf der Diskussionen bei der Gestapo liegt bislang im dunkeln. Es ist zu vermuten, daß man es nicht riskieren wollte, die allgemein bedrückte und schlechte Stimmung in der Bevölkerung nach der Niederlage von Stalingrad und angesichts der zunehmenden Luftangriffe (ein Großangriff auf Berlin am 2. März) noch weiter zu strapazieren. Zudem war nicht einmal 14 Tage zuvor in München die Widerstandsgruppe »Weiße Rose« zerschlagen worden. Hierüber kursierten in der Bevölkerung Berlins Gerüchte, die dem Ereignis insofern eine quantitativ andere Dimension gaben, als von einem »Studentenaufstand« gesprochen wurde.

Wenn also einerseits ein gewaltsames Vorgehen gegen die Demonstranten nicht opportun erschien, so durfte andererseits eine derartige Aktion in keinem Fall Schule machen und mußte schnell beendet werden. Das konnte nach Lage der Dinge nur geschehen, indem man die »Arischversippten« freiließ.

Selbstverständlich läßt ein einmaliges Ereignis dieser Art in Deutschland noch keine Mutmaßungen über die Chancen eines massenhaften gewaltlosen Widerstands gegen die Nazis zu. Sie sind eher möglich, wenn man sich den Widerstand der Bevölkerung gegen die Herrschaft der Nazis in einigen besetzten Ländern vergegenwärtigt. Hier kann aus Platzmangel nur auf eines von vielen Beispielen eingegangen werden, und zwar auf den Lehrerwiderstand in Norwegen.

Lehrerwiderstand 1942 in Norwegen[185]

Am 9. April 1940 wurde Norwegen von der Nazi-Wehrmacht überfallen und in Kürze militärisch besiegt. Die Nazis setzten eine Zivilverwaltung in Norwegen unter Leitung von Josef Terboven ein. Ziel der Politik war die »Neuordnung« Norwegens als »germanischen Staat«. Hierbei versprach sich der norwegische Nazi Vidkun Quisling eine führende Rolle.

Die erste Zeit der Besatzungspolitik war durch den Versuch der Nazis gekennzeichnet, Kontrolle über die gesellschaftlichen und wirtschaftlichen Verbände zu erlangen. Dies wurde durch Aktionen von Nichtzusammenarbeit verhindert. Dabei entstand unter anderem die Aktionsform einer persönlichen Erklärung in der Ich-Form, in der die Betroffenen in großer Zahl die Anforderungen der Nazis zurückwiesen.

Die Situation für die norwegische Bevölkerung verschärfte sich, als der auch bei den Deutschen umstrittene Quisling am 1. Februar 1942 zum Ministerpräsidenten ernannt wurde. Nun sollte ein faschistischer Ständestaat aufgebaut werden. Ein obligatorischer nationaler Jugenddienst wurde gesetzlich eingerichtet, und die erste Berufsgruppe, die sich zwangsweise in einer Einheitsorganisation formieren sollte, war die Lehrerschaft. Insofern kam dem Verhalten der Lehrer beispielhafte Bedeutung zu. 12 000 der 14 000 norwegischen Lehrer erklärten daraufhin persönlich in einem Schreiben an den Unterrichtsminister, daß es mit ihrem Gewissen unvereinbar sei, eine Erziehung im Sinne der Nazis durchzuführen, und daß sie daher nicht Mitglied der NS-Lehrerorganisation sein könnten. Diese Erklärung war von einer zentralen norwegischen Widerstandsleitung erarbeitet und verbreitet worden. Etwa 800 Lehrer wurden verhaftet. Die Regierung setzte den anderen eine Frist bis zum 1. März 1942 zur Rücknahme des Schreibens. Andernfalls wurde mit Entlassung und Zwangsarbeit im Norden des Landes gedroht.

Gleichzeitig mit dem Lehrerwiderstand setzte eine durch die Kirchen angeregte Protestwelle von etwa 20 0000 Eltern gegen den staatlichen Jugenddienst ein, wieder in Form individueller Briefe. Als am 9. April 1942 die Schule begann — um Zeit zu gewinnen, hatte die Regierung »Kohleferien« angeordnet —, erklärten die meisten Lehrer in ihren Klassen, daß sie nicht Mitglied der Lehrerzwangsorganisation seien, und weiter:

»Ich werde euch nicht auffordern, etwas zu tun, was nach meiner Meinung nicht richtig ist, und ich werde nichts lehren, was nach meiner Meinung nicht mit der Wahrheit übereinstimmt.«

Die verhafteten Lehrer wurden täglich einer Foltergymnastik unterworfen, wiederholt legte man ihnen Antragsformulare für die Lehrerorganisation vor. Nur etwa vier Prozent unterschrieben angesichts des Terrors, den die Machthaber dadurch verschärften, daß sie die Verhafteten auf einem Schiff zusammenpferchten und in 14tägiger Fahrt in den Norden brachten. Der Lehrerwiderstand wurde auch dadurch erleichtert, daß die betroffenen Familien aus einem Fonds Unterstützung erhielten. Der Widerstand führte dazu, daß Quisling schon im April 1942 von den Deutschen unter Druck gesetzt wurde, die Pläne zu einer Arbeitsfront von Unternehmern und Arbeitern aufzugeben. Die Deutschen wollten keinesfalls Störungen der Güterproduktion des Landes. Quisling soll schon Mitte Mai 1942 gesagt haben: »Ihr Lehrer habt mir alles verdorben.« Wenn schon eine zahlenmäßig so kleine Gruppe, wie die Lehrer sie darstellten, dermaßen nachhaltig Widerstand leistete, wie würde es sich dann erst mit größeren Bevölkerungsgruppen verhalten!
Im Herbst des Jahres 1942 war es deutlich geworden, daß den Nazis in Norwegen ein Einstieg in das gesellschaftliche Leben des Landes und eine wirkungsvolle politische Einflußnahme nicht möglich sein würde. Daraufhin empfahl die Leitung des Widerstands den gefangenen Lehrern, eine Eintrittserklärung in die praktisch bedeutungslose Lehrerzwangsorganisation zu unterschreiben, um ihre Freilassung zu erwirken. Dies geschah im November 1942, am Ende eines Jahres, das von den Norwegern als Jahr des Sieges über die Nazis gefeiert wurde.

Konfliktentwicklung und gewaltfreie Aktion — Lehrstücke aus der nordamerikanischen Bürgerrechtsbewegung

Die Theorie der Gewaltfreiheit schmort nicht im eigenen Saft. Mit gesellschaftlichen Veränderungsprozessen und sozialen Konflikten haben sich vornehmlich die Sozialwissenschaften beschäftigt, aber auch beispielsweise die Geschichtsforschung. Zumeist hatten die Wissenschaftler keine Kenntnis von Theorie und Praxis der gewaltfreien Konfliktaustragung, was nicht selten zu inhaltlich beschränkten Darstellungen führte. Dennoch haben solche Untersuchungen Einsichten in die Bedingungen und die Abläufe sozialen Wandels und der damit verbundenen Konflikte vermitteln können. Und viele Forschungsergebnisse bestärken oder ergänzen Grundannahmen der Theorie des gewaltfreien sozialen Wandelns und der gewaltfreien Konfliktaustragung.

Im folgenden wird versucht, die Wirkungsmechanismen der gewaltfreien Aktion am Beispiel von gewaltfreien Projekten aus der Bürgerrechtsbewegung in den USA, beginnend mit dem Busboykott von Montgomery 1955/56, deutlich zu machen, wobei sozialwissenschaftliche und geschichtliche Forschungsergebnisse einbezogen werden.[100] In mehreren Schritten werden dabei soziale Erscheinungen oder Ereignisse, wenn notwendig: auch Phasen von Ereignissen, dargestellt und Erläuterungen gegeben, verbunden mit Schlußfolgerungen für die gewaltfreie Konfliktaustragung.

Konsensbildung und Konsensauflösung

Soziale Erscheinung: Rassentrennung
Das Unrecht, gegen das sich die nordamerikanische Bürgerrechtsbewegung in den Südstaaten wendete, war die Rassentren-

266

nung (Segregation) in allen öffentlichen Einrichtungen und Verkehrsmitteln. Dieser gesetzlich geregelte Verstoß gegen Menschenrechte wurde von einer Vielzahl sozialer Diskriminierungen der schwarzen Bevölkerung begleitet; am schwerwiegendsten waren die deutliche Rechtsunsicherheit und ein mangelnder Schutz von Leben und Sicherheit.

Dennoch war dieses System der Rassentrennung jahrzehntelang insofern stabil, als es keinen wirksamen Widerstand gab. Martin Luther King hat die Praxis der Rassentrennung in den Verkehrsmitteln der Stadt Montgomery, der Hauptstadt des Staates Alabama, folgendermaßen beschrieben:

»Es gab keine Negerchauffeure. Einige der weißen Busfahrer waren höflich, aber sehr viele hatten nichts als beleidigende Schimpfworte wie ›Nigger‹, ›schwarze Kühe‹ und ›schwarze Affen‹ für die Neger. Häufig bezahlten die Neger ihr Fahrgeld an der vorderen Tür und mußten dann wieder aussteigen und hinten einsteigen. Dabei kam es oft vor, daß sie zwar ihr Geld bezahlt hatten, der Bus aber abfuhr, ehe sie die Hintertür erreicht hatten.

Noch erniedrigender war es für die Neger, daß man sie zwang, vor leeren Sitzen, die ›Nur für Weiße‹ reserviert waren, zu stehen. Auch wenn keine Weißen mitfuhren und die Neger sich eng zusammendrängen mußten, durften sie die zehn Plätze auf den ersten vier Reihen nicht benutzen. Aber man ging noch weiter. Wenn die weißen Fahrgäste schon sämtliche für sie reservierten Plätze eingenommen hatten und noch mehr Weiße zustiegen, wurden die Neger, die direkt hinter den Weißen saßen, aufgefordert, aufzustehen, damit sich die Weißen setzen konnten. Wenn sich die Neger weigerten, aufzustehen und nach hinten zu gehen, wurden sie verhaftet. In den meisten Fällen fügten sie sich ohne Protest.«[187]

Erläuterungen

Der letzte Satz in der Schilderung Kings ist wichtig. Er bedeutet: Das System der Rassentrennung war Bestandteil des Konsenses in den Südstaaten der USA — und insofern auch in den Nordstaaten, als man dort die Rassentrennungspraxis der Südstaaten im allgemeinen hinnahm. Erinnern wir uns: Unter Konsens wird die Übereinstimmung über grundlegende Werte und Verhaltensweisen in einer sozialen Einheit verstanden. Der Begriff »Übereinstimmung« besagt nicht, daß über diese Werte und Verhaltensweisen ständig gleichsam eine Abstimmung stattfindet. Die Schwarzen wie auch die Weißen wurden ja in das System der Rassentrennung hineingeboren, wie jeder Mensch ohne Verdienst oder Schuld in einen bestimmten historisch gewachsenen gesellschaftlichen Zustand, an dessen Entstehen er nicht beteiligt war, hineingeboren wird. Die Hinnahme der Regeln der rassistischen Gesellschaft war für Betroffene und Nutznießer ein Teil des Erziehungsprozesses, der Sozialisation. Vom Säuglingsalter an erlernte der Schwarze die der Rassentrennung entspringenden Verhaltensweisen. Indem er sie akzeptierte — wenn auch angesichts drohender Strafen —, trug er damit praktisch zu ihrer Stabilität bei.

Dies zeigt deutlich: Konsens regelt auch die Macht- und Herrschaftsverhältnisse in einer gesellschaftlichen und politischen Struktur.

»Das Verhältnis der gesellschaftlichen Macht zur Konsensformung ist so eng, daß der erreichte Konsens die Verteilung der gesellschaftlichen Macht reflektiert: Macht wird hauptsächlich dazu verwendet, das zu verwirklichen, über das *gesellschaftliche* Übereinkunft herrscht. Konsens ist nicht nur normatives und kognitives Einverständnis, sondern schließt auch die Befriedigung der Interessen der Beteiligten ein. Und die relative Macht der Beteiligten beeinflußt alle drei Elemente: die Werte, die sie gutheißen, die Tatsachen, die sie anerkennen, und die Interessen, die sie zu realisieren versuchen.«[188]

Die entscheidende Schlußfolgerung aus dem hier erläuterten Zusammenhang lautet:
1. Konsens ist veränderbar.
2. Soziale Veränderungen beginnen mit der Auflösung von Konsens.

Das Mobilisierungsereignis

1955. Immer wieder kommt es in den Bussen Montgomerys zu Zwischenfällen, wenn Schwarze ihre Plätze nicht sofort für Weiße frei machen oder gar auf ihren Plätzen ausharren. Selbst eine

15jährige Schülerin wird verhaftet. Verhandlungen eines Komitees farbiger Bürger im März 1955 mit dem Direktor der Buslinie enden ohne Ergebnisse.

Am 1. Dezember 1955, einem Donnerstag, steigt die etwa 50jährige Näherin Rosa Parks, die im Hauptgeschäftsviertel in einem Warenhaus arbeitet, abends in einen Bus, um nach Hause zu fahren. Kaum hat sie sich hingesetzt, als der Busfahrer ihr und drei anderen Schwarzen die Anweisung gibt, weißen Fahrgästen Platz zu machen und die hinteren Stehplätze einzunehmen. Während die anderen drei der Aufforderung sofort folgen, bleibt Mrs. Parks ruhig sitzen. Der Fahrer ruft Polizisten, die Rosa Parks verhaften. Dieses Ereignis verbreitet sich wie ein Lauffeuer unter der schwarzen Bevölkerung.

Einige Führer der Schwarzenorganisationen — unter ihnen der junge Pfarrer Martin Luther King — haben die Idee, als Protest einen Tag lang die Busse der Stadt nicht zu benutzen. Auf einem einfachen Vervielfältigungsgerät werden Flugblätter hergestellt. In Montgomery sind von den 135 000 Einwohnern etwa 50 000 Schwarze. Wie viele können erreicht werden?

FLUGBLATT
»Fahrt am Montag, dem 5. Dezember, nicht mit dem Bus zur Arbeit, in die Stadt, zur Schule oder sonstwohin! Wieder ist eine Negerin verhaftet und ins Gefängnis geworfen worden, weil sie sich weigerte, ihren Platz im Bus herzugeben.
Fahrt am Montag nicht mit dem Bus zur Arbeit, in die Stadt, zur Schule oder sonstwohin! Wenn Ihr zur Arbeit müßt, nehmt Euch ein Taxi, einer allein oder mehrere zusammen, oder geht zu Fuß!
Kommt am Montagabend um 19.00 Uhr zur Massenversammlung in die Holt Street Baptist Church.«

Am Samstag — es ist der 3. Dezember — melden die Zeitungen in Montgomery die Boykottpläne in ihren Schlagzeilen. Am Wochenende rufen die Pastoren in den Kirchen der Schwarzen zum Boykott der Busse auf.

Erläuterungen
Die Verhaftung von Rosa Parks war ein Mobilisierungsereignis,

wie es beispielhafter nicht sein kann. King hat dieses Geschehen so erklärt:

»Der Busprotest ... war der Höhepunkt einer allmählichen Entwicklung. Die Verhaftung von Mrs. Rosa Parks war nicht die eigentliche Ursache, sondern nur ein beschleunigender Faktor. Die Ursache lag tiefer, sie lag bei all den vielen ähnlichen Ungerechtigkeiten, die fast jeder Neger selbst erlebt oder mit angesehen hatte. Dann kommt einmal der Augenblick, wo die Menschen es satt haben, ständig mit Füßen getreten zu werden.«[189]

In der sozialen Wirklichkeit ist es die Ausnahme, daß ein einziges Ereignis genügt, um Mobilisierung auszulösen. In der jüngeren deutschen Geschichte war es der Tod des Studenten Benno Ohnesorg am 2. Juni 1967 bei einer Anti-Schah-Demonstration vor der Deutschen Oper in Berlin — Ohnesorg wurde durch einen Polizisten in Zivil erschossen —, der eine den Ereignissen in Montgomery vergleichbare Mobilisierung ausgelöst hat, nämlich die Studentenbewegung. Auch hier gilt es natürlich, zwischen dem Anlaß und den Ursachen eines Geschehens zu unterscheiden.

In der Regel gibt es bei sozialen Bewegungen nicht *ein* Mobilisierungsereignis, sondern eine Vielzahl von »Beschleunigern«, die ein bestimmtes Problem schrittweise ins allgemeine Bewußtsein bringen. Dies kann an der pazifistisch-antimilitaristischen Bewegung in der Bundesrepublik verdeutlicht werden.

In jeder Generation gibt es Menschen, die radikale Kriegsgegner sind. Sie finden sich in Gruppen zusammen, sie publizieren, führen Informationsveranstaltungen durch, unternehmen demonstrative Aktionen, und ihre Wirkung bleibt begrenzt. Dann stellen sich politische Ereignisse ein (in der Bundesrepublik: Wiederaufrüstung, Atombewaffnung, Hochrüstungspläne), die eine größere und wachsende Zahl von Menschen im antimilitaristischen Sinne mobilisieren. Es finden Aktionen statt, die andere — bislang unsichere Außenstehende — ermutigen, aktiv zu werden. Bei der Mobilisierung von Menschen haben Aktionen eine entscheidende Funktion. Auf einen Mobilisierungseffekt hoffen ja auch die Akteure des Sit-ins, das am Beginn dieses Buches als eine typische gewaltfreie Aktion vorgestellt wurde (siehe Seiten 13 ff. u. 17 f.).

Das Beispiel von Montgomery zeigt, wie wichtig die Massenmedien für die Verbreitung der Boykottidee gewesen sind. Die Massenkommunikationsmittel im allgemeinen gehören, wie gesagt, zu den »Scharnieren«, den Gelenkstellen eines politischen Systems. Ein Ereignis ist häufig so bedeutend oder unbedeutend, wie es von den Journalisten »gemacht« wird. Ohne Vermittlung durch Kommunikationsmittel sind soziale Aktionen jedenfalls undenkbar. Konsens kann gar nicht in Frage gestellt werden, wenn dies nicht öffentlich, das heißt getragen durch öffentlichkeitswirksame Medien, geschieht.

In Montgomery griff die Presse die von den Schwarzen geplante Aktion ohne deren Dazutun auf. Dies ist damit zu erklären, daß sich für die Weißen diese Aktion als ganz außergewöhnlich dargestellt haben muß. Gehörte und gehört es doch zu den landläufigen Vorurteilen gegenüber Schwarzen, daß sie zu organisiertem, diszipliniertem Verhalten »von Natur aus« unfähig sind. Und weil es ein individualpsychologisches Gesetz ist, daß Menschen, die von Vorurteilen betroffen sind, sich alsbald auch diesen Vorurteilen entsprechend verhalten (literarisches Beispiel: »Andorra« von Max Frisch), so glaubten dies auch die Schwarzen von sich. Es war für die Schwarzen in den USA eine ihrem Selbstbewußtsein außerordentlich förderliche Erfahrung, zu sehen, welch große organisatorische Leistungen ihre Aktionen darstellten.

Mit einer Förderung durch die Presse, wie es, wenn auch ungewollt, in Montgomery geschah, können Akteure in unserer gesellschaftlichen und politischen Situation kaum rechnen. Sie werden von sich aus Kontakte zu den Medien, insbesondere zur lokalen und gegebenenfalls überregionalen Presse, suchen müssen, um überhaupt Informationen über ihre Aktionsplanungen unterbringen zu können. Es ist im übrigen weniger schwierig, als man annehmen möchte, auch zu Funk und Fernsehen Beziehungen zu knüpfen. In beiden Medien arbeiten überwiegend sogenannte »freie« Mitarbeiter, Leute, die von den Sendern nicht fest angestellt sind und die praktisch ihre Produktionen an die Sende-anstalten verkaufen. Diese Mitarbeiter sind an allen auch nur in Ansätzen außergewöhnlichen Aktivitäten sehr interessiert. Die Konkurrenz untereinander ist groß. Kontakte zu ihnen bekommt man über die Redakteure bei den Sendern.

Mobilisierer

Die Leiter der Aktion haben damit gerechnet, daß etwa sechzig Prozent der Schwarzen den eintägigen Boykottaufruf unterstützen würden. Überraschenderweise befolgen beinahe alle den Aufruf. Man geht zu Fuß zur Arbeit, fährt per Anhalter oder vereinbart eine Mitfahrgelegenheit. Am Abend des 5. Dezember findet die erste Massenversammlung in einer Kirche statt, an der etwa 5000 Schwarze teilnehmen. Martin Luther King hält eine Rede, in der er unter anderem sagt:

»Wir sind heute abend hier, um denen, die uns so lange mißhandelt haben, zu sagen, daß wir es satt haben. Wir sind die Rassentrennung leid. Wir sind müde, ständig unterdrückt und brutal mit Füßen getreten zu werden. Wir haben jetzt keine andere Möglichkeit mehr als den Protest. Aber wir wollen überzeugen und keinen Zwang ausüben. Trotz der Mißhandlungen, denen wir Neger ausgesetzt sind, dürfen wir unsere weißen Brüder nicht hassen. Laßt euch von niemandem so tief hinabziehen, daß ihr ihn haßt.

Wenn man Haß mit Haß vergilt, wird sich das Böse in der Welt nur vermehren. Unser Ziel darf nie sein, den weißen Menschen zu erniedrigen oder zu vernichten, sondern wir müssen sein Verständnis und seine Freundschaft gewinnen. Unser Protest war heute sehr erfolgreich. Aber ein Tag ist nicht genug. Laßt uns so lange nicht mehr mit dem Bus fahren, bis wir mit den weißen Bürgern gleichberechtigt sind.«[190]

So beschließen die Schwarzen, erst dann wieder mit den Bussen zu fahren, wenn

1. von den Busunternehmern höfliche Behandlung zugesichert wird,

2. die Fahrgäste sich in der Reihenfolge, wie sie einsteigen, setzen dürfen und

3. auch Schwarze als Busfahrer auf den Linien eingesetzt werden, die vornehmlich von Schwarzen benutzt werden.

Die Führer der Schwarzen Montgomerys gründen die *Montgomery Improvement Association* (MIA) zur Leitung der Protestbewegung. Sie organisieren mit Privatwagen ein eigenes Verkehrsnetz, das monatelang für die Beförderung der schwarzen Bevölkerung in der Stadt sorgt.

Erläuterungen

Der Schlüssel zur Veränderung politischer und gesellschaftlicher Verhältnisse liegt in der Mobilisierung jener Gruppen, die bis dahin unterdrückt oder von den Entscheidungszentren ausgeschlossen wurden. Welche Gruppen das sind, hängt zunächst von dem emanzipatorischen Anliegen ab. Der Kampf gegen religiöse, rassische oder ethnische Diskriminierung wird in erster Linie immer eine Angelegenheit der Betroffenen sein müssen, ebenso wie der Kampf um Arbeiter- und Frauenrechte. Zumeist finden Emanzipationsbewegungen aber in anderen und durchaus privilegierten sozialen Schichten Verbündete, die nicht selten auch ihre Führer werden. So hatte das französische Bürgertum in der Revolution die Unterstützung vieler Adliger, und die Führer der Arbeiterbewegung waren nur selten Arbeiter. Die US-Bürgerrechtsbewegung wurde von liberalen Weißen des Nordens und der indische Freiheitskampf von der englischen Labour Party unterstützt.

Während in der Geschichte bislang Emanzipationsbewegungen die Interessen bestimmter unterdrückter Teilgruppen der Gesellschaft artikuliert und erkämpft haben, zeigt sich gegenwärtig zunehmend die Tendenz, daß von sozialen Bewegungen allgemeine Menschheitsbelange (natürliche Umwelt, Frieden) thematisiert werden und somit auch alle Menschen betroffen und angesprochen sind. Die Möglichkeit, sie zu erreichen, hat zunächst Grenzen, die Amitai Etzioni aufgezeigt:

»Das gesellschaftliche Bewußtsein derjenigen Gruppen, die nur wenige Ressourcen besitzen, untermobilisiert und unterrepräsentiert sind und über nur geringe gesellschaftliche und politische Macht verfügen, befindet sich auf einer niedrigen Stufe. Diese Gruppen tendieren dazu, die vorherrschende Sicht der Gesellschaft zu akzeptieren und sich an ihrem Konsumfetischismus, ihrer Massenkultur und ihren apolitischen Ablenkungsmanövern zu beteiligen.«[191]

Diese Feststellung könnte Anlaß zur Resignation sein, wenn nicht eine wachsende Möglichkeit der Mobilisierung auch von unterpriviligierten Schichten spürbar wäre und wenn es nicht immer wieder Menschen gäbe, denen die Mobilisierung von Unterdrückten und sich selbst entfremdeten Menschen gelingt. Das angesprochene Mobilisierungspotential ergibt sich aus dem Umstand, daß die Mittelschichtsnormen wie Interesse an Ausbildung, Leistung und organisatorischen Erfahrungen zunehmend die Orientierungsmuster auch für Unterschichten bilden. Dies kann zu sozialem Engagement führen, wenn die Menschen die Ursachen ihrer Lage erkennen. Wer schließlich Interessen in Teilbereichen der Gesellschaft artikuliert, wird in seinen Ansprüchen umfassender, da er sich mit den Problemen eingehender beschäftigt. Wo die Ursachen von Unterdrückung, wirtschaftlicher Ausbeutung und/oder Entfremdung für die Betroffenen nicht durchschaubar sind, kann es zwar zu massenhaften sozialen Ausbrüchen kommen (Sklavenaufstände, Weberaufstand), aber nicht zur Organisation eines gesellschaftlichen Veränderungsprozesses.

Wir können als Ergebnis sozialwissenschaftlicher und geschichtlicher Befunde festhalten, daß es in sozialen Bewegungen Führungsgruppen gibt, die sich durch ein erhöhtes Maß an persönlichem Einsatz, an Kenntnissen und an organisatorischen Fähigkeiten auszeichnen. Sie sind auch in der Lage, die Empfindungen der Unterdrückten und Entfremdeten zu artikulieren und das emanzipatorische Anliegen verständlich zu beschreiben. Wir nennen diese Menschen »Mobilisierer«.

Martin Luther King kam eher gegen seinen Willen in die Situation, zum Führer des Busboykotts in Montgomery zu werden; er wurde gerade 27 Jahre alt. Wahrscheinlich war er sich zu diesem Zeitpunkt selbst noch nicht über seine Fähigkeiten im klaren.

Ähnlich wird es Cesar Chavez, dem Organisator der kalifornischen Landarbeiter, und dem polnischen Gewerkschaftsführer Lech Walesa ergangen sein. Die beiden letztgenannten sind als Führer einer sozialen Bewegung im übrigen eher untypisch. Mobilisierer kommen nämlich zumeist aus akademischen Berufen und hier häufig aus dem geistes- und sozialwissenschaftlichen Bereich, der heute stark im Anwachsen begriffen ist. Nicht selten gehören Mobilisierer auch religiösen, rassischen oder ethnischen Minderheiten an.

Wenn auch gewaltfreie Aktionsprojekte Mobilisierer brauchen, so heißt das nicht, daß sie zugleich auf so starke Persönlichkeiten wie Gandhi, King oder Chavez angewiesen sind. Dies wird am Beispiel der Friedens- und Umweltbewegung deutlich. Entgegen einer weitverbreiteten Meinung bedarf die gewaltfreie Aktion keiner charismatischen Führer. Sie braucht vielmehr eine größere Anzahl Menschen mit sich ergänzenden Fähigkeiten (Sprecher, Anreger, Verstärker, Koordinatoren, Informationsverarbeiter, Entscheidungshelfer), die geeignet und bereit sind, zeitweise und begrenzt Führungsaufgaben zu übernehmen.

Die interne Mobilisierung bei gewaltfreien Aktionen ist kein autoritärer, sondern ein basisdemokratischer Prozeß. Die Ziele der Aktivitäten und die Festlegung auf Aktionsformen sind das Ergebnis von Diskussionsprozessen. Wer eine Entscheidung nicht mittragen kann, ist frei, sich zurückzuziehen oder an anderer Stelle zu arbeiten. Solche Konsensformung ist das Merkmal wirklich demokratischer Entscheidungsprozesse.

Undemokratisch hingegen ist die Herstellung von Konsens durch Formen der Beeinflussung, die in einem Gesellschaftssystem von den Herrschenden ausgehen. Da wird versucht, für politische Entscheidungen durch manipulative Mobilisierung über die Medien nachträglich Zustimmung einzuholen. Dies ist in Diktaturen besonders durchsichtig, aber nicht auf diese beschränkt. In den parlamentarischen Demokratien gibt es zunehmend Entscheidungen, die in kleinsten Gremien getroffen werden und für die dann selbst bei den Abgeordneten der beteiligten Regierungsparteien nachträglich die Zustimmung eingeholt wird. Solche Beschlüsse werden der Öffentlichkeit dann — wenn überhaupt — zu einem noch späteren Zeitpunkt vermittelt. Und weil die meisten Menschen gewohnt sind, nicht selbstbestimmt zu leben, empfinden sie Verfahrensweisen dieser Art als durchaus »normal«.

Das Projekt

In den Sozialwissenschaften findet sich als Bezeichnung für eine gesellschaftsverändernde Aktivität der Begriff »Projekt«. Der Boykott des öffentlichen Verkehrssystems in Montgomery durch die Schwarzen war ein typisches Projekt. Je nach dem Charakter einer Aktivität können wir allgemein von einem gewaltfreien Projekt sprechen oder von einem Widerstandsprojekt.

Gesellschaftlich wirksam sind in der Regel nicht individuelle, sondern kollektive Projekte. Projekte, also gesellschaftsverändernde organisierte Aktivitäten, sind das Medium von Mobilisierung, sie können aber auch den Anstoß zu weiterer Mobilisierung geben, insbesondere dann, wenn sie sich als erfolgreich erweisen. So bewies der Busboykott von Montgomery den Schwarzen erstens ihre eigenen organisatorischen Fähigkeiten und zweitens die Verwundbarkeit des Systems der Rassentrennung. Es ist möglich, die Mobilisierung auszuweiten, wenn Ideen und ihre Vertreter eine soziale Basis bekommen haben, so daß eine Mobilisierungskampagne aufgebaut werden kann.

Hier ist nun das Problem von Spontaneität oder Planung sozialer Aktionen angesprochen. Die Theorie der gewaltfreien Aktion beruht sich auf viele gewaltlose Aktionen, die zweifellos spontan gewesen sind. Es sei hier nochmals auf den Widerstand gegen den Kapp-Putsch 1920, auf Widerstandsaktionen während des Zweiten Weltkriegs gegen die deutsche Besatzungsmacht, namentlich in Norwegen, Dänemark und in den Niederlanden, sowie auf den Widerstand in Prag 1968 hingewiesen. Fraglos waren und sind spontane gewaltlose Aktionen gesellschaftlich wirksam. Ihre Bedeutung ist also nicht zu bestreiten, was durch folgende Hinweise von Richard Gregg unterstützt wird:

»Unter gewissen Umständen und bei gewissen Menschen muß die Tat
sofort erfolgen — die Tat, die auf eine neue Ordnung abzielt und sich
dabei der alten Ordnung widersetzt. Wir neigen zu der Auffassung, daß
Überlegung zur Klärung führt und der Tat vorausgehen sollte, so wie
der Plan des Architekten der Errichtung eines Gebäudes zugrunde liegt.
Doch im eigentlichen Leben geschieht es oft, daß die Tat vorauseilt und
zur Klärung des Gedankens führt oder ihn gar hervorbringt. Ein plötzliches Aufwallen schöpferischer Energie aus dem Unterbewußtsein
kann sich sofort in die Tat umsetzen, noch ehe sie sich zu einem bewußten Gedanken formt oder die Zeit findet, sich in Worte zu kleiden. Man
kann die Tat sehr wohl als eine Form des Denkens ansehen. Wenn eine
solche Tat mit den Grundsätzen der Gewaltlosigkeit in Einklang steht,
so ist sie nicht der Ausdruck unterdrückter Wut oder Entrüstung, sondern ein sofortiger schöpferischer Appell an den ganzen Menschen.
Unter gewissen Umständen ist eine solche Tat ungeheuer energisch und
geschwind — ein plötzliches Aufwallen der Kraft, die sich fast explosiv
auswirkt. Sie kann die Atmosphäre wie ein Blitzstrahl reinigen und
wunderbar erfrischend wirken. Sie kann neue Werte schaffen.«[192]

Der Vorzug spontaner Aktionen liegt sicher in dem Überra-
schungseffekt, der von ihnen ausgeht. Ihre Schwäche schlägt sich
nieder in der Frage nach der Möglichkeit, solche Aktionen über
gewisse Zeiträume aufrechtzuerhalten. Wenn sie nicht kurzfristig
erfolgreich sind, so drohen sie zusammenzubrechen, wobei sie
durchaus ihre Spuren im Bewußtsein der Zeitgenossen und der
Nachwelt hinterlassen können.
Das Merkmal gewaltfreier Projekte ist eine umfassende organisatorische Vorbereitung. Der Busboykott von Montgomery zeigt
beispielhaft, wie eine spontane gewaltlose Aktivität organisato-
risch aufgefangen und so erst die Voraussetzung für den mona-
telangen Boykott geschaffen wurde. Von geplanten und ange-
kündigten gewaltfreien Projekten geht zwar kein Überra-
schungseffekt aus, obwohl die konkrete Ausführung der Aktionen auf weite Teile der Öffentlichkeit noch immer eine solche
Wirkung haben wird, aber dieser Mangel wird nach einer These
Theodor Eberts dadurch ausgeglichen, daß geplante Aktionen
einen »Warnungseffekt« haben, der die Machthaber zu überlegen zwingt, ob sie es überhaupt auf eine Konfrontation ankom-
men lassen sollen.

Von mehr oder weniger wohlmeinenden Kritikern der gewaltfreien Aktion wird häufig gefragt, ob diese Aktionen ihre besondere Wirksamkeit nicht erst durch Spontaneität erlangen, eine Frage, die darauf hinausläuft, die Bedeutung gewaltfreier Konfliktaustragung stark zu bezweifeln. Angesichts der geschichtlichen Erfahrungen ist diese Frage schlicht zu verneinen. Soziale Aktionen erhalten durch ihre Vorbereitung eine gesteigerte Effektivität. Das beweisen nicht nur die vielen gewaltfreien Kampagnen, sondern das beweist unter anderem auch die Geschichte des Streiks.

Krise, Sanktionen und Herrschaftsstabilisierung

Während das von den Schwarzen organisierte Transportsystem zuverlässig funktioniert, setzen vielfältige Schikanen ein. Insbesondere die Fahrer von Boykottautos müssen sich mit Willkürakten weißer Polizisten auseinandersetzen, die irgendwelche Verkehrsübertretungen ahnden wollen. King selbst wird am 25. Januar 1956 wegen einer angeblichen Geschwindigkeitsüberschreitung festgenommen, bald aber wieder freigelassen.
Neben solchen Schikanen gibt es noch andere Versuche, den erfolgreichen Boykott zu bekämpfen. Über die Führer der Schwarzen werden bösartige Gerüchte verbreitet. Überfälle, Brandstiftungen und Bombendrohungen sind an der Tagesordnung. Als die Schwarzen trotz allem den Boykott nicht aufgeben, entdeckt ein weißer Rechtsanwalt ein Gesetz aus dem Jahre 1921, nach dem Boykottaktionen angeblich verboten sind. Aufgrund dieses Gesetzes werden neunzig Schwarze angeklagt, darunter auch Martin Luther King.
Unter den Weißen gibt es einzelne, die den Boykott unterstützen. Besondere Aufmerksamkeit erregt eine Stellungnahme der einflußreichsten weißen Geschäftsleute Montgomerys, in der sie die Busgesellschaft zu Verhandlungen auffordern.
Am 30. Januar 1956 explodiert abends auf der Veranda von Martin Luther Kings Haus eine Bombe. King berichtet:

»Ich wurde sofort nach Hause gefahren. Als wir uns dem Schauplatz des Bombenanschlags näherten, sah ich Hunderte von aufgebrachten Menschen vor dem Haus stehen. . . Ein Neger sagte zu einem Polizisten, der ihn beiseite stoßen wollte: ›Ich lasse mich nicht mehr herumschubsen. Das ist ja der Jammer! Ihr Weißen schubst uns überall herum. Jetzt habt ihr eure 38er, und ich hab' meine. Nun kann's losgehen!‹

Als ich auf die Veranda meines Hauses zuging, bemerkte ich, daß viele Leute bewaffnet waren. Der gewaltlose Widerstand drohte in Gewalttätigkeit umzuschlagen. Ich stürzte ins Haus, um erst einmal nach Coretta und Yoki zu sehen. . .

Da ging ich auf die Veranda hinaus und bat die Menge um Ruhe. . . Ich sagte den Leuten zuerst, daß mir, meiner Frau und unserem Kind nichts passiert sei. ›Nun laßt uns nicht den Kopf verlieren‹, fuhr ich fort. ›Wenn ihr Waffen bei euch habt, nehmt sie wieder mit nach Hause. Wenn ihr keine habt, verschafft euch bitte auch keine! Wir können dieses Problem nicht durch Wiedervergeltung lösen. Wir müssen der Gewalt mit Gewaltlosigkeit begegnen. Denkt an die Worte Jesu: »Wer das Schwert nimmt, soll durch's Schwert umkommen.«‹ Dann forderte ich sie auf, friedlich nach Hause zu gehen. ›Wir müssen unsere weißen Brüder lieben, gleichgültig, was sie uns antun. Wir müssen ihnen zeigen, daß wir sie lieben. Jesus ruft uns auch heute noch zu: »Liebet eure Feinde; segnet, die euch verfluchen; tut wohl denen, die euch hassen; bittet für die, die euch beleidigen und verfolgen!«‹«[193]

Erläuterungen

Wenn einzelne, Gruppen oder Organisationen beziehungsweise Institutionen versuchen, andere Mitglieder der Gesellschaft zur Einhaltung bestimmter Normen oder Verhaltensweisen zu bewegen, so bezeichnet man in der Soziologie die entprechenden Maßnahmen als »Sanktionen«*. Man unterscheidet positive Sanktionen (z. B. Lob, Ehrungen, Aufstieg) und negative Sanktionen (z. B. Diskriminierungen, Behinderung eines sozialen Aufstiegs, strafrechtliche Verfolgung)

Für eine gesellschaftliche Konfliktsituation ist es entscheidend, ob die Sanktionen erfolgreich angewendet werden können oder nicht. Wenn Sanktionen ihre Wirkung verfehlen, wenn also die oppositionelle Bewegung nicht geschwächt werden kann, gerät das politische System in eine Krise.

* Hier ist nicht der juristische Sanktionsbegriff gemeint, der eine engere Bedeutung hat.

Was ist eine »politische Krise«? Unter Krise wird die Bedrohung eines Systems verstanden, die mit den als »normal« geltenden Mitteln der Stabilitätssicherung nicht mehr abzuwenden ist. Was als »normal« anzusehen ist, stellt sich in den verschiedenen Gesellschaften unterschiedlich dar. Verdeutlichen wir dies an zwei Fällen:

Erstes Beispiel: In einer Partei-Diktatur mit einem fortschrittlichen Selbstverständnis fordert eine Gruppe von Schriftstellern und bildenden Künstlern einen größeren künstlerischen Pluralismus, was die Führungselite des Staates als Gefährdung empfindet. Mit einer Reihe von sich steigernden Maßnahmen können die politischen Entscheidungsträger auf die Erscheinung reagieren:

— Funktionäre »weisen nach«, daß die Forderungen der Gesellschaft schaden.
— Andere Künstler geben »Gegenerklärungen« ab.
— Funktionäre führen Gespräche mit den »Abweichlern«.
— Förderungsgelder werden gestrichen.
— Die »Abweichler« werden aus den Künstlerverbänden ausgeschlossen.
— Die Angehörigen der oppositionellen Künstler werden diskriminiert (z. B. Ausschluß der Kinder vom Studium).
— Die Oppositionellen werden polizeilich verhört.
— Die Oppositionellen werden verhaftet und strafrechtlich verfolgt.
— Die Oppositionellen werden ausgebürgert.

Unterstellen wir schließlich, daß es den politischen Instanzen gelingt, die oppositionellen Künstler der Bevölkerung gegenüber als Schmarotzer des gesellschaftlichen Systems zu diskriminieren (ein Vorurteil, daß gegen Künstler leicht aktiviert werden kann), so besteht die hohe Wahrscheinlichkeit, daß diese Bedrohung des Systems abgewendet werden kann.

Zweites Beispiel: In einem parlamentarisch-demokratischen Staat, in dem Grund- und Menschenrechte in bestimmtem Maße gesichert sind, laufen Prozesse dieser Art wesentlich verfeinerter ab, und sie werden in der Regel nicht von staatlichen Instanzen organisiert, wenn sich diese auch durchaus an der Diskriminierung von Oppositionellen hemmungslos beteiligen können. Nehmen wir den Fall einer Gruppe von Wissenschaftlern, die in einer kollektiven Erklärung einseitige Abrüstungsschritte oder sogar den Austritt aus dem bestehenden Militärbündnis fordert. Folgende Reaktionen sind denkbar:

— Der Militärminister (selten selbst ein Militärfachmann, sondern eher politischer Karrierist) spricht den Wissenschaftlern ausreichenden Sachverstand ab.

— Berichte in den Medien über die Ziele der Kritiker werden von Regierungspolitikern als »einseitig« kritisiert; die verantwortlichen Journalisten sehen sich innerhalb des Senders Rechtfertigungszwängen ausgesetzt.

— Publizistische »Hilfstruppen« werden aktiviert.

— Die Wissenschaftler werden als »Schwärmer«, »wirklichkeitsfremde Idealisten«, »Utopisten« etc. charakterisiert.

— In der Bevölkerung werden Ängste geweckt: Die Verwirklichung der Vorschläge schaffe militärische Unsicherheit. Man sei schutzlos dem (vermeintlichen) Gegner ausgeliefert, und so weiter.

— Soweit für entsprechende wissenschaftliche Forschungen staatliche oder halbstaatliche Gelder (politische Stiftungen) beansprucht wurden, wird diese Förderung nicht verlängert oder gestrichen (Argument: »Sparzwang«). Weiterführende Forschungsprojekte werden erst gar nicht finanziert.

— Auch thematisch anders gelagerte Forschungsprojekte der beteiligten Wissenschaftler werden nicht mehr durch öffentliche Gelder unterstützt. (Begründung: Die Ergebnisse der Forschungen würden keine neuen Erkenntnisse liefern.)

— Bei Bewerbungen für Hochschullehrerstellen bleiben die oppositionellen Wissenschaftler unberücksichtigt, sei es, daß sie von den universitären Instanzen gar nicht erst in den Kandidatenkreis einbezogen werden, sei es, daß sie vom Wissenschaftsminister nicht berufen werden.

— Die oppositionellen Wissenschaftler werden als politisch unzuverlässig verdächtigt.

Man sieht, auch in einer parlamentarischen Demokratie gibt es viele Möglichkeiten, kritische Impulse, die von den Herrschenden als Bedrohung des Bestehenden gewertet werden, zu unterdrücken. Dies kann bis zur existentiellen Gefährdung führen. Es besteht auch hier eine hohe Wahrscheinlichkeit, daß diese Mechanismen erfolgreich angewendet werden.

Bezogen auf unsere Frage »Was ist eine politische Krise?« lautet das Fazit: In dem einen wie in dem anderen Fall wurden die in dem jeweiligen System als »normal« geltenden Mittel der Stabilisierung angewendet, nachdem eine »Bedrohung« der Stabilität durch die Herrschenden wahrgenommen worden war.

In Montgomery versuchten die Weißen sehr bald, die Schwarzen auf terroristische Weise einzuschüchtern. Ein solches Vorgehen wäre auf einer Bewertungsskala von Sanktionen (siehe hierzu Seite 284) bereits sehr hoch einzuordnen, es war für den Süden der USA, wo Schwarze noch gelyncht oder in großer Zahl Opfer von Willkürjustiz wurden, aber relativ »normal«.

Wenn die üblichen Sanktionsmittel nicht mehr ausreichen, eine Gefährdung bestehender politischer Verhältnisse abzuwenden, besteht eine krisenhafte Situation. Dann bedienen sich die herrschenden Eliten qualitativ anderer Maßnahmen, um der Gefährdung Herr zu werden.

Die Frage, wann ein Gesellschaftssystem oder ein politisches System »bedroht« ist, ist weniger leicht zu beantworten, als es scheinen mag. Allgemein läßt sich sagen: Als gesellschaftliche Bedrohung wird das öffentlich wirksame, anhaltende In-Frage-Stellen von Konsens (Werte, Verhaltensweisen) empfunden. Wenn dieses In-Frage-Stellen des Konsenses herrschende politische Werte und die bestehenden politischen Entscheidungsstrukturen betrifft, kann dies von politischen Instanzen als Bedrohung des politischen Systems wahrgenommen werden.

Sicher gibt es eindeutige Fälle von politischer und gesellschaftlicher Bedrohung, zum Beispiel wenn eine oppositionelle Gruppe ein diktatorisches Regierungssystem beseitigen will. Die Bürgerrechtsbewegung in den USA verfolgte in keiner Weise das Ziel, das politische System mit seiner Regierungsstruktur zu verändern. Im Gegenteil: Sie berief sich immer wieder auf die Freiheitsrechte der amerikanischen Verfassung und forderte die Zentralregierung in Washington auf, im Sinne dieser Rechte zugunsten der Schwarzen einzugreifen. Die Bedrohung, die von der Bürgerrechtsbewegung ausging, war vielmehr begrenzt. Sie kämpfte in dieser Phase gegen ein Unrecht in einem Teilbereich der amerikanischen Gesellschaft, der sich zudem noch geographisch auf die Südstaaten eingrenzen ließ. Für das dortige Gesellschaftssystem war die Rassentrennung allerdings ein grundlegendes Herrschaftselement. Insoweit war der Kampf gegen dieses Unrecht mit einer Bedrohung für jene Weißen verbunden, für die Rassentrennung eine notwendige Bedingung ihres eigenen Wertgefühls bedeutete. Ob eine gesellschaftliche und politische Bewegung als »Bedrohung« empfunden wird, hängt also unter Umständen stark von subjektiven Einstellungen und Interessenlagen ab. Dies soll mit einigen Bezügen zum politischen System der Bundesrepublik Deutschland verdeutlicht werden.

Politiker neigen dazu, die Wesensmerkmale eines politischen Systems sehr umfassend zu kennzeichnen. So haben regierende Politiker in der Bundesrepublik immer wieder behauptet, zu den Grundbestandteilen der freiheitlich-demokratischen Grundordnung zähle die Bundeswehr. Wer die Bundeswehr bekämpfe, stelle sich gegen die demokratische Ordnung. Diese Behauptung ist nicht nur von der Entwicklungsgeschichte des Grundgesetzes her falsch, denn der Verfassungsartikel über die allgemeine Wehrpflicht wurde im Gegensatz zu dem des Rechts auf Kriegsdienstverweigerung erst nachträglich eingefügt, sondern sie ist es auch angesichts der einschlägigen Urteile des Bundesverfassungsgerichts. Nichtsdestoweniger wird anderes behauptet, vermutlich sogar wider besseres Wissen.

Ein weiteres Beispiel: Insbesondere Politiker der CDU/CSU und der F.D.P. behaupten immer wieder, das in der Bundesrepublik bestehende Wirtschaftssystem der sogenannten »sozialen Marktwirtschaft« sei die einzige mit einer freiheitlichen Gesellschaftsform zu vereinbarende Wirtschaftsordnung. Dieser These widerspricht nicht nur das Grundgesetz, dessen Art. 14 und 15

283

die Verstaatlichung von Grund und Boden sowie von Schlüssel-industrien zulassen, sondern auch das Bundesverfassungsgericht. Dieses hat nämlich ausdrücklich festgestellt, daß die soziale Marktwirtschaft lediglich *eine* der im Rahmen des Grundgesetzes möglichen Wirtschaftsordnungen ist.

Der Begriff »politisches System« meint demnach mehr als die verfassungsmäßige Grundordnung eines Staates, er umfaßt die im Rahmen dieser Grundordnung geschichtlich entstandenen Herrschaftsverhältnisse. Die jeweils Herrschenden nehmen das als Bedrohung wahr, was die Herrschaftsverhältnisse, also die Grundlage ihrer Vorrechte, in Frage stellt.

In jedem gesellschaftlichen und politischen System gibt es eine Fülle von formalen und informellen Möglichkeiten, Gefährdungen des Konsenses und der Herrschaftsverhältnisse abzuwehren. Theodor Ebert hat den hilfreichen Versuch gemacht, mögliche Stabilisierungsmaßnahmen der Herrschenden in einem Schema zusammenzufassen.[194]

Schema der Eskalation der Stabilisierungsmaßnahmen der Herrschenden

Eskalationsstufe	Sanktion	»konstruktive« Aktion
1	soziale Sanktion	ideologische Konsolidierung; Klientelbildung
2	juridifizierte Sanktion	Entwicklung des Herrschaftsinstrumentariums; Reformgesetzgebung
3	terroristische Sanktion	Ausnahmezustand oder Staatsstreich

Dazu einige Erläuterungen: In diesem Schema hat Theodor Ebert jene beiden Gesichtspunkte verwendet, die er auch zur

Systematisierung der gewaltfreien Aktionen benutzt, und zwar die Steigerung der Maßnahmen und die Unterscheidung zwischen überwiegend negativen Maßnahmen (Sanktionen) und überwiegend »konstruktiven« Maßnahmen, wobei der Begriff »konstruktiv« in diesem Fall auf die Interessenlagen der Herrschenden bezogen ist.

Der Aspekt der Sanktionen wurde bereits angesprochen und im Zusammenhang mit den Reaktionen auf den Busboykott in Montgomery verdeutlicht, so daß hier lediglich zu den sogenannten »konstruktiven« Aktionen einige Anmerkungen notwendig sind.

Unter »ideologischer Konsolidierung« ist die Festigung jener politischen Lehrsätze und politischen Argumentationszusammenhänge im öffentlichen Bewußtsein zu verstehen, mit der ein Unrechtszustand oder eine Fehlentscheidung üblicherweise gerechtfertigt wird. So hat es in den USA beispielsweise Theologen gegeben, die die Rassentrennung als eine gottgewollte Erscheinung mit Bibelzitaten belegt und interpretiert haben. Wer dies kopfschüttelnd zur Kenntnis nimmt, der vergegenwärtige sich, daß heute das militärische Abschreckungssystem und die Entwicklung von Massenvernichtungswaffen mit dem Potential zur Weltzerstörung durchaus als mit christlichen Grundauffassungen vereinbar angesehen werden. Ein Versuch ideologischer Konsolidierung ist auch die Einflußnahme regierender Parteien auf schulische Bildungspläne, die inhaltlich mit den eigenen gesellschaftlichen und politischen Zielvorstellungen befrachtet werden sollen. Hand in Hand mit ideologischer Konsolidierung geht die Förderung von Publizisten, Journalisten und Wissenschaftlern, die den Herrschenden nützlich erscheinende Auffassungen vertreten (Klientelbildung).

Die »Entwicklung des Herrschaftsinstrumentariums« umfaßt alle Maßnahmen, die die Kontroll- und Sanktionsmöglichkeiten des Staates erweitern (z. B. Beschränkung des Demonstrationsrechts). Während die bislang angesprochenen Maßnahmen zum Ziel haben, der Bedrohung des Systems unter Mißachtung der oppositionellen Forderungen zu begegnen, wird durch eine

Reformgesetzgebung versucht, mit der — in der Regel teilweisen — Erfüllung von Forderungen eine oppositionelle Bewegung »zu beruhigen«, zu kanalisieren. Zugeständnisse sind dann immer unvermeidbar. Das anschaulichste Beispiel für eine solche Funktion von Reformgesetzen bilden jene Gesetze, mit denen im 19. Jahrhundert eine Verbesserung der Lebens- und Arbeitsbedingungen des Proletariats erreicht wurde. Zugeständnisse können, sie müssen aber keine kanalisierende Wirkung haben. Sie können vielmehr Anlaß zu weiterreichenden Forderungen sein, wie das nach der (legalisierten) Gründung der polnischen Gewerkschaft »Solidarität« der Fall war.

Die polnische Entwicklung dokumentiert auch, daß die Herrschenden zum Ausnahmezustand als letztem Mittel greifen, wenn alle anderen Maßnahmen zur Stabilisierung des Systems gescheitert sind. Dabei geschieht es nicht selten, daß die »versagende« politische Führungsgruppe durch eine andere Gruppe (mehr oder weniger gewaltsam) abgelöst wird, häufig durch Militärs. Nicht zufällig entsprechen dem Ausnahmezustand beziehungsweise dem Staatsstreich auf der Seite der »negativen« Maßnahmen die terroristischen Sanktionen.

Ziel von Stabilisierungsmaßnahmen ist es, einer von oppositionellen Kräften eingeleiteten Mobilisierung entgegenzuwirken. In diesem Sinn kann man von »Gegenmobilisierung« sprechen.

Was hier als »Gefährdung« eines politischen Systems und zum anderen als »die Fähigkeit der Herrschenden zu Abwehr dieser Gefährdung beschrieben wurde, wird in der Politikwissenschaft mit den Begriffen »Bedrohungskapazität« einerseits und »Krisenbewältigungskapazität« andererseits bezeichnet. Dabei bringt »-kapazität« (=Fähigkeit, Möglichkeit) zum Ausdruck, daß Bedrohung und Krisenbewältigung keine feststehenden Größen, sondern von bestimmten Faktoren abhängig sind. Als solche Faktoren können angesehen werden:

Grad der Informiertheit
Befähigung zu situationsangemessenen Entscheidungen
Verfügbarkeit über materielle und ideelle Hilfsmittel

Diese Gesichtspunkte — das sei noch einmal betont — gelten sowohl für diejenigen, die gesellschaftliche Verhältnisse verändern wollen, als auch für die Verteidiger des Status quo. Für die einen wie die anderen sind angemessene Information und angemessene Entscheidungen (Handlungen) notwendig. Auf seiten der Herrschenden gehört zu den »materiellen Hilfsmitteln« beispielsweise die Verfügbarkeit über Medien und Gewaltinstrumentarien (Polizei, Militär). Als »ideelle Hilfsmittel« können jene Instrumentarien angesehen werden, mit denen der bestehende Konsens aufrechterhalten oder verstärkt werden soll: Propaganda, Organisation von Gegendemonstrationen, Einschüchterungen, emotionale Mobilisierung der Bevölkerung etc. Auch hier sind die Medien unentbehrlich.

In diesem Zusammenhang vertritt die Gewaltfreiheitstheorie folgende These: Das unbedingte Festhalten an der Gewaltlosigkeit hat zur Folge, daß die Krisenbewältigungskapazität der Herrschenden eingeschränkt wird. Herrschende können — ohne ihre Position zu gefährden — gegen gewaltfreie Akteure im Hinblick auf die Öffentlichkeit, vielleicht sogar »Weltöffentlichkeit«, nicht in dem Maße staatliche Gewalt einsetzen, wie dies gegen Gewalttäter möglich ist. Hier soll nicht ausgeschlossen werden, daß die Machthaber, ihrem moralischen Anspruch folgend, sich selbst Grenzen setzen. Jede Gewaltanwendung durch die Opponenten bietet den Herrschenden ein Alibi bei der Praktizierung von Unterdrückungsmaßnahmen und vermindert die Sympathien der Öffentlichkeit. Hierzu hat Richard Gregg bedenkenswerte Hinweise gegeben:

»Wer fürchtet (oder wird dies jemals tun) in unserer jetzigen Welt der harten Tatsachen diese sogenannte Waffe des gewaltlosen Widerstandes? Jeder Student der Geschichtswissenschaft, jeder Detektiv, jeder Mann vom Geheimdienst oder CID-Offizier, jeder wahrhaft ›hartgesottene‹, rücksichtslose geschäftsführende Leiter eines amerikanischen Industrieunternehmens, jeder amerikanische Gewerkschaftsführer, jeder Führer eines um die politische Freiheit ringenden Volkes kennt die Antwort. Sie lautet: Jeder Herrscher vom ›Blut-und-Eisen-Typ‹ fürchtet den gewaltlosen Widerstand so sehr, daß er insgeheim Provokateure dingt, die sich unter die gewaltlosen Widerstandskämpfer mischen und behaupten, sie stünden zu ihnen, und die sie zu Gewalttätigkeiten aufreizen oder selber tatsächlich Bomben werfen und Gewalttätigkeiten begehen. Dies war die Methode der zaristischen Regierung im alten Rußland. Die Machthaber erheben sofort ein großes Geschrei, fachen die Entrüstung der Öffentlichkeit gegen diese ›Übeltäter‹ an, rufen die Polizei und das Militär auf den Plan und ›unterdrücken den Aufruhr‹ mit großer Brutalität, indem sie der Welt dabei versichern, daß es sich hierbei um strenge, aber notwendige Schritte zur Aufrechterhaltung der öffentlichen Sicherheit, des Gesetzes und der Ordnung gehandelt habe. Die Kämpfer für Freiheit und größere Rechte neigen in der Tat oft zunächst dazu, Gewalt anzuwenden. Wenn sie jedoch keine Gewalt anwenden, so versuchen ihre Gegner oder deren Mittelsmänner häufig, sie zu Gewalttätigkeiten aufzuwiegeln, um dann aus der Reaktion der Öffentlichkeit hiergegen Nutzen zu ziehen. Die Tatsache, daß sie das Empfinden haben, solche Taktiken anwenden zu müssen, zeigt, wie sehr sie den gewaltlosen Widerstand fürchten.«[195]

Exkurs: Gewaltfreie Aktion und Justiz in der Bundesrepublik Deutschland

Ein Element der Herrschaftsstabilisierung sind juristische Sanktionen. In der Bundesrepublik sind die Träger gewaltfreier Aktionen von der Rechtsprechung insofern bislang betroffen, als bestimmte Aktionen Zivilen Ungehorsams, namentlich Blockaden, als Nötigung bewertet und damit rechtlich mit Gewaltanwendung gleichgesetzt und entsprechend bestraft werden.
Dies scheint auf den ersten Blick absurd zu sein. Ist doch das Wesensmerkmal der gewaltfreien Konfliktaustragung allein vom Begriff her der Verzicht auf Gewaltanwendung! Nun muß man sich vergegenwärtigen, daß das Verständnis von Gewaltfreiheit, wie es auch in dem vorliegenden Buch auf der Grundlage von Theorie und Praxis ihrer hervorragendsten Vertreter aufgezeigt wird, ein *Selbst*-Verständnis ist. Das bedeutet nicht, daß Gewaltfreiheit sich etwa beliebig definieren lasse und jeder eine persönliche Auffassung hierzu entwickeln könne. Wo immer Menschen auf der Welt bewußt und aktiv auf gewaltfreiem Weg gesellschaftliche und politische Veränderungen erkämpfen wollen oder gewaltfreien Widerstand leisten, tun (oder taten) sie dies auf der Grundlage eines Gewaltfreiheitsverständnisses, dessen

Grundsätze nicht voneinander abweichen. Selbst-Verständnis ist die hier dargestellte Auffassung von Gewaltfreiheit vielmehr deshalb, weil der gewaltfreie Charakter von Handlungen und Aktionen in der Wirklichkeit sozialer und politischer Konflikte durch die Machthaber und ihre intellektuellen Helfer häufig schlicht bestritten wird. Ja, die Gewaltfreiheit sei sogar eine besonders raffinierte und damit um so gefährlichere Form der Gewalt, sie sei »politischer Sprachbetrug«, ist zu lesen.[196] Und so kann es nicht verwundern, daß auch Vertreter der rechtsprechenden Gewalt eine solche Bewertung teilen.

Während der Arbeit an diesem Buch erhielt der Verfasser Kenntnis von einer Verfassungsbeschwerde gegen ein Urteil, in dem eine gewaltfreie Blockade als Nötigung gewertet wird. Doch angesichts der zeitlichen Verzögerung bis zu einer Entscheidung und angesichts des Umstands, daß die Verfassungsgerichtsentscheidung die herrschende Praxis der Rechtsprechung durchaus bestätigen und damit festschreiben kann*, soll hier die grundsätzliche Problematik durch die Wiedergabe eines Artikels des Stuttgarter Richters Christoph Strecker aufgezeigt werden.[197] Seine Argumentation wird ergänzt durch einen Auszug aus einem Aufsatz des Juristen und Hochschullehrers Günter Frankenberg, in dem Gesichtspunkte zusammengestellt sind, die eine rechtliche Würdigung der Besonderheiten von gewaltfreien Aktionen Zivilen Ungehorsams zulassen würden.[198]

CHRISTOPH STRECKER
GEWALTFREIE AKTION UND NÖTIGUNG
Im Juli 1981 ketteten sich 13 Atomwaffengegner, Mitglieder der »Gewaltfreien Aktion Tübingen«, einen Tag und eine Nacht lang am Haupttor einer Kaserne bei Kleinengstingen auf der Schwäbischen Alb an, um gegen die dort stationierten Mittelstreckenraketen zu protestie-

---

* Öffentliche Äußerungen des ehemaligen Präsidenten des Bundsverfassungsgerichts Hans Benda, die dieser noch im Amt und angesichts der vorliegenden Verfassungsbeschwerde gemacht hat, lassen dies erwarten. Die Ungeheuerlichkeit dieses Vorgangs ist sowohl der Presse als auch der politischen Opposition anscheinend entgangen.

ren.[1]* Im August 1982 blockierten etwa 700 Mitglieder gewaltfreier Gruppen eine Woche lang die Zufahrt zu einem Sondermunitionslager der Nato bei Großengstingen.[2]

Von einer Jugendkammer des Landgerichts Tübingen wurden inzwischen elf der Demonstranten, die sich angekettet hatten, wegen Nötigung verurteilt. Gegen mehr als 380 Demonstranten, die sich an der Sitzblockade beteiligt hatten, wird von der Staatsanwaltschaft Tübingen wegen Nötigung ermittelt.[3]

Die Strafbestimmung des § 240 StGB (»Nötigung«) lautet:

I. Wer einen anderen rechtswidrig mit Gewalt oder durch Drohung mit einem empfindlichen Übel zu einer Handlung, Duldung oder Unterlassung nötigt, wird mit Freiheitsstrafe bis zu 3 Jahren oder mit Geldstrafe, in besonders schweren Fällen mit Freiheitsstrafe von 6 Monaten bis zu 5 Jahren bestraft.

II. Rechtswidrig ist die Tat, wenn die Anwendung der Gewalt oder die Androhung des Übels zu dem angestrebten Zweck als verwerflich anzusehen ist.

III. Der Versuch ist strafbar.

Im Jahre 1969 hat der Bundesgerichtshof entschieden, daß das Sitzen auf Straßenbahnschienen Gewalt sei und den Tatbestand der Nötigung erfülle.[4] Da der Bundesgerichtshof das letzte Wort hat, mußten auch die Juristen, die die Entscheidung für falsch halten, sich darauf einrichten, mit dieser Rechtsprechung zu leben.

Eine neue politische Dimension gewinnt die exzessive Auslegung des Gewaltbegriffs dadurch, daß sie jetzt gerade gegen diejenigen gewendet wird, die ausdrücklich im Zeichen der Gewaltlosigkeit, der Friedfertigkeit angetreten sind — gegen die »gewaltfreien Gruppen« der Friedensbewegung. Sie stehen in der Tradition der Lehren von Mahatma Gandhi und Martin Luther King. Deren Maxime war es, lieber Unrecht und Gewalt zu erleiden, als sie dem Gegner zuzufügen — sich selbst und nicht den Gegner der Duldung von Leid auszusetzen. Das Sit-in entwickelte sich zu einer wichtigen Form der gewaltfreien direkten Aktion, weil die sitzende Stellung für Zuschauer und Polizei unmißverständlich ausdrückt, daß die Demonstranten sich gewaltfrei verhalten wollen.

Wird nun eben dieses Sitzen als Gewalt bezeichnet, so wird durch diesen Definitionsakt den Gewaltlosen die Gewaltlosigkeit, der Friedensbewegung die Friedfertigkeit abgesprochen. Damit vollendet sich eine Entwicklung, die Carl Friedrich von Weizsäcker schon im Jahre 1967 ahnungsvoll beschrieben hat: »Was sind die Bedingungen des Funktionierens des Apparats? . . . Ein Teil des Funktionierens des Apparats ist

---

* Die Belege zu diesem Artikel finden sich unter Anmerkung 197. Zu der hier angesprochenen Aktion siehe Seite 105 ff.

natürlich, daß keine ihn störenden Konflikte mehr auftreten. Diese Denkweise führt dann in der Praxis sehr leicht dazu, daß man denjenigen, der das Funktionieren stört, als den eigentlichen Störenfried betrachtet..., daß man den also dann auch moralisch verurteilt, so daß die Technokratie sich der Moral, nämlich der Moral des Friedens bemächtigt, um mit ihrer Hilfe den Widerstand, der auftauchen könnte, niederzuwalzen.«[5] Hierin liegt die neue und bedrohliche Dimension der Rechtsprechung zum Gewaltbegriff, und es erweist sich als dringend notwendig, diese Rechtsprechung auf ihre Grundlagen und auf ihre gesellschaftlichen Konsequenzen hin zu befragen.

In der Geschichte der Rechtsprechung zum Straftatbestand der Nötigung hat der Begriff der Gewalt mannigfaltige Wandlungen durchgemacht.[6] Ursprünglich war an die Anwendung körperlicher Kraft gedacht. Maßgeblich war das Verhalten des Täters, nicht die Auswirkung auf das Opfer. Später verlagerte sich das Schwergewicht auf die Zwangswirkung, die vom Verhalten des Täters ausging. Hierbei wurde zunächst ein physischer Zwang verlangt, schließlich ließ man auch eine bloß psychische Zwangswirkung ausreichen. So konnte das Sit-in auf den Straßenbahnschienen als Gewalt verurteilt werden, weil von ihm ein psychischer Zwang auf den Straßenbahnfahrer ausging, der halten mußte, um niemanden zu töten.

Nach § 240 Abs 2 StGB ist nicht jedwede Gewaltanwendung als Nötigung strafbar, sondern nur die Gewalt, deren Anwendung zu dem angestrebten Zweck als verwerflich anzusehen ist. Aus der Sicht der Akteure ließe sich nun gewiß manches dafür anführen, daß ihre friedlich-konzipierten Aktionen nicht verwerflich seien; diesem Einwand aber hat der Bundesgerichtshof beizeiten einen Riegel vorgeschoben, indem er entschieden hat, aus der Gewaltanwendung lasse sich auf die Verwerflichkeit der Nötigung schließen; nur ausnahmsweise könnten besondere Umstände das Verwerflichkeitsurteil ausschließen; niemand sei berechtigt, Gewalt zu üben, um dadurch die Aufmerksamkeit der Öffentlichkeit zu erregen und der eigenen Auffassung Geltung zu verschaffen.[7]

Durch diese Argumentationstechnik wird die Strafbestimmung des § 240 StGB sinnentleert. Sie verliert ihre rechtsstaatliche Schutzfunktion — die jeder Strafrechtsnorm zukommt — und wird zum beliebig einsetzbaren politischen Machtinstrument pervertiert. Die denkbaren Möglichkeiten, Zwang auf andere Menschen auszuüben, sind unbegrenzt. Aus gutem Grund hat das Gesetz nur einen bestimmten Ausschnitt hieraus unter Strafe gestellt, nämlich die Fälle, in denen der Zwang durch Gewalt ausgeübt wird, und aus deren Vielzahl wiederum nur diejenigen, in denen die Gewaltanwendung im Hinblick auf den angestrebten Zweck verwerflich ist. In allen anderen Fällen soll die Ausübung von Zwang nicht strafbar sein. Auf eine solche Strafbestimmung kann man sich einrichten. Wer etwas erreichen, wer einen anderen zu etwas zwingen will, kann das straflos tun, wenn er nicht in verwerflicher Weise Gewalt anwendet. Die nun praktizierte Auslegung hingegen macht mißliebiges politisches Handeln zu einem unkalkulierbaren Risiko: Erweist es sich als effektiv, so kann daraus auf die Zwangswirkung geschlossen werden. Diese ihrerseits reicht aus, um auf Gewaltanwendung zu schließen, deren Verwerflichkeit sich dann von selbst ergibt.

Es liegt in der Macht von Polizei, Staatsanwaltschaft und Gericht, ein politisch mißliebiges Verhalten zu kriminalisieren, wenn es nur überhaupt einigen Einfluß auf das Verhalten anderer hat und nicht gänzlich wirkungslos bleibt. Und selbst dann könnte es gegebenenfalls noch als Versuch der Nötigung geahndet werden.

Die Begründungen gerichtlicher Urteile — so auch die des Bundesgerichtshofs zur Nötigung — haben zwar die sprachliche Form der Beschreibung eines Erkenntnisvorganges. Das schließt aber nicht aus, daß sie in Wirklichkeit Willensentscheidungen des Gerichts sind, die lediglich in die Form empirischer Aussagen und logischer Ableitungen gekleidet werden. Einiges spricht dafür, daß die Bedeutung, die der Bundesgerichtshof dem Begriff »Gewalt« in § 240 StGB gibt, nicht aus der empirischen Beobachtung der sozialen Wirklichkeit gewonnen ist, sondern aus Erwägungen über die Strafwürdigkeit des jeweils zu beurteilenden Verhaltens. Anders läßt sich nämlich kaum die Diskrepanz zwischen dem Begriff der Gewalt bei der Nötigung einerseits und der Vergewaltigung andererseits erklären.

Die hierfür einschlägige Strafbestimmung des § 177 (»Vergewaltigung«) lautet:

Wer eine Frau mit Gewalt oder durch Drohung mit gegenwärtiger Gefahr für Leib und Leben zum außerehelichen Beischlaf. . . nötigt, wird mit Freiheitsstrafe nicht unter zwei Jahren bestraft.

Im Kontext dieser Strafbestimmung wird die Schwelle, von welcher an ein Verhalten als »Gewalt« zu bezeichnen ist, wesentlich höher gesetzt als bei der Nötigung.

So wird zum Beispiel eine Zwangswirkung verneint, wenn das Opfer noch die Möglichkeit hat, Hilfe herbeizurufen.[8] Gewalt soll dann nicht vorliegen, wenn das Opfer eine Möglichkeit zur Flucht nicht genutzt oder sich nicht körperlich zur Wehr gesetzt hat.[9] Zum Vergleich mit dem Sit-in auf den Straßenbahnschienen fordert besonders ein Urteil des BGH aus dem Jahre 1981 heraus: Mit den Worten »Ich hab Lust, mach dich fertig« drängte ein Arbeitgeber ein ihm zur Ausbildung anvertrautes Mädchen in einen Raum und stellte sich so in die Tür, daß das Mädchen das Zimmer nicht verlassen konnte. Weil es weiterhin Widerspruch oder Gegenwehr für sinnlos hielt, zog sich das Mädchen auf seine Aufforderung hin schließlich aus und erduldete seine Annäherungsversuche. In diesem Verhalten des Mannes vermag der BGH keine Gewaltanwendung zu sehen.[10]

In seiner Verwendung durch die Rechtsprechung ist der Begriff »Gewalt« kein deskriptiver Begriff, der eine beobachtbare Realität beschreibt. Vielmehr enthält er eine überwiegende normative Komponente: Durch die Bezeichnung als »Gewalt« können unerwünschte Verhaltensweisen für strafbar erklärt werden. Ein nicht für strafwürdig erachtetes Verhalten läßt sich aus dem Anwendungsbereich der Strafnormen heraushalten, indem man es nicht »Gewalt« nennt.

Wird der Bedeutungsgehalt des Gewaltbegriffes erst durch die jeweilige Wertentscheidung der Gerichte konstituiert, so liegt es auch in der Macht der Gerichte, ihre bisherigen Wertentscheidungen zu überprüfen und zu revidieren.

Solch einen Wandel in der Rechtsprechung vorzubereiten und zu ihm zu ermutigen, kann eine wichtige Funktion der öffentlichen Meinung sein. Die Diskussion dieses Themas sollte daher nicht den Juristen überlassen bleiben, sondern zum Anliegen der politisch interessierten Öffentlichkeit gemacht werden.

Soll nur noch ein solches Verhalten als gewaltfrei gelten, das Polizei, Staatsanwaltschaft und Gericht zu tolerieren belieben?

Können wir wollen, daß der Tradition und politischen Kultur der Gewaltlosigkeit durch bloßen Richterspruch ihre moralische Integrität abgesprochen wird?

Die Leute von Greenpeace etwa, die für das Überleben der Welt ihr Leben aufs Spiel setzen[11], würden sich nach deutschem Recht wegen Nötigung durch Gewalt oder wegen des Versuchs hierzu strafbar machen:

Wenn ein Schlauchboot so dicht an den Frachter, der Atommüll ins Meer kippen will, heranfährt, daß die Fässer wegen der Gefährdung des Schlauchbootes nicht abgeworfen werden, so begeht die Besatzung des Schlauchbootes Gewalt gegen die des Atommüllfrachters. Werden die Fässer trotzdem abgeworfen, so bleibt das Verhalten der Leute, die aus dem getroffenen Schlauchboot ins Wasser geschleudert werden, nach unserer Rechtsprechung noch immer versuchte Nötigung. Mit Gewalt zu nötigen versucht hätten auch jene opferbereiten Leute, die ihr Schlauchboot zwischen das Walfangschiff und den gejagten Wal manövrierten, um den Harpunier am Schießen zu hindern. Ohne die Besatzung des Schlauchbootes zu gefährden, hätte er nicht schießen können. (Er tat es trotzdem.)

Um gegen geplante Atombombentests im Pazifik zu protestieren, fuhr ein Segelboot in das vorgesehene Testgebiet. Hätten die paar Leutchen in ihrer Nußschale im Pazifik Gewalt gegen eine Atommacht ausgeübt, wenn mit Rücksicht auf sie die Bombenexplosion aufgeschoben oder unterlassen worden wäre? Unsere gegenwärtige Rechtsprechung hätte wohl einige Schwierigkeiten, diese Frage zu verneinen.

Und wenn sich nun Gruppen der Friedens- oder der Ökologiebewegung zusammenschließen mit dem erklärten Ziel, durch gewaltfreie direkte Aktionen gegen die Zerstörung unseres Planeten zu protestieren, wären das — bei konsequenter Fortsetzung der Rechtsprechung zur Nötigung — wohl Vereinigungen, »deren Zweck oder deren Tätigkeit darauf gerichtet ist, Straftaten zu begehen«. Das ist die gesetzliche Definition der »kriminellen Vereinigung« in § 129 StGB. In dieser Strafbestimmung wird die Gründung krimineller Vereinigungen mit Freiheitsstrafe bis zu fünf Jahren oder mit Geldstrafe bedroht. Strafbar ist auch schon die bloße Mitgliedschaft, das Werben für die Vereinigung oder deren Unterstützung.

Was für eine Gewähr gibt es dagegen, daß demnächst diese Strafbestimmung zur Bekämpfung der Friedens- und Ökologiebewegung mißbraucht wird?

Es ist höchste Zeit für eine intensive öffentliche Diskussion um die Gewaltlosigkeit mit dem Ziel, die Gerichte zu einer Änderung ihrer Rechtsprechung anzuregen und zu ermutigen.

GÜNTER FRANKENBERG
ÜBER DIE RECHTLICHE BEWERTUNG VON
ZIVILEM UNGEHORSAM

Ziviler Ungehorsam läßt sich hinsichtlich der moralisch-politischen Motive nicht *rechtlich* heilen, aber allemal anders bewerten als anders motivierte Gesetzesbrüche. Das setzt freilich voraus, daß die Motive überhaupt rechtliche Beachtung finden. Wenn den Absichten von Straftätern aller Art von Rechts wegen nachzugehen ist, und seien sie auch noch so »niedrig«, dann ist nicht einsichtig, warum — und wie — gerade moralisch-politische Beweggründe von der rechtlichen Würdigung ausgeschlossen werden können.

Wenn politische Motive aber beachtlich sind, dann fragt es sich, wie sie juristisch bewertet werden sollen. Der liberale Rechtsstaat des 19. Jahrhunderts hatte darauf eine den Grundsätzen des politischen Liberalismus angemessene Antwort: »Protesttäter« — um einen ideologiepolitischen Kampfbegriff als Ehrentitel zu verwenden — waren zu privilegieren. Der Respekt vor der politischen Überzeugung des Rechtsbrechers gebot, dem politisch motivierten Delikt eine Vorzugsstellung einzuräumen. Eine solche Privilegierung moralisch-politischer Motive wäre auch heute, im Rahmen einer freiheitlichen demokratischen Grundordnung, nicht systemwidrig. Und in einer rechtsstaatlichen Demokratie müßte

— im Interesse an kritischen Demokraten — deren politisch-moralisches Engagement besonders geachtet werden. In diesem Sinne hat das Bundesverfassungsgericht politisch-moralische Absichten bei der Kollision von Meinungsfreiheit und privatrechtlichem Ehrenschutz besonders honoriert. Von einer derartigen Wertschätzung sind das politische Strafrecht, die Rechtspraxis und insbesondere das neue Demonstrationsrecht allerdings weit entfernt.

Dennoch: Ein rechtlicher Zwang zu umstandsloser Bestrafung besteht nicht. Strafverfolgungsbehörden, Gerichte und auch der Gesetzgeber haben Beurteilungs- und Entscheidungsspielräume. Diese lassen die Erwägung zu, Strafverfahren wegen Geringfügigkeit des Unrechts oder mangelnden öffentlichen Interesses einzustellen oder das Hauptverfahren nicht zu eröffnen. Bei der Strafzumessung ist den Gerichten aufgegeben, Beweggründe und Ziele, Gesinnung und das Maß der Pflichtwidrigkeit zu würdigen. Vor einer Bestrafung wegen Nötigung haben sie zu prüfen, ob etwa eine Sitzblockade wirklich »Gewalt« ist oder ob Greenpeace-Aktivisten, die die Verklappung von Dünnsäure verhindern wollen, wirklich »verwerflich« handeln.

Die höchstrichterliche Rechtsprechung könnte es sich zur Aufgabe machen, politische Kriminalität durch eine rechtsstaatliche Konturierung des Gewaltbegriffs und den Schutz gewaltloser politischer Aktionen einzuschränken. Der Gesetzgeber hätte es in der Hand, unter besonderen Voraussetzungen Amnestie zu gewähren oder — grundsätzlicher — das politische Strafrecht und das Versammlungsrecht auf demokratisches Niveau zu heben.

Es fehlt also nicht an Möglichkeiten, die Zivilität und Moralität bewußter und begrenzter Regelverletzungen rechtlich zu beachten und, je nach den Umständen des Einzelfalls, zu privilegieren. Die demokratische Republik und der demokratische Rechtsstaat, so ist zu vermuten, würden durch solche Privilegien keinen Schaden nehmen.

Dissoziative und assoziative Konfliktstrategien

»Eines Tages fragte ein einflußreicher weißer Bürger von Montgomery Martin Luther King folgendes: ›Jahrelang hatten wir hier so friedliche und harmonische Beziehungen zwischen unseren beiden Rassen. Warum haben Sie und Ihre Anhänger sie zerstört?‹
King antwortete:
›Mein Herr, Sie haben niemals wirklichen Frieden in Montgomery gehabt. Sie hatten eine Art negativen Frieden, bei dem der Neger meist seine untergeordnete Stellung einfach hinnahm. Aber das ist kein wirk-

licher Frieden. Nicht dann ist Frieden, wenn man nichts von Spannungen merkt, sondern wenn Gerechtigkeit herrscht.

Wenn heute in Montgomery die Unterdrückten aufstehen und anfangen, sich um einen dauernden positiven Frieden zu bemühen, so ist diese Spannung notwendig.‹«[199]

Wer Gerechtigkeit, wer Frieden will, darf Konflikte nicht scheuen. Es gibt zwei verschiedene Arten von Konflikten: je nachdem, ob die Konfliktgegner gleichwertig oder ungleichwertig sind, ob sie also hinsichtlich Zahl, Bedeutung und Hilfsmitteln vergleichbar sind oder nicht. Besteht eine solche Ähnlichkeit, so spricht man von einem »symmetrischen Konflikt«; besteht eine Ungleichheit zwischen den Kontrahenten, so herrscht ein »asymmetrischer Konflikt«.

Kampf um soziale Gerechtigkeit und die Überwindung von Unfrieden sind in der Regel asymmetrische Konflikte, die von einer zunächst unterlegenen Minderheit thematisiert und ausgelöst werden. So waren (und sind) die amerikanischen Schwarzen hinsichtlich ihrer sozialen Stellung, der wirtschaftlichen Hilfsmittel, des Bildungsniveaus, der Verfügbarkeit über publizistische Mittel etc. den Weißen im Durchschnitt weit unterlegen. In einigen Belangen trifft dies im übrigen auch auf die Gruppen der Friedens- und Ökologiebewegung in der Bundesrepublik zu.

Um erfolgreich in einem asymmetrisch gelagerten Konflikt handeln zu können, müssen die in der Ausgangssituation unterlegenen Gruppen zunächst Machtmittel entwickeln, die sie den herrschenden Gruppen tendenziell gleichwertig macht. Unter den Erscheinungen gewaltsamer Konfliktaustragung ist der Guerillakampf ein gutes Beispiel dafür, wie eine zahlenmäßig und waffentechnisch unterlegene Gruppe diese Nachteile ausgleichen kann, indem sie die natürlichen geographischen Bedingungen eines Gebietes ausnutzt und ihre Kampftaktik darauf einstellt.

Ähnliches kann man auch in der gewaltfreien Konfliktaustragung feststellen. Sie ermöglicht es den scheinbar Unterlegenen, durch die Kombination vielfältiger Aktionsformen ein Problem darzustellen und, wie King es charakterisiert hat, so zu dramatisieren, daß es von der Gesellschaft beachtet werden muß. Gleichzeitig bauen die Opponenten eine organisatorische Basis auf, erlangen Selbstbewußtsein und machen die Erfahrung, welche Möglichkeiten es gibt, ihre Interessen zu artikulieren und durchzusetzen. Auf diese Weise wird die anfängliche Unterlegenheit durch den Aufbau gewaltfreier Gegenmacht ausgeglichen.

Diese Phase der Konfliktentwicklung ist notwendigerweise mit gesellschaftlicher Unruhe verbunden. Darauf weist King in der einleitenden Episode hin. Soziale Befreiung und der Kampf um eine menschenwürdige Zukunft sind also immer mit gewissen »Kosten« verbunden, wie die Soziologen sagen. Das gilt übrigens auch für persönliche emanzipatorische Entwicklungen.

Die Vorgehensweise in einem Konflikt, die darauf abzielt, die Interessen der zunächst Unterlegenen zu betonen und ihre Organisationsfähigkeit zu stärken, wird in der Konflikttheorie als »dissoziativ« bezeichnet (Dissoziation = Trennung). Das bedeutet: In einem Konflikt wird das »Trennende« zwischen den Kontrahenten betont, ja, der Konflikt ergibt sich aus dem Trennenden, was zwar schon lange Bestand gehabt haben mag, aber von den Unterdrückten oder Benachteiligten hingenommen wurde. Der Konflikt ist nun ausgebrochen, er hat sich manifestiert.

Damit ist ein Konflikt aber noch nicht gelöst. Die Lösung gelingt nur, wenn die Konfliktparteien irgendwann aufeinander zugehen — es sei denn, die eine Partei sieht, wie es in gewaltsamen Konflikten der Fall ist, die Lösung erst in der physischen Vernichtung oder Vertreibung des Gegners. Zur Lösung eines Konfliktes ist also eine »assoziative« Haltung notwendig. Dieses »assoziative« Element (Assoziation = Verbindung) ist in der gewaltfreien Konfliktaustragung durch den Gewaltverzicht immer mit enthalten. Der Gewaltverzicht ist gleichsam ein unerschütterliches Zeichen der Offenheit gegenüber dem Gegner und der Bereitschaft, für vergangenes Unrecht keine Vergeltung anzustreben. Martin Luther King hat den Zusammenhang von trennenden (dissoziativen) und verbindenden (assoziativen) Elementen in der gewaltfreien Konfliktaustragung in seinem Brief aus dem Gefängnis von Birmingham (Alabama), in dem er auf kritische Anfragen weißer Geistlicher zu seinen Aktionen eingeht, so beschrieben:

»Natürlich könnten Sie fragen: ›Warum *direct action*? Warum Sitz-streiks, Aufmärsche und dergleichen? Wäre der bessere Weg nicht der der Verhandlung gewesen?‹ Sie haben ganz recht damit, auf den Verhandlungsweg hinzuweisen. Gerade das ist ja der Zweck der gewaltlosen direct action: Sie will eine Krise herbeiführen, eine schöpferische Spannung erzeugen, um damit eine Stadt, die sich bisher hartnäckig gegen Verhandlungen gesträubt hat, zu zwingen, sich mit den Problemen auseinanderzusetzen. Sie will diese Probleme so dramatisieren, daß man nicht mehr an ihnen vorbei kann. Es gehört, wie gesagt, zur Aufgabe dessen, der gewaltlosen Widerstand leistet, eine Spannung zu erzeugen. Das mag Ihnen schockierend klingen. Ich muß Ihnen aber gestehen, daß ich mich vor dem Wort Spannung nicht fürchte. Ich habe mich immer, auch in meinen Predigten, entschieden gegen gewaltsame, zerstörerische Spannungen eingesetzt. Doch es gibt eine Art konstruktiver, gewaltloser Spannungen, die für alles Wachstum erforderlich ist...
Wir müssen die Notwendigkeit erkennen, durch gewaltloses Handeln die Spannung in der Gesellschaft zu schaffen, die den Menschen hilft, sich aus den dunklen Tiefen des Vorurteils und des Rassenhasses zu den erhabenen Höhen der Brüderlichkeit und gegenseitigen Verstehens zu erheben. So ist es der Zweck der direct action, eine so krisengeladene Situation zu schaffen, daß sich die Tür zu Verhandlungen unweigerlich öffnet.«[200]

Assoziatives Verhalten ist allerdings nicht mit jener Kompromiß-bereitschaft zu verwechseln, die bei sozialen und politischen Auseinandersetzungen in unserer Gesellschaft zu teilweise lächerlichen Forderungen und entsprechenden Zugeständnissen der Konfliktparteien führt und Frauen und Männer in die unwürdige Situation bringt, Dinge zu fordern und zu begründen, von denen sie bereits von vornherein wissen, daß sie unerreichbar oder unannehmbar sind.
Gewaltfreie Projekte haben immer Ziele, deren Berechtigung unter den Aspekten soziale Gerechtigkeit und Zukunftssicherung sorgfältig belegt ist. Diese Ziele lassen auch prinzipiell keine Kompromisse zu. Welchen Kompromiß konnte es auch beispielsweise bei der Forderung nach Aufhebung der Rassentrennung geben? Sind mit Blick auf die Umweltzerstörung oder den Rüstungswahnsinn Kompromisse möglich? Die konkreten Ziele gewaltfreier Projekte müssen dadurch glaubwürdig bleiben, daß ein Verhandlungsspielraum nicht mit einkalkuliert wird. Ein sol-

ches Kalkül vermindert die Glaubwürdigkeit. Wir erleben in der praktischen Politik tagtäglich Beispiele, wie mit dem Argument der Kompromißbereitschaft alles und jedes begründet wird, selbst dann, wenn die eigenen ursprünglichen Forderungen bis zur Unkenntlichkeit verstümmelt sind.

Gandhi hält daher das unbedingte Festhalten an sorgfältig ausgewiesenen Zielen für eine Voraussetzung des Erfolgs im gewaltfreien Kampf. Er schreibt:

»Meine Erfahrung hat mich gelehrt, daß für jeden rechtschaffenen Kampf das Gesetz der wachsenden Stärke eigentümlich ist. Im Falle der Gewaltfreiheit wird diese Gesetzmäßigkeit geradezu unumstößlich. Während des Verlaufs einer gewaltfreien Kampagne hilft mancher Umstand mit, ihren Strom zum Anschwellen zu bringen. . . Dies ist tatsächlich unvermeidlich und hängt mit den grundlegenden Prinzipien der Gewaltfreiheit zusammen. Denn in einem Kampf um Wahrheit ist das Minimum gleichzeitig auch das Maximum. Und da es sich hier um ein Minimum handelt, das nicht mehr vermindert werden kann, so kann es niemals die Frage des Rückzugs geben. . .

Bei anderen Auseinandersetzungen, auch wenn sie rechtschaffen geführt werden, wird die Forderung zunächst immer ein wenig höher angesetzt, um zu gewährleisten, daß man in Zukunft etwas zurückstecken kann.«[201]

Konfliktlösungen:
Einsicht, Anpassung, Machtaufgabe

Ereignisse

Am 22. März 1956 wird gegen Martin Luther King das Urteil gesprochen. Er wird für schuldig befunden, das Antiboykottgesetz des US-Staates Alabama verletzt zu haben. Die Strafe lautet auf Zahlung von 500 Dollars und der Gerichtskosten, ersatzweise 386 Tage schwere Arbeit im Kreis Montgomery. Noch ist eine Berufung gegen das Urteil möglich. Deshalb reichen Kings Anwälte einen Antrag bei einem Bundesgericht der Vereinigten Staaten ein. Das Gericht soll prüfen, ob die Rassentrennung in den Bussen mit dem Verfassungsgrundsatz, daß alle Menschen gleich sind, vereinbar ist.

Am 4. Juni bestätigt das Gericht die Verfassungswidrigkeit der Rassentrennung in den öffentlichen Verkehrsmitteln. Dieses Urteil richtet sich zugleich gegen die Rassentrennung in allen Bussen der Südstaaten. Die Anwälte, die die Stadt Montgomery vertreten, legen beim Obersten Bundesgericht Berufung ein, und die Stadtverwaltung beschließt im Herbst, die Transportorganisation der Schwarzen auf Schadenersatz zu verklagen. Verhandlungstermin ist Dienstag, der 13. November. Während der Verhandlung wird die Grundsatzentscheidung auch des Obersten Bundesgerichts gegen die Rassentrennung bekannt.

Vielen Weißen fällt es nicht leicht, sich mit der Aufhebung der Rassentrennung abzufinden. Nachts wird in einsamen Gegenden auf Busse geschossen, Schwarze werden von Weißen verprügelt. Anfang Januar 1957 explodieren in 15 Kirchen der schwarzen Bevölkerung Bomben. Aber diese Bombenanschläge schrecken auch viele auf, die bislang Befürworter der Rassentrennung waren. In der Zeitung »Montgomery Advertiser« erscheint ein Artikel unter der Überschrift »Lebt man noch sicher in Montgomery?«. Und jene weißen Geschäftsleute, die schon Monate zuvor für Verhandlungen eingetreten waren, verurteilen die Bombenanschläge scharf.

Die Unruhen hören ganz plötzlich auf. Allmählich gewöhnen sich die Menschen an die Aufhebung der Rassentrennung in den Bussen, an die Integration der schwarzen Mitbürger.

Erläuterungen

Wenn die Gegenmobilisierung in einer Konfliktsituation ihre Wirkung verfehlt und die Oppositionellen diszipliniert und opferbereit ihr Ziel verfolgen, ist eine Entscheidung des Konflikts zugunsten der Oppositionellen kaum noch zu verhindern. Der Autor schreibt dies im übrigen in einer Situation, in der die Opposition gegen die chilenische Militärdiktatur in ihrem Kampf zunehmend gewaltlose Widerstandsformen anwendet, ohne daß den herrschenden Militärs deren Unterbindung gelingt. Dies wird einen wachsenden Autoritätsverlust der Machthaber sowohl bei ihren Anhängern als auch bei den Truppen bewirken und sie zur Aufgabe zwingen. Der erste Schritt in diese Richtung sind in der Regel Zugeständnisse an die Oppositionellen (z. B. Zubilligung von Wahlen), die nur dann die Lage stabilisieren, wenn sich die Oppositionellen damit begnügen. Tun sie das nicht und setzen sie ihre Aktionen fort, ja, weiten sie diese Aktionen aus, so ist der Rücktritt der Militärs, in deren Reihen im Frühjahr 1984 bereits Uneinigkeiten deutlich wurden, unvermeidbar.

In Montgomery haben im wesentlichen zwei Umstände die Sache der Schwarzen begünstigt: Zum einen war der moralische Anspruch der nordamerikanischen Gesellschaft und ihrer Politik, die Menschenrechte in besonderem Maße zu verwirklichen, hochgradig unvereinbar mit dem Zustand der Rassentrennung geworden. Auf Montgomery blickte die Weltöffentlichkeit. Zum anderen gab es in Montgomery, das bis heute ein Handelszentrum mit nur kleinen Industriebetrieben ist, unter den Weißen Gruppen, die durch den Busboykott erhebliche wirtschaftliche Einbußen hatten und weitere Nachteile befürchteten, als der Terror weiterging.

Im Idealfall gibt es drei Reaktionsweisen der Herrschenden auf gewaltfreie Aktionsprojekte:

Einsicht
Anpassung
Machtaufgabe

Hier handelt es sich nicht, wie man vielleicht vermuten könnte, um alternative Lösungen für jede beliebige Konfliktsituation. Ein Machtverzicht der Herrschenden wird beispielsweise nur in jenen Konflikten möglich sein, in denen von den Opponenten die Machtfrage auch wirklich gestellt und durch Aktionen verschärft wird.

Bei einem Konsumentenboykott hingegen sind die Ziele von vornherein niedriger gesteckt: Der Gegner soll durch die Androhung wirtschaftlichen Schadens zu einer Verhaltensänderung veranlaßt werden. Ein Boykott erwartet also in erster Linie ein Anpassungsverhalten von denen, gegen die er gerichtet ist.

Es ist im Grunde die Absicht jeder gewaltfreien Aktion, den (Mit-)Verantwortlichen für Unrechtszustände und bedrohliche

Zukunftsentwicklungen die Augen zu öffnen. Deshalb sollten Mißstände sorgfältig untersucht und dokumentiert sowie Alternativen formuliert werden. So wünschenswert es auch ist, daß emanzipatorische Konflikte durch Einsicht gelöst werden, so kann man doch nicht endlos warten, bis sich die notwendige Erkenntnis auch tatsächlich einstellt. Es ist also unerläßlich, durch Aktionen je nach Art der Streitfrage sozialen, politischen und wirtschaftlichen Druck auszuüben.

Die Umweltbewegung in der Bundesrepublik Deutschland ist ein gutes Beispiel für eine Mobilisierung, die in erster Linie auf die Entwicklung von Verständnis bei den Verantwortlichen abgestellt ist. Die Bewegung wird sich jedoch die Frage stellen müssen, wie sie ihre Aktivitäten qualitativ verändert, wenn sich die gewünschte Einsicht und die notwendigen Maßnahmen nicht einstellen.

Zusammenfassend läßt sich sagen:

Gewaltfreie Aktionen haben eine bestimmte»Reichweite«. Man kann ihren Erfolg, soweit er an den Reaktionen der Herrschenden sichtbar wird, nur daran messen, welche Ziele verfolgt wurden.

Einsicht

Einsicht steht am Ende eines Überzeugungsvorgangs, einem außerordentlich schwierigen Prozeß, der kurzfristig gar nicht überprüfbar ist, sondern nur durch langfristige alternative Verhaltensweisen letztlich unter Beweis gestellt werden kann. Im politischen Leben gibt es glücklicherweise Fälle, in denen es der gewaltfreien Aktion gelungen ist, den Gegner dazu zu bewegen, die Fehlerhaftigkeit und die Mängel seiner Handlungen und Auffassungen einzusehen. Vorgänge dieser Art sind aber — nicht zufällig — selten. Richard Gregg hat einen Überzeugungsvorgang (er spricht von »Bekehrung«) folgendermaßen zu erklären versucht:

»Psychologen lehren uns, daß der größte Teil unseres Geistes sich unbewußt unter der Oberfläche birgt, gerade so wie die überwiegende Masse eines Eisberges sich verborgen unter dem Wasserspiegel befindet. Kräfte, die sich auf das Unterbewußtsein eines Menschen auswirken, sei es nun Suggestion, Anregung der Phantasie, Übertragung oder Vertrauen, wirken sich stärker aus als die Kräfte, die ausschließlich oder hauptsächlich auf den bewußten Verstand und das bewußte Empfinden einwirken. Dies trifft vermutlich ebenso auf eine Gruppe von Menschen wie auf einen einzelnen zu.

Die Analogie läßt sich noch weiter durchführen. Gerät ein Eisberg in warmes Wasser, so schmilzt der unter der Oberfläche befindliche Teil allmählich dahin, wobei sich über der Wasserfläche wenig verändert. Wenn jedoch der Schmelzprozeß unter Wasser genügend fortgeschritten ist, so überschlägt sich manchmal plötzlich der ganze Eisberg und gewinnt dadurch ein völlig verändertes Aussehen. Solche plötzlichen Veränderungen können auch bei Menschen auftreten in Auswirkung von Kräften, die lange auf das Unterbewußtsein eingewirkt haben. Das ist kein Wunder, sondern lediglich eine Erscheinungsform von Kräften, die wir für gewöhnlich nicht beachten. . .

Der Vorgang läßt sich wie folgt erklären: Jeder zivilisierte Mensch besitzt entweder in seinem Bewußtsein oder im Unterbewußtsein eine Reihe elementarer moralischer Erinnerungen. Einige davon sind Mythen, Fabeln, Märchen oder andere erdichtete Vorgänge, die er als Kind für wahre Begebenheiten nahm. Andere sind sittliche Beziehungen oder sittliche Grundsätze, die sich dem einzelnen in verschiedenen Stadien seiner Entwicklung eingeprägt haben. Einige davon waren unterdrückt worden, weil sie sich nicht mit dem späteren Verhalten vereinbaren ließen. Andere sind lediglich aus Mangel an Anwendung oder Aufmerksamkeit in Vergessenheit geraten. Jeder derartige Rückstand früherer Überzeugungen oder Eindrücke setzt sich aus Vorstellungen, Gefühlsmomenten und Trieben zusammen, die zu einer Einheit verschmolzen sind, und eine jede dieser Einheiten scheint mehr oder weniger psychische Energie zu besitzen.«[202]

Anpassung

Zugeständnisse der Mächtigen angesichts eines gewaltfreien Widerstandsprojekts (oder eines gewaltfreien Kampfes) waren in der Geschichte weniger das Ergebnis von Einsicht als vielmehr Ausdruck von Anpassung. Von gewaltfreien Aktionen geht ein sozialer Anpassungsdruck aus, der verschiedene, häufig auch miteinander verbundene Ursachen haben kann:

— Eine gewaltsame Unterdrückung wird zunehmend als unangemessen und schädlich empfunden. Hier genügt der Hinweis auf das Beispiel Montgomery.

— Die gewaltlosen Aktionen lassen sich trotz schärfster Sanktionen nicht mehr unterdrücken, was zur Destabilisierung des bestehenden Systems zu führen droht. Ein historisch bedeutendes Beispiel ist das Toleranzedikt von Galerius, der 311, nachdem er davor blutige Christenverfolgungen veranlaßt hatte, die christliche Religion anerkannte.

— In Kreisen der Herrschenden selbst bildet sich eine wachsende Opposition. Dies war beispielsweise in Frankreich während der Ruhrbesetzung der Fall (siehe Seite 156 f.).

— Gewaltlose Widerstandshandlungen setzen so überraschend ein, daß sich auf seiten der Betroffenen Ratlosigkeit einstellt. Dies geschah im August 1968, als die Sowjetunion die bereits in Moskau inhaftierten Führer des tschechischen Reformkommunismus nicht zu liquidieren wagte, sondern nach Prag zurückließ.

— Der wirtschaftliche Schaden, der durch die gewaltfreien Aktionen entsteht, soll so gering wie möglich sein. Das zeigen alle emanzipatorischen wirtschaftlichen Boykottaktionen.

— Eine bestimmte Entwicklung ist trotz Gegenmobilisierung nicht mehr rückgängig zu machen. Dies war beispielsweise 1980 in Polen der Fall, als die kommunistische Führung der Gründung nichtkontrollierter Gewerkschaften zustimmte.

Machtaufgabe

Machtaufgabe aufgrund eines von gewaltlosen Aktionen ausgehenden Drucks kann — grob formuliert — durch drei Entwicklungen, einzeln oder gemeinsam, begünstigt werden:

1. Der Widerstand hat so weite Teile der Gesellschaft erfaßt, daß er nicht mehr durch Stabilisierungsmaßnahmen zu unterdrücken ist.

2. Der Widerstand bewirkt, daß soziales, wirtschaftliches und politisches Handeln erst wieder möglich wird, wenn die Forderungen der Aufständischen erfüllt werden und der Widerstand aufgegeben wird.

3. Die Möglichkeiten der Herrschenden, Stabilisierungsmaßnahmen anzuwenden, sind beeinträchtigt.

Im Sinne unserer Analyse von Macht und Herrschaftsverhältnissen kann man sagen: Eine Machtaufgabe ist immer dann wahrscheinlich, wenn die Herrschenden entscheidende Hilfsmittel ihrer Machterhaltung verlieren. Um einige zu nennen:

— Die Herrschenden sind nicht mehr in der Lage, massenhaften Zivilen Ungehorsam zu unterbinden. Die Gehorsamsbereitschaft als Kitt von Herrschaftsverhältnissen löst sich auf.

— Die Herrschenden können aufgrund von Nichtzusammenarbeit und Zivilem Ungehorsam nicht mehr über das wirtschaftliche System, das Verkehrswesen, die Kommunikationsmittel etc. verfügen.

— Die Herrschenden sind aufgrund von Auflösungserscheinungen bei Polizei und/oder Militär nicht mehr in der Lage, Sanktionen anzuwenden oder aufrechtzuerhalten.

— Die Herrschenden verlieren die Unterstützung von wichtigen (auch technischen) Fachleuten in Verwaltung, Militär und Wirtschaft.

Mobilisierung und Kettenreaktion

Der Busboykott von Montgomery fand in vielen anderen Städten des nordamerikanischen Südens durch Demonstrationen oder begrenztere Boykottaktionen Unterstützung. Nach dem Erfolg von Montgomery versuchten seine Initiatoren, einen organisatorischen Rahmen zu schaffen, um die Rassenintegration durch gewaltfreie Aktionen in den USA weiter voranzubringen. Mit dieser Absicht wurde 1957 die *Southern Christian Leadership Conference* (SCLC) gegründet, deren Vorsitzender Martin Luther King wurde. Die SCLC hatte Ende der sechziger Jahre etwa 200 hauptamtliche Mitarbeiter.

Nach dem Busboykott von Montgomery führt die Bürgerrechtsbewegung zunächst drei Projekte durch:

Wählerregistrierungskampagnen in den Südstaaten
Sit-ins (siehe hierzu Seiten 13 ff. u. 17 f.)
Freiheitsfahrten *(Freedom Rides)*

Rassisch gemischte Gruppen von geschulten Anhängern der Gewaltfreiheit unternehmen diese Freiheitsfahrten durch mehrere Staaten des Südens, um die Einhaltung der Gesetze gegen die Rassentrennung im Verkehrswesen zu testen. Weiße Studenten aus den Nordstaaten sind daran maßgeblich beteiligt.

Erläuterungen

Wir haben gesehen, daß Projekte, also gesellschaftsverändernde Aktivitäten, das Medium von Mobilisierung sind. Projekte können, insbesondere dann, wenn sie sich als erfolgreich erweisen, den Anstoß zu weiterer Mobilisierung geben. So bewies der Busboykott von Montgomery den Schwarzen erstens ihre organisatorischen Fähigkeiten und zweitens die Verwundbarkeit des durch Justiz und Terror gestützten Systems der Rassentrennung. Den durch die Ereignisse in Montgomery bewirkten Mobilisierungseffekt haben die amerikanischen Psychologen Frank Solomon und Joseph F. Fishman in folgender Weise beschrieben:

»Junge Leute im ganzen Süden waren äußerst beeindruckt vom Busboykott in Montgomery. Sie empfanden ihn als eine Lektion über die praktischen und emotionalen Vorteile direkter Aktion, welche die berechtigte Unzufriedenheit der Neger zum Ausdruck brachte. Martin Luther King wurde zum Bild eines selbstbewußten Mannes, der sich die Freiheit nimmt, in Würde zu handeln, und respektvolle Anerkennung durch eine erfolgreiche Auseinandersetzung mit der weißen ›community‹ gewinnt... In dieser Rolle wurde er als Teil ihres Ich-Ideals verinnerlicht.«[203]

Ausdruck einer Mobilisierung war auch die Tatsache, daß King nach Montgomery eine Vielzahl von Einladungen zu Reden in allen Teilen der USA erhielt. 1957 nahm er an etwa 200 Veranstaltungen teil.

Der Begriff »Mobilisierung« birgt die Gefahr, daß man mit ihm die Vorstellung eines schnellen gesellschaftlichen Prozesses verbindet. Eine solche Vorstellung, die durch den erfolgreichen Busboykott gefördert wird, entspricht jedoch nicht der Realität. Im allgemeinen verlaufen Mobilisierungsprozesse allmählich, sie durchdringen nur sehr langsam die gesellschaftlichen Schichten und erreichen selten alle Angesprochenen. Amitai Etzioni hat diesen Vorgang durch einen sehr anschaulichen Vergleich gekennzeichnet:

»Mobilisierung ist gewöhnlich keine Massensituation, in der ein charismatischer Führer eine große Masse gleichzeitig aktiviert, wie ein Streichholz Benzin in Brand setzt; der Prozeß ähnelt eher der Entzündung schwerer und feuchter Holzscheite.«[204]

Mobilisierung ist also eine Kettenreaktion, in der Projekte nach außen wie Katalysatoren wirken und nach innen die Fähigkeiten der Akteure zur Konfliktaustragung erhöhen. Wir haben oben gesehen, daß die durch gewaltfreie Aktionen beabsichtigten Lernprozesse sowohl auf die gesellschaftliche Umwelt als auch auf die Aktionsträger wirken sollen.

Fehlschläge

Die Projekte im Anschluß an den Busboykott von Montgomery (Wählerregistrierung, Sit-ins, Freiheitsfahrten) bringen der Bürgerrechtsbewegung neue Mitarbeiter und neue Erfahrungen bei der Anwendung gewaltfreier Aktionsmethoden. Zu Beginn der sechziger Jahre sieht sich die SCLC in der Lage, Widerstandsprojekte in größerem Stil durchzuführen. Eine erste Kampagne setzt im Dezember 1961 in Albany (Georgia) ein. Forderungen der Schwarzen sind: Aufhebung der Rassentrennung in Bahnhöfen, Bildung eines ständigen Komitees von schwarzen und weißen Bürgern zur Regelung der Integration und eine Amnestie für Teilnehmer an früheren Aktionen.

Im Sommer 1962 kommt es infolge brutalster Polizeieingriffe zu Gewaltsamkeiten auf seiten der Schwarzen. Die Bürgerrechtsbewegung kann ihre Ziele nicht erreichen. Rückblickend schreibt King über die Kampagne:

»Als 1962 in Albany, Georgia, monatelang Demonstrationen und Verhaftungen unsere Bewegung nicht zum Ziel brachten, erklärten Berichte in der Presse und anderswo den gewaltlosen Widerstand für eine erledigte Sache.«[205]

Zwar gelingt der Busboykott, aber ein Einkaufsboykott verfehlt aufgrund der relativ geringen Anzahl der Schwarzen, die etwa ein Drittel der Bevölkerung ausmachen, seine Wirkung. Die Aktionen der Schwarzen erschöpfen sich bald in Demonstrationen. Die Unterstützung von nennenswerten Teilen der weißen Bevölkerung und der Kennedy-Administration bleibt aus.

Erläuterungen

Ein gewaltfreies Widerstandsprojekt ist gescheitert. Welche Folgen hat das? Die Träger der Aktion werden enttäuscht sein und die Frage nach organisatorischen und taktischen Mängeln stellen (müssen).

»Wir kamen zu der Überzeugung, daß einer unserer Hauptfehler darin bestand, daß wir unsere Bemühungen auf zu viele Punkte gerichtet hatten«, schrieb Martin Luther King unter anderem zu den Vorgängen in Albany.[206]

Die weiße Mehrheit dürfte sich in dem Bewußtsein gesonnt haben, einen Erfolg über die Schwarzen errungen zu haben. Aber war damit das Problem gelöst? War zu erwarten, daß die Schwarzen resignieren würden? Sprach der Fehlschlag von Albany wirklich gegen Sinn und Nutzen gewaltfreier Aktionen?

Ein beliebtes Argument, mit dem die Begrenztheit der Gewaltfreiheit aufgezeigt werden soll, führt den Fehlschlag einer gewaltfreien Kampagne auf die Aktionsmethode zurück. Bei gleicher Logik wäre die gewaltsame Konfliktaustragung schon längst abgeschafft. Die Erfolgsaussichten für einen Sieg im gewaltsamen Kampf sind fünfzig Prozent. Wo ein Sieger ist, ist auch ein Verlierer. Merwürdigerweise haben die Verlierer in gewaltsamen Auseinandersetzungen die Niederlage noch nie auf die Untauglichkeit der Methode zurückgeführt, sondern auf andere Faktoren.

Der Fall Albany veranschaulicht die Gefährdung eines gewaltfreien Projekts, wenn es die Akteure an Disziplin fehlen lassen. Der Umschlag in Gewaltsamkeiten bei der Konfliktaustragung bedeutet für sympathisierende Außenstehende eingeschränkte Solidarisierungsmöglichkeiten, weil auch sie dann einem stärkeren Rechtfertigungszwang ausgesetzt sind. Insofern ist es — wie schon betont wurde — eine wichtige Aufgabe gewaltfreier Aktionsgruppen, auf Mitglieder, die zur Gewaltanwendung neigen, einzuwirken. Die Notwendigkeit gewaltloser Disziplin hat Richard Gregg mit folgenden Hinweisen betont:

»Die Anhänger der Gewaltlosigkeit müssen wissen, daß sie, wenn sie es je an Disziplin mangeln lassen und in die Gewalttätigkeit, Unwahrheit, Verheimlichung oder Unordnung zurückfallen sollten, ihrer Sache schaden und den Sieg verzögern. Gewinnen sie aber ihre Disziplin nicht zurück, so werden sie eine völlige Niederlage erleiden. Aus diesem Grunde müssen die Anhänger der Gewaltlosigkeit das Äußerste an Energie, Entschlossenheit, Ausdauer und Willenskraft aufbringen, ob es sich nun bei ihnen um nationale Gruppen, Gewerkschaften oder sonst etwas handelt. Diese zur Hauptsache auf sie selbst bezogene Disziplin wird keine Gegnerschaft von außen bewirken. Sie werden Respekt einflößen, wenn sie es verdienen, nicht eher. Und wenn sie Respekt einflößen können, sind sie auf dem Wege, die Moral ihrer Gegner zu erschüttern.«[207]

Warum die Konfrontation 1963 in Birmingham erfolgreich war

Ereignisse

Nach dem Fehlschlag der Bürgerrechtsbewegung in Albany bereitet die SCLC für 1963 eine Kampagne in Birmingham (Alabama) vor, einer Stadt mit einem Anteil von vierzig Prozent Schwarzen (340000 Einwohner). 1963 wird der 100. Jahrestag der Aufhebung der Sklaverei gefeiert. King schreibt zu diesem Ereignis:

»Aber ach! All die Reden und Propagandafanfaren, die das Jubiläum begleiteten, dienten lediglich dazu, den Neger daran zu erinnern, daß er noch immer nicht frei war und daß er noch immer in einer Art von Sklaverei lebte ... Die wahren Lebensbedingungen hatten ihn doch im Schatten der politischen, psychologischen, sozialen, wirtschaftlichen und geistigen Fesseln gehalten ... Im Jahre 1963 erwachte der Neger, der schon so lange Jahre im Bewußtsein lebte, daß er nicht wirklich frei war, aus seiner Stumpfheit und Untätigkeit.«[208]

In vielen Gebieten der Südstaaten der USA wurde die Rassentrennung in der Öffentlichkeit weiterhin beibehalten. Die Stadt Birmingham war hierfür ein besonders schlimmes Symbol. Hier unterdrückte die Polizei unter Führung des Polizeichefs Connor, bezeichnenderweise »Bull« Connor genannt, das Streben der Schwarzen nach Freiheit mit brutaler Gewalt.

In einer Erklärung der Schwarzen heißt es zur Rechtfertigung ihres Kampfes:

»Die Geschichte Birminghams offenbart, daß der demokratische Prozeß das Leben der Neger kaum berührt. Wir sind rassisch getrennt, wirtschaftlich ausgebeutet und politisch unterdrückt worden... Heute handeln wir in voller Übereinstimmung mit unserer christlichen Tradition, den Erfordernissen der Moral und der Verfassung unserer Nation.«[209]

Erläuterungen

Die Wahl des richtigen Zeitpunkts kann für den Erfolg eines gewaltfreien Projekts mit entscheidend sein. Nicht immer besteht die Freiheit der Wahl; gerade die Notwendigkeit von Widerstand kann durch aktuelle Geschehnisse diktiert werden. Und Ereignisse, die mit der Abschaffung der Sklaverei vergleichbar sind, gibt es auch nicht in jeder Gesellschaft und in jedem Jahr. Die Verbindung der Aktionen 1963 in Birmingham mit den Gedenkfeiern zum Jahre 1863 mußte dem moralischen Anspruch der amerikanischen Gesellschaft in besonderem Maße entgegenkommen. Insofern konnte es kein besseres Jahr geben, um das Problem der Rassendiskriminierung in den USA erneut anzugehen.

Und obwohl die Unterdrückung der Schwarzen schon längst keiner Belege mehr bedurfte, rechtfertigten die Bürgerrechtler einmal mehr ihre Handlungsweise.

Ereignisse

Die Aktionen beginnen am 3. April 1963. Die Forderungen der Schwarzen sind:

1. Aufhebung der Rassentrennung für Restaurants, Erfrischungsräume, Toiletten, Anproberäume und Trinkfontänen in

Läden und Kaufhäusern.

2. Die Einstellung und Beförderung von Schwarzen durch Geschäfts- und Industriebetriebe in Birmingham auf nichtdiskriminierende Weise.

3. Die Rückziehung aller Anklagen gegen inhaftierte Demonstranten.

4. Die Schaffung eines rassisch gemischten Ausschusses, der einen Plan zum stufenweisen Abbau der Rassentrennung auf anderen Gebieten des Zusammenlebens in Birmingham ausarbeiten soll.

Die Anführer der Schwarzen haben beschlossen, den Kampf in Birmingham auf die Geschäftswelt zu konzentrieren. Man weiß, daß die Kaufkraft der Schwarzen groß genug ist, um durch Boykottmaßnahmen vielen Geschäften empfindlich zu schaden. Zunächst führt man Sit-ins in Imbißecken durch; es folgen größere Demonstrationen.

Der Geschäftsboykott zeigt bald Auswirkungen, man sieht nur noch wenige Schwarze in den Kaufhäusern und Geschäften der Innenstadt. Die Zahl der Freiwilligen wächst, so daß auch Kneel-ins in den Kirchen der Weißen und Sit-ins in der Stadtbücherei durchgeführt werden.

Da erwirkt die Stadtverwaltung von einem Gericht des Staates Alabama ein Demonstrationsverbot. Was soll Martin Luther King unternehmen? Das Gesetz übertreten? Oder klein beigeben? Darf er die Hoffnungen Tausender enttäuschen?

Die Organisatoren der Aktionen in Birmingham beschließen, das Demonstrationsverbot zu mißachten und so Zivilen Ungehorsam zu leisten.

Mit befreundeten Pastoren führt Martin Luther King am Morgen des 12. April 1963 —einem Karfreitag— eine Gruppe von vierzig Schwarzen an. Ihr Weg soll von einer Kirche zum Rathaus führen. Sie alle werden sofort festgenommen und ins Gefängnis eingeliefert.

Durch diese Verhaftungen wird der Kampf der Schwarzen in Birmingham endlich im ganzen Land bekannt. Aber noch immer sind die Geschäftsleute nicht zu Zugeständnissen bereit. Da beschließen die Schwarzen, die Aktionen zu steigern und ihre Kinder demonstrieren zu lassen. Über eine Woche lang unterrichten erfahrene Organisatoren die Schüler in gewaltlosen Aktionen. Anfang Mai sind etwa 6000 Schüler organisiert und bereit zu demonstrieren.

Am 2. Mai versammeln sich mehrere Führer der Schwarzen — King war mittlerweile gegen eine Kaution aus der Haft entlassen worden — mit 300 Schülern in einer Kirche. Gruppen zu etwa vierzig Kindern ziehen dann durch die Straßen, wobei sie das Lied »We Shall Overcome« singen. Sie alle werden verhaftet. An den folgenden Tagen schlägt die Polizei demonstrierende Schwarze auf brutale Weise zusammen. Massenverhaftungen setzen ein.

Auf dem Höhepunkt der Kampagne befinden sich 3500 meist jugendliche Demonstranten im Gefängnis. King berichtet:

»Die Zeitungen vom 4. Mai brachten Bilder von Polizisten, die sich mit geschwungenen Knüppeln über Frauen, die wehrlos am Boden lagen, beugten, von Kindern, die den zähnefletschenden Polizeihunden entgegenliefen, und von der schrecklichen Wucht der Wasserwerfer, die menschliche Körper durch die Straßen fegten.
Die Zeit war für uns von entscheidender Wichtigkeit, und der Mut sowie die feste, überzeugte Haltung von jung und alt machten sie zu unserer schönsten Stunde. Wir schlugen nicht zurück und wichen nicht zurück. Wir ließen keine Bitterkeit aufkommen. Vereinzelte Zuschauer, die nicht in der Gewaltlosigkeit unterwiesen worden waren, warfen Flaschen und Steine als Reaktion auf das brutale Vorgehen der Polizei. Indes, die Demonstranten enthielten sich jeder Gewaltanwendung. Angesichts dieser Entschlossenheit und Tapferkeit wurde das Gewissen der Nation zutiefst aufgewühlt, und unser Kampf wurde im ganzen Land zu dem der anständigen Amerikaner aller Rassen und Religionen. Die Empörung, die das ganze Land erschütterte, die Sympathie, die den Kindern entgegenschlug, die wachsende Bedrängnis der Negergemeinde — diese Faktoren zusammen schufen eine ganz bestimmte Atmosphäre innerhalb unserer Bewegung. Teils war es Stolz auf die Fortschritte und die Überzeugung, daß wir siegen würden, teils ein wachsender Optimismus, der uns fühlen ließ, daß die Mauer der Unversöhnlichkeit, die uns gegenüberstand, zum Einsturz verdammt war und schon abzubröckeln begann. Unter dem Siegel strengster Verschwiegenheit erfuhren wir, daß durch das ungünstige Echo in der Öffentlich-

keit, durch unseren eigenen Boykott und den Rückgang der weißen Käufer die Wirtschaftsstruktur unserer Gegner gewisse Aufweichungserscheinungen erkennen ließ.«[210]

Erläuterungen

Wichtig für eine erfolgreiche gewaltfreie Kampagne sind die Konzentration der Kräfte auf einen Ansatzpunkt und die Möglichkeit, die Aktionen steigern zu können. Beide Bedingungen erfüllte die Konfrontation von Birmingham. Daß eine Kräftekonzentration erforderlich ist, ergibt sich bereits aus der Notwendigkeit, Aktionsteilnehmer in großer Zahl gewinnen zu müssen. Komplizierte Zusammenhänge können nur schwer oder gar nicht öffentlich erklärt werden. Nicht zufällig sind die erfolgreichen Kampfformen von Unterprivilegierten zur Durchsetzung ihrer Forderungen einfach: Arbeitsniederlegung (Streik); Weigerung, bestimmte Produkte zu kaufen (Boykott).

Die Steigerung der Aktionen in Birmingham ergab sich zunächst zwangsläufig durch das Demonstrationsverbot der Behörden. Es war eine Fehleinschätzung der Machthaber, daß dieses Verbot die Schwarzen dazu bringen würde, ihre Aktionen abzublasen. Wenn juristische Sanktionen Oppositionelle nicht mehr davon abhalten können, ihr Anliegen durch Aktionen offensiv zu vertreten, macht sich in der Öffentlichkeit ein unabwendbarer Autoritätsverlust der Herrschenden bemerkbar.

Mit dem Beginn des Zivilen Ungehorsams an einem Karfreitag gaben die schwarzen Autoritäten, die selbstverständlich die Aktion anführten, den Verhaftungen zudem einen erhöhten symbolischen Gehalt. Die Kinderdemonstrationen von Birmingham gingen durch die internationale Presse. Sie riefen auch bei sympathisierenden Weißen starke Mißbilligung hervor. Dem hat Martin Luther King entgegnet:

»Natürlich erhob sich sofort lautes Protestgeschrei. Obwohl sich gegen Ende April die Haltung der amerikanischen Zeitungen wesentlich geändert hatte und die bedeutendsten unter ihnen wohlwollend über uns berichteten, klagten doch viele die Art und Weise an, in der wir unsere Kinder ›benutzten‹. Wir fragten uns, wo denn diese Leute während der Jahrhunderte gesteckt hatten, in denen unter dem System der Rassentrennung die Negerkinder mißbraucht und ausgenutzt worden waren. Hatten sie ihre Stimme zum Schutz der Negerkinder erhoben, als diese viele Jahrzehnte hindurch in Ghettos hineingeboren wurden und schon ihren ersten Atemzug in einer gesellschaftlichen Atmosphäre taten, wo die frische Luft der Freiheit vom üblen Gestank der Diskriminierung verdrängt wurde?«[211]

Ereignisse

Über ein besonders dramatisches Geschehen in Birmingham berichtet King:

»Mehrere hundert Neger von Birmingham hatten beschlossen, sich zu einer Gebetsversammlung in der Nähe des Stadtgefängnisses zu versammeln. Sie trafen sich an der ›New Pilgrim Baptist Church‹ und setzten sich geordnet in Marsch. ›Bull‹ Connor ließ Polizeihunde holen und Wasserwerfer auffahren. Als die Marschierenden sich der Grenze zwischen dem weißen und dem schwarzen Bezirk näherten, befahl ihnen Connor umzukehren. Reverend Charles Billups, der den Zug anführte, weigerte sich höflich. ›Bull‹ Connor kam in Wut, drehte sich zu seinen Männern um und brüllte ›Verdammt! Wasser frei!‹.

Was in den nächsten dreißig Sekunden geschah, gehört zu den phantastischsten Ereignissen von Birmingham. ›Bull‹ Connors Leute standen den Marschierenden gegenüber, die mörderischen Schläuche zum Einsatz bereit. Die Demonstranten starrten unverwandt zurück, furcht- und regungslos; viele von ihnen knieten. Langsam erhoben sich die Neger und begannen vorwärtszugehen. Connors Leute wichen wie gebannt zurück, die Schläuche hingen schlaff in ihren Händen, während Hunderte von Negern vorbeizogen und ungehindert ihre geplante Gebetsversammlung abhielten.«[212]

Erläuterungen

Wir können nur vermuten, was sich in den Köpfen jener Männer abgespielt hat, die dem Polizeichef den Gehorsam verweigerten. So viel läßt sich sagen: Es war ihnen unerträglich geworden, gegen Wehrlose die Gewalt der Wasserwerfer einzusetzen. Eine Reaktion, die nie zu erwarten gewesen wäre, wenn auch nur schwächste Anzeichen von Gewalt aus den Reihen der Demonstranten gekommen wären. Sicher: Auf Birmingham schaute mittlerweile die Weltöffentlichkeit. Aber vielleicht sind die Mechanismen, die zu der Gehorsamsverweigerung führten, doch weniger dramatisch.

Polizisten wie Soldaten werden zwar von der sozialen Umwelt teilweise ausgeschlossen — insbesondere für Soldaten ist dies eine Voraussetzung für ihre repressive Ausbildung und ihre Einsatzmöglichkeiten —, aber bei Polizisten, die ja ein »ziviles« Berufsverständnis haben, ist diese Absonderung nur begrenzt wirksam. Sie sind nicht kaserniert, leben bei ihrer Familie, treffen häufiger Freunde, sie sind in Vereinen aktiv und so weiter. Kurz: Sie sind als Privatpersonen stark öffentlichen Stimmungen und Rechtfertigungszwängen ausgesetzt.

Auch unter diesen Gesichtspunkten ist eine geplante und gezielte Auseinandersetzung mit der Polizei bei gewaltfreien Aktionen notwendig und wichtig.

Ereignisse

Die Begleitumstände bei der Erfüllung der Forderungen der Bürgerrechtler in Birmingham hat Martin Luther King anschaulich beschrieben:

»Viele der weißen Prominenten kamen nun auch zu der Einsicht, daß etwas getan werden müsse. Und doch gab es noch einige unter ihnen, die hartnäckig blieben, bis ein weiterer Vorfall ihre Widerspenstigkeit in guten Willen verwandelte. Am Dienstag, den 7. Mai, hatte sich das ›Senior Citizens Committee‹ in einem Gebäude der Innenstadt versammelt, um unsere Forderungen zu besprechen. Während der ersten Stunden zeigten sich die Leute so unzugänglich, daß wir auf ein Übereinkommen nicht mehr zu hoffen wagten. Die Atmosphäre war mit Spannung geladen und die Stimmung äußerst gereizt.

Bei diesem Stand der Dinge gingen die Geschäftsleute mittags zu Tisch. Als sie auf die Straße hinaustraten, bot sich ihnen ein außergewöhnlicher Anblick. Mehrere tausend Neger waren an diesem Tag in die Stadt marschiert. Die Gefängnisse waren so überfüllt, daß die Polizei nur einige wenige verhaften konnte. Überall waren Neger —auf den Gehsteigen, auf den Straßen, sie standen und sie saßen in den Ladeneingängen: ungefüge, geballte Massen von Negern, ein wahres Meer schwarzer Gesichter. Sie begingen keine Gewalttätigkeiten; sie waren nur da und sangen — Birmingham hallte wider von den Tönen der Freiheitslieder.

Überwältigt stellten die führenden Geschäftsleute einer großen Stadt fest, daß diese Bewegung nicht aufzuhalten war. Als sie zurückkamen von dem Mittagessen, das sie gar nicht hatten einnehmen können, räusperte sich einer der Männer, der zu unseren entschiedensten Widersachern gehört hatte, und sagte: ›Wißt ihr, ich habe mir die Sache überlegt. Wir müßten doch eigentlich eine Lösung finden‹.«[213]

Erläuterungen

Den weißen Machthabern in Birmingham war deutlich geworden, daß die Bewegung der Schwarzen mit keinem Mittel mehr aufzuhalten war. Ihr brutales Vorgehen gegen gewaltlos auftretende Menschen hatte sie in der Weltöffentlichkeit moralisch herabgesetzt. 3500 Demonstranten saßen in den Gefängnissen, doch etwa 4000 marschierten unbeirrt auf den Straßen weiter. Es war offensichtlich, »daß Birmingham so lange nicht mehr funktionieren würde, bis die Forderungen der Negergemeinde erfüllt waren«[214]. Zudem spürte die weiße Geschäftswelt nachhaltig den Konsumentenboykott. Zugeständnisse waren unvermeidlich.

Die genannten Zahlen verdeutlichen, welch relativ geringe Anzahl aktiver Menschen genügt, um nachhaltig in gesellschaftliche Funktionsabläufe einzugreifen. Voraussetzung ist allerdings, daß die Aktivitäten über einen längeren Zeitraum andauern. Es dürfen nicht nur keine »Abbröckelungsprozesse« eintreten, die Aktionen sollten vielmehr gesteigert werden können.

Wenn hier Aktionsprojekte aus der nordamerikanischen Bürgerrechtsbewegung als Lehrstücke dargestellt und interpretiert worden sind, um die Wirkungsmechanismen der gewaltfreien Aktionen zu veranschaulichen, so wurde — das sei zugestanden — dieses Vorgehen dadurch begünstigt, daß das soziale Unrecht, gegen das sich die Schwarzen und die mit ihnen solidarischen Weißen wendeten, offenkundig und nicht hinwegzudiskutieren war. Und wenn es öffentliche Kontroversen gab, so bezogen sich diese auf die Aktionsmethoden, aber nicht grundsätzlich auf das Anliegen der Schwarzen. In unserem gesellschaftlichen Raum hingegen ist eine Vielzahl von Konflikten dadurch geprägt, daß allein schon die Konfliktobjekte kontrovers sind und teilweise von den oppositionellen Gruppen erst ins Bewußtsein der Öffentlichkeit gebracht werden müssen. Die Wirkungsmechanismen der Gewaltfreiheit gelten auch für diese Prozesse gesellschaftlicher und politischer Bewußtseinsbildung. Sie gelten ebenso für Konflikte von begrenzterer, nur örtlicher oder regionaler Reichweite. Das Muster gewaltfreier Aktionsprojekte hat diese Abfolge:

— Ein Mißstand, eine bedrohliche Entwicklung oder ein Planungsunsinn werden sorgfältig öffentlich dokumentiert.

— Lösungen oder Alternativen werden aufgezeigt.

— Die Verantwortlichen werden angesprochen und zum Handeln aufgefordert.

— Bleiben überzeugende Lösungsangebote der Verantwortlichen aus, wird die Streitfrage durch die Ankündigung und Durchführung von (sich gegebenenfalls steigernden) direkten Aktionen dramatisiert.

Auch im örtlichen oder regionalen Rahmen gelten dann die sozialen Gesetzmäßigkeiten von Mobilisierung und Kettenreaktion sowie der Wirkung von gewaltfreiem Druck.

Schluß

> Es gibt nur noch Gewaltlosigkeit oder Nichtsein.
>
> *Martin Luther King*

Über die gewaltfreie Einmischung

1969 erschien in der Bundesrepublik die deutschsprachige Ausgabe eines viel zu wenig beachteten Buches mit dem Titel »Kultur auf Waffen gebaut«[215]. Darin beschreibt der Autor Ralph Lapp, wie das soziale, wirtschaftliche und politische Leben in unserer Welt durch die Entwicklung und Produktion von Zerstörungsmitteln geprägt wird. Die Beziehungen der Menschen untereinander und das Verhältnis des Menschen zu seiner Umwelt sind von direkter und indirekter Gewalt* durchwoben. Niemand sollte sich jedoch durch die herrschende Gewalt und die Gewalt der Herrschenden davon abhalten lassen, sich auf gewaltfreie Weise in die gesellschaftlichen und politischen Angelegenheiten einzumischen. Der gewaltfreie Kampf weist in der Geschichte aller Kulturkreise eindrucksvolle Erfolge auf. Es ist zudem eine überprüfbare Tatsache, daß ähnlich wie in der Natur auch in den sozialen und politischen Verhältnissen selbst scheinbar schwache Kräfte weitreichende Wirkungen hervorrufen können. Hieraus erwächst manch geistiger, moralischer und sozialer Fortschritt.

Man sollte sich allerdings keine Illusionen machen über den Zeitraum, in dem jene Veränderungen vor sich gehen, die notwendig sind, um die Gewalt in den menschlichen Beziehungen und den gesellschaftlichen Strukturen abzubauen. Angesichts dieser Ge-

---

* In den Sozialwissenschaften spricht man von direkter oder personaler Gewalt, wenn Menschen anderen Menschen gegenüber unmittelbar Gewalt anwenden. Werden Menschen durch soziale Verhältnisse an ihrer Entwicklung gehindert, wird von indirekter oder struktureller Gewalt gesprochen.[216]

gebenheiten hat Martin Luther King die existentielle Situation eines Menschen, der sich für die Gewaltfreiheit entschieden hat, beschrieben:

»Wer sich auf Gewaltlosigkeit einstellt, wird auf der einen Seite vor der geduldigen Ergebung bewahrt, die nur ein Vorwand für Nichtstuerei und Flucht vor der Wirklichkeit ist und im Stillstand endet; auf der anderen Seite vor den verantwortungslosen Worten, die entfremden, statt zu versöhnen, und vor dem vorschnellen Urteil, das blind ist für die Notwendigkeit sozialer Entwicklung. Er erkennt, daß man mit weiser Zurückhaltung und ruhiger Besonnenheit auf das Ziel zusteuern muß, daß es aber auch unmoralisch ist, vor den Hütern eines ungerechten Status quo zu kapitulieren und damit die Erreichung des Ziels zu verzögern. Er weiß, daß eine soziale Veränderung nicht über Nacht kommen kann. Aber er wird angetrieben, zu arbeiten und zu kämpfen, als wäre sie schon am nächsten Morgen möglich.«[217]

Wenn hier abschließend noch einige Hinweise zur Gründung und zur Arbeit von gewaltfreien Aktionsgruppen folgen, so bedeutet das nicht, daß eine aktive gesellschaftliche Betätigung allein in diesem Rahmen als sinnvoll anzusehen ist. Jede soziale emanzipatorische Aktivität ist nützlich und besser als keine, in Gewerkschaften, in Kirchen, in Bürgerinitiativen, wo immer sonst, selbst — wenn auch von vornherein eingeschränkt — in den etablierten politischen Parteien. Und wenn es Zeit und Kräfte zulassen, so kann und sollte jeder überzeugte Gewaltfreie in solchen Gruppen mitarbeiten.

Andererseits wird sich derjenige, der sich zu gewaltfreiem Engagement gedrängt und ermutigt fühlt, auch mit Gleichgesinnten zusammentun wollen. So haben sich in den vergangenen Jahren an vielen Orten der Bundesrepublik gewaltfreie Aktionsgruppen gebildet. Die Kontaktanschriften sind bei der *Föderation Gewaltfreier Aktionsgruppen/Graswurzelwerkstatt, Rote Straße 40, 3400 Göttingen*, zu erfahren. Wo keine gewaltfreie Basisgruppe besteht, genügen schon zwei oder drei Leute, um sie aufzubauen.

Die gewaltfreie Aktionsgruppe ist die Stätte theoretischen und praktischen Lernens für gewaltfreie Akteure. Hier wird studiert und diskutiert; hier werden gemeinsame Aktivitäten vor- und nachbereitet. Die Gruppe leistet Öffentlichkeitsarbeit über Theorie und Praxis der Gewaltfreiheit; sie drängt bei der Volkshochschule, bei Gewerkschaftsorganisationen, bei den Kirchen oder anderen Trägern von außerschulischer Bildungsarbeit auf entsprechende Veranstaltungen. Eine gewaltfreie Aktionsgruppe sollte versuchen, in ihrem örtlichen oder regionalen Wirkungsbereich zum Bestandteil der kritischen Öffentlichkeit zu werden. Selbstverständlich arbeitet sie mit anderen Aktionsgruppen zusammen.

Gewaltfreie Aktionsprojekte sollten sich möglichst auf Erscheinungen beziehen, die für die angesprochenen Menschen konkret wahrnehmbar sind. Diese Forderung ist jedoch, bedingt durch die Struktur vieler Probleme, nur begrenzt zu erfüllen. Denn nicht alle sozialen Konflikte unserer Zeit sind an jedem Ort erfahrbar; und nicht bei allen örtlich bestehenden Mißständen sind zugleich die unmittelbar Verantwortlichen greifbar. Und manchmal sind wir selbst auf seiten der »Schuldigen«.

Einige Beispiele:

— Ein Industrieunternehmen, das durch Abgase oder Abwässer die Umwelt belastet, kann der direkte Adressat eines Aktionsprojekts sein. Wer jedoch im Bayerischen Wald das Baumsterben tagtäglich gewahr wird, hat niemanden, an den er sich als direkte Verantwortlichen wenden kann.

— Wenn am Wohnort eine Kaserne liegt oder in der Nähe ein militärisches Übungsgebiet, kann eine Aktionsgruppe ihre antimilitärischen Aktivitäten anders gestalten als eine Gruppe, die ohne solche konkreten Bezugspunkte arbeitet. Die allgemeine Bedrohung, die vom Rüstungswahnsinn ausgeht, ist ohnehin lediglich als Erkenntnisvorgang zu vermitteln.

— Der Kampf gegen die datenmäßige Erfassung der Menschen durch den Staat und andere Datensammler ist immer nur relativ abstrakt zu führen.

— Für Dritte-Welt-Gruppen stellt sich das Problem der Verdeutlichung ihres Anliegens anders als für Initiativen, die für ein spannungsfreieres Zusammenleben mit Ausländern wirken wollen.

— Besonders schwierig erscheint eine Mobilisierung angesichts der Verletzungen von Menschenrechten in ferneren Gebieten der Erde, wie etwa Südafrika, oder bei militärischen Interventionen der Großmächte im Stil der »Arroganz von Macht«.

Als letzter Gesichtspunkt sei das *Training* der gewaltfreien Konfliktaustragung angesprochen. Dies wurde und wird in allen gewaltfreien Kampagnen und Bewegungen praktiziert, und zwar im wesentlichen aus folgender Überlegung heraus: Gewaltfreie Akteure können in der praktischen Auseinandersetzung in Situationen geraten, in denen die Beibehaltung einer gewaltfreien Haltung hohe Anforderungen an Gefühl und Willen stellt. Daher ist es nützlich, daß man — soweit möglich — seine Fähigkeiten und Verhaltensweisen in simulierten Entscheidungs- und Konfrontationssituationen übt und überprüft.

Den Grundsätzen der Gewaltfreiheit entsprechend, soll Training keine Manipulation, sondern ein selbstbestimmter Lernprozeß sein, der durch erfahrene Praktiker der Gewaltfreiheit begleitet wird. Je nach den Bedürfnissen der Teilnehmer werden verschiedene Trainingstypen unterschieden:[218]

— In einem *Einführungstraining* liegt der Schwerpunkt auf der Auseinandersetzung mit der Idee der Gewaltfreiheit als persönliche Verhaltensweise und als Form sozialer Aktion.

— Bei einem *Gruppentraining* werden Angebote gemacht zur Verbesserung der spezifischen Arbeit einer lokalen Aktionsgruppe. Es wird Hilfestellung bei den Aktivitäten der Gruppe in einem bestimmten Umfeld geleistet, zum Beispiel bei der Entwicklung von Aktionsformen und, wenn notwendig, auch zur Verbesserung der Gruppenstruktur.

— Bei einem *Aktionstraining* werden Teilnehmer auf eine konkret bevorstehende Aktion vorbereitet.

In Trainingsseminaren für gewaltfreie Aktion haben sich die Methoden selbstbestimmter politischer Bildungsarbeit bewährt. Insbesondere sind zu nennen:

— Übungen und Rollenspiele, die die Reflexion des eigenen Verhaltens und gegebenenfalls Ansatzpunkte für Veränderungen ermöglichen sollen;

- Medienangebote, die mit Beispielen für gewaltfreies Handeln vertraut machen;
- Planungs- und Strategiespiele, die helfen, gesellschaftliche und/oder politische Konfliktsituationen einzuschätzen und angemessene Aktionen zu entwickeln;
- Simulationen, in denen mögliche Konfliktsituationen einer geplanten Aktion erprobt und ein bestimmtes Verhalten und Verhaltensabsprachen eingeübt werden;
- Spielerische Übungen, die Kreativität fördern, um zum Beispiel Straßentheater zu entwickeln.[219]

Aufgrund großer Nachfrage nach einem Training in gewaltfreier Aktion sind in der Bundesrepublik seit 1975 Trainingskollektive aufgebaut worden, in denen gegenwärtig etwa achtzig Personen arbeiten. Als Kontaktstelle dient die *Bundesstelle der Trainingskollektive für Gewaltfreie Aktion, Schulstraße 6, 8714 Wiesentheid-Feuerbach.*

Statt einer Bibliographie

Hier soll nicht, wie üblich, eine Fülle von Büchern zum Thema angeführt werden. Wer sich für den einen oder anderen Gesichtspunkt interessiert, findet in den Anmerkungen weiterführende Literaturangaben. Zudem gibt es eine sehr empfehlenswerte *kommentierte Literaturliste* mit dem Titel »Gewaltfreiheit«, die der *Verein für Friedenspädagogik e. V., Seelhausgasse 3, 7400 Tübingen,* herausgebracht hat und die zu einem geringen Preis bezogen werden kann. An dieser Stelle seien lediglich einige allgemeine Hinweise zur literarischen Beschäftigung mit der Gewaltfreiheit gegeben.

Wer seine Kenntnisse über die gewaltfreie Konfliktaustragung im allgemeinen vertiefen will, sollte die Bücher oder Schriften von Martin Luther King, Mohandas K. Gandhi, Daniel Berrigan, Dom Helder Câmara, Danilo Dolci und Hildegard Goss-Mayr lesen. Soweit die Veröffentlichungen nicht vergriffen sind, kann man sie über die Versandbuchhandlungen *Verlag »Graswurzel-revolution«, Vertrieb, Steinbruchweg 14, 3500 Kassel-Bettenhausen* oder *Antimilitaristischer Buchversand, Hamburger Allee 49, 6000 Frankfurt 90,* beziehen. Wer sparen will oder muß, dem sei der Besuch einer öffentlichen Bücherei empfohlen. Dort finden sich zumeist alle wichtigen (und nicht selten ansonsten vergriffene) Publikationen der genannten Autoren, manchmal sogar »Raritäten«.

Zur aktuellen Information über die gewaltfreie Bewegung bieten sich zwei Zeitschriften an: *»Gewaltfreie Aktion«, Postfach 480 409, 1000 Berlin 48,* und *»Graswurzelrevolution«, Nernstweg 32, 2000 Hamburg 50.* Probehefte anfordern!

Anmerkungen

1 Die Aktionsbeschreibung folgt der entspechenden Darstellung bei Theodor Ebert: Gewaltfreier Aufstand. Alternative zum Bürgerkrieg. Freiburg 1968, S. 241 ff. Dieses Buch ist 1980 als Taschenbuch bei der Waldkircher Verlagsgesellschaft in einer überarbeiteten Fassung erschienen.

2 Zitiert nach: Futurum. Zeitschrift für Zukunftsforschung, Heft 1, 1970, S. 5 f.

3 Theodor Ebert: Lexikalisches Stichwort: Gewaltfreie Aktion. In: Gewaltfreie Aktion, Heft 1/2, 1969, S. 2 ff., hier S. 2 f.

4 Jung-Indien. Aufsätze Gandhis von 1919—1922. Auswahl von M. u. R. Roland. Zürich: Rotapfel-Verlag, 1924, S. 10

5 Martin Luther King: Rassismus und weiße Reaktion. In: M. L. K.: Wohin führt unser Weg?. Frankfurt: Fischer Taschenbuch 937, 1968, S. 109

6 Gene Sharp: Einige Definitionen betreffend den Kampf um soziale Gerechtigkeit mittels gewaltfreier Aktion. In: Gewaltfreie Aktion, Heft 16, 1973, S. 25 ff., hier S. 27

7 Jung-Indien, a.a.O., S. 63 (s. Anmerkung 4)

8 Daniel Berrigan: Kreuz kontra Krieg. In: Materialien des Deutschen Versöhnungsbundes (Referate von der Jahrestagung 1982). Uetersen 1982, S. 10 (Vorbemerkung)

9 Theodore Olson und Lynne Shivers: Training für gewaltlose direkte Aktionen. Hrsg. von War Resisters' International (WRI), London 1970

10 Young India, 8. 10. 1925 (Zeitschrift)

11 Ekkehart Krippendorff: Die Rechte in der Bundesrepublik — Zehn Thesen. In: Freimut Duve (Hrsg.): Die Restauration entläßt ihre Kinder. Oder: Der Erfolg der Rechten in der Bundesrepublik. Reinbek: rororo aktuell 990, 1980, S. 157 ff., hier S. 157

12 Ebenda, S. 158

13 Leszek Kolakowski: Der Mensch ohne Alternative. München: Piper, 1960, S. 135 f. (Neuausgabe 1976)

14 Karl W. Deutsch und Dieter Senghaas: Die brüchige Vernunft von Staaten. In: Dieter Senghaas (Hrsg.): Kritische Friedensforschung. Frankfurt: edition suhrkamp 478, 1971, S. 105 ff., hier S. 106

15 Politik. Aktuelle Information der Sozialdemokratischen Partei Deutschlands. Nr. 8/Juni 1983

16 Ebenda

17 Diese Theorie wurde von Karl W. Deutsch entwickelt. Deutschsprachig als: Politische Kybernetik. Modelle und Perspektiven. Freiburg: Rombach, 1969

18 Richard v. Weizsäcker: Krise und Chance unserer Parteiendemokratie. In: Aus Politik und Zeitgeschichte. Beilage zur Wochenzeitung »Das Parlament«, B 42/82, S. 5 ff.

19 Zit. nach: Dieter Senghaas: Rüstungsdynamik als restriktive Bedingung in Versuchen einer Überwindung des Ost-West-Konflikts. Referat für das 3. Wissenschaftliche Colloquium der Arbeitsgemeinschaft für Friedens- und Konfliktforschung, Hannover, 11.—13. Oktober 1972

20 Robert McNamara: Die Sicherheit des Westens. Wien/München/Zürich: Econ, 1969, S. 69 ff. (Hervorhebungen im Original)

21 Helmut Schmidt: Mit den Russen leben. In: Die Zeit, 17. Juni 1983, S. 4

22 Jerome D. Frank: Das nukleare Wettrüsten. Soziologische Aspekte. In: Darmstädter Blätter. 10/1980, S. 18 ff., hier S. 24 f.

23 Politik. Aktuelle Informationen der Sozialdemokratischen Partei Deutschlands. Nr. 8/Juni 1983

24 Vgl. Stichwort »Lernen« in: Meyers Großes Taschenlexikon. Mannheim/Wien/Zürich 1981, Bd. 13

25 Martin Luther King: Eine Weihnachtspredigt über den Frieden. In: M. L. K.: Aufruf zum Zivilen Ungehorsam. Düsseldorf/Wien: Econ, 1969, S. 103 ff., hier S. 110 f.

26 Vgl. Theodor Ebert und Gernot Jochheim: Konfliktaustragung durch gewaltfreie Aktion. In: Giesecke u. a.: Politische Aktion und politisches Lernen. München: Juventa Verlag, 1970, S. 127 ff.

27 Wilhelm Wertenbruch: Zur Rechtfertigung des Widerstandes. In: Arthur Kaufmann (Hrsg.): Widerstandsrecht. Darmstadt 1972, S. 450 ff., hier S. 454

28 Theodor Maunz: Deutsches Staatsrecht. 14. Aufl., München/Berlin 1965, S. 85

29 Günter Düring: Grundgesetz. Textausgabe. Beck-Texte. München: dtv 380, 18. Aufl., 1976, S. 13

30 Ebenda

31 Fritz Bauer: Widerstandsrecht und Widerstandspflicht des Staatsbürgers. In: Friedensrundschau. Hamburg. Juli/August 1962, S. 24 ff., hier S. 31

32 Heinz Rothenpieler: Training gewaltfreier Aktion — Möglichkeit emanzipatorischer Friedenspädagogik?. In: Heinz Rothenpieler und Charles Walker: Training gewaltfreier Aktion. Theorie u. Praxis. Waldkirch 1975, S. 37 f.

33 Proklamationen der Freiheit. Dokumente von der Magna Charta bis zum Ungarischen Volksaufstand. Hrsg. und kommentiert von Janko Musulin. Frankfurt: Fischer Taschenbuch 283, S. 63

34 Otfried Höffe: Auch in der Demokratie kann es ein Widerstandsrecht geben. In: Neue Zürcher Zeitung (Fernausgabe), 5. November 1980 (Hervorhebungen im Original)

35 Siehe hierzu: Bernd Guggenberger und Claus Offe: Politik aus der Basis — Herausforderung der parlamentarischen Mehrheitsdemokratie. In: Aus Politik und Zeitgeschichte. Beilage zur Wochenzeitung »Das Parlament«, B 47/83

36 Höffe, a.a.O. (s. Anmerkung 34; Hervorhebungen im Original)

37 Martin Luther King: Black Power. In: M. L. K.: Wohin führt unser Weg?. Frankfurt: Fischer Taschenbuch 937, 1968, S. 34

38 Richard B. Gregg: Die Macht der Gewaltlosigkeit. Wien: Sensen-Verlag, 1968; im Englischen 1934 zum erstenmal erschienen unter dem Titel: The Power of Nonviolence (Philadelphia 1934)

39 Theodor Ebert und Hans-Jürgen Benedict (Hrsg.): Macht von unten. Bürgerrechtsbewegung, außerparlamentarische Opposition und Kirchenreform. Hamburg: Furche-Verlag, 1968

40 Max Weber: Wirtschaft und Gesellschaft. Studienausgabe. Köln/Berlin 1964, 1. Halbband, S. 28

41 Gene Sharp: The Politics of Nonviolent Action. Part One: Power and Struggle. Boston 1973, S. 7

42 Hier bezieht sich der Verfasser weitgehend auf ein Beispiel, das Heinrich Popitz in seiner Schrift »Prozesse der Machtbildung« (Tübingen 1968) anführt.

43 Dieser Begriff stammt von Norbert Elias. Siehe: N. E.: Was ist Soziologie?. Müchen 1970, S. 76 ff. und 90 ff.

44 Die Darstellung des Zusammenhangs zwischen Herrschaftsbeziehungen, Institutionalisierung und Konsens bezieht sich auf Kurt Lenk: Macht, Herrschaft, Gewalt. Differenzierungen der Politischen Soziologie. In: Aus Politik und Zeitgeschichte. Beilage zur Wochenzeitung »Das Parlament«, 24/1981, S. 13 ff.

45 Ebenda, S. 23

46 Diese Zusammenfassung stützt sich auf den Aufsatz von Fritz Vilmar: Sozioökonomische Grundlagen kritischer Friedensforschung. In: Futurum. Zeitschrift für Zukunftsforschung, Heft 3/1970, S. 376 ff. Sie wurde aus folgendem Buch übernommen: Lothar Brock, Volker Hornung, Gernot Jochheim: Thema Frieden. Berlin: Colloquium Verlag, 1973, S. 72

47 Fritz Vilmar: Rüstung und Kapitalismus. Hrsg. vom Politischen Arbeitskreis Schulen. Bonn 1971, S. 8 f.

48 Gregg, a.a.O., S. 124 f. (s. Anmerkung 38)

49 Sie ist eine kursorische Zusammenfassung der entsprechenden Ausführungen von Gene Sharp in: G. S.: The Politics... Part One, a.a.O., S. 10 ff. (s. Anmerkung 41). Sharp bezieht sich in weiten Teilen auf Max Weber.

50 Popitz, a.a.O., S. 36 (s. Anmerkung 42)

51 Erich Fromm: Der Ungehorsam als ein psychologisches und ethisches Problem. In: E. F.: Über den Ungehorsam und andere Essays. Stuttgart 1982, S. 9 ff., hier S. 9

52 Stanley Milgram: Das Milgram-Experiment. Zur Gehorsamsbereitschaft gegenüber Autorität. Rowohlt Taschenbuch 7479. Reinbek bei Hamburg 1982, S. 146 f.

53 Vgl. Jerome Frank: Das nukleare Wettrüsten. Soziologische Aspekte. In: Darmstädter Blätter. Hrsg. von der Studentenschaft der TH Darmstadt, Nr. 10/1980, S. 18 ff., hier S. 22

54 Milgram, a.a.O., S. 161 (s. Anmerkung 52)

55 Fromm, a.a.O., S. 11 (s. Anmerkung 51)

56 Siehe hierzu die Experimente von Milgram, a.a.O., insbesondere S. 189 ff. (s. Anmerkung 52)

57 Fromm, a.a.O., S. 14 (s. Anmerkung 51)

58 Zitiert nach Milgram, a.a.O., S. 217 f. (s. Anmerkung 52)

59 Zusammenfassung nach Gene Sharp: The Politics... Part One, a.a.O., S. 19 ff. (s. Anmerkung 41)

60 Milgram, a.a.O., S. 27 (s. Anmerkung 52)

61 Fromm, a.a.O., S. 12 f. (s. Anmerkung 51)

62 Siehe hierzu: David Marc Mantell: Familie und Aggression. Zur Einübung von Gewalt und Gewaltlosigkeit. Frankfurt: S. Fischer, 1972

63 Dies hat der amerikanische Psychoanalytiker Erik H. Erikson interessanterweise im Hinblick auf das Gewaltfreiheitsverständnis von Gandhi getan.

Siehe: E. H. E.: Gandhis Wahrheit. Über die Ursprünge der militanten Gewaltlosigkeit. Frankfurt 1978

64 Siehe hierzu: Stefan Zweig: Drei Dichter ihres Lebens. Casanova, Stendhal, Tolstoi. Frankfurt: Fischer Taschenbuch 2290, 1981

65 Hannes de Graaf: Gewaltloser Widerstand. In: Wissen und Verantwortung. Hrsg. vom Arbeitskreis für angewandte Anthropologie e. V., Göttingen 1959

66 Mohandas K. Gandhi: From Yeravda Mandir. Ahmedabad 1930

67 Henriette Roland Holst: De strijdmiddelen van de sociale revolutie. Amsterdam 1918, S. 50 (Hervorhebungen im Original)

68 Pressedienst. Hrsg. von der Internationalen Antimilitaristischen Kommission (I.A.K.), Nr. 61 (12. Dez. 1930)

69 Diese Überlegungen folgen dem Aufsatz von Johan Galtung: Die gewaltfreie Revolution. In: Gewaltfreie Aktion, Heft 11/1972, S. 7—16

70 Diese Gegenüberstellung ist entsprechenden Formulierungen von Egbert Jahn entlehnt. Siehe: E. J.: Die Aufgaben der neuen Friedensbewegung. In: Graswurzelrevolution. Sonderheft »Soziale Verteidigung« (1981), S. 40 ff., hier S. 41

71 Young India, 26. 3. 1931

72 Für diese Einschätzungen scheinen die Untersuchungen von David Marc Mantell die schlüssigsten Beweise zu liefern. Siehe insbesondere: D. M. Mantell: Familie und Aggression. Zur Einübung von Gewalt und Gewaltlosigkeit. Frankfurt: Fischer Taschenbuch 980, 1978

73 Gregg, a.a.O., S. 121 (s. Anmerkung 38)

74 Martin Luther King: Aufruf zum Zivilen Ungehorsam. Düsseldorf/Wien: Econ, 1969, S. 94

75 King: Eine Weihnachtspredigt . . ., a. a.O., S. 113 (s. Anmerkung 25)

76 Gregg, a.a.O., S. 46 (s. Anmerkung 38)

77 Young India, 5. 11. 1919 (Hervorhebungen im Original)

78 Young India, 19. 3. 1925

79 Theodor Ebert: Gewaltfreie Aktion als konstruktive Aggression. Studien zur Arbeit der Freien Akademie Nr. 13, o.O. 1972, S. 19 f.

80 King: Eine Weihnachtspredigt . . ., a.a.O., S. 115 f. (s. Anmerkung 25)

81 Jean-Paul Sartre: Was ist Literatur?. Reinbek 1981, S. 210 (in Französisch erschienen 1948) (Hervorhebungen im Original)

82 Martin Luther King: Black Power. In: M. L. K.: Wohin führt unser Weg?. Frankfurt: Fischer Taschenbuch 937, 1968, S. 56 f.

83 Robert K. Merton: Social Theory and Social Structure. Glencoe, Ill., 1949, S. 79

84 Dieter Senghaas: Aggression und Gewalt. In: Atomzeitalter, Heft 6/7, 1968, S. 319

85 Hierauf hat zuerst der Politologe Hanno Beth hingewiesen. Siehe seinen Aufsatz: Emanzipatorische Gegengewalt und Humanität. Eine Kontroverse. In: Gewaltfreie Aktion, Heft 16, 1973, S. 28

86 Günter Ammon: Zur Psychodynamik und Gruppendynamik der Aggression. In: G. A.: Gruppendynamik der Aggression. Göttingen 1970, S. 48 f.

87 Martin Luther King: Die Krise in Amerikas Städten. In: Hans-Jürgen Benedict und Theodor Ebert (Hrsg.): a.a.O., S. 36 ff., hier S. 43 (s. Anm. 39)

88 Martin Luther King: Let Us Be Dissatisfied!. In: Gandhi Marg 47, July 1968, S. 224 (Rede Kings auf der Jahreshauptversammlung der Southern Leadership Conference in Atlanta, Georgia, 16. Aug. 1967)

89 King: Die Krise . . ., a.a.O., S. 43 (s. Anmerkung 87)

90 Martin Luther King: Gewaltlosigkeit und soziale Neuerung. In: M. L. K.: Aufruf . . ., a.a.O., S. 85 ff., hier S. 92 f. (s. Anmerkung 74)

91 Gregg, a.a.O., S. 115 (s. Anmerkung 38)

92 Henry David Thoreau: Über die Pflicht zum Ungehorsam gegen den Staat und andere Essays. Zürich: Diogenes, 1967, S. 19

93 Amitai Etzioni: Die aktive Gesellschaft. Opladen: Westdeutscher Verlag, 1975, S. 416 f. (Hervorhebungen vom Verfasser)

94 Ebenda, S. 415 f.

95 Wolfgang Sternstein: Sabotage gegen Atomkraftwerke. In: Gewaltfreie Aktion, Heft 37/38, 1978, S. 2 ff., hier S. 4 f.

96 Gregg, a.a.O., S. 46 f. (s. Anmerkung 38)

97 Siehe zum Beispiel: Ulrich Poch: Anpassungspolitik ohne Kollaboration. Der dänische Widerstand 1940—1945. In: Ziviler Widerstand. Hrsg. von Theodor Ebert. Düsseldorf 1970, S. 235 ff.

98 Aus einer Kontroverse mit Henriette Roland Holst, abgedruckt in der niederländischen sozialdemokratischen Zeitschrift »De Nieuwe Tijd«, 26. Jg. (1921), S. 287—297, hier: S. 287 f.

99 Mulford Sibley: Violence and Revolution: In: Peace News, London, 30. April 1965

100 Ökumenischer Rat der Kirchen: Bericht von der Konsultation über »Gewalt, Gewaltlosigkeit und der Kampf um soziale Gerechtigkeit«, Cardiff (Wales), 3.—7. September 1972, S. 13 f.

101 Theodor Ebert und Gernot Jochheim, a.a.O., S. 142 f. (s. Anmerkung 26)

102 Martin Luther King: Freiheit. Der Aufbruch der Neger Nordamerikas, Kassel: Oncken Verlag, 1964, S. 173. Dieses vergriffene Buch ist mittlerweile in einer gekürzten Taschenbuchausgabe erhältlich, und zwar als R. Brockhaus Taschenbuch Bd. 332.

103 Die beiden bemerkenswertesten Versuche dieser Art sind: George Lakey: Entwurf eines Manifestes für eine gewaltlose Revolution. WRI-Diskussionspapier. Ohne Ortsangabe, 1969; sowie Michael Randle: Der Befreiung entgegen. Entwurf einer Erklärung für die War Resisters' International (WRI). Ohne Ortsangabe, 1975. Siehe auch: Was heißt Graswurzelrevolution?. Sonderdruck der Zeitschrift »Graswurzelrevolution«, Oktober 1974

104 Aus: Gewaltfreie Aktion, Heft 13/14, 1972, S. 11 ff.

105 Hier seien genannt: Aktionskatalog des Bundesverbandes Bürgerinitiativen Umweltschutz (Hellbergstraße 6, 7500 Karlsruhe); Aktionshandbuch. Reinbek: rororo, 1983; Aktion Sühnezeichen/Friedensdienste: Frieden schaffen ohne Waffen. Aktionshandbuch 2. Berlin 1981; Aktionshandbuch Dritte Welt. Wuppertal: Jugenddienst-Verlag, 1982

106 Zitiert nach: Warum Gewaltfreiheit?. In: Antimilitarismus Information, 11/1980, S. 107—114, hier S. 107

107 Gene Sharp: The Politics of Nonviolent Action. Part Two: The Methods of Nonviolent Action. Boston 1973

108 Wolfgang Sternstein: Gandhi und Frantz Fanon. In: Jean und Hildegard

Goss-Mayr: Revolution ohne Gewalt?. Wien: Sensen-Verlag, 1968, S. 174 ff., hier S. 182

109 Ebert: Gewaltfreier Aufstand, a.a.O., S. 37 (s. Anmerkung 1)

110 Zitiert nach Hans-Konrad Tempel: Jeder Gegner ein potentieller Bundesgenosse. Bericht über den Sommerkurs »Gewaltfreiheit« in Dubrovnik. In: Gewaltfreie Aktion, Heft 59/60, 1984, S. 54 ff., hier S.57 f.

111 Zitiert nach: Franz Kobler (Hrsg.): Gewalt und Gewaltlosigkeit. Handbuch des aktiven Pazifismus. Zürich/Leipzig 1928, S. 364

112 Zitiert nach: Karl Hirtler: Wir sind gewarnt. Lesebuch für die politische Bildung. Bad Godesberg 1961, S. 48 f.

113 Vgl. Gene Sharp: The Politics of Nonviolent Action. Part Three: The Dynamics of Nonviolent Action. Boston 1973, S. 669. Siehe auch: Ernst Klee: Euthanasie im NS-Staat. Die »Vernichtung lebensunwerten Lebens«. Frankfurt: S. Fischer, 1983

114 Hildegard Kellinghaus: Schweigestunde für den Frieden. Aus einem formlosen friedenspolitischen Informationsdienst

115 Wolfgang Borchert: Draußen vor der Tür und ausgewählte Erzählungen. Reinbek: rororo 170, 1967, S. 126 f.

116 Beschreibung nach: Manfred Stinnes: Kriegsgegner in der amerikanischen Armee. Direkte Aktionen der Vietnam-Veteranen. In: Gewaltfreie Aktion, Heft 8, 1971, S. 27 ff., hier S. 31

117 Ebenda

118 dtv-Lexikon. Band 18, München 1969, S. 24

119 Adolf Weber: Stichwort »Arbeitskämpfe«. In: Handwörterbuch der Sozialwissenschaften. 1. Bd., Jena 1923, S. 765 ff., hier S. 770 f.

120 Ebenda, S. 773 f.

121 Übernommen aus: Darmstädter Blätter, Heft 2/1976, S. 4 ff.

122 Zusammengestellt unter Verwendung von Informationen aus dem Aufsatz von Dieter Brünn: Arbeiterinitiativen in der Ökologiebewegung. In: Gewaltfreie Aktion, Heft 35/36, 1978, S. 19 f.

123 Aus: Greenpeace-Nachrichten, III/1983 (Hervorhebungen im Original)

124 Aus: Gewaltfreie Aktion, Heft 5/6, 1970, S. 2 ff.
Belege:
   [1] Harry W. Laidler, Boycott. In: Encyclopaedia of the Social Sciences, New York 1949, S. 662
   [2] Vgl. Wilhelm Röpke, Boykott. In: Handwörterbuch der Sozialwissenschaften, Bd. 3, Jena 1926, S. 3
   [3] Vgl. Harry W. Laidler, Boycotts and the Labor Struggle, New York 1914; Leo Wolman, The Boycott in American Trade Unions, Baltimore 1916
   [4] Ebenda, S. 663
   [5] Vgl. Theodor Ebert, Gewaltfreier Aufstand. Alternative zum Bürgerkrieg. Frankfurt 1970, S. 202
   [6] Vgl. Albert Luthuli, Mein Land — mein Leben. Berlin-Ost 1967, S. 253 ff.

125 Aus: Volker Hornung: Wirtschaftlicher Boykott als gewaltfreies Kampfmittel in Bürgerrechtsbewegungen. Zwei Fallstudien zur amerikanischen Bürgerrechts- und Landarbeiterbewegung. Frankfurt: Haag + Herchen, 1979, S. 298—308 sowie 311 f.

126 Aus: Gewaltfreie Aktion, Heft 11, 1970, S. 15 ff.

127 Hartmut Dürste: Direkte Aktionen im kommunalen Konflikt. In: Theodor Ebert (Hrsg.): Ziviler Widerstand. Düsseldorf: Bertelsmann Universitätsverlag, 1970, S. 90 f.

128 Aus: Kobler, a.a.O., S. 361 f. (s. Anmerkung 111; Hervorhebungen im Original)

129 Aus: Gewaltfreie Aktion, Heft 4, 1970, S. 15 ff.

130 Zitiert nach: Dokumente zum Widerstand gegen die Wehrpflicht. Köln 1978, S. 90 ff., hier S. 92 ff.

131 Erikson, a.a.O. (s. Anmerkung 63)

132 Ebenda, S. 498 f.

133 Zitiert nach: Aldo Capitini: Die Technik des gewaltlosen Widerstandes. Wuppertal: Jugenddienst-Verlag, 1969, S. 32

134 Ebert, Gewaltfreier Aufstand, a.a.O., S. 185 (s. Anmerkung 1)

135 Aus: Hildegard Goss-Mayr: Der Mensch vor dem Unrecht. Wien: Europa Verlag, 1981, S. 116 ff.

136 Anatol Rapoport: Soziale Konflikte und Ressourcenverknappung. In: Darmstädter Blätter, Nr. 20, 1980, S. 4 ff., hier S. 16

137 Aus: Joseph Huber: Wer soll alles ändern?. Berlin: Rotbuch-Verlag, 1980, S. 46

138 Bundesministerium für Jugend, Familie und Gesundheit: Zur alternativen Kultur in der Bundesrepublik Deutschland. In: Aus Politik und Zeitgeschichte. Beilage zur Wochenzeitung »Das Parlament«, B 39/81, S. 3 ff., hier S. 9 f.

139 Siehe beispielsweise: Max Nettlau: Verantwortlichkeit und Solidarität im Klassenkampf. Ihre gegenwärtigen Grenzen und möglichen Ausdehnungen. Berlin 1922

140 John Ruskin: The 7th Letter to the Workmen and Labourers of Great Britain (July 1871). In: Fors Clavigera. II., New York 1882, S. 15 f.

141 Vgl. Mike Cooley: Produkte für das Leben statt Waffen für den Tod. Arbeitnehmerstrategien für eine andere Produktion. Das Beispiel Lucas Aerospace. Reinbek: rororo aktuell 4830, 1982. Siehe auch: Hans-Jürgen Benedict und Hans-Eckehard Bahr (Hrsg.): Eingriffe in die Rüstungsindustrie. Initiativen von unten. Darmstadt und Neuwied: Sammlung Luchterhand 186, 1975. Das letztgenannte Buch befaßt sich mit Aktionen gegen Waffenexporte in die dritte Welt.

142 Mohandas K. Gandhi: Meine Experimente mit der Wahrheit. Freiburg/München 1960, S. 410

143 Theodor Ebert: Ziviler Ungehorsam aus politischer Verantwortung. Gewaltfreier Widerstand von Bürgerinitiativen gegen großindustrielle Anlagen. In: Gewaltfreie Aktion, Heft 31/32, 1977, S. 34

144 Öko Almanach. Frankfurt: Fischer Taschenbuch, 1980, S. 435

145 Diese Systematisierung wurde angeregt durch einen entsprechenden Versuch von C. J. M. Schuyt: Recht. Orde en burgerlijke ongehoorszaamheid. Zitiert in: Kerk en Vrede, Amersfoort, 38. Jg. (1983), Nr. 4, S. 10

146 Die Schrift ist in Verbindung mit anderen Essays von Thoreau und einem informativen Nachwort in einer preiswerten Taschenbuchausgabe erschienen: H. D. Thoreau: Über die Pflicht zum Ungehorsam gegen den Staat und andere Essays. Zürich: Diogenes, 1967

147 Ebenda, S. 9
148 Ebenda, S. 17
149 Ebenda, S. 15
150 Ebenda, S. 18
151 Ebenda, S. 19
152 Ebenda, S. 20 f.
153 Ebenda, S. 20
154 Young India, 5. 11. 1919 (Überschrift vom Verfasser)
155 Young India, 10. 11. 1921 (Überschrift vom Verfasser)
156 Christian Bay: Civil Disobedience als Voraussetzung für Demokratie in Massengesellschaften. In: Berliner Zeitschrift für Politologie, 9. Jg., Nr. 1 (Nr. 25), Mai 1968, S. 18—32, hier S. 20 f.; wieder abgedruckt in: Gewaltfreie Aktion, Heft 57/58, 1983, S. 27—39 (Überschrift vom Verfasser)
157 Martin Luther King: Brief aus dem Gefängnis von Birmingham (16. April 1963). In: M. L. K.: Warum wir nicht warten können. Wien/Düsseldorf: Econ, 1964, S. 98—126, hier S. 103 (Überschrift vom Verfasser)
158 Bay, a.a.O., S. 26 (s. Anmerkung 156) (Überschrift vom Verfasser)
159 Aus einem offenen Brief an Bundesjustizminister Hans Engelhard, veröffentlicht in der »Frankfurter Rundschau« vom 21. Juli 1983 (Überschrift vom Verfasser)
160 Peter Schneider: Kulturrevolution an der Universität. In: Konkret 12/1967 (Überschrift vom Verfasser)
161 Aus: Theodor Ebert: Gewaltfreier Widerstand gegen Mittelstreckenraketen. Referat auf dem Landesparteitag der GRÜNEN Baden-Württemberg am 28. Mai 1983 in Blaubeuren. In: Gewaltfreie Aktion, Heft 57/58, 1983, S. 1—12, hier S. 2 f. (Überschrift vom Verfasser)
162 Deutsches Allgemeines Sonntagsblatt, Hamburg, 26. Juni 1983. Günter Altner ist Theologe, Naturwissenschaftler und Pädagoge.
163 Zusammenfassung nach: Louis Fischer: Gandhi. Prophet der Gewaltlosigkeit. München 1983, S. 122 ff.
164 A. Weber, a.a.O., S. 774 (s. Anmerkung 119)
165 Aus: Friedensmanifest der GRÜNEN. Bonn 1981, S. 16 ff.
166 Young India, 26. 1. 1922
167 Zitiert nach: Klaus Lampe: Historisch-politischer Unterricht: Zwei Beispiele. Kapp-Putsch und Ruhraufstand 1920. Militärputsch in Chile 1973. Kastellaun 1977, S. 46 ff.
168 Der Brief ist publiziert in dem Buch von George Lakey: Strategy for a Living Revolution. New York 1973. Die Übersetzung stammt von einem Mitarbeiter der Zeitschrift »Graswurzelrevolution«.
169 Arnold Brecht: Aus nächster Nähe. Lebenserinnerungen 1884—1927. Stuttgart 1966, S. 303 f.
170 Zitiert nach: Erich Koch: Unterdrückung und Widerstand. 5 Jahre deutsche Besetzung in den Niederlanden 1940—1945. Dortmunder Vorträge. O. J., S. 19
171 Aus: Zivil Courage. Hrsg.: Deutsche Friedensgesellschaft — Verband der Kriegsdienstgegner. Nr. 5/Okt. 1982, S. 6
172 Siehe hierzu das Heft 45/46, 1980, der Zeitschrift »Gewaltfreie Aktion«
173 Aus: Goss-Mayr, Der Mensch . . ., a. a. O., S. 121 f. und 125 ff. (s. Anmer-

kung 135)

174 Über die Geschichte des Widerstands auf dem Larzac gibt es eine ausgezeichnete Darstellung von Wolfgang Hertle: Larzac 1971—1981. Der gewaltfreie Widerstand gegen die Erweiterung eines Truppenübungsplatzes in Süd-Frankreich. Kassel: Weber, Zucht & Con., 1982. In unserem Zusammenhang wird weitgehend die zusammenfassende Beschreibung dieses Geschehens von H. Goss-Mayr übernommen, aus: Der Mensch . . ., a. a. O., S. 130 ff. (s. Anmerkung 135)

175 Nach: Frederic Vester: Unsere Welt — ein vernetztes System. Stuttgart 1978, S. 154

176 Aus: Walter Becker: Judo. Prinzip und Technik. Fulda 1961, S. 5

177 Gregg, a. a. O., S. 40 (s. Anmerkung 38)

178 Im folgenden sind Ausführungen zusammengefaßt, die Gene Sharp im 3. Teil seines Buches »The Politics . . .« dargelegt hat (s. Anmerkung 113).

179 Dieser Widerstand ist in dem »Bericht 1983« der »Staatlichen Kunsthalle Berlin« in vorzüglicher Weise dokumentiert (Budapester Straße 46, 1000 Berlin 30).

180 Heinz Ullstein: Spielplatz meines Lebens. München 1961

181 Ruth Andreas-Friedrich: Der Schattenmann. Frankfurt: Suhrkamp Weiße Reihe, 1983 (ursprünglich Berlin 1947)

182 Ullstein, a. a. O., S. 340 (s. Anmerkung 180)

183 Andreas-Friedrich, a. a. O., S. 103 f. (s. Anmerkung 181)

184 Die Informationen verdankt der Verfasser im wesentlichen dem von diesen Vorgängen direkt betroffenen Hans-Oskar Löwenstein de Witt, die dieser ihm freundlicherweise in einem Gespräch gegeben hat.

185 Siehe hierzu den Aufsatz von Gustav Heckmann: Sieg ohne Waffen. Bericht über den norwegischen Widerstand gegen die deutsche Besatzungsmacht, April 1940 bis Herbst 1942. In: Neue Sammlung, Göttinger Blätter für Kultur und Erziehung. 6. Jg. (1966), S. 46—65

186 Im folgenden werden insbesondere Forschungsergebnisse wiedergegeben, die in dem bereits herangezogenen Buch »Die aktive Gesellschaft« von Amitai Etzioni dargelegt sind (s. Anmerkung 93).

187 King, Freiheit . . ., a. a. O., S. 30 f. (s. Anmerkung 102)

188 Etzioni, a. a. O., S. 485 (s. Anmerkung 93)

189 King, Freiheit . . ., a. a. O., S. 50 f. (s. Anmerkung 102)

190 Ebenda, S. 47 f.

191 Etzioni, a. a. O., S. 544 (s. Anmerkung 93)

192 Gregg, a. a. O., S. 58 f. (s. Anmerkung38)

193 King, Freiheit . . ., a. a. O., S. 106 ff. (s. Anmerkung 102)

194 Ebert, Aufstand, a. a. O., S. 48 (s. Anmerkung 1)

195 Gregg, a. a. O., S. 81 (s. Anmerkung 38)

196 Hierzu gibt ein besonders anschauliches Beispiel, und zwar: Basilius Streithofen (Hrsg.): Frieden im Lande. Vom Recht auf Widerstand. Bergisch-Gladbach: Bastei-Lübbe-Taschenbuch 60 099, 1983

197 Christoph Strecker: Gewaltfreie Aktion und Nötigung. In: Gewaltfreie Aktion, Heft 55/56, 1983, S. 16 ff.
Belege:
[1] Gewaltfreie Aktion Nr. 49/50, 1981, S. 1 ff.

[2] Der Spiegel Nr. 33/1982, S. 66 ff.
[3] Der Spiegel Nr. 40/1982, S. 111 ff.
[4] BGH (Bundesgerichtshof), Urteil v. 8. 8. 69 (Laepple-Urteil), Neue Juristische Wochenschrift, 1969, S. 1770 ff.
[5] Civilian Defence, Bericht über eine wissenschaftliche Arbeitstagung in München, 15., 16. u. 17. Sept. 1967, veranstaltet von der Vereinigung Deutscher Wissenschaftler, 2. Aufl., Bielefeld 1969, S. 16
[6] S. dazu Krey, Juristische Schulung 1974, S. 418 ff.; Schapira, Kritische Justiz 1977, S. 232 ff.; Zypries, Demokratie und Recht 1982, S. 320 ff.
[7] Bundesgerichtshof (s. Beleg 4), S. 1772 f.
[8] Bundesgerichtshof (Neue Juristische Wochenschrift 81, 2204 f.)
[9] Bundesgerichtshof (Neue Juristische Wochenschrift 60, 639)
[10] Bundesgerichtshof (Neue Juristische Wochenschrift 81, 2204 f.)
[11] Der Spiegel Nr. 36/1982, S. 112 ff.
198 Günter Frankenberg: Der neue Ungehorsam. Ziviler Widerstand in der rechtsstaatlichen Demokratie. In: Süddeutsche Zeitung, 1./2. Oktober 1983, Wochenendbeilage (Überschrift vom Verfasser)
199 King, Freiheit . . ., a. a. O., S. 29 f. (s. Anmerkung 102)
200 Martin Luther King: Brief aus dem Gefängnis von Birmingham (16. April 1963). In: M. L. K.: Warum . . ., a. a. O., S. 103 (s. Anmerkung 157)
201 Mohandas K. Gandhi: Sabarmati. Ahmedabad 1928
202 Gregg, a. a. O., S. 51 f. (s. Anmerkung 38)
203 Zitiert nach Heinrich Grosse: Die Macht der Armen. Hamburg 1971, S. 85
204 Etzioni, a. a. O., S. 423 (s. Anmerkung 93)
205 King, Warum . . ., a. a. O., S. 43 (s. Anmerkung 157)
206 Ebenda, S. 44
207 Gregg, a. a. O., S. 75 (s. Anmerkung 38)
208 King, Warum . . ., a. a. O., S. 25 (s. Anmerkung 157)
209 Zitiert nach Grosse, a. a. O., S. 91 (s. Anmerkung 203)
210 King, Warum . . ., a. a. O., S. 132 f. (s. Anmerkung 157)
211 Ebenda, S. 129
212 Ebenda, S. 134
213 Ebenda, S. 138
214 Ebenda, S. 87
215 Ralph Lapp: Kultur auf Waffen gebaut. Bern/München/Wien: Rütten und Loehning, 1969
216 Siehe Johan Galtung: Gewalt, Frieden und Friedensforschung. In: Dieter Senghaas (Hrsg.): Kritische Friedensforschung. Frankfurt: edition suhrkamp 478, S. 55—104
217 King, Freiheit . . ., a. a. O., S. 157 (s. Anmerkung 102)
218 Diese und die folgenden Informationen sind teilweise einem Informationsblatt der »Trainingskollektive für Gewaltfreie Aktion« in der Bundesrepublik entnommen.
219 Zur weiterführenden Information über gewaltfreies Training bieten sich an: Heinz Rothenpieler und Charles Walker: Training gewaltfreier Aktion. Theorie und Praxis. In der Reihe: Pädagogische Informationen, 3. Waldkirch: Waldkircher Verlagsgesellschaft, 1975; Jutta Kamke: Schule der Gewaltlosigkeit. Das Modell Palo Alto. Hamburg: Hoffmann und Campe,

1974; Theodore W. Olson und Lynne Shivers: Training für gewaltlose Aktionen. Heft 36/37 der Zeitschrift »Widerstand gegen den Krieg« von War Resisters' International. London 1971. Auszugsweise publiziert in Heft 7 der Zeitschrift »Gewaltfreie Aktion«, Berlin 1971, S. 32 ff.

Erich Kuby
Aus schöner Zeit
Vom Carepaket zur Nachrüstung:
der kurze deutsche Urlaub

Ein unterhaltsamer Rückblick auf eine bewegte Zeit und die
politische Analyse eines Augenzeugen, die erklärt, wie die
Bundesrepublik in die fatale Lage kam, in der sie sich heute
befindet. Das zeitgeschichtliche Resümee eines Autors, der wie
kaum ein anderer kritisch und kämpferisch diese Entwicklung
begleitet hat.

320 Seiten, 11,8 x 18,8 cm, geb. mit Schutzumschlag, DM 29,80

Wolfgang Herget
Leben im Knast
Selbstzeugnisse
Die unbekannte Welt von Santa Fu

»Santa Fu« ist die Hamburger Strafvollzugsanstalt Fuhlsbüttel
für Schwerverbrecher und Lebenslängliche. Gefangene und Personal, zu dem auch weibliche Beamte gehören, berichten in
ungeschönten Selbstzeugnissen. Der Fotograf Wolfgang Herget
dokumentiert mit eindringlichen Fotos ein umstrittenes Modell
modernen Strafvollzugs.

168 Seiten, durchgehend Schwarzweiß-Abbildungen,
davon 8 Seiten 4farbige Abbildungen,
16,3 x 21,5 cm, broschiert, DM 28,—

Rasch und Röhring Verlag